포스트사회주의 중국과 그 비판자들

포스트사회주의 중국과 그 비판자들
개혁개방 이후 중국 비판사상의 계보를 그리다

초판1쇄 펴냄 2021년 5월 31일

지은이 임춘성
펴낸이 유재건
펴낸곳 그린비
주소 서울시 마포구 와우산로 180, 4층
대표전화 02-702-2717 | **팩스** 02-703-0272
홈페이지 www.greenbee.co.kr
원고투고 및 문의 editor@greenbee.co.kr

주간 임유진 | **편집** 홍민기, 신효섭, 구세주, 송예진 | **디자인** 권희원 | **마케팅** 유하나
물류유통 유재영, 한동훈 | **경영관리** 유수진

ISBN 978-89-7682-649-7 93300

學問思辨行 독자의 학문사변행을 돕는 든든한 가이드

그린비 철학, 예술, 고전, 인문교양 브랜드
엑스북스 책읽기, 글쓰기에 대한 거의 모든 것
곰세마리 책으로 통하는 세대공감, 가족이 함께 읽는 책

• 이 저서는 2017년 대한민국 교육부와 한국연구재단의 지원을 받아 수행된 연구임 (NRF-2017S1A6A4A01019147)

포스트사회주의 중국과
그 비판자들

개혁개방 이후 중국 비판사상의 계보를 그리다

임춘성 지음

그린비

비판의 비판에 대한 비판적 고찰

1.

신민주주의 혁명의 성공으로 1949년 건국된 중화인민공화국(이하 인민공화국)이 자본주의를 뛰어넘어 사회주의로 진입한 것은 우리에게 명약관화한 사실이었다. 제국주의와 봉건제를 '비판'하며 건국한 인민공화국의 출현은 반봉건·반식민지 사회가 사회주의 국가로 변모했다는 맥락에서 전 세계인의 주목을 받았다. '사회주의 30년'의 시행착오를 거쳐 개혁개방 단계로 접어든 중국은 '중국 특색의 사회주의'를 내세우며 다시 한번 세계의 이목을 집중시켰지만, 현재 중국을 사회주의 사회로 보기는 어렵다. 많은 학자가 '중국 특색의 신자유주의', '국가 발전주의 모델', '국가 신자유주의', '권위주의적 자본주의', '얼룩덜룩한 자본주의', 심지어 '국가자본주의' 등의 용어로 현재의 중국을 규정하고 있다. 그 가운데 '당-국가 체계'(party-state system)라는 명명은 중국 통치의 내부 메커니즘을 가리키는 용어라 할 수 있다. 국외에서 '관료 자본주의 국가이며 압축적 성장을 추구하는 개발주의 국가'로 평가되는 중국은 다른 자본주의 국가와 많은 문제점을 공유하고 있다. 바꿔 말하면, 혐중론자들이 지적하는 노동 착취와 민주 노조의 부재, 공해와 소수자의 문제 등은 중국만의 문제가 아니라 한국을 비롯한 자본주의 국가에 공통된 문제다.

제국주의와 봉건제를 '비판'하며 건국된 인민공화국은 개혁개방 이후 발생한 많은 문제점으로 인해 새로운 '비판'에 직면했다. '비판'의 주체는 '비판적 지식인'과 '기층 민중'이다. 중국공산당(이하 공산당)이 제국주의와 봉건제를 타도하기 위해 혁명의 기초로 삼았던 '기층 민중'과 연대의 주축이었던 '비판적 지식인'이 언제부턴가 공산당을 '비판'의 대상으로 설정하고 있다. 이 책에서는 '비판적 지식인'의 '비판'에 주목했다. '비판의 비판'에 초점을 맞춘 것이다. 제국주의와 봉건제를 '비판'한 공산당, 그리고 공산당을 '비판'한 '비판적 지식인'. 그러나 우리에게는 그것만으로 부족하다. '비판의 비판'에 대한 검증이 필요하다. 제한적이나마 '비판적 지식인'의 사상 계보를 정리하고, 제국주의와 봉건제에 대한 공산당의 '비판'과, 충분하지는 않지만 새로운 문제를 제기하는 '비판적 지식인'들의 '비판'을, '비판적으로 고찰'하고자 했다. 이는 중국을 공정하게 인식하기 위해 필수적인 일이다.

이전 단계에 '비판적 지식인'은 주로 좌파 지식인을 가리켰다. 그러나 우리는 21세기에 좌파의 존재 여부와 방식에 대해 진지하게 질문해야 한다. 20세기에 좌파를 자처했던 사회주의권이 몰락한 지금, 좌파의 기준은 무엇이고 그 존재 조건은 무엇인가? 혁명 좌파의 전위 정당이 '마르크스주의 학회' 학생들을 탄압(천슈웨이 2018)하고 좌파 학생들이 '중국은 사회주의인가?'라고 묻는(박민희 2020) 현재 중국에서 좌파 지식인의 존재 양상은 과연 어떠한 것일까? 그것은 누가 추궁하고 있는가? 중국은 신민주주의 혁명을 통해 인민공화국을 건립한 이후 '중국적 사회주의' 또는 '중국 특색의 사회주의'를 70년 넘게 시행해 왔다. 그러나 개혁개방 이후, 특히 1989년 '톈안먼 사건'과 1992년 '남방 순시 연설' 이후의 중국을 과연 '진정한 사회주의'라 할 수 있을지 의문이다. 그와 더불어 '일당전제'의 '당-국가 체계'에서 좌파의 존재 여부와 존재 방식은 관심의 초점이다. 이렇게 볼 때 '6·4 체제'의 공산당 내에서 좌파는 찾기 어렵게 되고 이른바 '신좌파'가 우리의 시선을 끈다. 하지만 '신좌파' 또한 단일하지 않다. 왕후이는 '신좌파'라는 고깔을 달가워하지 않고, 간양은 '자유주의 좌파'를 자처한다. 이런 상황에서 우리는 '비판적 지식인'에 관심을 두게 된다.

'비판적 지식인'의 가장 중요한 덕목은 시간의 고험(考驗)을 견뎌 내는 것이다. 시간이 흘러도 초지를 잃지 않고 일일신(日日新)하면서 자신의 길을 가는 사람. 상아탑에 머물며 전공 이외의 것에는 오불관언(吾不關焉)하는 것도 문제지만, 사회적 실천을 빌미로 자신의 전공을 내던지는 것도 바람직하지 않다. 전공의 유혹에 넘어가는 것도 문제지만 어설픈 사회적 실천은 또 다른 유혹일 수 있다. 유혹을 거절할 줄 알아야 한다. 또 하나 확실한 사실은 공부를 멈추는 순간 비판성을 상실하게 된다는 점이다. 당대 중국을 대표하는 비판적 지식인 첸리췬은 멘토인 루쉰과 스승 왕야오의 훈도에 힘입어 '정신계 전사'를 지향했지만, 그 기저에 '생존의 문제'와 '어느 시점에 말을 해도 되는지, 어느 정도까지를 말하는지의 분수를 파악'하는 문제가 놓여 있다고 털어놓았다. 첸리췬이 대표하는 중국 '비판적 지식인'의 존재 방식은 문자 그대로 지식인의 존재 방식이다. 하지만 우리는 첸리췬이 민간 이단 사상 연구에서 거론한 린시링, 린자오, 천얼진, 리이저, 루수닝 등의 존재도 잊지말아야 할 것이다. 아울러 민주화 과정에서 수많은 희생을 치른 한국의 '비판적 지식인'의 21세기 존재 방식과 대조할 필요가 있다.

이 책에서 다루고 있는 이른바 '비판적 지식인'은 다들 일가를 이룬 사상가다. 이들 각자에 관한 종합적인 연구는 별도로 진행되어야 한다. 이 책에서는 각 인물의 핵심(이라고 생각되는 것)을 뽑아 집중적으로 탐구했다. 이를테면 첸리췬의 20세기 중국 지식인의 정신사와 민간 이단 사상 연구, 왕후이의 근현대성의 역설, 쑨거의 동아시아 인식론 등이 그것이다. 단, 리쩌허우의 경우는 그가 포스트사회주의 시기 비판 사상의 시원이라는 점에서 종합적으로 다루고자 했다. 아울러 경제학자 원톄쥔의 백 년의 급진과 비용전가론, 정치학자 추이즈위안의 자유사회주의, 마르크스주의 학자 장이빙의 마르크스 역사현상학 등도 함께 다루었다. 하지만 이들이 포스트사회주의 중국의 비판적 사상가의 전부라고 생각하면 그것은 큰 오산이다. 특히 비판 사상의 한 축을 차지하고 있는 왕샤오밍과 다이진화 등 비판적 문화연구 학자들의 비판 사상은 별도의 독립된 저서에서 다룰 예정이므로 이 책에 포함하지 않았음을 밝혀 둔다.

2.

우리 모두 '비판'을 운위하지만 그것이 말처럼 쉬운 일은 아니다. '공략하기보다 낙후시켜라!' 이는 무지한 남성들에 대한 페미니즘 진영의 슬기로운 대응 전략이다. 일반적으로 논쟁에서 상대방의 허점과 약점을 공격하다 보면 상대방은 방어 논리를 개발해 다시 반격해 오기 마련이다. 그다음은 흔히 보듯 이전투구다. 그보다는 상대방 스스로 자신의 허점과 결점을 인식해 자신이 낙후되어 있음을 자인하게 만드는 것이 현명하다. 그러기 위해서는 지피지기해야 함은 물론이고, 상대방보다 높은 위치에 설 내공을 갖춰야만 한다. '비판'도 마찬가지다. 지피지기와 높은 내공을 토대로 한 '낙후' 전략을 갖춰야만 제대로 비판할 수 있다.

리쩌허우가 『비판철학의 비판』에서 시도한, '칸트와 마르크스의 교차적 읽기'에서 칸트와 마르크스의 주저 표제에 '비판'이 명시되어 있고, 리쩌허우는 그 '비판'을 다시 '비판'적으로 독해하고 있음을 환기할 필요가 있다. '비판'은 대상 텍스트의 충실한 독해와 콘텍스트 이해를 전제로 삼아야 한다. 장이빙은 '마르크스로 돌아가자'라는 주장의 구체적 방법으로 '역사적 텍스트학'을 제창했다. 이는 "역사 자체의 시간과 공간 구조를 가지고 마르크스 텍스트의 본래적 맥락을 드러나게 함으로써 완전히 새로운 이해의 결과를 얻어 내"는 텍스트 분석을 가리킨다(이 책 9장 2절 참조). 흔히 '비판'이란 명목 아래 임의로 재단(裁斷)하고 단장취의(斷章取義)하며 텍스트를 왜곡·날조하는 사례를 무수히 봐온 필자로서는 충실한 텍스트 독해와 폭넓은 콘텍스트 이해를 최우선으로 삼아 '비판적 고찰'을 진행했다.

에드워드 사이드는 지식인이 "인간의 사고와 의사전달을 극도로 제한하는 진부한 고정 관념들과 환원적 범주들을 분쇄하는 것"(사이드 1996, 16)을 과업으로 삼아야 한다고 했다. 지식인은 '제도들'에 어느 정도 '종속'되고 어느 정도 '적대적'인 이중성을 가지므로 철저한 비판정신을 가지고 동시다발적 투쟁을 전개해야 한다는 것이다. '비판'은 궁극적으로 '변화'를 추구하는데 이는 투쟁을 통해 현실을 변형시키는 주체가 현실에서 비판을 작동시킬 때 이루어지기 마련이다. 변형과 변화는 개인의 차원에서, 나아가 사회의 차원에서 작동되어야 할 것이다.

3.

돌아보니, 목포대에 부임한 첫해에 한국연구재단(당시 학술진흥재단. 이하 재단)과 인연을 맺은 후, 네 권의 단독 저서를 모두 재단의 지원을 받아 출간하게 되었다. 우선 감사를 표한다. 지둔한 사람에게 재단의 지원과 핍박은 동력과 활력이 되었다. 재단의 지원 덕분에 학계 동업자 및 타전공 학인과 교류할 수 있었고, 재단의 시한 덕분에 미룰 수도 있었던 글을 마무리할 수 있었다. 재단의 관변적 성격을 우려하는 사람도 많지만 내게는 별로 문제가 되지 않았음을 밝혀 둔다. 물론 재단 공모와 심사 과정에서 시련이 없었던 것은 아니었지만, 내 연구주제와 방향이 재단으로 인해 억압받은 적은 없었다. 아울러 계획서와 보고서를 읽고 내 연구주제가 지원받을 만한 가치가 있다고 평가해 준 익명의 심사위원들에게 이 자리를 빌려 감사의 마음을 전한다.

최근 내 공부는 '사이노폰 연구' 세미나와 목포대학교의 '포스트휴먼' 세미나 그리고 '적-녹-보라 패러다임' 세미나를 중심으로 진행되고 있다. 모두 내게는 새로운 영역이고 도전이다. 함께하는 동도(同道)들에게 감사를 전한다. 연구의 시간과 공간을 제공해 준 목포대학교에 감사의 말을 빼놓을 수 없다. 특히 2018년 9월부터 1년간의 연구년은 최종 원고를 마무리하는 데 커다란 도움이 되었다. 또한 2018년 가을부터 반년간 머물렀던 타이중(臺中)의 중싱(中興)대학은 집중적으로 원고를 집필하는 데 최적의 장소였다. 방문 기회를 마련해 준 추구이펀(邱桂芬) 교수에게 감사의 마음을 전한다. 중화민국의 국가도서관 한학연구중심(Center for Chinese Studies)의 '타이완 펠로십 프로그램'의 지원에도 감사를 표한다.

『루쉰전집』(2018)을 완간한 그린비와의 만남은 또 하나의 즐거움이다. 12인 역자의 글 20권을 10년에 걸쳐 편집 출간한 저력은 학인들의 칭송을 받기에 손색이 없다. 출판사를 연계해 준 유세종 선생과 출간 제안을 흔연하게 수용해 주신 유재건 대표께 감사의 말씀을 드린다. 임유진 주간과 편집부 홍민기 선생, 꼼꼼하게 원고를 검토해 준 김혜미 선생에게 고마움을 전한다.

이 책에서 인용한 글들은 국내 번역본을 저본으로 삼았지만, 의미 전달이 어색한 부분은 원전과 대조해 필요할 경우 직접 번역해 인용했음을 밝혀 둔다. 호학자의 편의를 위해 번역본과 원전의 쪽수를 함께 적기도 했다. 번역비평에 참고자료가 되기를 희망한다.

코로나19가 1년 넘게 기승을 부리는 '새로운 일상'이 지속되는 가운데 정년퇴직을 앞둔 시점에 내는 책인지라 비판적 중국연구 학인들에게 누가 되지 않을지 조심스럽다. 강호 제현의 아낌없는 질정을 기대한다.

마지막으로 이 책에 실린 글들의 출처를 밝혀 둔다. 일부 수정·보완했고, 4장과 5장은 각각 두 편의 글을 하나로 묶었다.

서장· 포스트사회주의 중국의 사회 변동(『마르크스주의 연구』 제14권 4호, 2017. 원제: 중화인민공화국: 국가 사회주의에서 포스트사회주의로)

제1장· 문화심리구조와 서학의 중국적 응용(『중국연구』 제67권, 2016. 원제: 리쩌허우의 '문화심리구조'와 '역사본체론')

제4장· 첸리췬의 20세기 중국 지식인 정신사 연구와 민간 이단 사상 연구(『문화연구』 6권 2호, 2018. 원제: '사회주의 개조'의 관점에서 고찰한 20세기 중국 지식인의 정신 역정: 錢理群의 '20世紀中國知識分子精神史三部曲'을 중심으로. 『중국현대문학』 제88호, 2019. 원제: 절망의 땅에서 희망 지키기 『첸리췬(錢理群)의 1977~2005: 절지수망(絶地守望)』을 읽고)

제5장· 왕후이의 '근현대성 역설'과 루쉰 연구(『중국사회과학논총』 창간호, 2019. 원제: 왕후이의'모더니티에 반(反)하는 근현대성'과 '신계몽주의 비판'에 대한 재검토. 『중국연구』 제79권, 2019. 원제: 루쉰(魯迅)의 '개체성 원칙'과 '역사적 중간물'—왕후이(汪暉)의 『절망에 반항하라』를 읽고)

제6장· 쑨거의 동아시아 인식론(『중국학보』 제93집, 2020. 원제: 쑨거의 동아시아 인식론 비판)

2021년 4월 30일

임춘성

차례

서장
포스트사회주의 중국의 사회 변동

현재 중국을 사회주의로 보는 데는 무리가 있을 뿐 아니라, 심지어는 마오쩌둥 시기의 중국도 과연 명실상부한 사회주의인가 하는 점에 대해서도 다른 견해가 속출하고 있다. 이런 문제의식을 바탕으로 삼아 이 글에서는 1949년 이후 지금까지의 인민공화국 역사를 일단 '국가사회주의'에서 '포스트사회주의'로 이행하는 하나의 시간대로 설정해 고찰하고자 한다. 나아가 인민공화국 수립이 신민주주의 혁명의 결과였고, 신민주주의 혁명은 또한 태평천국운동, 변법유신, 신해혁명 등 근현대 사회주의 유토피아 운동의 연장선에 있기에, 이를 총체적으로 바라보는 시야가 요구된다. 이를 위해 여기에서는 '중국의 장기 근현대'(the long-term modern China)를 가설적으로 제시하고자 한다. 이는 아편전쟁 이후 지금까지의 중국을 하나의 '유기적 총체'로 설정하는 것이다. '중국의 장기 근현대'는 다시 '단기 40년', '중기 70년', '장기 180년'으로 나누어 고찰할 수 있다.

1. '중국의 장기 근현대'와 '포스트사회주의' 시야

도표 1 · 중국 근현대 4단계

2021년은 개혁개방 43주년이고 인민공화국 건국 72주년이며 5·4 신
문화운동 102주년이다. 마오쩌둥의 혁명사 시기 구분에 따르면, 쑨원
(孫文)이 지도한 구(舊)민주주의 혁명 시기를 거쳐, 자신이 이끈 신(新)
민주주의 혁명을 성공적으로 완수하고 1949년 10월 1일 세운 인민공
화국은 이전 단계와는 다른 '신(新)중국'이었고, 마오쩌둥은 그것에 사
회주의적 개조의 과제와 사회주의 국가 건설이라는 과제를 부여했다.
이로 인해 구민주주의 혁명 시기(近代), 신민주주의 혁명 시기(現代), 사
회주의 개조 및 건설 시기(當代)라는 삼분법이 제기되어 오랜 기간 철
옹성을 구축했다.

　이 장벽에 균열이 일어나기 시작한 것은 개혁개방의 '신시기'에 들
어와서다. 문학사에 국한해 되돌아보면, 1985년 창신(創新) 좌담회에서
'20세기중국문학'이 제창된 후 '백 년 중국문학', '두 날개 문학' 등 여
러 가지 문학사 담론이 제출되었다. 시기 구분과 관련된 핵심 내용은
진다이(近代)와 셴다이(現代) 사이의 장벽, 그리고 셴다이와 당다이(當
代)[1] 사이의 장벽을 허물자는 것이었다.[2]

'세계체계 분석과 역사적 자본주의라는 시각'에서 '세계 헤게모니 순환의 역사', '신자유주의의 등장과 변화 과정', '신노동과 노동운동의 역사'와 함께 '20세기 동아시아 지역의 변화 과정'을 고찰한 백승욱은 20세기 미국 헤게모니 하에서 동아시아가 겪은 변화 과정을 '다층적 하청체계의 확장 과정'이라 하면서 이를 네 단계로 나누어 설명했다. 첫번째 단계는 일본의 전후 부흥 단계이고, 두번째 단계는 동아시아 신흥공업국의 등장이며, 세번째 단계는 1985년 플라자 협약과 더불어 일본의 동남아시아 지역으로의 생산 네트워크의 확장이 나타난 시기이고, 네번째 단계는 기존의 사회주의권이 다층적 하청체계의 경제 영향력에 포섭되는 단계인데, 이들 국가의 사회주의적 유산은 동아시아 신흥공업경제 모델과 유사한 독특한 맥락으로 작용한다.(백승욱 2006, 463) 그는 또한 동아시아의 다층적 시간대를 30년, 50년, 100년의 시간대[3]로 나누어 설명한다. 우선 최근 30년의 시간대는 신자유주의 시대로, 이전 동아시아 발전국가의 구도가 무너지고 일본 중심의 다층적 하청체계 구도가 동아시아 전역으로 확장되며 사회주의 지역이 동아시아 경제구도 내에 들어오면서 빠르게 축적 중심으로 성장하는 시기다. 조금 확장된 50년의 시간대는 기본적으로 냉전의 시대로, 전후 일본의 부흥에서 시작하고 그다음에 동아시아 신흥공업국이 등장한

1　여기에서 당다이(當代)는 중국의 특수한 시기 구분으로, 1949년 이후 인민공화국의 시기를 지칭하는 용어다. contemporary를 뜻하는 '당대'와 변별하기 위해 '당다이'라는 중국어 발음으로 표기했음을 밝혀 둔다. 진다이와 셴다이도 한국의 근대·현대와 한자 표기는 같지만 기의상 차이가 있으므로 중국적 맥락을 강조하기 위해 진다이·셴다이로 표기한다.
2　중국 근현대문학사 담론에 대한 논의는 임춘성(2013a), 제1장과 제2장을 참조하라.
3　출간연도(2006년)를 고려하면, '40년, 60년, 110년의 시간대'로 고쳐 읽는 것이 좋다.

시기다. 100년의 시간대는 서유럽 자본주의가 동아시아로 침투해 들어오면서 동아시아 전체를 자본주의 세계 경제에 편입시킨 시기로, 빠르게 서유럽적 자본주의 길을 걸은 일본과, 기존의 거대한 제국이 붕괴해 새로운 민족국가로 전환된 맥락이 있고 그 가운데 중국은 자본주의 이후에도 살아남아 경계를 더 확장해 민족국가를 구성했다(백승욱 2006, 407~409).

페르낭 브로델(Fernand Braudel)의 시간 개념은 백승욱이 기대고 있는 근거다. 브로델은 서양의 경제사를 고찰하면서, '사건'(événement)의 역사, '긴 시간을 두고 순환(conjoncture)'하는 역사이자 위기의 역사, 오랜 시간을 따라 천천히 진화하는 거대하고 구조적인 '장기 지속(longue durée)'의 역사(브로델 2012, 13~14)의 시간대로 나누고, "4세기 동안의 시간과 세계 전체를 놓고 어떻게 그에 걸맞은 사실과 설명을 조직해 낼 것인가 하는 문제"를 풀기 위해 "장기적인 시간을 두고 진행되는 심층의 균형과 불균형을 선택"(브로델, 14)했다고 했다. 브로델이 말하는 심층은 '물질생활'(vie matérielle)이다. 그것은 '일상생활'에서 '누적되고 반복'되는 '습관적 행동'으로 구성⁴되는데, "인류가 이전의 역사를 지나오는 동안 자신의 삶 아주 깊숙한 곳에 결합해 온 것이다, 마치 우리 몸속의 내장처럼 깊숙한 곳에 흡수되어 있는 삶이라는 것"(앞의 책, 17)이다. 단순화의 위험을 무릅쓰고 요약하자면, 브로델은 '물질생활'의 핵심을 '시장경제'로 보고, 근대 이후 "본연의 시장경

---

4 이 부분은 일상생활에서 '적전'(積澱: 누적-침전)되어 문화심리구조를 형성한다는 리쩌허우의 논리와 유사한 측면이 있다.

제라는 바탕 위에서 '자본주의'가 번성했다"[5]고 본다. 조반니 아리기(Giovanni Arrighi) 또한 최근 글에서 근현대 중국을 세 단계로 나눈 바 있는데, 아편전쟁부터 2차 세계대전 종전까지를 1단계 쇠퇴의 시기, 인민공화국 건국부터 1970년대까지를 2단계 회복의 시기, 개혁개방 이후를 3단계 굴기(崛起)의 시대라 했다(아리기 2012, 78~79).

이 책의 서장에서는 아리기의 '장기 20세기' 개념을 참조해 '중국의 장기 근현대'(the long-term modern China)라는 개념을 제시하고자 한다. 이 개념은 아편전쟁 전후 어느 시점부터 지금까지의 시간대를 아우르기 위해 고안한 개념이다. 필자는 장기간 관찰과 숙고를 거친 결과, 리쩌허우(李澤厚)의 진셴다이(近現代) 개념[6] 및 왕샤오밍(王曉明)의 셴다이(現代) 개념[7]을 논리적 근거로 삼고, 페르낭 브로델의 시간대(브로델 2012)와 백승욱의 동아시아의 다층적 시간대(백승욱 2006) 그리고 조반니 아리기의 3단계(아리기 2012)를 참조 체계로 삼아 '중국의 장기 근현대' 개념을 확대 발전시켰다. 이는 서유럽 중심의 지구적 자본주의에 편입되는 시간대인 동시에 혁명과 이행의 시기였다. '중국의 장기 근현대' 시기를 '단기 40년—포스트사회주의 시기', '중기 70년—중화인민공화국', '장기 180년—자본주의 편입'으로 나누어 볼 수 있다.

'단기 40년'은 동아시아 시간대로는 '신자유주의 시대'이고 중국은 '포스트사회주의 시대'다. '포스트사회주의'는 "사회주의의 지속(after,

---

5 페르낭 브로델, 『물질문명과 자본주의 읽기』, 김홍식 옮김, 갈라파고스, 2012, 34쪽. 브로델은 "자본주의는 대체로 그다지 이타적이지 않은 목적에서 자본이 투입되는 방식"(앞의 책, 60)이라고 정의한다.
6 이에 관해서는 이 책의 제1장 1절 '리쩌허우의 근현대 시기 구분' 부분 참조.
7 이에 대해서는 임춘성, 「왕샤오밍론—문학청년에서 유기적 지식인으로」, 『중국학보』 제70집, 2014, 223~224쪽 참조.

後)과 발전(de-, 脫)을 절합(articulation)시키는 중국 '개혁개방' 시기의 특색을 요약할 수 있다는 점에서 유효하다"(임춘성·왕샤오밍 2009, 23). 1972년 '상하이 공동성명'을 전환점으로 삼아 미국을 비롯한 서유럽 자본주의 국가들과 수교를 시작한 중국은 마오쩌둥 사후 본격적으로 개혁개방을 추진함으로써 동아시아 다층적 하층체계에 자발적으로 포섭되며 '세계의 공장'으로 기능했고 2001년 세계무역기구(WTO)에 가입하는 등 30년 넘게 약 10% 이상의 높은 성장률을 기록하면서 '세계의 시장'으로 변모하고 있다.

냉전의 시대와 겹치는 '중기 70년'은 인민공화국의 시간대다. 건국 70년이 되어 가던 시점에 이를 독립적인 대상으로 삼아 인민공화국의 역사를 고찰하는 연구서들이 출현하기 시작했다. 인민공화국의 역사는 이제 독자적인 유기체가 되어 자신의 독특한 삶을 영위하고 있는 것처럼 보인다. 이와 관련된 중국 내 학술연구 가운데 주목할 만한 것은 첸리췬(錢理群)과 원톄쥔(溫鐵軍)의 저작이다. 전자는 정치와 사상사라는 맥락에서 마오쩌둥 체제 형성과 극복에 초점을 맞췄고(전리군 2012), 후자는 경제사라는 맥락에서 도시와 농촌의 이원구조에 초점을 맞춰 '여덟 번의 위기'라는 관점에서 인민공화국 60년의 역사를 고찰했다(원톄쥔 2016). 중국 외에서도 모리스 마이스너(Maurice Meisner)의 저서(2004) 등이 같은 시기를 다루고 있다.

'장기 180년'은 서세동점(西勢東漸)으로 시작해 동아시아가 자본주의에 편입된 시간대인 동시에 중국은 전쟁과 혁명, 개혁과 독재의 시대였다. 아편전쟁과 태평천국운동과 양무운동, 청일전쟁과 변법유신과 신해혁명, 외세 침입과 5·4 신문화운동과 신민주주의 혁명, 국공내전 및 항일전쟁과 인민공화국 건립과 경제 개발, 대약진운동과 문화대혁명과 개혁개방, 톈안먼(天安門) 사건과 2차 개혁개방 등의 역사 진행 과정은 나름의 법칙과 리듬[8]을 내장한 것처럼 보인다.

'중국의 장기 근현대'를 도표화하면 아래와 같다.

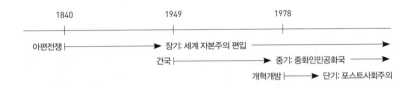

도표 2·중국의 장기 근현대

'단기 40년'의 핵심어인 포스트사회주의에 대한 이해는 논자에 따라 다양하다. 아리프 딜릭(Arif Dirlik)은 일찍이 사회주의적 이상이 현실에서 실현될 가능성이 배제된 상황에서, '사회주의가 자본주의와 결합한 상황'을 포스트사회주의로 설정하는 동시에 이를 '지구적 자본주의'와 대립하는 것으로 설정했다(阿里夫·德里克 2007). 하지만 개혁개방 시기에 '혁명적 사회주의'는 '중국 특색의 사회주의'라는 목표를 실현하는 데 장애가 되고 있으니, 이는 '사회주의의 합리성 위기'가 아닐 수 없

---

8 리듬분석(rhythmanalysis)과 관련해 심광현의 성과를 주목할 필요가 있다. 심광현은 역사의 반복에 자연의 반복처럼 주기적인 리듬이 있다고 보고, "역사적 반복과 차이의 변증법적 리듬을 분석하는 관점"에 서면 "'전쟁―혁명―개혁', 토대와 상부구조, 생산영역과 문화영역 간의 중층적인 변증법적 리듬을 새롭게 포착할 수 있다"(심광현, 「20세기 혁명의 변증법적 리듬분석 시론」, 『문화연구』 2권 2호, 2013, 36쪽)라고 하면서, 러시아 혁명과 중국 혁명의 리듬분석을 시도한 바 있다. 그는 앙리 르페브르와 '가우스 분포'에 기대 "거시적인 수준에 정치경제적인 주요 변곡점을 축으로 삼아 개략적인 리듬을 발견하는 방식으로 분석을 진행"(앙리 르페브르, 『리듬분석』, 정기헌 옮김, 갈무리, 2013, 59쪽)하고 있다.

다. 딜릭이 포스트사회주의를 지구적 자본주의의 대립물로 설정했다면, 폴 피코비치(Paul Pickowicz)는 포스트사회주의를 포스트모더니즘의 이데올로기적 카운터파트로 설정한다(Pickowicz 1994). 사회주의의 새로운 단계로 포스트사회주의라는 독자적인 사회구성체를 제안한 피코비치는 중국에서의 포스트사회주의를 일종의 '감정구조'(structure of feeling)로 인식했다. 그리고 장잉진(張英進)은 포스트사회주의를 포스트마오 시대의 다양한 문화경관(Zhang 2007)으로 파악하고 있다.

개혁개방 이후 중국 관방에서 '중국 특색의 사회주의'라고 한 것에 빗대어, 해외에서는 '중국 특색의 자본주의'라는 해석도 설득력 있게 제시되고 있다. 데이비드 하비(David Harvey)는 '중국 특색의 신자유주의'라 하고, 앨빈 소(Alvin Y. So)는 "1990년대 중반 이후 중국의 발전은 신자유주의에서 이탈을 보여 주고 있"(소 2012)으며 국가 발전주의 모델(state developmentalist model)로 이행하고 있다고 진단했지만, 2013년부터는 국가 발전주의를 이탈하여 '국가 신자유주의'로 이행하고 있다고 주장한다.[9] 슬라보예 지젝(Slavoj Žižek)은 아예 '권위주의적

---

9 "앨빈 소는 시진핑-리커창 시기에 들어서 중국은 기존 국가 발전주의를 이탈하여 '국가 신자유주의'(state neoliberalism)로 이행하고 있다고 지적하고, 국가 신자유주의는 국가의 중요성에 대한 강조와 신자유주의적 실천이 초래하는 모순과 긴장에 대한 강조를 동시에 고려한 개념이라고 주장한다." Chuh Yin-wah and Alvin Y. So, "State Neoliberalism: The Chinese Road to Capitalism", ed. Yin-wah Chu, *Chinese Capitalisms: Historical Emergence and Political Implications*, New York: Palgrave Macmillan, 2010, pp. 65~66. 여기에서는 박철현, 「개혁기 중국 '국가 신자유주의 공간'」, 『현대중국연구』 제8집 4호, 2017, 281쪽에서 재인용. 이에 대해 박철현은 다음과 같이 평한다. "'신자유주의→국가 발전주의→국가 신자유주의'로 체제 성격이 변화되는 과정에서 중국은 개혁기 초기인 1980~1990년대 초를 제외하면, 이후 약 25년 동안 매우 '강한 국가'(strong state)가 지속적으로 존재했으며 이 국가가 글로벌 자본주의 변동과 국내 체제전환의 요구에 대응하여 경제와 사회에 적극적으로 개입하고 동원해 왔고, 특유의 중앙-지방이라는 이분화된 국가구성을 통해서 다양한 위기를 회피 해소하고 지방층위에서의 발전모델의 실험을 추진해 왔던 것이다." 박철현, 앞의 글, 282~283쪽.

자본주의'(지젝 2010)라고 단정하기도 한다. 장쥔(ZHANG Jun) 등은 '얼룩덜룩한 자본주의'(variegated capitalism, Zhang & Peck 2016)라고 하여 현재의 중국이 복잡하고 혼종된 발전 유형을 가지고 있는 사회임을 강조하기도 했다. 아울러 비벌리(Silver J. Beverly)와 장루(張璐)는 "자본이 가는 곳에 곧바로 노동-자본 갈등이 따라간다"(비벌리·장루 2012)라는 맥락에서 중국을 '세계 노동 소요의 진원지'로 파악하기도 했다.

이 글에서는 포스트사회주의를 개혁개방 이후 중국을 관찰하는 시야로 설정한다. 포스트사회주의는 문화대혁명으로 대변되는 '사회주의 30년'을 부정하고 그것과 단절하는 측면과, 새로운 단계에 들어섰음에도 문화대혁명의 기제가 여전히 관철되는 측면을 동시에 지적한다는 장점이 있다. 즉, 사회주의의 지속(after, 後)과 발전(de-, 脫)을 접합(articulation)시키고 있는 중국 '개혁개방' 시기의 특색을 요약할 수 있다는 점에서 유효하다. 한마디 덧붙이자면, 아리프 딜릭의 결기를 본받아 지구적 자본주의에 대립하는 그 무엇으로 설정하고 싶지만, '시원적 사회주의 이념'에 기초한 새로운 유토피아를 만들어 내기 전에는 그것이 쉽지 않음도 인식하고 있는 수준의 시야임을 밝혀 둔다. '시원적 사회주의 이념'은 악셀 호네트(Axel Honneth)로부터 가져온 개념이다. 호네트는 "불과 100년 전만 해도 사회주의는 근대 사회의 강력한 움직임"(호네트 2016, 25)이었음을 전제하면서, 존 스튜어트 밀을 시작으로 에밀 뒤르켐, 막스 베버, 조지프 슘페터 등이 "사회주의를 자본주의와 지속적으로 동행하게 될 지적 도전으로 보았다"(호네트, 25)라는 사실을 일깨운다. 그는 "프랑스 혁명 이래로 자본주의에 대한 거대한 저항의 흐름은 항상 미래 사회가 어떻게 되어야 하는지에 대한 그림, 즉 유토피아를 통해 활기를 얻었다"(호네트 2016, 29)라는 사실을 환기하면서, "사회주의의 근본 이념을 현실화"(호네트, 27), 다시 말해 "사회주의의 근원적 관심사가 새롭게 정치적-윤리적 방향 설정의 원천이 될 수 있기 위해서는 어떻게 다시 한번 재구성되어야 하는가"(앞의 책, 35)의 문제를 다루고 있다. 호네트는 시원적 사회주의 이념을 "자본주의 시장경제에 대한 개혁, 혹은 혁명적 극복을 통해 새로운 사회적 관계를 만드는 것"으로 이해하고, 이를 "자유, 평등, 우애를 서로를 가능하게 하는 관계로 만듦으로써 프랑스 대혁명의 목표를 실현시킬 수 있는 사회적 관계"(앞의 책, 71)로 이해했다. 여기에서 중요한 것은 '연대적 공동체'와 '사회적 자유'의 매개 작용이다.

인민공화국의 역사는 파란만장하다. 크게는 마오쩌둥 시기와 덩샤오핑(鄧小平) 시기로 나누고 전자를 혁명적 사회주의 또는 국가사회주의, 후자를 중국 특색의 사회주의 또는 포스트사회주의라 할 수 있지만, 그 연속성도 홀시할 수 없다. 첸리췬은 '1957년 체제'와 '6·4 체제'는 '일당독재'라는 점에서 지속성을 가지고 있다(전리군 2012)고 단정한다. 중국 특유의 반봉건·반식민 사회로부터 '중국적 사회주의'로 이행했다가 다시 '중국적 자본주의'로 이행하고 있는 중국을, 개혁개방 이후에 초점을 맞추어 '포스트사회주의' 시야로 바라보는 것은 필요한 일이다. 21세기 중국을 자본주의 사회로 규정하더라도 그 이전 '현실 사회주의'의 경험은 어떤 형태로든 현재 중국에 영향을 줄 것이기 때문이다. 그러므로 이 책에서 '포스트사회주의'는 주로 '시야'를 가리키게 될 것이다.

2. 국가 사회주의에서 포스트사회주의로

중국의 개혁개방은 소련의 페레스트로이카와 글라스노스트보다 8년 이른 1978년 시작되었다. 개혁개방이 시작된 지 소련 기준으로는 30년이 넘었지만 중국 기준으로는 40년이 넘은 셈이다. 개혁개방 이후의 사회주의 사회를 지칭하는 포스트사회주의(postsocialism/postsocialist)라는 용어가 출현한 것도 30년이 넘었다. 바꿔 말하면 포스트사회주의라는 사회구성체의 출현은 중국 기준으로는 40년이 넘었고 소련과 중동부 유럽(East and Central Europe) 기준으로는 30년이 넘은 것이다. 개혁개방 이후의 중국을 단일한 잣대로 규정하는 것은 현명한 일이 아니다. 그보다는 사회주의 정치체제를 고수하면서 자본주의를 적극적으로 수용해 신자유주의적 개혁을 시행하고 있는 중국을 '이행'(transition)과 전환(transformation)의 관점에서 바라보는 것이 중요하다. '중국의 장기 근현대'의 시각에서 보면, 아편전쟁 이후 반식민·반봉건 사회를 거쳐 1949년 인민공화국, 즉 사회주의 사회로 이행했다. 그리고 지금은 포스트사회주의 시기를 통과하는 중이다. 관점을 바꿔 말하면, 아편전쟁 이후 저급한 자본주의를 거쳐 1949년 이후 국가 자본주의 그리고 개혁개방 이후 중국 특색의 자본주의를 경과하고 있는 것이다. 이행의 관점은 중국이 서양식 시장 자본주의로의 가정된 이행을 전제하는 것을 경계한다. 그렇다고 '현실 사회주의'가 지속할 것으로 전제하지도 않는다.

나는 이전 글(임춘성 2013b)에서 '유라시아의 시야'(Eurasian perspective)로 포스트사회주의의 이상과 이데올로기 그리고 실천을 인류학적으로 분석한 『포스트사회주의』(*Postsocialism*, 2002)를 검토한 적이 있다. 엮은이 크리스 한(Chris M. Hann)은 「사회주의 '타자'와의 작별」이라는 서문에서, 과거 제국주의 시절의 인류학자들이 비서유럽 사회를 '야만적 타자'(savage other)로 설정하는 우를 범한 예를 들면서, 지구적 자본주의 시대에 사회주의를 '타자'로 설정해서는 안 된다는 경고를 하고 있다. 그녀는 현실 사회주의권이 와해한 1991년 이후 약 10년간 진행된 사회주의 및 포스트사회주의에 관한 연구 동향을 요약하면서 '이행'의 관점(Hann 2002)을 강조하고 있다. 또 다른 필자 캐롤라인 험프리(Caroline Humphrey)는 「'포스트사회주의' 범주가 여전히 의미가 있는가?」에서 포스트사회주의 범주 존립의 합리적 가정과 포스트사회주의를 연구해야 하는 이유를 꼼꼼하게 점검했고(Humphrey 2002), 케빈 레이섬(Kevin Latham)은 "이행이 현 중국 담론의 핵심 개념"(Latham 2002)임을 강조했다.

이들이 포스트사회주의에 대해 긍정적으로 평가했다면, 에이드리언 스미스(Adrian Smith)와 존 피클스(John Pickles)는 포스트사회주의 또는 포스트공산주의를 지구적 자본주의와의 연계 속에서 바라본다.

에이드리언 스미스는 1989년 이후 중동부 유럽에서 초래된 변동을 '근현대화 이론'(modernization theory)의 시각에서 파악하고자 하는 것을 '이행'으로, 경로 의존적이고 착근적인 성격으로 파악하고자 하는 것을 '전환'으로 구분했다.[10] 김부헌과 이승철은 스미스에 기대어, '이

---

10 Smith, A., "Reconstructing the Regional Economy : Industrial Transformation and Regional Development in Slovakia", *Studies of Communism in Transition*, UK: Edward Elgar, 1998, pp.4~9. 김부헌·이승철, 「후기 사회주의 체제전환 지리학의 담론」, 『국토지리학회지』 제49권 4호,

행'은 "결과가 정해져 있는 목적론적 과정이며 이전 체제가 이후 체제에 영향을 미치지 않는 단절적인 성격의 이행"으로, '전환'은 "결과가 정해져 있지 않은(또는 결과를 미리 정할 수 없는) 과정이며 이전 체제가 이후 체제에 지속적으로 영향을 미치는 연속적인 성격의 전환"으로 변별하고(김부헌·이승철 2015, 520), 후자를 포스트사회주의 체제전환에 대한 적절한 관점으로 간주하고 있다. '단절적인 성격의 이행'과 '연속적인 성격의 전환'은 포스트(post)의 두 측면이므로, 양자를 구분하기보다는 접합(articulation)시키는 것이 타당한 것으로 보인다. 이 글에서는 '이행'과 '전환'에 대한 사전적 변별을 잠시 유보하고, '단절적 이행'과 '연속적 전환'의 의미를 아우르는 차원에서 '이행'을 사용하고자 한다. 이는 포스트사회주의라는 개념을 사회주의의 지속과 발전의 접합으로 이해하고 그것으로 중국 '개혁개방' 시기의 특색을 요약할 수 있다는 내 주장과 맥락을 같이한다.

김부헌과 이승철은 '1989년' 이후 중동부 유럽 및 구소련에서 나타난 사회-공간적·정치-경제적 전환을 국가 사회주의 붕괴 이후 10년과 20년으로 구분하여, 담론의 변화가 후기/포스트사회주의 체제전환 지리를 어떻게 변화시켰는지 살펴보았다. 이들은 국가 사회주의 붕괴 이후 10년에 해당하는 1990년대는 "자유화, 안정화, 민영화로 상징되는 '워싱턴 합의', 그리고 단선적 이행에 대한 국제금융기구의 '푸코식 감시와 규율', 사회주의와의 대립 속에서 정의된 자본주의 담론 속에서 '단일한 공간'(common spaces)을 형성하고 있는 것으로 이해"했

2015, 519쪽에서 재인용.

고, "국가 사회주의 붕괴 이후 20년인 2000년대는 '거대 프로젝트' 성격의 신자유주의 담론이 쇠퇴하고 있는 시기로 이해"(김부헌·이승철 2015, 529)했다. 요약하면, 구소련과 중동부 유럽은 포스트사회주의/포스트공산주의로 진입한 첫번째 10년에 '단일/공동 공간'(common spaces)인 지구적 자본주의의 일원이 되었고, 두번째 10년에는 "신자유주의가 로컬과의 투쟁을 통해 협상 및 구성된다고 보는 '길들이기' (domestication) 접근'이 점차 중요해지고 있다고 보았다(김부헌·이승철, 529). 이들은 스미스와 피클스에 기대어 '포스트사회주의 체제전환의 지리'가 구사회주의 체제의 유산, 기존 사회적 관계와의 접합을 통해 특수하고 다양한 경제적 관행으로 점철된 공간을 형성(앞의 글, 529)하는 동시에, '거대 프로젝트'로서의 신자유주의 담론이 일상의 관행을 통해서 항상 매개되고 있으며, 사람들의 삶을 통해서 항상 최선을 다해 '감당할 만한 것'으로 구성되고 있다(앞의 글, 530)고 주장하고 있다. 김부헌과 이승철 그리고 그들이 의존하고 있는 스미스와 피클스가 보기에 포스트사회주의는 지구적 자본주의, 즉 신자유주의일 뿐이다. 다만 일상의 관행을 통해 매개되고 있는 신자유주의 담론에 구사회주의 체제의 유산이 접합되어 특수하고 다양한 경제적 관행으로 점철된 공간이 형성되기를 기대하고 있는 것으로 이해할 수 있다.

3. 중국 혁명의 2단계

모리스 마이스너는 중국 혁명의 이중과제 또는 두 단계를 거론하고 있다. 그는 사회주의 중국에 대한 기념비적인 저서인 『마오의 중국과 그 이후』(Mao's China and After)의 제6부를 다음과 같이 시작하고 있다. "1949년 중국 공산주의자들이 정권을 장악했을 때 그들은 하나가 아닌 두 개의 혁명을 약속했다. 부르주아 혁명과 그다음의 역사적 단계인 사회주의 혁명이었다."(마이스너 2004, 581) 마오쩌둥을 대표로 한 공산당은 1949년 이전의 사회를 반봉건·반식민 사회로 인식한 만큼, 전(前)자본주의 단계의 중국을 우선 자본주의로 이행시키는 것이 시급했다. 그래야 사회주의 혁명이라는 두번째 과제를 추진할 수 있기 때문이었다. '부르주아 혁명', 다른 표현으로는 '근현대화'(modernization), 본질에서는 '자본주의로의 이행'은 '사회주의적 개조'와 동시에 추구되었으며 이는 이론적으로 '연속혁명'론에 기초해 있었다. 일반적으로 마오쩌둥 시대는 경제건설보다는 이데올로기 선전에 중점을 두었다고 인식되고 있지만, "종국적으로 마오는 사회주의 건설자로서보다는 경제적 근대화를 이룩한 사람으로서 더 성공적이었다"(마이스너, 583). 이는 구체적 통계에 근거한 것이다. "1952~1977년에 중국의 공업생산은 연평균 11.3%씩 증가"(앞의 책, 583)했고, 1957~1975년까지 중국의 국민소득은 "1인당 기준으로 63% 증가"[11]했으며 "1952~1972년에 10년 단위 경제성장률이 64%에 이른다".[12] 원톄쥔은 인민공화국의 경제사를 종속—탈종속—재종속의 과정으로 서술했는데, 인민공화

---

11 Nicholas R. Lardy, *Agriculture in China's Modern Economic Development*, Cambridge: Cambridge University Press, 1983, p.130, 표 3-7. 여기에서는 모리스 마이스너, 『마오의 중국과 그 이후 2』, 김수영 옮김, 이산, 2004, 587쪽에서 재인용.

12 Gilberts Rozman, *The modernization of China*, New York: The Free Press, 1981, p.350, 표 10.2. 여기에서는 모리스 마이스너, 앞의 책, 587쪽에서 재인용.

국 초기 소련의 원조에 기대어 공업화를 추진하다가 원조가 중단되면서 이른바 '자력갱생'의 길로 접어든 것이 바로 외부의 지원이나 원조를 거의 받지 않고 종속에서 벗어났다(원톄쥔 2016, 344)는 것이다. 이로 인해 "마오주의 시대를 마감하면서 중국은 발전도상국 가운데 특이하게도 외채나 국내 인플레이션이라는 짐을 지고 있지 않았다"(마이스너 2004, 587). 연평균 10% 이상의 공업 생산 및 국민소득의 증가와 탈종속의 의미를 과소평가해서도 안 되겠지만, 마오쩌둥 시대의 경제지표가 그다지 높은 수치는 아니기에 그것을 과대평가하는 우를 범해서도 안 될 것이다.

하지만 마오쩌둥 등은 1953년 '사회주의 과도기'를 선포했다. 다시 말해 1단계 과제인 '부르주아' 혁명의 역사적 임무를 완수했다고 성급하게 결론을 내리고 2단계 사회주의 혁명의 시작을 선포한 것이다. '자본주의가 고도로 발전한 사회가 사회주의를 거쳐 공산주의로 나아간다'라는 마르크스의 예견은 마오쩌둥의 인민공화국에 대한 날카로운 풍자일 수밖에 없었다. 마이스너의 평가는 이러하다. "경제후진국에서 사회주의를 건설하려는 마오주의의 시도는 여러 가지 면에서 주목할 만하지만, 결국에는 마오의 근대화 목표와 사회주의적 열망 사이에 내재하는 모순에 압도되고 말았다."(마이스너, 591) 우리는 여기에서 '중국의 장기 근현대'가 직면한 메커니즘의 또 하나의 형태(form)에 마주치게 된다. '반봉건 계몽과 반제 구망의 이중과제'를 설정하고도 그것을 해결하는 과정에서 반제 구망을 주요 과제로 선택함으로써 '구망이 계몽을 압도'한 상황을 연출했듯이, 그리고 '옌안 문예 좌담회'에서 '보급과 제고'라는 이중과제를 탁월하게 설정하고도 보급에만 치중함으로써 인민공화국의 문예 수준을 제고시키지 못했던 것처럼, 이번에도 마오쩌둥은 근현대화의 목표와 사회주의적 열망이라는 이중과제 가운데, 자신도 모르는 사이 사회주의 목표가 공업화에 종속되는 길을 선택한 셈이다. 구망이 계몽을 압도하고, 제고를 유보한 보급을 선택하며, 사회주의 목표를 공업화에 종속시킨 것은 마오쩌둥의 3대 이형동질의 오류라 할 수 있다.

그러므로 마이스너는 마오쩌둥의 업적을 다음과 같이 평가한다. "(마오쩌둥은) 마오주의 정권의 진보적인 사회경제적 업적과 퇴행적인 정치적 성격 사이의 깊은 부조화가 각인된 유산"(앞의 책, 595)을 후계자에게 남겼다. "마오주의 정권은 혁명의 부르주아 단계를 실현하는 데 있어 대체로 성공적이었지만 자신이 선포한 '사회주의로의 이행'을 실현할 능력은 없었던 것이다."(앞의 책, 596) 마오쩌둥 시대 말기의 중국을 마이스너는 한 시인의 노래를 빌려 다음과 같이 묘사했다.

두 개의 세계 사이에서 방황하고 있었다. 하나는 이미 죽은,
다른 하나는 태어날 힘이 없는.[13]

마이스너의 맥락에서 보면, 두 개의 세계는 봉건사회와 사회주의 세계로 보인다. 마오쩌둥은 '이미 죽은' 봉건사회를 극복하고 자본주의 단계를 뛰어넘어 사회주의 단계로 진입하려 했지만, 그것은 중국에서

---

13 Matthew Arnold, "Stanzas from the Grand Chartreuse," ed. Kenneth, *The Poems of Matthew Arnold*, New York: Barnes & Noble, 1965, p.288. 여기에서는 모리스 마이스너, 『마오의 중국과 그 이후 2』, 596쪽에서 재인용.

는 '아직 태어날 힘이 없는' 그런 것이었다. 또 다른 문화 거인 루쉰(魯迅)은 이 점을 깨닫고 있었던 듯싶다. 그는 일찌감치 '식인사회의 광인'이기를 자처한 동시에 자신이 '황금 세계의 이단자'가 될 것을 직감하고 있었다.

4. 개혁개방의 진정한 의미

중국의 개방은 1972년 마오쩌둥에 의해 시작되었지만, 이른바 본격적인 '개혁개방'은 마오쩌둥 사후 2년 만에 덩샤오핑의 주도로 시작되었다. 덩샤오핑은 고위 관료, 노간부, 인민해방군의 장군, 지식인들의 지지를 등에 업었고, 특히 문화대혁명 10년 동안 고통을 겪었던 수많은 희생자가 문화대혁명 중 두 번이나 숙청된 경력의 그에게 동정과 지지를 보내며 발란반정(撥亂反正)을 기대했다. 화궈펑(華國鋒)의 '무엇이든지파'(凡是派: 무엇이든지 마오쩌둥의 노선을 그대로 지켜 나가려고 한 파벌)와의 투쟁을 승리로 이끈 덩샤오핑의 '실천파'는 이른바 1978년 12월 '11기 3중전회' 이후 '사회주의 셴다이화(現代化, modernization. 이하 근현대화) 건설'을 본격적으로 추진했다. 우리 모두 알다시피, '사회주의 근현대화'는 모순 어법으로 구성되어 있다. 자본주의를 극복하고 건설한 사회주의 시기에 다시 '자본주의화'를 의미하는 근현대화를 추진한다는 맥락에서 모순이다. 앞에서 살펴본 것처럼, 마오쩌둥도 근현대화/자본주의화와 사회주의화를 단계적으로 추진하려 했지만, 결국 실패하고 말았는데, 덩샤오핑 또한 마오쩌둥이 추진한 두 가지 목표를

'사회주의 근현대화'라는 어휘에 담고 있었다. 덩샤오핑은 마오쩌둥과 비슷해 보이는 기표를 구호로 내세웠지만 기의는 달랐다. "그것은 이제부터 근대적 경제발전에 그 밖의 모든 이해관계를 종속시키는 것을 뜻했다. 따라서 11기 3중전회는 … 자본주의 방식의 개혁을 정치적으로 처음 승인한 셈이 되었다."(마이스너 2004, 610)

1981년 6월 11기 6중전회의 「중화인민공화국 성립 이래 당의 약간의 역사문제에 관한 결의」를 통해 덩샤오핑은 중국 혁명사에서 마오쩌둥의 지위에 대해 평가했다. 흔히 '삼칠개'(三七開)라 일컬어지는 평가의 요점은 마오쩌둥을 "혁명과 내셔널리즘과 근대화의 상징"으로 유지함으로써 "새 정권의 합법성을 한층 공고히" 하는 동시에 "사회적·사상적 급진주의를 한꺼번에 거부"하는 것이었다. 이는 덩샤오핑의 "시장지향적 경제개혁을 위해 마오주의식 사회경제정책을 포기해도 괜찮다는 사상적인 인정을 받는 것이었다"(마이스너, 626). 그러므로 1978년 말 '사회주의 민주' 수호의 깃발을 들고 권좌에 오른 덩샤오핑이 이후 사회주의와 민주주의에 비우호적, 심지어 적대적이었던 것은 조금도 이상한 일이 아니었다. 사실 덩샤오핑의 '사회주의 민주' 개념에는 민주주의도 사회주의도 없었다. "진정한 사회주의[14]는 공산당 관료들의 정치권력과 경제권력을 동시에 위협하는 이중적인 도전으로 간주되었다."(앞의 책, 629) 그러므로 덩샤오핑 시대를 '새로운 시대의 도래'로 오판한 민주 활동가들은 덩샤오핑에게 의지하고 있었지만

---

14 '진정한 사회주의'에 대해 첸리췬은 '민간 이단 사상'으로 명명해 별도로 연구하고 있다. 이 책 제4장 4절 참조.

1979년 봄 덩샤오핑 정부는 이들의 기대를 배반하고 "비공식적인 잡지와 조직을 금지하고 민주운동의 지도자를 구속"(마이스너 2004, 612)하기 시작했고, 10년 후인 1989년에는 톈안먼 광장에서 무자비한 무력 진압을 강행했다.

이런 맥락에서 보면 마오쩌둥 시대를 '1957년 체제'로 보고 덩샤오핑 시대를 '6·4 체제'라 명명한 후, 두 체제가 부국강병과 개인 독재라는 측면에서 연속성을 가지고 있다는 첸리췬의 평가가 설득력 있게 다가온다. 첸리췬은 "공화국의 역사에서 1957년의 반우파운동이 하나의 관건이며, 그것이 건립한 '1957년 체제'와 그 후의 대약진, 인민공사운동, 4청, 그리고 문화대혁명의 출현이 밀접한 관계를 맺고 있다"(전리군 2012-하, 365)라고 본다. 그가 볼 때 공화국 건설 후 9년째 되는 1957년의 반우파운동 이후 수립된 '1957년 체제'가 마오쩌둥 체제의 근간을 이루며 그것은 개혁개방 이후에도 지속하였다. 그는 마오쩌둥과 덩샤오핑을 연속체로 본다. 그러므로 덩샤오핑 체제를 지칭하는 '6·4 체제'는 "1989년의 '6·4 대학살'"이라는 "역사적 전환점" 이후 형성되었는데, "'6·4' 이후에 진일보하게 강화되고 발전한 일당전제 체제가 마오 시대의 '1957년 체제'의 연속임과 동시에 새로운 덩 시대의 특징을 가지며, 이러한 '6·4 체제'는 '6·4' 이후의 중국 사회구조의 거대한 변동과 밀접하게 연계"되어 있다는 것이다. "'6·4 대학살'이 중국 정치에 가져온 직접적 영향은 정치체제 개혁의 전면적 후퇴, 민간저항 역량에 대한 전면적 타격, 그리고 당의 권력의 전면적 확장 등"(전리군, 365)이다. 이렇게 보면, 개혁개방 이후 중국을 발전국가의 개발독재 유형으로 분류해도 이상하지 않을 것이다.

자본주의 개혁을 승인한 중국공산당의 과제는 자본주의와 사회주의의 관계를 어떻게 설정하느냐로 집중되었다. '사회주의 근현대화'라는 용어는 '사회주의를 근현대화시킨다'라는 맥락과 '사회주의 방식으로 근현대화를 진행한다'라는 맥락으로 나눠 볼 수 있다. 전자는 '사회주의를 자본주의화한다'라는 의미인 만큼 그 해석에 별다른 논의가 필요하지 않을 것이다. 현재 중국공산당은 후자의 방식을 내세우고 있는데, 근현대화를 사회주의 방식으로 진행한다고 할 때 사회주의 방식이 무엇인가가 문제가 될 것이다. 가장 손쉬운 논리는 "미래에 사회주의 목표를 실현하기 위해 현재 자본주의적 수단을 사용하는 것"으로, 이는 "정통적인 마르크스주의 이론에 의해 사상적으로 용인"(마이스너 2004, 631)될 수 있었다. 문제는 그들이 옹호하는 자본주의적 수단과 그들이 추구하는 사회주의적 목표가 양립할 수 있느냐일 것이다. 사실 이 문제는 건국 초기 유(唯)생산력주의에서 초보적인 형태를 띠었고, 개혁개방 시기에는 '사회주의 초급단계' 이론으로 정립되었다. "이 이론은 어떤 사회적 비용을 치르더라도 국민경제발전을 우선시하는 진부한 마르크스주의의 외피를 걸친 일종의 경제결정론적 관념이었다."(마이스너, 633) '사회주의 초급단계' 이론은 '선부론'(先富論) 및 선전(深圳) 등의 경제특구 지정과 함께 중국 자본주의를 촉진했다. 중국 자본주의의 기원은 "중국의 남쪽 연안을 따라 이루어진, 덩샤오핑이 '대외개방'을 하면서 생겨난 외국 무역과 외국인 투자에, 그리고 그 관문을 통제하는 중국 공산주의 국가와 관료들에게 있었다"(앞의 책, 636). 이제 중국은 '세계와 연결'(與世界接軌)되면서 우선 동아시아의 '다층적 하청체계의 확장 과정'의 네번째 단계에 편입되었고 궁극적으로 지구적 자본주의 체제의 중요한 순환 고리가 되었다.

경제특구를 중심으로 한 동남부 연안 도시의 자본주의화에 이어 농촌의 자본주의화도 급속히 진행되었다. 1980년 본격 시행된 도급경영책임제는 기존의 집단농업을 대체하기 시작했고 점차 농촌경제의 상업화와 토지 사용의 사유화가 주도적인 흐름이 되었다. 여기에 '향진기업'의 역할을 홀시할 수 없다. 조반니 아리기 또한 덩샤오핑의 개혁 성공의 두 가지 핵심 조치를, "지역 및 세계 경제에 재통합"시킨 것과 동아시아 발전 경로의 또 다른 유산인 "화교들의 지원을 요청한 결정"으로 본다.(아리기 2012, 69) 그리고 해외 투자를 쇄도하게 만든 결정적인 조치로 "농촌에 기반을 둔 시장 경제 전통을 부활시킨 것"(아리기, 71)으로 보면서, 그 두드러진 표현으로 '향진기업의 폭발적인 성장'을 들었고, 향진기업이 노동 집약적 성향, 생산성 제고, 세원 확보, 지역 재투자 등을 통해 개혁 성공에 결정적인 기여(앞의 책, 73)를 했다고 평가했다. 농촌의 자본주의화는 당연하게도 농촌 부르주아지를 양산했다. 이들은 타인의 노동을 착취하며 사는 "부르주아 엘리트, 상업적인 농부와 지주, 지방 당과 지방 정부의 관료, 전문적인 경영인과 기술자로 이루어진 사회집단이다"(마이스너 2004, 654). 이들은 '가족 영농에 종사하는 농민', '임금노동자계급', '이주노동자'와 함께 농촌 자본주의라는 새로운 사회구조를 형성하고 있다.

마이스너에 따르면, 부르주아지 형성은 농촌에 국한된 현상이 아니었다. "새로운 도시 부르주아지는 1980년대 중반부터 형성되기 시작했으며 여기에는 관료자본가 외에도 그 수가 빠르게 증가하는 크고 작은 규모의 개인 기업가, 국가기업·개인기업·'집단'기업의 기술자 및 관리자가 포함되어 있었다."(마이스너, 665~666) 인민공화국 건국 이후 중국에서 사라진 부르주아지가, 그들을 축출하거나 개조했던 장본인인 공산당 관료와 그들의 친척에서 새롭게 탄생했다는 사실은 개혁개방 중국의 아이러니가 아닐 수 없다. 중국의 신흥 부르주아지는, 서양의 역사에서 자신의 계급적 이익을 지키기 위해서라도 기존의 정치질서와 갈등을 일으키고 기득권과 투쟁하며 의회민주주의를 발전시킨 부르주아지와는 달랐다. 중국의 신흥 부르주아지는 "경제적으로 기능하기 위해 공산주의 국가에 의존하는 계급"이고 "노동계급과 자유노조로부터 정치적으로 보호받기 위해 국가에 의지하는 계급이다"(앞의 책, 668).

배링턴 무어(Barrington Moore)는 후발 자본주의 산업화는 '보수적 근대화'라고 부른 사회정치적 길을 따라가는 경향이 있으며, 파시스트 정치를 낳을 가능성이 아주 농후하다[15]라고 진단한 바 있다. 무어의 진단이 무색할 만큼, 자오쯔양(趙紫陽) 총서기 시절의 중국은 자본주의 시장경제와 스탈린주의 정치 독재가 결합한 '신권위주의' 이데올로기를 만들어 냈다. "메이지 시대의 일본, 타이완, 싱가포르, 한국과 같이 성공적으로 근대화를 이룩한 동아시아 국가의 역사적 경험으로 볼 때 근대적 경제발전, 특히 대중을 길들이고 노동자를 훈련시키기 위해서는 강한 국가와 강력한(그리고 계몽된) 통치자가 반드시 필요하다는 것이었다."(앞의 책, 683) 랄프 다렌도르프(Ralf Dahrendorf)는 모든 혁명적

---

15 Barrington Moore, *Social Origins of the Dictatorship and Democracy*, Boston: Beacon, 1966, 특히 5장과 8장. 여기에서는 모리스 마이스너, 『마오의 중국과 그 이후 2』, 667쪽에서 재인용.

변동 뒤에는 새로운 번영으로의 길이 '눈물의 계곡'을 통과해야만 하는데, 이 '눈물의 계곡'을 통과하는 고통스러운 이행 과정은 통상의 (민주적) 선거 주기보다 더 오래 지속되기 때문에, 사람들은 [보다 근본적이어서] 힘든 변화를 뒤로 미룬 채 선거를 통해 단기적 이익을 얻으려는 엄청난 유혹에 빠진다고 했다.[16] 중국의 '신권위주의' 이데올로기는 바로 그 구현인 셈이다.

지젝은 자본주의로 가는 중국의 방식을 러시아의 방식과 대비시킨다.[17] 경제적 파산선고를 받은 바 있는 러시아와 반대로, "중국은 칠레와 한국의 경로를 따라서 견제받지 않는 권위주의 국가의 권력을 활용해 자본주의로의 이행에 소요되는 사회적 비용을 통제했고, 그에 따라 혼돈을 피했다. 요컨대 자본주의와 공산당의 지배라는 괴상한 결합은 말도 안 되는 변칙이 아니라 불행을 가장한 (심지어는 글자 그대로) 축복이었던 것이다"(지젝 2010, 174~175). 지젝의 논리에 따르면, 농업과 공업을 자본주의적으로 '개혁'하고 특히 대외무역과 외국인 투자에 중국을 '개방'하는 덩샤오핑의 정책은 '불행한 축복'이었던 셈이다. '대다수에게는 불행한, 소수만의 축복'인 것이다. 그리고 이 '불행한 축복'의 행진에 상당수의 지식인도 동참했다. "덩샤오핑 정권의 지지자나 이론

---

16 Ralf Dahrendorf, *Reflections on the Revolution in Europe*, London: Chatto and Windus, 1990, P.77. 여기에서는 슬라보예 지젝, 「민주주의에서 신의 폭력으로」, 『민주주의는 죽었는가?』, 김상운 외 옮김, 난장, 2010, 173쪽에서 재인용.

17 제프리 삭스(Jeffrey Sachs)는 구소련 및 중동부 유럽과 중국의 차이점에 대해 다음과 같이 설명했다. 중국은 그들과 달리 대규모 대외 채무가 없었고, 수출주도형 성장을 뒷받침할 수 있는 긴 해안선이 있었으며, 외국인 투자자 역할 모델로 기능할 수 있던 화교 공동체가 있었고, 구소련과 달리 에너지 가격의 급격한 하락이 없었으며, 공업 및 기술 발달 정도가 낮아 서유럽 기술을 쉽게 받아들일 수 있었다. 제프리 삭스, 『빈곤의 종말』, 김현구 옮김, 21세기북스, 2006, 244~245쪽. 여기에 8년 일찍 개혁개방을 시작한 시간적 이점도 빠트리지 말아야 할 것이다.

가로 남아 있던 지식인들은 '사회주의 민주'의 목표를 버리고 자본주의 독재를 옹호하는 신권위주의를 선택했다. 이런 지적인 변화는 사회 경제적 전환만큼이나 엄청난 충격이었다."(마이스너 2004, 685)

1992년 덩샤오핑은 자신의 마지막 논평에서 "사회주의의 진정한 본질은 생산력을 해방하는 것이며, 사회주의의 궁극적 목표는 공동의 번영을 이룩하는 것"[18]이라 언명했다. 마이스너는 이렇게 덧붙인다. "이는 확실히 칭찬할 만한 정서이기는 하지만 사람들이 자본주의의 '진정한 본질'을 기술하기 위해 같은 말을 이용해도 별 문제가 되지 않을 것이다."(마이스너, 678) "자본주의의 진정한 본질은 생산력을 해방하는 것이며, 자본주의의 궁극적 목표는 공동의 번영을 이룩하는 것이다." 결국 중국 사회주의의 운명을 탐구한 마이스너의 결론은 그가 서문에서 밝힌 대로 "중국 공산주의 혁명이 가져온 사회적 산물은 본질적으로 자본주의 경제와 사회였다는 것이다"(앞의 책, 10). 그런데도 그는 "중국 공산주의 혁명은 결코 실패라고 할 수 없다"(앞의 책, 12)라는 평가를 덧붙이며, 독립과 통일, 그리고 초기의 토지혁명 등을 그 성과로 꼽았다.

마이스너의 평가에 따르면, 사회주의 신중국은 마오쩌둥 시기에는 사회주의적 열망을 가지고 있었지만 역부족이었고, 덩샤오핑 시기에는 사회주의적 개혁의 의도가 애초에 없이, 중국 특색의 사회주의라는 외피를 걸치고 중국 특색의 자본주의를 시행하고 있는 셈이다.

---

18 Central Document M. 여기에서는 모리스 마이스너, 『마오의 중국과 그 이후 2』, 668쪽에서 재인용.

5. 포스트사회주의 시기 감정구조의 변화

사회주의 중국의 자본주의 수용 이후 중국의 출로를 모색하는 시도와
더불어, 일부 논자들은 현재 중국의 지배 이데올로기의 생산기제와 작
동방식 그리고 감정구조 파악에 초점을 맞춘다. 포스트사회주의를 시
대구분적이고 분석적이며 미학적 범주로 평가하면서 그 개념을 통해
중국 내 도시 세대의 출현과 새로운 시장경제 및 대중문화 부상의 연
계를 밝히는 한편 초국적 영화 실천의 충격을 개술(Zhang 2007, 33~34)
하려는 것도 그 일환이다. 일찍이 포스트사회주의를 중국과 연계시킨
폴 피코비치는 프레드릭 제임슨(Fredric Jameson)의 포스트모더니즘
논의에서 힌트를 얻어 근현대 중국에서의 평행체계(parallel system)를
구성한 바 있다. 그는 근현대 중국에서 모더니즘과 포스트모더니즘의
틀이 유효하지 않다는 이유를 들면서 "포스트모더니즘의 이데올로기
적 카운터파트"로 "포스트사회주의"를 선호한다(Pickowicz 1994, 80).

사회주의의 새로운 단계로 포스트사회주의라는 독자적인 사회구
성체를 제안한 피코비치는 중국에서의 포스트사회주의를 일종의 '감
정구조'로 인식했다. 알다시피 이 용어는 레이먼드 윌리엄스(Raymond
Williams)가 제기한 개념이다. 문화연구에 큰 영향을 미친 윌리엄스는
산업혁명, 민주혁명과 함께 문화혁명을 수행할 것을 주장했다. 그가 말
하는 문화는 기존의 보편적 가치와 문서화된 기록들이라는 기존의 문
화 외에 사회적 층위의 대중 일상생활을 가리키는 것임은 새삼 강조
할 필요가 없을 것이다. 그리고 이것들이 상호 작용하며 영향을 주고
받는 장구한 과정임을 강조했다.(Williams 1961, 10~12) 특히 그가 강조

한 '감정구조'는 집단적 무의식과 표면화된 이데올로기의 중간에 형성 된 특정한 집단과 계급 사회가 공유하는 가치들을 지칭하는 개념으로, 한 세대의 문화는 그 시기를 살아가는 구성원들의 집단적인 경험과 가치 및 정서들의 총합체인 특수한 '감정구조'에 근거한다는 것이다 (Williams, 48~49).[19] '기나긴 혁명'(the long revolution)은 바로 이 대중 의 '감정구조'를 장기적이고 지속적으로 개혁하는 것이라 할 수 있다.

감정구조라는 키워드로 포스트사회주의와 영화를 연계시키고 있는 장잉진(張英進)은 "마오 시대에는 억압된 채로 잔존했지만 포스트마오 시대에 소외와 환멸이라는 두 개의 주제 초점을 가지고 자신의 목소리 를 표현"(Zhang 2007, 51)했다고 평하면서 "감정구조로서의 포스트사 회주의가 영화 작품의 광범한 스펙트럼으로 표현될 수 있음"(Zhang, 51)에 주목한다. 그는 포스트사회주의를 포스트마오 시대를 지배한 단 일한 개념으로 보기보다는, 포스트마오 시대의 다양한 문화경관으로 파악한다. 그에게 포스트사회주의는 '포스트신시기' 또는 '포스트톈안 먼'을 가리키고, 우리가 "이 시기의 영화 제작에서 문화 생산, 미적 추 구, 정치적 통제, 이데올로기적 자리매김, 제도적 개혁의 서로 다른 배 치에 주의를 기울여야 한다"(앞의 글, 52~53)라고 판단하고 있다. 그러 므로 그가 6세대의 도시영화를 '포스트톈안먼' 시기 중국을 이해하는 텍스트로 설정하는 것은 당연한 일이다.

---

19 윌리엄스의 '감정구조'는 리쩌허우의 '문화심리구조'와 유사한 측면이 있다. 리쩌허우의 학술체계에 서 핵심적인 개념인 '문화심리구조'는 유가학설을 대표로 하는 전통 문명과 더불어 일반적인 현실 생 활과 관습, 풍속 속에 깊숙하게 침투하여 구체적인 시대나 사회를 초월해 영향을 주고 있다. 중국인의 '문화심리구조'는 혈연의 기초에 기원을 두고 있고 실용이성(實用理性)이라는 특징을 가지고 있다. 이 책 제1장 참조.

제이슨 맥그래스(Jason Mcgrath)는 중국이 국가 사회주의로부터 포스트사회주의 시장 사회로 이행하는 동력을 시장화, 다원화, 개인화, 분화라고 지적한다.(Mcgrath 2008, 7) 여기에서 주목할 부분은 그가 포스트사회주의를 시장 사회와 연결한 부분이다. 그가 볼 때 포스트사회주의, 최소한 1990년대 이후 중국의 문화와 사회를 규정하는 기본 과정은 통합적인 사회 시스템으로부터 시장 사회로의 전환이었다.(Mcgrath, 9) 중동부 유럽과 러시아에서는 포스트공산주의(post-communism)라는 용어를 선호하지만, 포스트사회주의는 단순하게 사회주의의 다음이 아니라, 자본주의로의 이행(transition to capitalism)을 내포하고 있다. 그러므로 맥그래스는 조반니 아리기의 논단(아리기 2008; 2009)을 글로벌 자본주의의 대안으로서 포스트사회주의 중국의 '대안적 모더니티'를 개념화한 것으로 보기보다는, 포스트사회주의 중국이 글로벌 포스트사회주의 모더니티에 참가할 뿐 아니라 장기 19세기의 영국 및 장기 20세기의 미국처럼 자본주의 모더니티를 유지해 나갈 것으로 전망하고 있다.(Mcgrath, 17) 이렇게 보면 맥그래스에게 포스트사회주의는 정치경제학적인 개념이라기보다는, 자장커(賈樟柯)와 헝가리의 벨러 터르(Bela Tarr), 펑샤오강(馮小剛)과 러시아의 알렉세이 발라바노프(Aleksei Balabanov) 사이의 두드러진 유사점을 드러내는 '문화횡단 현상'(cross-cultural phenomenon, 앞의 책, 14)을 가리키는 용어에 지나지 않는다.

이런 전제 아래, 맥그래스는 중국의 독립영화운동의 맥락과 지구적 예술영화 시장이라는 맥락에서, 자장커 작품의 리얼리즘의 두 가지 연원으로 '포스트사회주의 리얼리즘'(postsocialist realism)과 '미학화된 롱테이크 리얼리즘'(aestheticized long-take realism)을 들고 있다. 전자가 1990년대 초반 중국의 다큐멘터리와 창작영화 제작에서 보였고 자장커의 초창기 프로젝트와 단편작품에 가장 분명하게 드러나는 특징이라면, 후자는 1990년대 후반 세계의 유수 영화제와 예술영화계의 두드러진 특징이었다(Mcgrath 2007, 82)는 것이다. 포스트사회주의 리얼리즘은 사회주의 리얼리즘 미학의 후계자이자 반대자라는 의미가 있는 동시에 포스트사회주의 상태에 놓여 있는 리얼리즘이라는 이중적 의미가 있다. 사회주의 리얼리즘이 공산주의 유토피아를 향해 가는 계급투쟁과 굽힐 수 없는 역사적 진보로 구성된 이데올로기적 진리 묘사를 중시하는 반면, 1990년대 독립영화의 포스트사회주의 리얼리즘은 날것을 그대로 드러내 보이고 현실의 진면목을 그대로 보여 주고자 한다.(Mcgrath, 83~84) 애초에 창작 방법을 지향했던 '사회주의 리얼리즘'이 현실에서 '사회주의 사실주의 양식'에 머물렀음은 이미 다 아는 사실이다. 그러므로 개혁개방 이후 이데올로기적 선전에서 벗어나 리얼리티를 회복하는 것은 급선무가 되었다. 맥그래스에 따르면 1990년대 이후 중국영화의 리얼리즘 충동은 세 가지 형태로 나타났다. 베이징 주변 예술인 집단의 다큐멘터리영화운동, 장위안(張元)의 초기 작품으로 대변되는 저예산 독립영화 그리고 1990년대 초반 제5세대 감독들의 새로운 리얼리즘 전환(앞의 글, 84) 등이 그것이다. 이들의 공통점은 대중 속으로 들어가 주변인과 소수자의 고군분투, 그리고 일반인의 고통을 있는 그대로 포착함으로써 이데올로기의 가면을 벗기려 한 점이다.(앞의 글, 85) 그러므로 그가 가리키는 '포스트사회주의 리얼리즘'은 '원시적 생활 상태로의 회귀'(a return to original life condition)를 지향하는 것으로 이해한다면, 그것은 '비판적 리얼리즘' 정신의 회복과 크게 다를 바 없을 것이다.

6. 이행의 아포리아

1949년 충분한 자본주의를 거치지 않은 채 사회주의에 진입한 중국은 선진적 생산양식과 낙후한 생산력 사이의 모순을 극복하지 못한 채 30년을 보냈다. 덩샤오핑은 생산력을 발전시키기 위해 자본주의와의 타협을 불사했고 40년을 넘긴 지금 개혁개방은 생산력 발전이라는 목표를 어느 정도 달성한 것으로 평가할 수 있다. 그렇다면 현재 중국의 경제발전은 관방 사회주의를 위한 변호인가, 또는 중국에서 자본주의 복권을 은폐하는 것인가? 아니면 제3의 길인가? 이는 현재 '중국 특색의 사회주의'를 평가하는 문제이기도 하지만 이후 포스트사회주의 중국 앞에 놓여 있는 세 갈래 길이기도 하다. 과연 비자본주의적 출로가 가능할까?

이 글은 국가 사회주의로부터 포스트사회주의로의 이행이라는 관점에서 인민공화국의 역사를 고찰했다. 이 관점은 아리프 딜릭의 논의에 힘입은 바 크다. 앞에서 살펴본 것처럼, 딜릭은 사회주의적 이상이 현실에서 실현될 가능성이 배제된 상황에서, '사회주의가 자본주의와 결합한 상황'을 포스트사회주의로 설정하는 동시에 이를 '지구적 자본주의'와 대립하는 것으로 설정했다. 폴 피코비치 또한 포스트사회주의를 포스트모더니즘의 이데올로기적 카운터파트로 설정했다. 그러나 다른 논자들은 구체적인 통계수치에 근거해, 국가 사회주의를 국가 자본주의의 다른 표현으로 규정하고 포스트사회주의를 지구적 자본주의의 하위 형태로 간주하고 있다. 모리스 마이스너가 대표적이고 원톄쥔 또한 인민공화국의 역사를 3단계 공업화의 역사로 간주하고 있다. 그 가운데 피클스는 "시장 자본주의와 민주주의"를 "포스트사회주의의 개념과 그 당연한 귀결"(Pickles 2010, 127)로 간주했고, 장쥔과 제이미 펙은 포스트사회주의 중국을 '얼룩덜룩한 자본주의'로 규정하고 '중국 자본주의의 지역적 변종(regional subspecies)'으로 '이행의 기숙사 체제로서의 광둥(廣東)', '이행적 기술 복합단지로서의 쑤난(蘇南)', '위기의 마샬적 발전으로서의 원저우(溫州)', '동방의 실리콘 밸리로서의 중관춘(中關村)', '중단된 마오노믹스의 수도 충칭(重慶)'을 들었다 (Zhang & Peck 2016, 74).

이 지점에서 우리는 곤혹스러움에 직면하게 된다. 자본주의니 사회주의니 하는 생산양식을 담론으로만 접해 온 필자로서는 판단의 근거를 확보하기 어렵기 때문이다. 그리고 지향으로서 제3의 길을 모색하고 있는 필자로서는 더더욱 곤혹스럽지 않을 수 없다. 사회주의도 자본주의도 아닌 제3의 길은 가능한가? 아니, 사회주의와 자본주의의 장점을 접합시킨 제3의 길은 가능할까? 논의의 핵심은 딜릭의 주장처럼 포스트사회주의를 지구적 자본주의의 대립물로 볼지, 아니면 그것의 특수한 형태로 볼지의 문제일 것이다. 모두(冒頭)에서 언급했던 것처럼, 딜릭의 결기는 존중해야겠지만, 호네트의 '시원적 사회주의 이념'과 같은 사회주의의 근본이념을 새롭게 재구성하기 전에는 사상누각에 지나지 않을 것이다.

마지막으로 자본주의와 공산주의/사회주의를 아우르는 관점으로 중국을 고찰하는 마리아 자나디(Maria Csanadi)의 논의로 이 글의 잠정적 결론을 대신하고자 한다. 다른 논자들이 자본주의와 공산주의/사회주의를 이분법으로 보는 반면, 자나디는 중국을 '이행/전환 중인 복잡한 당-국가 체계'(complex and transforming party-state system, Csanadi 2016, 3)로 본다. 그녀가 보기에 여러 가지 현상들은 복잡한 구조에 대해 서로 다른 각도로 접근하기 때문이다. 예를 들어 '혼종된 자본주의'(hybrid capitalism)는 경제 각도에서, '발전국가'(developmental state)는 중앙행정구조의 각도에서, '다단계 국가'(polymorphous state)와 '얼룩덜룩한 자본주의'는 권력 네트워크 집합의 다양한 층위의 각도에서 그리고 '국가 사회주의'(state-socialism)는 정치적 하위 분야의 각도에서 접근한 것이다(Csanadi 26~27). 그녀가 보기에 현재의 중국은 자본주의 체계의 국외자도 아니고 사회주의 시장경제도 아니고 공산 체제라는 특징이 없는 발전국가도 아니다. 포스트사회주의 중국은 '상호작용하는 당-국가 모델'(Interactive Party-State model)이 잘 작동하는 사회인 것이다.

1부

리쩌허우의 적전론과 인류학 역사본체론

1장 · 문화심리구조와 서학의 중국적 응용

리쩌허우(李澤厚, 1930~)는 자신의 사상 체계를 구축한 몇 안 되는 사상가 중 한 명이다. 1980년대 중국 젊은 지식인들의 사상적 지도자였던 그[1]가 이른바 '신좌파'의 출현으로 인해 어느 순간부터 '계몽사상가/신계몽주의자'로 축소 해석되었고 '이론적 유효성이 기각'되었다는 평가까지 나왔다. 리쩌허우에 관한 이런 평가에는 여러 가지 '인지적 맹점'이 존재하고 있기에 리쩌허우가 올바르게 인지되어야 하고 그에 기초해서 재평가되어야 한다는 것이 이 글의 문제의식이다. 그 사상 체계의 핵심은 '인류학 역사본체론'(a theory of anthropo-historical ontology, 이하 역사본체론)이다. 그의 미학과 철학, 사상사 등은 모두 역사본체론을 원심으로 삼아 바깥으로 확장한 동심원 구조를 이룬다. 그러므로

---

1 시스템공학 및 응용수학을 전공하던 추이즈위안(崔之元)은 리쩌허우의 『비판철학의 비판』을 읽고 처음으로 철학의 매력을 느꼈다(추이즈위안, 『중국은 어디로 가고 있는가』, 장영석 옮김, 창비, 2003, 14쪽)고 고백한 바 있다.

역사본체론이라는 핵심을 틀어쥐어야만 리쩌허우의 사상을 정확하게 이해할 수 있다. 이를 위해 리쩌허우 사상 체계의 중요한 개념인 문화 심리구조와 실용이성(實用理性), 유학 4기설과 서학의 중국적 응용, 반봉건 계몽과 반제 구망의 이중과제에 대해 고찰하고자 한다.

1. 포스트사회주의 중국 비판 사상의 시원

자연과 인간의 관계를 탐구하고(究天人之際)
고금의 변화에 통달하여(通古今之變)
일가의 학문을 이룬다(成一家之言)

사마천(司馬遷)은 「태사공 자서」에서 『사기』(史記)의 저술 목적을 위와 같이 요약했다. 모두 알다시피 중국 전통문화의 원형(archetypes)은 대부분 선진(先秦) 시기에 형성되었고 문자 기록으로 남았다. 진시황의 분서갱유로 많은 기록이 훼손되었지만, 그로부터 그리 머지않은 한대(漢代)에 당시 금고문논쟁(今古文論爭)을 관찰하면서 그 성과를 반영한 『사기』는 중국 고대 문화사에서 중요한 임무를 수행했다. 사마천의 『사기』는 '이전의 모든 강물을 받아들여 이후 모든 강물의 원류가 된 커다란 호수'[湖納百川][2]와 같은 역할을 해왔다. 12본기, 10표, 8서,

---

2 '湖納百川'의 비유는 상하이 문화의 개방적 특색을 일컫는 '海納百川'을 참고해 만든 말이다. 온갖 강물을 받아들인 바다와 달리, 호수는 새로운 젖줄의 역할을 한다.

30세가, 70열전, 총 130편, 52만 6500자로 구성된 『태사공서』(太史公書), 즉 『사기』는 한 무제(武帝) 시대의 사관 사마천이 부친 사마담(司馬談)의 유언을 받들어 『춘추』 필법을 계승하고 '발분저서'(發憤著書)의 정신을 발휘해 완성한 중국 최초의 기전체(紀傳體) 역사서다. 『사기』는 개인 저작임에도 불구하고 중국 역대 기전체 역사서를 일컫는 '25사'(二十五史)의 첫머리를 여는 대작이자, 저술 목표를 훌륭하게 달성한 불후의 명작이라 할 수 있다.

사마천 이후 2000여 년의 중국 역사에서 이런 목표를 설정하고 수행한 학자가 또 있을까? 관점에 따라 여러 학자를 떠올릴 수 있겠지만, 나는 감히 리쩌허우를 사마천의 계승자로 설정해 본다. 리쩌허우 자신도 『기묘오설』(己卯五說)에서 사마천의 저술 목표를 자신의 학술 목표로 삼으려는 포부를 드러내기도 했다. "「무사 전통」과 「자연의 인간화」는 자연과 인간의 관계를 탐구했고, 「유가와 법가의 상호 작용」과 「역사의 비극」에서는 고금의 변화를 규명하고자 했으며, 「유학 4기」에서는 위의 네 가지 주장을 통합해 '일가지언'을 이루었다."(李澤厚 2008, 129) 리쩌허우의 학술 성과들을 보면 그가 자연과 인간의 관계를 탐구하고, 고금의 변화에 통달하는 것에 그치지 않고 중국과 서양의 경계를 횡단하며 양자의 융합에도 관심을 기울인 것을 알 수 있다. 그는 중국의 미학과 철학, 사상사를 고찰하는 동시에 인류의 기원과 인성 그리고 미래에 관심을 가지면서 서양의 미학과 철학에서도 해답을 구하려 노력했다. 그러므로 우리는 사마천의 저술 목표가 리쩌허우에서 다음과 같이 조정되었다고 말할 수 있다.

자연과 인간의 관계를 탐구하고(究天人之際)

고금의 변화에 통달하며(通古今之變)

중국과 서양의 경계를 넘나들어(跨中西之界)

일가의 학문을 이룬다(成一家之言)

그는 '자연의 인간화'와 '인간의 자연화'를 통해 자연과 인간의 관계를 탐구하고, 『중국근대사상사론』(中國近代思想史論)·『중국고대사상사론』(中國古代思想史論)·『중국현대사상사론』(中國現代思想史論) 등 '사상사론 3부작'과 『미의 역정』(美的歷程)·『화하미학』(華夏美學)·『미학4강』(美學四講) 등 '미학 3부작'을 통해 중국 사상과 미학의 고금 변화에 통달하려 했으며, 『비판철학의 비판』(批判哲學的批判)을 통해 칸트와 마르크스의 교차를 시도하는 동시에 서양 철학과 중국 유학을 교차시켜 '4기 유학(儒學)'을 제창해 중국과 서양의 경계를 넘나듦으로써 '인류학 역사 본체론'이라는 일가를 이루었다.

여기에서 하나 짚고 넘어갈 것은 '4기 유학'이라는 용어가 자칫 '중국중심론'으로 회귀하는 것 아니냐는 의구심을 불러일으킬 수 있다는 점이다. 물론 리쩌허우가 중국인인 만큼 그가 중국의 학술 사상을 중심으로 삼은 것은 부인할 수 없다. 그리고 2천 년이 넘는 중국 학술 사상사에서 유학이 중심이란 사실도 부인하기 어렵다. 그러나 리쩌허우가 말하는 유학은 흔히 우리가 이해하고 있는 고정된 '협의의 유가 학설'이 아니다. 그것은 원시 시대의 토템 가무와 무술 의례를 자각적 인간성과 심리 본체의 확립으로 전환한 공자의 유학을 토대로, 맹자와 순자의 확장을 거쳐 도가와 기타 제자백가를 비판적으로 수용하고 굴원의 깊은 감성과 불교의 참선까지 끌어들여 장기간 적전(積澱), 즉 축적되고 침전되어 온 중국 전통의 '문화심리구조'를 가리킨다. '4기 유학'은 이 문화심리구조를 토대로, 과학기술에 바탕을 둔 서양의 모던한 물질생활을 흡수하여 그것을 본체로 삼아 새로운 단계의 중국 유학을 구성하겠다는 구상이다. 물론 구상이 훌륭한 것과 자신의 구상을 훌륭하게 구현하는 것은 별개의 과제라는 사실도 지적해 두어야 한다.

리쩌허우는 1930년 후베이(湖北) 우한(武漢)에서 태어났다. 원적은 후난(湖南) 창사(長沙)다. 12세에 아버지를 여의어 어려운 가정환경에서 자랐고, 명문이자 학비가 면제되는 후난성립제일사범학교에 진학했다. 이 시기 루쉰(魯迅)과 빙신(冰心)의 작품을 즐겨 읽었는데, 그가 체득한 내용이 '20세기 중국문학사 담론'에 상당한 영향을 준 「20세기 중국문예 일별」(二十世紀文藝一瞥)에 잘 녹아 있다. 19세에 어머니마저 여읜 그는 잠시 초등학교 교사를 지내다가 1950년 베이징대학교 철학과에 입학한다. 어려운 형편에도 독서와 글쓰기로 대학 시절을 보냈다. 런지위(任繼愈)의 근대사상사 강의를 듣고는 캉유웨이(康有爲)와 탄쓰퉁(譚嗣同)에 관심을 두게 되었다. 이는 훗날 『캉유웨이·탄쓰퉁 사상 연구』(康有爲譚嗣同思想硏究, 1958)로 이어졌고 다시 『중국근대사상사론』(1979)으로 발전했다. 졸업 후 중국사회과학원 철학연구소에서 철학과 미학 연구에 종사하고 『철학연구』(哲學硏究) 창간 작업에도 참여했다.

리쩌허우는 자신의 사상발전 과정을 세 단계로 나눈다. 1950년대부터 1962년까지가 1단계인데, 1962년은 「미학의 세 가지 논제」(美學三題議)를 발표한 시점이다. 대학 재학 시절, 1840년 아편전쟁부터 1949년 인민공화국 건국까지의 사상사를 쓰겠다는 일념에 자료도 수집하고 논강(論綱)도 쓰던 중, 1956년에 시작된 미학 토론에 뛰어들어 당시 주광첸(朱光潛) 및 차이이(蔡儀)와 더불어 논쟁의 한 축을 담당했다. 특히 1956년 미학에 관한 논문 「미감, 미 그리고 예술을 논함」(論美感·美·藝術)을 발표하면서 학자로서 명성을 날리게 된다. 이 논문은 당시 미학계의 두 주류인 차이이의 유물론 미학과 주광첸의 부르주아 관념론 미학을 비판하면서, 미의 본질에 관한 '객관적 사회설'을 제창했다. 이때 '자연의 인간화'와 '인간의 자연화' 개념에 주목했고, 주체와 객체의 연결 고리로서 '실천'을 설정했으며, 이를 칸트철학에 대한 비판적 연구와 결합해 '주체적 실천철학'으로 발전시켰다. '주체적 실천철학'은 '인류학 역사본체론'의 다른 표현이기도 하다. 상하이문예출판사에서 나온 『미학논집』(美學論集)은 이 시기에 쓴 미학 관련 글을 모은 것이다.

2단계는 문화대혁명 이후부터 그가 중국을 떠나기 전까지로, 이 시기 글은 6권 분량의 『리쩌허우 십년집』(李澤厚十年集 1979~1989)에 수록되어 있다. 리쩌허우는 1966~1976년 문화대혁명 기간 허난(河南)으로 하방(下放)되어 사상 개조의 압박을 받는다. 이 기간은 그에게 시련인 동시에 전환의 계기였다. 칸트철학 연구서인 『비판철학의 비판』(1979)은 이때의 독서를 바탕으로 집필되었다. 이후 『중국근대사상사론』(1979), 『중국고대사상사론』(1985), 『중국현대사상사론』(1987)의 '사상사론 3부작'을 출간했다. 아울러 『미의 역정』(1981), 『중국미학사 1』(中國美學史 1, 1984), 『중국미학사 2』(中國美學史 2, 1987), 『화하미학』(1989), 『미학 4강』(1989) 등의 미학 관련 저서를 출간했다. 리쩌허우의 사상발전 단계를 조감해 볼 때 개혁개방 이듬해인 1979년은 리쩌허우 개인에게뿐만 아니라 당시 사상계에도 의미심장한 해였다. 1979년 런민(人民)

출판사에서 나온『비판철학의 비판』과『중국근대사상사론』은 도광양회(韜光養晦)했던 리쩌허우의 성과를 드러낸 것이기 때문이다. 이들 성과는 사회주의 시기 은인자중하며 축적한 공부를 본격적으로 드러냈다는 면에서 중요할 뿐 아니라, 이후 중국 사상 문화계에 지대한 영향을 미쳤다는 점에서도 주목할 필요가 있다.

　　3단계는 1990년대부터 지금까지다. 리쩌허우는 1989년 '톈안먼 사건' 이후 미국으로 망명하여 콜로라도대학 객원교수를 지냈고 프랑스 국제철학아카데미로부터 정식 원사(院士)로 위촉된 바 있다. 최근에는 중국과 미국을 오가며 독서와 사색과 대담을 진행하고 있다. 이 시기의 저서로『나의 철학 제강』(我的哲學提綱, 1990),『고별혁명』(告別革命, 1997),『세기신몽』(世紀新夢, 1998),『논어금독』(論語今讀, 1998),『기묘오설』(1999),『역사본체론』(歷史本體論, 2002) 등이 있고, 2014년『중국철학의 등장』(中國哲學的登場),『1980년대』(一九八零年代),『류짜이푸와의 대담』(與劉再復對談),『부생논학』(浮生論學),『21세기 1·2』(二十一世紀1·2) 등의 대화집이 출간되었으며, 2016년에는 652쪽 분량의『인류학 역사본체론』이 출간되었다.

2. 중국의 지혜와 문화심리구조

리쩌허우는 중국 고대 사상에 대한 스케치 식의 거시적 조감을 거쳐 중국 네이션(nation)[3]의 문화심리구조 문제를 탐구한다. 리쩌허우가 말하는 '중국의 지혜'는 기나긴 역사를 통해 발전하고 변화함으로써 형성된 산물이다. 그것은 어느 순간 형성되어 절대 변하지 않는 '고정된 실체'도 아니고, 시공과 인과를 초월하는 '선험적 존재'도 아니다. 중국의 지혜는 문화심리구조로 표현되고, 그것은 혈연 종법 제도, 실용이성, 낙감(樂感)문화, 천인합일(天人合一)로 구성된다.

리쩌허우는 『중국고대사상사론』의 마지막 장인 「중국의 지혜 시탐(試探)」에서 '자아의식 성찰의 역사'라는 전제 아래 "중국 고대 사상에 대한 스케치 식의 거시적 조감을 거쳐 중국 네이션의 문화심리구조의 문제를 탐구하는 것"(李澤厚 1994b, 294)을 자신의 과제로 제시하고 있다. 그는 사상사를 박물관에 비유한 조지프 레벤슨(Joseph Levenson)과 도서관에 비유한 벤저민 슈워츠(Benjamin Schwartz)의 견해를 비판하면서, 중국 사상사 연구에서 주의해야 할 과제를 다음과 같이 요약했다. "인간의 심리구조에 침적(沈積)되어 있는 문화 전통을 심도 있게 탐구하고, 중국 네이션의 여러 성격 특징(국민성, 내셔널리티), 즉 심리구조와 사유 모델을 형성하고 빚어내고 그것들에 영향을 준 고대 사상을 탐구한다."(李澤厚, 295) 리쩌허우는 바로 이런 과정을 거쳐 중국의 지혜를 발견하려 했다.

중국의 지혜는 문학과 예술, 사상과 풍습, 이데올로기와 문화 현상으로 전개되었다. 그것은 네이션 영혼의 대응물이고 그것의 대상화이자 결정체이며 일종의 네이션의 지혜다. 리쩌허우의 '지혜' 개념은 대단

---

3 그동안 nation을 민족으로 번역했고, 최근에는 국족(國族)으로 표기하기도 하지만, 이 책에서는 혼선을 피하고자 원어의 독음인 '네이션'으로 표기한다. nation과 짝 개념인 ethnic도 '에스닉'으로 표기한다. 단, 인용문의 경우에는 해당 필자의 의도가 있을 것으로 짐작하고 그 의도를 존중하는 차원에서 그대로 두었다. 네이션-에스닉, 민족-종족, 국족-민족 등, nation의 동아시아 번역 과정에 대해서는 임춘성, 『포스트사회주의 중국의 문화정체성과 문화정치』, 문화과학사, 2017, 5장 1절 참조.

히 광범하다. 사유 능력과 오성, 지혜(wisdom)와 지성(intellect)을 포괄하되, 중국인이 내면에 간직한 모든 심리구조와 정신 역량을 포괄하며, 또 그 안에 윤리학과 미학의 측면, 예컨대 도덕적 자각과 인생 태도 그리고 직관 능력 등을 포괄한다.(李澤厚 1994b, 295) 중국인의 사유는 중국 네이션이 생존하고 발전하면서 축적해 온 내재적 존재이자 문명이며, 매우 강한 계승의 힘과 지구력, 상대적 독립성을 지니고 있다. 나아가 직접적·간접적으로, 의식적·무의식적으로, 내용에서 형식에 이르기까지, 도덕 기준이나 진리 관념에서 사유 모델, 심미적 취미 등에 이르기까지 오늘날의 중국인들에게 영향을 주고 그들을 지배하며 주재하기까지 했다. 리쩌허우가 말하는 '중국의 지혜'는 기나긴 역사를 통해 발전하고 변화함으로써 형성된 산물이다. 그것은 어느 순간 형성되어 절대 변하지 않는 '고정된 실체'도 아니고, 시공과 인과를 초월하는 '선험적 존재'도 아니다. 그러므로 그의 『중국고대사상사론』은 통사적 성격을 가지고 있는 한편, 중국의 지혜(문화심리구조)를 형성하는 데 중요한 작용을 일으킨 개별 인물과 사조 ──공자와 묵자, 맹자와 순자, 노자와 한비자, 『주역』과 동중서(董仲舒), 장자(莊子)와 선종(禪宗), 내성(內聖, 이학)과 외왕(外王, 경세)의 학──를 대상으로 삼아 논술하고 있다.

중국이라는 공간에서 3000년이 넘는 시간 동안 살아온 중국인에게 신석기 시대부터 시작된 농업을 기초로 하는 씨족 사회의 조직 구조는 '현실적 물질생활의 근원'이라 할 수 있다. 그것은 중국 사회와 그 이데올로기에 적지 않은 영향을 주었다. 리쩌허우는 이에 대해 다음과 같이 요약하고 있다.

계급 사회에 진입해 각종 경제적·정치적 제도의 변천을 거쳤지만, 혈연적 종법 유대를 특색으로 삼고 농업 가정의 소생산을 기초로 하는 사회생활과 사회구조는 거의 변동되지 않았다. 오래된 씨족 전통의 낡은 풍속과 관념적 습관이 장기간 보존되고 축적되어 대단히 강고한 문화구조와 심리적 역량을 구성했다.(李澤厚, 297)

리쩌허우는 공자와 맹자의 원시 유가가 지지하고 옹호했던 것이 바로 갓 계급 사회에 들어선 초기 가부장적 노예제 시기에 존재했던 원시 씨족 사회에 해당하는 대동세(大同世)의 좋은 전통들, 즉 '널리 민중을 사랑하라'(泛愛衆), '군주가 가장 가볍다'(君爲輕) 등이라고 본다. 공자와 맹자가 옹호한 것은 '씨족 사회 내의 인도적 민주 사상'으로, 그것은 '서양의 인도주의'와 달리 원시 씨족 전통에 기초하므로 인간 사이의 조화와 친목, 호애(互愛)와 상호 협조를 강조한다. 공자와 맹자가 보존한 인도적 민주 사상은 이후 삼강오륜 등으로 구체화하여 중국인의 일상생활에 커다란 영향을 미침으로써 전통적 가치 관념의 중요한 부분을 구성했다. 그것은 긴밀한 인간관계를 지향했기에 공동체 형성에 긍정적 영향을 주었지만, 독창성을 경시하고 청년을 무시하는 부정적 정서를 조장하기도 했다. 이는 공맹 사상의 약점이기도 하다. 전통을 창조적으로 계승하고 비판적으로 수용하는 과제는 예나 지금이나 항상 우리 앞에 놓여 있다.

리쩌허우 사상 체계의 핵심어인 '문화심리구조'는 그의 필생의 연구 과제인 동시에 앞서 언급한 지혜 개념과 상통한다. 그것은 유가 학설을 대표로 하는 전통 문명과 더불어 이미 일반적인 현실생활과 관습·풍속 속에 깊숙하게 침투해 있다. 그것은 구체적 시대나 사회를 초월한다. '적전'(積澱), 즉 오랜 세월 축적되고 침전되어 마치 DNA처럼 중국인의 몸과 마음에 새겨져 영향을 주고 있는 그런 것이다. 적전은 문화심리구조의 형성 원리다. 중국인의 문화심리구조는 '가정 본위주의', 즉 '혈연적 기초'를 기원으로 하며 소생산 자연 경제의 기초 위에 수립된 가족 혈연 중심의 종법(宗法) 제도에서 유래한다. 혈연 종법은 전통 문화심리구조의 현실적·역사적 기초이며, '실용이성'은 전통 문화심리구조의 주요한 특징이다. 실용이성은 리쩌허우에게 혈연, 낙감문화, 천인합일과 함께 중국인 지혜의 하나다. 이에 대해서는 다음 절에서 살펴보자.

3. 역사적 실용이성

문화심리구조의 주요한 특징인 실용이성은 선진(先秦) 시기에 형성되기 시작했고, 중국의 문화, 과학, 예술과 상호 연계되어 형성·발전하고 장기간 지속하였기에 역사적 성격을 가지고 있다. 즉, 리쩌허우는 '역사가 이성을 건립'한다고 본다. 선험적이고 뻣뻣하게 변하지 않는 절대적 이성이 아니라 역사가 건립한, 경험과 연관 있는 합리성, 이것이 바로 중국 전통의 '실용이성'이다. 그것은 경험적 합리성이자 역사적 실용이성이다.

　혈연이 전통사상의 토대라면, 실용이성은 전통사상의 특색이다. 그것은 선진 시기에 형성되기 시작했다. 선진 제자백가는 당시 사회 대

변동의 전도와 출로를 찾기 위해 학생들을 가르치고 자기주장을 펼쳐, 상주(商周) 무사(巫史) 문화에서 해방된 이성을, 그리스의 추상적 사변이나 인도 해탈의 길이 아니라, 인간 세상의 실용적 탐구에 집착하게 했다. '무사 문화'란 샤먼(巫)과 사관(史)이 주도한 것으로, "이성화된 무사 전통"(Shamanism rationalized)은 "혈연 종법 가족을 유대로 한 씨족 체계(Tribe system)"와 함께 "중국 문명의 매우 중요한 두 가지 징후"였다. "두 가지는 긴밀하게 연결되어 일체를 이루었고 장기간 각종 형태로 지금까지 연속되었다."(李澤厚 2008, 157) 이런 상주 무사 문화에서 해방된 이성이 바로 실용이성이다. 장기간의 농업 소생산의 실천을 통해 축적된 경험의 합리성은 실용이성을 굳건하게 보존시킨 중요한 근거였다. 그러므로 그것은 '경험적 합리성'(empirical reasonableness)이라 할 수 있다.

중국의 실용이성은 중국의 문화, 과학, 예술과 상호 연계되어 형성·발전하고 장기간 지속하였다. 특히 노자와 군사, 순자·『역전』(易傳)과 농업, 음양오행(陰陽五行)과 의학, 장자·선종과 예술의 관계는 떼려야 뗄 수 없는 관계다. 중국 실용이성의 철학 정신과 중국 과학 문화의 실용적 성격의 관계는 긴밀하다.(李澤厚 1994b, 301~302) 리쩌허우는 한 걸음 더 나아가 중국 철학사상에 스며들어 있는 실용이성의 흔적에 주목한다. 특히 중국 고대에 풍부한 변증법 사상이 성숙했음에도 불구하고, 그것은 정확한 개념을 다룬 부정의 변증법이 아니라 인생 문제를 다루는 상호보완적 변증법이었다. "그 중점은 개념이나 사물의 투쟁과 성패에 놓여 있는 것이 아니라, 대립항 쌍방의 보충과 상호 침투 그리고 운동의 추이를 드러냄으로써 사물이나 체계의 동태적 평형과 상대

적 안정을 얻으려는 데 놓여 있었다."(李澤厚 1994b, 302) 그러므로 리쩌
허우가 보기에, 중국 실용이성은 유물론적인 기본 경향을 보이고 무엇
보다도 특히 역사를 중시한다.

　역사의식의 발달은 실용이성의 중요한 내용이자 특징이다. 실용이
성은 장구하고 체계적인 각도에서 모든 사물을 객관적으로 고찰하고
사색하며 평가한다는 점에서 다른 실용주의와 구별된다. 리쩌허우는
『역사본체론』에서 실용이성을 아래와 같이 요약한다.

　　이성은 역사적으로 건립되어 온 것이다. 이성의 기초는 합리성이다. '실
　　용이성'은 바로 합리성의 철학적 개괄이며 선험적 사변 이성에 대한 부정
　　이다. 그것은 상대성, 불확정성, 비객관성을 강조하지만 상대주의는 아니
　　다. 그것은 첫번째로 '사람은 살아간다'라는 밥 먹는 철학의 절대적 준칙
　　의 기초 위에서 건립되었기 때문이다. 두번째로 이러한 상대성·비확정
　　성·비객관성은 누적을 통해서 인류에게 공통으로 적용될 수 있고 모두
　　준수될 수 있는 '객관사회성', 즉 '보편필연성'을 건립했기 때문이다.(리쩌
　　허우 2004, 65)

　이는 '역사본체론'의 세 가지 명제 중 하나인 '역사가 이성을 건립'한
다는 맥락에서 이해할 수 있다. 리쩌허우가 보기에 서양 철학의 핵심
인 '선험적 사변 이성'은 현실의 적전과는 괴리된 것이다. 실용이성만
이 역사적 합리성을 갖춘 동시에 상대성, 불확정성, 비객관성의 적전을
통해 객관 사회성, 보편 필연성을 건립할 수 있다. 그러기에 그는 이렇
게 단언한다.

선험적이고 뻣뻣하게 변하지 않는 절대적 이성(rationality)이 아니라 역사가 건립한, 경험과 연관 있는 합리성(reasonableness), 이것이 바로 중국 전통의 '실용이성'이다. 그것은 곧 역사 이성이다. 왜냐하면 이 이성은 인류 역사에 종속되어 발생·성장·변화해 온 것이기에 매우 융통성 있는 '도'(度)를 갖추고 있기 때문이다.(리쩌허우, 65~66)

실용이성에서 '실용'은 이성의 절대성을 약화하는 동시에 역사성을 보완하므로, 실용이성을 더 정확히 표현한다면 '역사적 실용이성'이라는 명명이 가능할 것이다. 그것은 '역사본체론'의 출발점인 '도'(度)를 갖추고 있다. 리쩌허우는 '도'를 '적당한 정도를 장악해 딱 맞게 하는 것'으로 정의한다. 그것은 인류의 생산 활동, 즉 실천 속에서 출발했고 '중용'과 '화합'에서 '도'가 실현되고 대상화되었다. 사람들이 도구를 제조하고 사용하는 과정에서 '도'를 장악하여 창조적 역량을 실현하기 위해서는 '정교함'과 '조화'가 필요한데, 이는 주관적 합목적성과 객관적 법칙이 일치하고 융합하는 차원을 가리킨다. 인간의 실천에서 합목적성과 법칙성이 통일되는 상태는 바로 '미를 세우는 것'(立美)이고 이는 우리에게 '편안한 심리적 자유감'을 안겨 준다. 실용이성은 바로 이런 과정에서 형성된 경험적 합리성인 셈이다.

실용이성은 자신을 자족적인 최고 목적으로 삼지 않고, 자신이 인류 생존의 도구적 기능임을 분명하게 표명한다. 실용 가운데 이성이 인류 생존에 확실히 유용하고 유익함을 증명한다. "실용이성은 선험적 이성도 아니지만 반(反)이성도 아니다. 그것은 단지 비이성적인 생활 속에서 실용적인 합리성일 뿐이다. 그것은 역사에 의해 구축되었다."(李澤厚

2008, 43~44) 중국 실용이성의 전통은 한편으로는 사변 이성의 발전을 저지했지만 다른 한편으로는 반(反)이성주의의 범람도 배제했다. 실용이성은 유가 사상을 기초로 삼아 일종의 성격·사유 패턴을 구성했다. 이로써 중국인들이 각각 깨어 있고 냉정하면서도 온정이 흐르는 중용(中庸) 심리를 획득하고 승계하게 했다.

중용 심리는 난폭하지도 추상적이지도 않으며, 깨달음을 귀하게 여기고 논리를 경시하며, 경험을 귀중하게 여기고 역사를 좋아함으로써 현실생활에 봉사하고 현존하는 유기적 체계의 조화로운 안정을 유지하는 것을 목표로 삼아 인간관계를 중시하고 모험을 반대하고 새로운 창조를 경시하게 했다. 그러므로 리쩌허우는 실용이성의 장단점을 잘 파악해 급속하게 변하는 현대생활에 적응시킬 것을 주장한다. 이를테면 독일 추상사유의 놀라운 깊이, 영미 경험론 전통의 지성의 명석함과 미혹되지 않는 정신, 러시아 네이션의 우수에 젖은 초월적 요구 등의 수용을 진지하게 연구함으로써, 중국 실용이성을 더욱 높은 층위에서 새롭게 건설하자는 것이다. 이는 거대하고도 지난한 작업인 동시에 역사의 기나긴 과정이기도 하다.

리쩌허우의 실용이성에서 중요한 것은 '실용이성의 체계론 모델'의 이중적 기능이다. "중국의 문화전통은 어떤 의미에서는 오히려 외래문화를 가장 빠르게 받아들이고 흡수하여, 자신을 풍요롭게 하고 충실하게 하고 개조할 수 있었다."(리쩌허우 2005c, 509) 그 주요한 원인은 바로 실용이성이었다. 불교와 불학을 대표로 한 외래문화를 쉽게 수용한 것은 "중국 유가의 실용이성이 감정적인 고집에 사로잡히지 않고, 기꺼이 그리고 쉽사리 심지어 자기와 배척되는 외래의 사물까지도 받아들였음을 설명해 준다."(리쩌허우, 510) 이런 상황은 비단 고대 중국에 국한된 것이 아니었다. "5·4시기를 포함하여 그러한 전반적인 반전통적 심태는 바로 중국 실용이성 전통의 전개이기도 하다."(앞의 책, 510) 이는 실용이성의 개방적인 특징이 전통의 속박으로부터 자유로움을 보여 준다. "실용이성은 중국 민족이 스스로의 생존을 유지하기 위한 일종의 정신이자 방법이다."(앞의 책, 511)

하지만 실용이성의 체계론은 치명적인 약점을 가지고 있다. "수용하고 흡수한 후에 그것을 개조하여 자신의 체계에 동화시켜 버리는 것이다." '중체서용'의 변천이 대표적이다. "즉, '서학'이 흡수되어 들어와 동화되어 '중학'의 종속 부분이 되었지만, 결과적으로 '중학'의 핵심과 체계는 아무런 근본 변화도 겪지 않게 된 것이다."(李澤厚 2012a, 19) 실용이성의 체계론 모델은 중화 네이션이 외래 사물을 중국화시킨 후 스스로 생존을 지속시키는 기본적인 문화방식이다. 그것은 초사회적이지는 않지만, 초계급적이다.(李澤厚, 20) 리쩌허우는 상층에서뿐만 아니라, 하층의 태평천국운동에서도 실용이성에 기초한 중체서용 체계론이 작동함으로써, 홍슈취안(洪秀全)이 들여온 서유럽 기독교가 그 '중국화' 속에서 합법칙적으로 '봉건화'되었음을 설파하고 있다.

그러므로 우리는 실용이성의 개방적이고 실천적인 측면을 발전시켜야 하지만, 외래 문물을 중국화시키는 용광로 같은 측면을 경계해야 할 것이다.

4. 유학 4기설

1999년『기묘오설』의 서장 격으로 쓴「유학 4기에 대해」에서 리쩌허우는 외래의 것을 비판적으로 흡수하고 수용하는 '전환적 창조'의 과정을 바탕으로 유학 4기설(이하 4기설)을 주장한다. 그에 앞서 리쩌허우는『중국현대사상사론』에서 '전환적 창조'(轉換性創造)[4]를 제창하면서 다음과 같이 해석했다.

역사의 해석자 자신은 현시대의 토대 위에 서서 자신의 역사성을 의식하고, 진부한 전통의 속박을 뚫고 나와 새로운 언어·단어·개념·사고방식·표현 방법·회의적 정신·비판적 태도를 끌어들이거나 창조함으로써 '모든 가치를 다시 평가'해야 할 것이며, 이렇게 해야만 진정으로 전통을 계승·해석·비판·발전시킬 수 있을 것이다.(리쩌허우 2005c, 99)

이로 미루어 보아 '전환적 창조'란 외래의 것을 흡수하고 수용해 전통을 개량적으로 창조하는 것으로, 이는 주요하게 '유학 4기' 상황을 가리킨다. 4기설은 머우쭝싼(牟宗三)과 두웨이밍(杜維明)의 '유학 3기설'(이하 3기설)을 비판하면서 제출되었다. 3기설에 따르면 선진 유학, 공자와 맹자가 1기이고 송명 이학(理學), 주희(朱熹)와 왕양명(王陽明)이 2기이며 20세기의 슝스리(熊十力)와 머우쭝싼이 3기다. 이와 달리 리

---

4 리쩌허우,『중국현대사상사론』, 김형종 옮김, 한길사, 2005에서는 '창조적 전환'으로 번역했는데, 리쩌허우에 따르면 전환을 통해 창조에 도달하는 의미이고, 다른 글에서 '혁명적 창조' 등과 대조적으로 사용되고 있으므로, 이 글에서는 원문의 의미를 살려 '전환적 창조'로 번역한다.

쩌허우의 4기설에서 "공자와 맹자 그리고 순자가 1기이고 한대 유학
(漢儒)이 2기이며, 송명 이학이 3기이고 현재 또는 미래에 발전하려면
이전 3기를 계승하면서도 다른 특색을 가진 4기가 되어야 한다"(李澤厚
2008, 140).

리쩌허우의 4기설에는 '직접 기원'과 '간접 기원'이 있다. '직접 기원'
은 머우쭝싼이 제시하고 두웨이밍이 고취했으며 근래 유행되기 시작
한 3기설을 겨누고 있고, '간접 기원'으로는 당대 현실 문제의 도전에
직면하는 것이다. 리쩌허우는 3기설에 대해서 아래와 같이 개괄하고
있다.

'유학 3기설'은 심성론(心性論)을 '도통'으로 삼아 유학을 개괄하고 이해하
면서 심성론이 유학의 '정수'이자 '명맥'이라고 여긴다. 그에 따라 공자와
맹자가 제1기이고, 맹자 사후에는 전수자가 없다가 송명 이학에 이르러
심성 이론을 발양시켜 유학 제2기를 이루었다. 머우쭝싼의 견해에 따르
면, 명말 유종주(劉宗周)가 죽은 후 청 3백 년간 전수되지 않아 온통 암흑
이다가, 슝스리가 출현해 머우쭝싼과 탕쥔이(唐君毅) 등에게 전수되어 비
로소 광대(光大)해졌는데, 이것이 유학 제3기이다. 그들은 오늘날의 임무
는 머우쭝싼을 핵심 대표로 하는 '유학 3기'를 계속 발양하는 것이라고 생
각한다. 사람들은 이들을 '현대 신유학'[5]이라 명명하는데, 나는 '현대 송명
이학'이라 일컫는다.(李澤厚, 130~131)

---

5 이에 대한 자세한 논술은 리쩌허우, 『중국현대사상사론』에 게재된 「현대 신유가 약론」을 참조할 것.
　이 글에서 슝스리, 량수밍(梁漱溟), 펑유란(馮友蘭), 머우쭝싼의 4인을 다루고 있다.

리쩌허우는 3기설에 표층, 심층 이론, 실천의 세 측면에 걸쳐 각각 두 가지씩 모두 여섯 가지 문제가 있음을 지적한다. 먼저 표층적인 것으로, 첫째 심성-도덕 이론으로 유학을 개괄하는 것은 일면적이다. 둘째, 심성만을 강조함으로 인해, 3기설은 순자의 학문을 말살하고 동중서를 대표로 하는 한대(漢代) 유학을 말살했다. 리쩌허우가 보기에, 동중서와 한대 유가는 도가와 법가 그리고 음양가의 많은 사상과 관념 그리고 프레임을 흡수·소화해서 만물의 천인감응(天人感應)을 망라하는 음양오행의 피드백 패턴을 창립했는데, 이는 당시 및 후대에 중대한 의의가 있으며 그 이론적 지위는 송명 이학에 못지않다는 것이다.(李澤厚 2008, 131) 정이(程頤)·정호(程顥)와 주희의 경우에도 음양오행을 강구한 것이 그 강력한 예증이다. 그러므로 리쩌허우는 3기설과 4기설의 차이가 단순한 관점의 차이가 아니라, "중국 문화 특히 유학 전통을 어떻게 이해하는가, 그리고 그에 따라 이 전통을 어떻게 발전시키느냐 하는 근본 문제"(李澤厚, 131~132)임을 명확하게 규정했다. 3기설은 유학이 심성 도덕의 형이상학일 뿐이고 그에 따라 상당히 협애한 종교적 교의로 발전할 수 있을 뿐이라고 보지만, 4기설은 유학이 더욱 풍부한 자원을 가지고 있고 현대의 사상과 이론을 흡수·소화한 후 더욱 광활한 전경을 가질 수 있다고 본다는 것이다. 3기설은 표층적인 오류 외에도 심층 이론 차원의 곤란함과 실천 방면의 문제점을 가지고 있다. 심층적 곤란함의 하나는 '내성으로 외왕을 연다'라는 것이고 또 하나는 '초월적이면서도 내재적'이라는 주장이다.(앞의 책, 132) 실천 방면의 문제점 하나는 3기설이 대부분 순수 강단식의 심오한 논리여서 협소한 강단의 벽을 넘어서지 못해 지금까지 대중 사회와 거의 관계가 없다는 점이고, 또 하나는 제창자들 본인의 도덕-종교 수양 문제다.(앞의 책, 138~139) 이처럼 3기설은 여러 가지 문제점을 가지고 있다.

3기설과 비교하면, 리쩌허우의 4기설은 몇 가지 차별성을 가지고 있는데, 그 가운데 순자에 대한 견해는 3기설과 4기설의 중요한 차별점 중 하나이다. 리쩌허우는 제1기에 공자와 맹자 외에 순자를 포함했다. 직하(稷下)학파의 좨주(祭主)까지 지냈던 순자는 그동안 '유가의 이단(異端)'으로 취급받아 이른바 '정통 유가'의 반열에 오르지 못했다. 신영복은 유학의 객관파 또는 기학파(氣學派)로 분류되는 순자가, 덕치(德治)를 주장하는 주관파 또는 이학파(理學派)와 달리, 금왕(今王)의 제도와 법을 의미하는 예치(禮治)를 주장했다고 평가했다. 순자의 예에는 법(法)의 의미가 있으므로 그 문하에 한비자(韓非子)와 이사(李斯)가 나올 수 있었다. 특히 그의 천론(天論)은 이단으로 배척당한 중요한 근거였다. 순자의 천(天)은 물리적 천으로, 유가의 정통적 도덕천(道德天)을 거부하고, 종교적 천, 인격적 천을 거부하는데, 신영복이 보기에 이야말로 순자의 탁론(卓論)인 셈이다.(신영복 2004, 404~405 참조) 인간의 능동적 참여를 강조한 실천론, 성악설과 청출어람을 설파한 교육론 등은 기존 '정통' 유학에서는 찾아보기 어려운 내용이었는데, 리쩌허우는 순자를 제1기에 포함해 유학의 개방성을 확대했다. 리쩌허우의 4기설을 좀 더 구체적으로 보면 아래와 같다.

(1기) 원전 유학(공자, 맹자, 순자)의 주제는 '예악론'(禮樂論)이고 기본 범주는 예(禮), 인(仁), 충(忠), 서(恕), 경(敬), 의(義), 성(誠) 등이다. 당시 개인은 아직 원시 집단에서 진정으로 분화되어 나오지 못했지만, '삶이 귀하다',

'하늘이 만물을 낳지만 사람이 귀하다'라는 중국 인본주의의 근기를 다졌다. 2기 유학(한)의 주제는 '천인론'(天人論)이고 기본 범주는 음양, 오행, 감응, 상류(相類) 등으로, 인간의 외재 시야와 생존 경로를 크게 개척했다. 그러나 개인은 이 인위적 체계의 폐쇄적 도식에 굴종하고 곤궁을 겪었다. 3기 유학(송명 이학)의 주제는 '심성론'(心性論)이고, 기본 범주는 이(理)와 기(氣), 심(心)과 성(性), 천리(天理)와 인욕(人欲), 도심(道心)과 인심(人心) 등으로 인간의 윤리 본체를 극대로 고양했지만 개인은 내면 율령의 속박과 통제 아래 신복(臣服)했고 인간의 자연스러움을 소홀히 했다. 내가 보기에 4기 유학의 주제는 바로 '정감·욕망론'이고, '인류학 역사본체론'이 전면 전개된 것이다. 그것은 현대인 삶의 각종 다른 층위와 종류의 정감과 욕망 및 그 복잡한 구조 관계를 자세히 탐구한다. 그것은 정(情)을 '본체'로 삼고 그 기본 범주는 자연의 인간화, 인간의 자연화, 적전(積澱), 정감, 문화심리구조, 두 가지 도덕, 역사와 윤리의 이율배반 등이다. 개인은 처음으로 다원적으로 발전하고 자신을 충분히 실현하는 자유인이 될 것이다.(李澤厚 2008, 154~155)

유학의 발전 과정을 1기 원전 유학-2기 한대 유학-3기 송명 이학-4기 현대 역사본체론으로 나누고, 각 시기의 주제를 예악론-천인론-심성론-정감·욕망론으로 요약했으며 각 시기 주제의 기본 범주도 제시했다. 그리고 4기 유학의 궁극적인 지향이 자유로운 개인임을 천명함으로써, 이른바 '정통 유학'의 지향과는 천양지차가 있음을 분명하게 밝혔다.

리쩌허우의 4기설의 '간접 기원'은 당대 현실 문제의 도전에 직면하는 것이다. 그 도전은 근현대화(modernization)와 관련이 있다. 중국 유학은 근현대화에 적응하지 못함으로 인해 반(反)전통과 반(反)유학이 중국 근현대 사조의 주류가 되었다. 이와 달리 리쩌허우가 주장하는 "4기설은 전통이 여전히 살아 있고 아직 근현대화에 완전히 진입하지 못한 억만 백성의 마음에 살아 있으므로, 천 년 동안 적전된 심층 문화 심리를 발굴하고 인식해 그것을 명확하게 만들고 의식화해야 할 뿐 아니라 이론적 높이까지 승화시켜 자원을 재해석하고 결함을 보완해야만, 유럽과 미국의 풍우를 흡수하고 그에 동화되어 '전환적 창조'의 기초를 다지게 될 것이다"(李澤厚, 145).

리쩌허우의 4기설은 역사적 맥락을 중시한다. 이를테면 한대의 유학은 도가와 묵가, 법가와 음양가의 사상을 흡수하고 다른 학파의 합리적 핵심을 자신의 이론적 뼈대로 삼은 토대 위에 사회와 자연 그리고 정치를 하나의 피드백 시스템으로 삼아 고찰함으로써 공자·맹자·순자의 유학을 발전시켰다. 이처럼 외래의 것을 흡수하고 수용해 전통을 개량적으로 창조하는 것이 바로 '전환적 창조'다. 이러한 관점을 토대로 한다면, 오늘날 중국 유학도 외국의 현대적인 것을 흡수해야 할 것이다. 마르크스주의와 자유주의, 실존주의와 포스트모더니즘 등을 주동적으로 흡수하고 전환적 창조를 통해 새로운 유학, 새로운 중국 문화의 빛을 발하게 해야 할 것이다. 리쩌허우는 '전환적 창조'를 통해 새롭게 태어날 유학 4기의 비전을 다음과 같이 제시하고 있다.

'유학 4기설'은 도구 본체(과학기술-사회발전의 '외왕')와 심리 본체(문화심리구조의 '내성')를 근본 기초로 삼아 개체 생존의 특수성을 중시하고, 자유 직관('미로 진을 열다')과 자유의지('미로 선을 축적') 그리고 자유 향수 (개체의 자연적 잠재력 실현)를 해석하며 '내성외왕의 도'를 새롭게 구축함 으로써, 정감이 충만한 '천지국친사'(天地國親師)의 종교적 도덕으로 자유 주의 이성 원칙의 사회적 도덕을 범도(范導)하고(규정하는 것이 아니라) 나 아가 중국의 '실용이성'과 '낙감문화', '하나의 세계'와 '도(度)'의 예술'의 유장한 전통을 계승한다.(李澤厚 2008, 155)

5. 서학의 중국적 응용

리쩌허우는 '전환적 창조'의 방법론으로 '서학의 중국적 응용'(西體中 用)[6]을 들었다. 유학 4기설이 유학 3기설을 겨냥한 것이라면, '서학의 중국적 응용'은 '중체서용'(中體西用)[7]과 '전면서화'[全盤西化][8]를 겨냥한 것이다.

리쩌허우는 2012년 『서학의 중국적 응용에 대해』(說西體中用)를 출

---

6 '西體中用'을 '中體西用'의 짝 개념으로 이해하고, '西學爲體, 中學爲用'의 줄임말로 이해하는 것은 리 쩌허우의 의도를 곡해하는 것이다.
7 "'중체서용'이란 '중학위체(中學爲體), 서학위용(西學爲用)'의 약칭으로, 아편전쟁 이후 물밀듯이 밀려 들어 오는 서양문화에 대한 중국의 대응 논리라 할 수 있다. 여기에서 중학은 유교 경학과 그것에 기 초한 봉건 예교를 가리키고, 서학은 과학기술→정치제도→사상의식의 순차적이고 층위적인 단계를 거치는 서양문화를 가리킨다. 그것은 중국의 전통을 본체로 삼되, 이전에는 업신여기던 서양의 정신 적·물질적 문화를 부분적으로 수용하겠다는 태도였다." 임춘성, 『중국 근현대문학사 담론과 타자화』, 문학동네, 2013, 136~137쪽. 체(體)와 용(用)이라는 가치평가를 염두에 둔다면, 중체서용은 중화주의 또는 중국중심론의 변형이라 할 수 있지만, 의자 하나를 옮기는 데에도 피를 흘려야 했던 중국의 그것 은 또한 외래문화의 수용 전술로 간주할 수도 있다.
8 全盤西化. 이 용어는 1929년 후스(胡適)가 처음 사용했다고 한다. 李澤厚, 『說西體中用』, 上海譯文出版 社, 2012, 10頁 참조.

간하면서 글 3편과 부록 2편을 실었다. 「'서학의 중국적 응용'에 대해 거칠게 말하다」(漫說"西體中用", 1987)[9]와 「'서학의 중국적 응용'에 대해 다시 말하다」(再說"西體中用", 1995) 그리고 「신해혁명에서 이야기하다」(從辛亥革命談起, 1992)로 3편 모두 강연 원고이다. 부록으로『논어금독』의 「20.1기(記)」(1998)와 「캉유웨이에 대해 거칠게 말하다」(漫說康有爲, 2006)가 실려 있다. 여기에서는 1987년과 1995년의 글을 중심으로 삼고 1998년 글을 참고해 '서학의 중국적 응용'에 대해 고찰하고자 한다.

앞당겨 말하면, 리쩌허우는 '서학의 중국적 응용'을 '전환적 창조'의 방법론으로 간주했을 뿐 아니라, 근현대화와 전통의 모순을 해결하는 사유 방식으로 승화하고 있다. 보수주의 경향의 '중체서용'과 급진주의 경향의 '전면서화'와 달리, '서학의 중국적 응용'은 "개체 자유에 입각해 현존 질서를 급진적으로 개혁할 것을 주장"한 캉유웨이의『대동서』의 견해(李澤厚 2012a, 55)에 가깝다. 근현대 대공업 생산 위에 구축한 유토피아의 비전을 제시한『대동서』의 대동세계는 "국가도 없고 군대도 없으며 권위도 없고 등급도 없으며 가족도 없다. 사람마다 일하고 공부하고 즐기고, 자유와 평등 그리고 박애를 누린다. 진정「공산당 선언」에서 말한 바의 사회가 '자유로운 개체의 연합'의 분위기를 가지고 있다"(李澤厚, 55~56).

리쩌허우의 '서체'에서 '체'(體)는 '중학위체'의 '중학'(中學)과 같은 모호한 개념이 아니라, 생활의 근본이자 본체를 가리킨다. 본체는 가장

---

9 이 글은『중국현대사상사론』(김형종 옮김, 한길사, 2005)에「'서체중용'에 대하여」라는 표제로 번역되었다. 이 글에는 '서학의 중국적 응용'에 대한 리쩌허우의 최초의 글로 보이는「"西體中用"簡釋」(『中國文化報』, 1986年 7月 9日)의 주요 내용이 전재(轉載)되어 있다.

근본적이고 가장 실재적이다. 리쩌허우는 억만 인민의 일상적 현실 생활이 '체'이고, 이는 또한 근현대적 생산양식이자 생활양식이며 마르크스가 말한 사회 존재라고 말한다. 그는 근현대 중국 역사에서 중국 전통의 강고한 힘이 외래를 압도했다고 본다. 그러므로 그의 과제는 전통을 해체하고 재해석하는 것이다. 근현대 대공업과 과학 기술을 근현대 사회 존재의 본체와 실질로 인정하여 근본으로 삼아야 한다고 주장한 것이다.

요컨대 '학'은 '중학'이든 '서학'이든, 아니면 공자의 '중학'이든 마르크스의 '서학'이든 철저하게 따져 본다면 모두 '체'가 아니며, 최후의 '체'가 될 수도 없다. 그것들은 단지 '심리본체' 또는 '본체의식', 즉 일종의 이론형태와 사상 체계에 지나지 않는다. 엄격히 말해서 '체'는 사회 존재의 본체, 즉 현실적 일상생활이어야 한다. 이래야만 근본·기초·출발점이 될 수 있다. 이러한 근본을 경시하거나 여기서 떠나서 체용과 중서를 이야기하는 것은 모두 위험한 일이다. 중국의 경우 이러한 사회 존재의 본체 자체를 바꾸지 않는다면 마르크스주의를 포함하여 그것이 아무리 선진적인 '서학'이라 할지라도, 모든 '학'은 중국 원래의 사회 존재의 '체', 즉 봉건적 소생산의 경제기초와 그 문화심리구조라는 갖가지 '중학'에 의해 잠식될 가능성이 있다.(李澤厚 2012a, 32~33)

리쩌허우는 '학'이 '체'가 될 수 없음을 이처럼 분명하게 말했다. 이 부분에 대한 오해로 인해 훌륭하다고 수용한 외래 문물을 중국화시킴으로써 중국적 기독교, 중국적 마르크스주의로 전락시키고 말았다는 것이다. 그러므로 리쩌허우는 아래와 같이 서학의 중국적 응용의 논리를 전개하는 것이다.

만일 근본적인 '체'가 사회 존재 · 생산양식 · 현실 생활이라고 인정한다면, 그리고 현대적 대공업과 과학기술이야말로 현대 사회 존재의 '본체'이자 '실질'이라고 인정한다면, 이러한 '체' 위에서 성장한 자아의식 또는 '본체의식'(또는 '심리본체')의 이론 형태, 즉 이러한 '체'의 존재를 낳고 유지하고 추동하는 '학'은 응당 '주'가 되고, '본'이 되고, '체'가 되어야 한다. 이 것은 물론 근현대의 '서학'이지, 전통의 '중학'은 아니다. 그러므로 이러한 의미에서 여전히 '서학을 체로 삼고 중학을 용으로 삼는다'라고 말할 수 있다.(李澤厚, 36~37)

중용(中用) 또한 '중학을 쓰임으로 삼는 것'(中學爲用)이 아니라 서학을 '중국의 각종 실제 상황과 실천 활동에 어떻게 적용하고 응용하는가의 문제'(앞의 책, 38)인 것이다. 서학을 중국에 적용하고 응용하려면 중국의 실제와 결합해야 하는데, 중국 현실에서 가장 큰 영향력을 발휘하는 것은 바로 유학이다. 중국인이 인정과 혈육의 정, 고향에 대한 정과 보국의 정 등에 주의를 기울이는 것은 유가와 전체 중국 문화의 영향이다. 이런 중국의 전통을 근현대화된 생산양식과 생활양식의 토대 위에 결합하는 것이 바로 '서학의 중국적 응용'이다. 리쩌허우의 '서학의 중국적 응용'은 '중체서용'의 언어유희가 아니라 그에 대한 근본적 전복이다. 그 근본적인 동력은 전통적인 '중학'이 아니라 근현대의 '서학'인 것이다. 여기서 중요한 것은, "'서학'이 중국 본래의 완강한

'체'와 '학'에 의해 포로가 되거나 개조되거나, 아니면 동화되게 해서는 안 된다는 점이다. 거꾸로 과학기술, 생산력, 경영관리제도에서 본체의식에 이르는 근현대화한 '서체'에 의해 '중학'을 개조하고, 중국 전통의 문화심리구조를 전환하고, 의식적으로 이러한 적전(積澱)을 개혁하려고 노력해야 한다"(李澤厚 2012a, 38).

서학 수용에서 중요한 것은 비판적 태도다. 그것은 조건 없는 수용이 아니다. 우선은 루쉰식의 '가져오기(拿來)주의'에 입각해 모든 것을 가져와 중국 현실에 적합한지 살피는 것이 중요하다. 연후에 그것을 중국 토양에 맞게 현지화(localization)해야 한다. 여기에서 경계할 것이 '우리 것이 좋은 것'이라는 식의 복고적 태도다. 실제로 서학을 비판하면서 도로 봉건의 품에 안긴 역사적 사례는 수없이 많다. 서학을 비판적으로 수용하여 현지화하는 것은 복고와 다르다. 리쩌허우는 이 점에 착안해 중국 진다이(近代)의 사회주의 유토피아 사상이 우선은 서학을 참조했고, 그것을 중국에 맞게 개량했다는 사실을 강조한다. 봉건으로의 회귀를 경계하면서 중국의 사회적 조건과 시대적 임무에 맞는 서학의 사상 자원을 찾는 일, 이것이 진다이 사회주의 유토피아 사상이 나아간 길이었다. 물론 그 과정은 순탄치 않았다. 이런 맥락에서 리쩌허우는 '중체서용'에 부정적 평가를 서슴지 않는다. '중학'이 가지는 강고한 전통의 힘이 '서학'을 뒤덮은 것이 근현대 중국의 역사라고 보기 때문이다. 그는 그러므로 '문화심리구조'와 '실용이성'이라는 개념을 통해 전통을 재해석하면서 역으로 '서학의 중국적 응용'을 내세운다. 리쩌허우에 따르면 중국의 실용이성은 불학(佛學)을 수용할 때 "감정적 고집에 사로잡히지 않고, 기꺼이 그리고 쉽사리 심지어는 자기와는 배척되는 외래의 사물까지도 받아들이게 했다"(리쩌허우 2005c, 510). 그것은 또한 5·4 시기에 전반적인 반(反)전통적 사상과 정감, 태도와 정신을 나타나게 하여 중국 현대의 지식인들이 아무런 곤란 없이 마르크스를 공자 위에 올려놓을 수 있게 했다. 그러한 반전통적 심리 상태는 바로 중국 실용이성의 전통이기도 하다.

중체서용을 부정적으로만 볼 필요는 없다. 그것은 외래 문물의 수용을 완고하게 거부하던 시절, 외래 수용의 전술로 유용했다. 아편전쟁 전후 본격화된 외래 수용 문제는 수많은 선각자의 관심사였고, 그들은 여러 가지 차원에서 서학을 학습하는 문제를 고민했다. 이때 개량파의 문제의식을 우리는 '중체서용적 사유 방식'이라 개괄할 수 있는데, '오랑캐의 장기를 배워 오랑캐를 제압하자'(師夷長技以制夷)라는 웨이위안(魏源)의 주장이 그 효시라 할 수 있다. 이후 양무운동의 주축이었던 리훙장(李鴻章)의 막료였으면서도 개량파 사상의 직접적 선행자였고 1830~1840년대와 1870~1880년대 사상사에서 중요한 교량이라 평가되는 펑구이펀(馮桂芬)을 거쳐 왕타오(王韜), 정관잉(鄭觀應), 그리고 캉유웨이(康有爲) 등의 개량파 사상가들이 모두 '중체서용적 사유 방식'을 운용했다. 리쩌허우는 19세기 개량파 변법유신 사상의 선구자 격인 궁쯔전(龔自珍), 웨이위안, 펑구이펀의 역할을 다음과 같이 평가했다.

궁쯔전이 비교적 먼 만청(1890년대~20세기 초) 세대에게 낭만적 열정을 불러일으켰다면, 웨이위안은 바로 자신의 뒤를 이은 1870~1880년대 세대에게 현실적이고 직접적 주장을 남겨 주었고, 펑구이펀의 특징은 개량파 사상의 직접적인 선행자이자, 1830~40년대부터 1870~80년대 사상의 역사에서 중요한 중간 다리 역할을 한 것에 있다.(리쩌허우 2005b, 111.
부분 수정)

중체서용적 사유 방식의 실천적 의의가 '서용'(西用)에 있다는 주장
에 동의한다면, 중체서용은 리쩌허우의 '서학의 중국적 응용'과 배척
적인 것만은 아니다. 리쩌허우는 다른 글에서 양자의 관계에 대해 아
래와 같이 논술했다.

흥미로운 것은 '식견이 천박한 사람들'이, '서학의 중국적 응용'이 전통적
인 그리고 오늘날의 '중체서용'과 대립한다고 주장하는 점이다. 그러나
'체'가 과학기술 공업이자 생산력이고 생산양식이라면 '중체서용'론자들
은 '서용'을 인정하고 추진할 것이고, 그들의 '중체' 또한 반드시 견지될
수 없게 되고 점차 바뀔 것이다. 스스로 의식하건 못하건, 원하건 원하지
않건 간에 말이다. 앞 장(16.3章)에서 인용한 천인커(陳寅恪)의 '독립정신,
자유사상'이 그런 예다. 점차로 바꾼다는 것(혁명이 아니라 개량)은 바로
'서학의 중국적 응용'론의 주장이다. 이에 '서학의 중국적 응용'은 뜻밖에
도 '중체서용'을 통하여 자신을 실현할 수 있게 된다.(李澤厚 2015, 366)

위의 글을 통해, 리쩌허우가 생각하는 '서학의 중국적 응용'과 '중체
서용'의 관계를 다음과 같이 정리할 수 있다. '서학의 중국적 응용'은
'중체서용'의 방식과 이론을 통해 자신을 실현하고, '중체서용'은 총체
적으로 '서학의 중국적 응용'의 '중용' 과정의 구성 부분이 된다. 이런
양자의 관계는 우리가 애초 예상하지 못한 것이고, 나선형으로 전진하

는 역사의 실상을 보여 주는 사례다. 물론 역사는 여기에서 걸음을 멈추지 않을 것이다. '중용' 과정은 '서체'(100여 년의 서양 개방으로 수입된 근현대화된 인민 대중의 일상생활)에 적합한 더욱 훌륭한 새로운 형식을 지속해서 창조할 것이다.

6. 반봉건 계몽과 반제 구망

리쩌허우는 '사상사론'이라는 독특한 '체제'를 통해 '구다이'(古代), '진다이'(近代), '셴다이'(現代)를 논술하고 있는데, 흔히 운위되는 '당다이'(當代)는 '셴다이'에 포함되어 있다. 중국 근현대 시기 구분에 관한 리쩌허우의 견해는 다채롭고 유연하다. 이 글에서 주목하는 부분은, 그가 '진다이'와 '셴다이'를 별책으로 집필했음에도 불구하고 곳곳에서 '진다이'와 '셴다이'를 하나로 묶어 '진셴다이'라 칭하면서 그에 대한 시기 구분을 시도한 점이다. 그의 '진셴다이'는 넓은 의미에서 서양의 '모던'(modern)에 해당하고 필자의 '근현대'와 내포 및 외연을 같이하는 개념으로 이해할 수 있다. 그뿐만 아니라 그의 시기 구분이 하나의 기준만을 고집하지 않고 관점과 대상에 따라 유연한 유동성을 가지고 있다는 점이다. 근현대 시기 구분에 관한 그의 기준과 구체적 양상을 '개괄적 시기 구분', '지식인 세대 구분(1), (2)', '지식인 심태(心態) 변이'의 네 가지로 나눌 수 있다.(임춘성 2017, 83~87)

리쩌허우는 『중국근대사상사론』 「후기」에서 사조(思潮)에 초점을 맞추어, 진다이 중국의 역사발전을 추동한 세 가지 선진 사조와 그 주요한 대표 인물을 중점적으로 논술했다. 그는 마르크스주의가 중국에 수용되기 이전, 중국에 세 가지 선진적 사회 사조가 출현했다고 진단했다. "이 세 가지 시대 사조는 '태평천국 농민혁명 사상'과 '개량파 자유주의의 변법유신 사상', 그리고 '혁명파 민주주의의 삼민주의 사상'이다. 이 세 가지 사조는 중국 근대 구민주주의 사상발전의 주류였다. 그것들은 근대 중국에서 연속적으로 출현하고 상호 교체된, 깊은 의의를 가진 역사 현상이었다."(리쩌허우 2005b, 751) 이 세 가지 진보적 사회 사조는 각각 유토피아 사회주의적 요소를 내포하고 있었다. "태평천국의 천년 왕국, 자유주의 개량파 캉유웨이의 대동 공상, 그리고 마지막으로 그 모순을 보고 모순의 회피를 요구한 쑨중산(孫中山)과 혁명파의 '민생주의'가 있었다."(리쩌허우, 577)

리쩌허우는 이들 세 가지 선진 사조의 이중성과 사조 간 계승 관계에 초점을 맞춘다. 먼저 1850년대 태평천국의 혁명사상은 "중국에서 최초로 출현한 근대적 선진 사조"인 동시에 "중국 고대 농민혁명 사상의 총결(總結)이었다"(앞의 책, 751). 그것은 "군사·정치·경제적으로 농민계급을 대표하여 지주통치의 이익에 반대"하는 "농민의 혁명정권"을 수립했지만 "동시에 전형적인 봉건 성격을 띠고 있었다"(앞의 책, 71). 그리고 1870~90년대의 자유주의 개량파의 변법유신 사상은 "제국주의 침략에 반대하고 중국의 독립과 부강을 요구하며, 자본주의 경제를 발전시키고 군주전제 제도를 개변시켜 서양의 부르주아 입헌군주제의 길로 나아가야 한다는 것을 근대에서 가장 먼저 명확하게 제출"(앞의 책, 752)했다. 하지만 그들은 "지주토지소유제와 보다 긴밀한 연계"를 맺고 있었고 "봉건 통치체계, 관료제도와 불가분의 혈연적 의

존관계를 가지고 있었다"(앞의 책, 176).

1900년대의 "혁명민주주의는 앞의 두 사조의 합리적 내용을 섭취했다"(앞의 책, 752). 합리적 내용은 경제적인 측면과 정치적인 측면으로 나누어 볼 수 있다. 태평천국의 토지 평균 제출 및 지주토지소유제 반대와 개량파의 자본주의적 발전 방향을 접합시켜, "쑨중산을 대표로 하는 혁명파는 '평균지권'과 '토지국유화'라는 사회혁명을 통해 자본주의를 최대한 발전시킬 것을 주장했다"(앞의 책, 752). 또한 태평천국의 청조 전제 정부 타도와 개량파의 입헌군주에서 한 걸음 더 나아가, "혁명파는 개량파에 반대하여 폭력적인 수단으로 청조를 전복시키고 서양 부르주아 민주공화국을 건립하여 봉건적 군주전제 제도를 대체할 것을 주장했다"(앞의 책, 752~753). 그러나 혁명민주주의에 대한 리쩌허우의 평가는 그리 높지 않다. 태평천국 농민혁명 사상과 개량파 변법유신 사상을 계승하여 "이전 두 단계의 종합이자 총결이요, 부정의 부정이어야"(앞의 책, 753) 했지만, 실제 현실에서는 "농민을 주체로 하는 폭력혁명을 발동시키지 않았고 경제적·정치적으로 자본주의의 진보적 개혁을 실행하지도 않았다"(앞의 책, 753). 그러기에 리쩌허우는 혁명파를 개량파와 함께 "태평천국의 나선형 상승의 일환일 뿐이고 첫번째 부정일 뿐"(앞의 책, 753)이라는 평가를 서슴지 않는다. 중국 최초의 공화국을 건설한 결정적 계기였던 신해혁명에 이르는 일련의 과정, 그로 인해 진정한 근현대의 시발점으로 인정했던 많은 국내외 학자들의 주장을 무색케 할 만한 평가라 할 수 있다. 리쩌허우의 근거는 단호하다. "봉건주의가 새로운 현대적 형식과 결합하고 반혁명의 진압이 거꾸로 격화"(앞의 책, 753)되었기 때문이라는 것이다.

그가 보기에 "두번째 부정의 출현과 중국 근대역사의 원형(圓形)은 '신민주주의' 혁명에서 완성되었다"(리쩌허우 2005b, 753). 물론 신민주주의 혁명의 봉건적 성격에 대한 평가는 또 다른 논의가 필요하다. 리쩌허우도 "정권의 교체는 봉건주의의 자동적 전면 소실과는 거리가 멀었고, 오히려 체제부터 관념까지 농민혁명의 침중한 흔적을 남겼다"(리쩌허우, 753)라고 하면서, 마오쩌둥의 신민주주의 혁명에 잔존하고 있는 농민혁명의 봉건적 잔재를 지적하고 있다.

2천 년이 넘는 황제 전제 제도는 봉건적 생산양식을 형성했고 그에 기초해 봉건 이데올로기를 만들어 낸 천년 왕국에 서양의 충격이 들이닥쳤고 그에 대한 수많은 대응책이 마련되었다. 그 가운데 사회주의 유토피아적 성격을 겸비한 선진 사조들이 출현했다. 선진 사조들은 나름의 비전을 제시하며 개혁을 시도했지만 봉건 소농경제라는 경제적 토대를 바꾸지 못한 상황에서는 언제든 전형적인 봉건 이데올로기로 바뀔 가능성을 내재하고 있었다. "경제적 토대가 상부구조와 이데올로기를 결정한다는 마르크스주의 유물사관의 법칙은 근현대 중국에 대한 냉정한 풍자였다"(앞의 책, 754)라는 평가는 바로 이 점을 지적한 것이다. 게다가 '자유·평등·박애' 등의 민주주의를 주축으로 하는 반봉건 계몽 활동은 애국 반제라는 우선적 과제에 의해 희석되고 은폐되었다. 계몽과 구망의 이중과제에 대해 아래에서 살펴보자.

'사조와 대표 인물'을 통해 '필연의 노정을 지시'하는 사상사를 고찰함으로써 '근현대 중국 역사의 법칙과 추향(趨向)'을 이해하려는 리쩌허우는 내적 동력과 관련해 우선 시대의 중심 고리가 무엇인가에 초점을 맞춘다. 플레하노프(Georgii V. Plekhanov)에 기대어 리쩌허우는 근현대 중국의 중심 고리를 '사회·정치문제에 관한 토론'으로 요약했다.

민족투쟁과 계급투쟁의 첨예함과 격렬함은 정치문제를 유난히 두드러지게 했다. 이것은 장점인 동시에 결점이었다. 장점은 앞서 말한 대로 사상이 인민·국가·민족의 주요 과제와 긴밀하게 통해 있고 고락을 같이한 점이다. 결점은 정치가 모든 것을 뒤덮고 침투하며 압도하고 대체했기 때문에, 각 영역 또는 학과의 독립적인 성격이 오히려 충분하게 전개되고 발휘될 수 없었다는 점이다. 그로 인해 심화된 이론사변(철학)과 생동적인 개성형식(문예)은 응분의 장족의 발전을 하지 못하여 이 위대한 시대를 반영하는 위대한 철학 저작과 예술작품이 결여되었다.(앞의 책, 749~750)

정치문제에 집중하는 것과 정치가 모든 것을 압도하는 것은 동전의 양면이다. "국토가 없는데 어디에 문학이 있겠는가?"(沒有土地, 哪有文學?)라는 작가 예스타오(葉石濤)의 말처럼, 백척간두에 서 있는 조국의 운명을 앞에 두고 다른 일을 할 겨를이 없는 상황은 이해할 수 있지만, 주요모순이 해결되었음에도 정치문제만 붙잡고 있다면 그 또한 문제가 아닐 수 없다. 중국 근현대 사상 노정에서 "애국반제는 시종 우선적 과제였다. 이 주제는 항상 다른 주제를 희석시키고 은폐시켰다"(앞의 책, 753). 또한 "수많은 농민 소생산자를 기초로 하는 사회에 대한 계몽 활동은 굼뜨게 진행되었다"(앞의 책, 753~754). 여기에서 리쩌허우의 유명한 '계몽과 구망의 이중 변주'라는 논리적 개괄이 출현하는 것이다. 우리에게는 1986년에 발표된 같은 표제의 글로 알려졌지만, 그 핵심은 1979년에 출간된『중국근대사상사론』에서 이미 제기되어 있었다.

이렇게 구망과 계몽을 반제와 반봉건에 연계시킨 리쩌허우는 그것을 전 역사 과정에 적용한다. 그가 볼 때 5·4 시기의 위대함은 바로 '반봉건 계몽과 반제 구망의 상호 촉진'에 있었다.

우선 계몽은 곧바로 구망에 매몰되지는 않았다. 오히려 그다음의 짧은 시기 동안은 계몽운동이 구망운동을 빌려 그 위세를 크게 키워 빠르게 확산되었다. 구망은 계몽을 여러 곳으로, 베이징과 상하이에서 중소 도시로 옮겨 주었다. 그다음으로 계몽은 오히려 구망에게 사상·인재·대오를 마련해 주었다. 베이징에서 각지에 이르기까지, 애국반제운동에서 선구적인 공헌을 한 것은 대부분 바로 맨 처음 신문화운동의 계몽을 받아들인 청년학생들이었다. 이 두 운동의 결합은 양자를 더욱 두드러지게 했으며, 원래의 범위와 영향을 크게 넘어서서 마침내 전체 중국의 지식계와 지식인들을 뒤흔들어 놓았다.(리쩌허우 2005c, 54)

신문화운동의 계몽과 반제운동의 구망이 상호 결합하여 '천조심태'(天朝心態)를 뒤흔들어 놓았다. 천조심태란 2천 년이 넘도록 자신을 세계의 중심으로 생각하고 자신의 문화를 세계 최고라고 여기는 문화 심리구조를 가리킨다. 5·4 신문화운동의 총사령관 천두슈(陳獨秀)는 애초에 서유럽의 개인주의로 전통적 집단주의를 대체하려고 했다. 그는 『신청년』 1권 4호(1915.12.15)에 게재한 「동서 네이션의 근본정신의 차이」에서 서양과 동양 네이션의 근본 사상의 차이를 전쟁 본위와 평화 본위, 개인 본위와 가족 본위, 법치 및 실리 본위와 감정 및 허례 본위로 나누었다. 이 가운데 천두슈가 중국인이 학습해야 한다고 제시한 서양의 '순수한 개인주의 정신'은 다음과 같다.

모든 윤리와 도덕, 정치와 법률, 사회의 지향과 국가의 희구(希求)는 개인
의 자유·권리와 행복을 옹호하기 위한 것일 뿐이다. 사상과 언론의 자유
는 개성의 발전을 꾀한다. 법률 앞에서 만인은 평등하다. 개인의 자유·권
리는 헌법에 기재되어 있으며 국법으로도 이를 박탈할 수 없으니 이른바
인권이라는 것이다.[10]

5·4 신문화운동의 총사령관인 천두슈의 언급을 통해, 우리는 이 시
점에서 개성해방이 정치비판보다 훨씬 중요한 과제였음을 인지할 수
있다. 그리고 개성해방을 위한 급선무는 '충효 이데올로기' 타파였다.
이 과제는 5·4시기 이전부터 선각자들이 인식하고 제출한 과제였다.
탄쓰퉁(譚嗣同)과 캉유웨이, 옌푸(嚴復)와 량치차오(梁啓超) 등은 개인이
가족제도에서 해방되어야 한다는 것을 명확하게 인식하고 있었다. 하
지만 그들은 물론이고 5·4시기의 루쉰과 후스(胡適)까지도 "가족제도
와 전통적인 가정에 대해 격렬하게 비판하고 부정하면서도 행위상으
로는 여전히 어느 정도 부모·형제·처자에 대한 전통 규범과 요구를
그대로 따르고 있었다"(리쩌허우, 59). 리쩌허우는 이 지점에서 철저한
변혁은 '문화심리구조'의 개조와 전환을 수반한다고 언급하면서, 이
는 '관념의 변화'만이 아니라 행위 양식의 진정한 변혁까지 포함한다

---

10 陳獨秀, 「東西民族根本思想之差異」, 『新靑年』第1卷 第4號, 1915. 여기에서는 陳獨秀, 『陳獨秀選集』, 胡
明 編選, 天津人民出版社, 1990, 29쪽에서 재인용.

고 했다. 이런 면에서 5·4세대는 이전 세대와 달랐다. "젊은 세대 지식인의 **행위 양식에 변화가 나타나기 시작했다**"(리쩌허우 2005c, 59. 강조는 저자). 그 변화는 우선 '가정에서 벗어나는 것'으로 표현되었다. 혼인의 자유, 여성해방, 단발 금지령 거부, 남녀공학 등의 문제는 대표적인 개성해방의 문제였지만 그와 동시에 정치적 성격을 가지고 있었다. 이 문제들이 개인 차원의 반항이었다면, "청년세대들이 자발적으로 서로 연계를 맺고 단체조직을 구성함으로써 진리를 추구하고 어떠한 이상을 실천하려고 한 것"(리쩌허우, 62~63)은 "새로운 이상사회나 사회 이상에 대한 실천적인 지향과 추구"(앞의 책, 63)라는 점에서 대단히 중요한 의미가 있었다. '소년중국학회', '각오사', '신조사', '국민사', '공학회', '신민학회' 등이 조직되었고 그 가운데 '공독호조단'은 규모와 영향이 큰 조직이었다.

그러나 "개인의 반항은 아무런 출로도 찾을 수 없었고, 집단적 이상의 현실적 구축 역시 실패했다"(앞의 책, 69). 루쉰의 『외침』과 『방황』에 등장하는 수많은 지식인은 바로 그 구체적인 초상이었다. 그들은 혁명에 종사하다가 처형되기도 했고(「약」의 샤위), 새로운 전망을 찾지 못하고 지나간 시대를 반추하다 소멸하기도 했으며(「쿵이지」의 쿵이지), 현실과 이상의 괴리를 극복하지 못하고 피해망상증에 걸리기도 했다(「광인일기」의 광인). 구식 가정으로 도피하기도 했으며(「술집에서」의 뤼웨이푸), 전망을 상실하고 타락하기도 했다(「고독자」의 웨이롄수).(임춘성 1995, 16) 그리고 수많은 일인칭 화자들은 현실의 실패에 좌절하면서 참회하기도 하고(「작은 사건」의 나) 자기합리화의 길(「축복」의 나)을 선택하기도 했다. 이들이 실패하고 수난을 받은 것은 개인 차원의 불철저한 계몽 탓이지만, 당시의 출로 없는 상황은 그들의 계몽을 허용하지 않았다.

　그렇다면 출로는 어디에 있는가? 그것은 '사회를 철저히 개조하는 혁명적인 정치'에 있었다. 그리고 러시아 볼셰비키 혁명의 성공은 신문화운동의 지도자들을 마르크스-레닌주의에 경도시켰다. "마르크스주의는 절박하게 실제 효과를 추구하는 당시 청년들의 현실적 요구와 중국적 실용이성이라는 무의식적인 심리적 전통에 들어맞"(리쩌허우 2005c, 76)아 반제 구망의 길로 인도했다. 그러나 "5·4시기에 계몽과 구망이 서로 어긋나지 않고 병행하면서 오히려 서로를 두드러지게 해주었던 국면은 결코 오랫동안 지속하지 못했으며, 시대의 위태로운 상황과 극렬한 현실투쟁은 정치 구망의 주제로 하여금 다시 한번 사상계몽의 주제를 압도하게 했다"(리쩌허우, 78). 사상계몽의 과제를 돌보지 않은 후과는 참담했다. 혁명전쟁에서 "천신만고 끝에 승리를 거두었지만 이 전쟁의 지도자·참가자가 된 지식인들은 또한 현실 속에서 이 전쟁에 의해 정복당해 버렸다. 오랜 전통을 가지고 있는 농민 소생산자의 이데올로기 형태와 심리구조는 그들이 원래 가지고 있던 민주주의·계몽의 관념을 몰아냈다. 또한 이러한 농민의식과 전통의 문화심리구조 역시 의식적·무의식적으로 이제 막 배워 온 마르크스주의 사상 속에 침투하게 되었다"(앞의 책, 81). 이런 일들은 '마르크스주의의 중국화' 요구와 '민족형식' 강조의 형세 속에서 진행되었다. 그 결과 인민공화국 건국 이후 '봉건주의적 집단주의'가 침투하기 시작한 것을 용인하게 되었다. 그것은 1950년대 중·후기에서 '문화대혁명'에 이르기까지 "사회주의의 명의를 빌려 더욱더 기승을 떨치면서 자본주의에 반대했다"(앞의 책, 83). 그리고 5·4 반봉건 계몽의 주요 과제의 하나인 개성해방은 모든 악의 근원이라 비판받았고, 봉건 이데올로기가 전면 부활하는 지경에 이르게 되었다. 이러한 과정은 아래와 같은 '근현대 중국의 역사풍자극'을 만들어 냈다.

위망(危亡)의 국면과 봉건주의는 자유주의자에게 평화롭고 점차 나아가는 온건한 발전 기회를 허용하지 않았으며, 사회문제를 해결하기 위해서는 '근본적인 해결'인 혁명전쟁이 필요했다. 하지만 혁명전쟁은 오히려 계몽운동의 자유 이상을 짓밟아 버렸으며, 봉건주의가 기회를 틈타 부활할 수 있게 했다. 이것은 허다한 근본문제가 절대 해결되지 않은 상태에서 모두 다 "근본적으로 해결되었다"는 장막에 뒤덮이게 함으로써 보고도 못 본 체하는 상태가 되도록 만들었다. 계몽과 구망(혁명)이라는 이중 주제의 과제는 5·4 이후에도 결코 합리적으로 해결되지 않았으며, 심지어 이론으로도 진정한 탐구나 충분한 주목이 이루어지지도 않았다. 특히 최근 30년(사회주의 30년―인용자) 이래 이 문제를 가벼이 여겨 소홀히 대한 것은 진정 쓰라린 결과를 가져왔다.(리쩌허우 2005c, 89~90)

2천 년이 넘는 봉건 황제전제제도를 창조적으로 전환하기 위해 해야 할 과제는 산더미처럼 많았다. 특히 제도를 받치고 있는 전통은 사람들의 행위 방식·사상 방법·정감 태도에서 문화심리구조 속에 적전(積澱)되어 있는 것이기에, 그 탄생과 발전·변화에는 경제적인 토대가 있다. 그 경제적 토대는 바로 농업 소생산이다. "중국 근대에 소생산자의 입장에서 서서 현대 문명에 반대하는 사상이나 사조는 항상 다른 방식으로 표현되거나 폭발되어, 강력한 힘을 가지고 광범위한 영향력을 행사한다."(리쩌허우 2005a, 177) 소생산자의 입장에 선 사상이나 사조는 오랜 기간 적전되어 형성된 전통 문화심리구조에 힘입어 수시로 발호(跋扈)해서 혁명의 성과를 무화시킨 것이 중국 근현대의 과정이었다. 특히 그것은 사회주의 시기에 "반(反)자본주의라는 겉옷을 걸치고 출현"(리쩌허우 2005c, 94)함으로써 "개인의 권익과 요구", "개성의 자유·독립·평등 및 개인의 자발성·창조성" 등 자본주의와 자유주의의 긍정적 가치들을 "구망-혁명이라는 거대한 파도 아래 몽땅 부르주아의 누더기로 간주"(리쩌허우, 95)해 억눌렀다.

마오쩌둥은 중국 혁명의 과제를 반제·반봉건으로 훌륭하게 개괄했지만, 신민주주의 혁명 및 인민공화국 건국 이후의 진행 과정은 '반봉건을 유보한 반제' 혁명이었다. 이는 마오쩌둥이 1942년 「옌안문예좌담회에서의 연설」에서 '보급(普及)과 제고(提高)의 쌍방향적 관계'를 훌륭하게 개괄해 놓고도 실행 과정에서는 '제고를 유보한 보급'의 수준에 머물렀던 것과 형태는 다르지만 질적으로는 같은 '이형동질'(異形同質, allomorphism)의 오류를 범한 것이다. 마오쩌둥은 '연설문'에서 "우리의 제고는 보급의 기초 위에서의 제고이며 우리의 보급은 제고의 지도 아래에서의 보급"(毛澤東 1968, 819)이라고 정리했다. 하지만 "제고를 강조하는 것은 당연하지만 그것을 일면적이고 고립적으로 강조하거나 지나치게 강조하는 것은 잘못"(毛澤東, 816)이라고 못을 박고는, 인민대중에게는 "'비단에 꽃을 수놓는 것'(錦上添花)이 아니라 '엄동설한에 숯을 보내 주는 것'(雪中送炭)이 무엇보다도 필요"(앞의 글, 819)하다고 하면서 '보급'의 일차적 중요성을 강조했다. 이는 결국 당면 현실 과제를 해결하기 위해 장기적인 과제를 유보하게 했고, 유보는 다시 회복되지 않은 채 '제고의 결락'이라는 국면으로 귀결된 것이 인민공화국의 역사였던 셈이다.

리쩌허우의 '계몽과 구망의 이중과제'는 바로 이 지점을 겨냥하고 있다. 그러기에 그는 혁명 과정에서 유보됨으로써 결락되거나 약화된 반봉건 계몽의 과제를 뒤늦게라도 완수해야 한다고 주장하면서 '5·4 계승'의 필요성을 역설한 것이다. 여기서 우리가 간과하지 말아야 할 것은 리쩌허우가 주장한 '5·4 계승'은 분명 비판적 계승이라는 점이다. 그가 '5·4'에 대해 "이성은 부족했고 격정은 남아돌았다"(理性不足, 激情有餘, 李澤厚 2014a, 214)라고 평가한 것은 그런 맥락이다. 그리고 계승은 반복과 다르다. 그는 5·4운동의 반봉건 계몽의 과제를 다시 제창하되 지난 혁명의 경험을 반추하면서 '전환적 창조'를 촉구한 것이다.

그가 주장하는 '전환적 창조'는 이전에 운위되던 '혁명적 창조'나 '비판적 창조'가 아니다. 그것은 "일종의 '개량적 창조'로, 조급하게 파괴하고 혁명할 필요 없이, 점진적으로 학습하고 개량함으로써 새로운 것을 창조하는 것이다. 경제면에서뿐만 아니라 정치면과 문화면에서도. 이것이야말로 정리와 사리에 맞는 실용이성인 것이다"(李澤厚, 228〜229). 여기서 사용되고 있는 혁명과 개량은 대를 이루고 있음을 알 수 있다. '조급하게 파괴하는 혁명'과 '점진적으로 학습하는 개량'이 대조되고 있다. 그리고 경제와 정치 그리고 문화의 모든 부면에서의 점진적 개량을 말하고 있다. 그 이면에 마오쩌둥식의 조급하게 파괴하고 제대로 학습되지 않은 변질한 혁명을 비판하고 있음은 더 말할 나위 없을 것이다.

2장 · 심미 적전론과 미학의 적전구조

리쩌허우는 미의 원시적 형성 과정을 '의미 있는 형식'으로 해석하면
서 미와 심미의 공통 특징을 '적전'(積澱)[1]이라고 명명했다. 자연 형식
속에 사회 가치와 내용이 적전되고, 감성적 자연 속에 인간의 이성적
특성이 적전된다는 것이다. 리쩌허우는 '적전설'을 토대로 삼아, 『미
의 역정』에서는 중국 미학사와 문예사회사를 고찰했고, 『화하미학』에
서는 미학 사상을 연구했다. 리쩌허우는 미학에서 유래된 적전 개념을
중국인의 오랜 경험의 축적인 문화심리구조의 형성 원리로 삼고 인류
역사에 적용함으로써 '인류학 역사본체론'으로 나아갔다. 이번 장에서

---

1 '적전'을 『학설』(노승현 옮김, 들녘, 2005)과 『역사본체론』(황희경 옮김, 들녘, 2004)에서는 '침적'(沈積)으
로, 『미의 역정』(이유진 옮김, 글항아리, 2014)에서는 '누적-침전'으로, 『중국고대사상론』(정병석 옮김,
한길사, 2005)과 『화하미학』(조송식 옮김, 아카넷, 2016) 그리고 『비판철학의 비판』(피경훈 옮김, 문학동네,
2017)에서는 '축적'으로 번역했는데, 여기에서는 저자의 조어(措語)를 존중하는 차원에서, 그리고 발터
벤야민이 「번역자의 과제」에서 언급했던 "(원작의) 낯선 말이 사후에 성숙하는 과정"(발터 벤야민, 『언어
일반과 인간의 언어에 대하여/번역자의 과제 외』, 최성만 옮김, 도서출판 길, 2008, 129쪽)을 드러내기 위해 '적
전'을 그대로 사용했다.

는 우선 '시초 적전'에 초점을 맞추어 적전의 세 층위와 '심미 적전론'을 검토한 후, '천인론'(天人論)의 현대적 해석인 '자연의 인간화'와 '인간의 자연화'에 대해 살펴본다. 아울러『미의 역정』을 중심으로 '문학과 예술의 사회사'를 살펴보고,『화하미학』을 통해 '화하미학'의 적전 구조에 대해 고찰하고자 한다. 마지막으로 리쩌허우의 적전 개념을 유리 로트만(Yuri M. Lotman)의 '폭발' 개념과 대조함으로써 적전과 폭발이 상호보완적임을 규명한다.

1. 적전의 세 층위

상고시대부터 아편전쟁까지 장장 3천 년 이상의 전통 중국을 총체적으로 고찰하기 위해서는 어떤 프레임을 설정해야 할까? 그리고 거기에 근현대 중국과의 연속성 및 불연속성을 고찰하기 위해서는 또 다른 프레임이 필요할까? 리쩌허우의 고민은 여기에서 비롯된다. 그러기에 그는 '마지막 양식'(late style)[2]이라고 할 수 있는『인류학 역사본체론』 서두에서 "우리는 어디서 왔는가? 우리는 무엇인가? 우리는 어디로 가는가?"라는 질문을 던지고 그에 답하고 있다. 이 세 질문은 폴 고갱(Paul Gauguin)의 대표작〈Where do we come from, What are we, Where are we going〉(1897)의 표제이기도 하다. 리쩌허우의 연구 목

---

2 에드워드 사이드는 "예술이 자신의 권리를 포기하지 않고 현실에 저항할 때" '말년의 양식'(late style)이 생겨난다고 했다. 에드워드 사이드,『말년의 양식에 관하여』, 장호연 옮김, 마티, 2008, 31쪽.

표는 궁극적으로 인간에 관한 탐구임을 알 수 있게 하는 대목이다.

첫째 질문에 대한 리쩌허우의 대답은 간단명료하다. 인간은 역사의 산물이다. 둘째 질문에 대한 답변은 인간은 도구를 제조·사용하는 인성 심리가 있는 동물이며, 셋째 질문에 대한 답변은 심리학의 철학적 전환과 제2차 문예 부흥이다. 2장의 주제와 관련해 주목할 부분은 둘째 질문에 대한 답변이다. 리쩌허우는 '인간은 무엇인가?'라는 질문에, '도구를 제조·사용하는 인성 심리가 있는 동물'[3]이라고 답했다. 리쩌허우는 우선 인성을 "인간에게 특유한, 동물에게는 없는 문화심리구조"라고 정의하고, 문화심리구조가 각 개체에는 '감정-이성구조'로 구현한다(李澤厚 2016, 7)고 부연했다. 리쩌허우의 이 말을 이해하기 위해서는 그의 철학과 미학의 핵심 개념인 '적전'에 대한 해설을 이해할 필요가 있다. 우선 그의 3층위설을 통해 적전의 내용을 검토해 보자.

리쩌허우는 '적전'을 세 층위로 나누어 설명하고 있다. 첫번째 층위는 '시초 적전'이라 하는데, 도구를 제조·사용하고 인간 행동의 주체성(subjectality)을 인간의 심리적 주관성(subjectivity)에 적전하는 것이다. 그 안에는 대칭, 평형, 리듬, 운율 등의 질서감과 형식감의 건립이 포함되고 또한 동작언어(수화)와 음성언어(주로 어의)도 포함된다. 이는 이성의 출현이다. 아울러 주체성 간의 충돌과 화해, 협동과 분리 등등의 느낌과 경험이 있다.(李澤厚, 7) 여기에서 리쩌허우가 행동의 주체성과 심리적 주관성을 변별하고 있는 점에 주목할 필요가 있다. 우리는 흔히 영어의 'subjectivity'를 주체성으로 번역해 사용하고 있지만,

---

3 李澤厚,「答高更(Paul Gauguin)三問(2015)」,『人類學歷史本體論』, 靑島: 靑島出版社, 2016, 6頁.

리쩌허우는 'subjectivity'를 심리 층위의 '주관성'으로 번역한 반면, 'subjectality'라는 신조어를 만들어 행위 차원의 '주체성'으로 번역하고 있다. 이것은 자연환경과 인간의 신체 기관의 상호 작동 기제를 '하드웨어'라 하고, 심리 작동 기제를 '소프트웨어'라 변별한 것과 긴밀한 관계가 있다. 두번째 층위는 '서로 다른 문화의 서로 다른 적전'이다. 사회 조직, 인간관계, 이데올로기, 종교 신앙, 생활형태, 가치 관념, 사유 방식, 정감 표현이 달라서 서로 다른 문화가 형성되었고, 이로 인해 서로 다른 심리 적전을 형성하게 되었다(李澤厚 2016, 8). 그리고 세번째 층위는 시초 적전과 '서로 다른 문화의 서로 다른 적전'의 두 층위 적전이 필연적으로 개체 심리에 구현되는 것이다. 선천(생리 유전과 같은)과 후천(환경, 교육, 경력과 같은)의 차이로 인해 각 개체의 심리가 적전된 문화심리구조 및 정감-이성구조는 개체마다 서로 다를 뿐 아니라 차이가 매우 클 수 있다.(李澤厚, 9) 그러므로 리쩌허우는 '적전'이 전진하는 과정이라고 강조해 왔고, 그것이 영어의 formation, process와 비슷하다고 설명하고 있다.

2. 심미 적전론

리쩌허우는 『미의 역정』에서 8천 년 전 신석기 시대에 중국 문명이 최초로 서광을 비추기 시작했다고 본다. 하지만 그는 구석기 시대의 유물들에 주목한다. 특히 산정동인(山頂洞人)들의 유물에 도구와 더불어 장식품으로 간주할 수 있는 유물이 보이는 점에 주목한다. 그리고 기존 연구[4]를 토대로 삼아, 양자가 실용적 공리라는 공통점을 가지고 있지만, 도구에는 현실적인 내용이, 장식에는 상상적인 내용이 있다고 분석하면서 이미 구석기 시대에 상부구조 활동, 즉 미적 활동의 맹아가 시작되었다고 해석한다.

주의할 것은, 사용 도구에 대한 합법칙적인 형태의 느낌과 이른바 '장식품'상의 자각적인 가공이라는 양자 사이에는 기나긴 시간적 거리(수십만 년)가 있었다는 점이다. 그뿐만 아니라 양자는 성격상으로도 근본적으로 다르다. 비록 모두 실용 공리적 내용을 가지고 있지만, 전자의 내용은 현실적인데 후자는 환상(상상)적이다. 노동 도구와 노동 과정 중의 합법칙적인 형식 요구(리듬, 균등함, 매끄러움 등)와 주체의 느낌은 물질생산의 산물이지만, '장식'은 정신생산·이데올로기의 산물이다. 비록 양자는 모두 '자연의 인간화'이자 '인간의 대상화'인 것 같지만, 전자는 초생물적 존재로서의 인간의 사회생활을 물질생산 도구로 외화시키고 그것에 응집시킨 것으로 진정한 물화 활동이지만, 후자는 인간의 관념과 환상을 이른바 '장식품'이라는 물질대상으로 외화시켜 그것에 응집시킨 것으로 그것들은 물상화/사물화 활동이다. 전자는 현실적 '인간의 대상화'이자 '자연의 인간화'이고 후자는 상상 중의 '인간화'이자 '대상화'다. 전자는 종족의 번식(몸의 확대재생산)과 함께 원시 인류의 토대를 구성하지만 후자는 종교, 예술, 철학 등의 맹아를 포함한 상부구조다. 산정동인이 시체 옆에 광물질의 붉은 가루를 뿌리고 상술한 각종 '장식품'을 만들 때 이런 원시적 물

---

4 賈蘭坡, 『'北京人'的故居』, 北京: 北京出版社, 1958 등.

상화/사물화 활동이 바로 인류 사회의 이데올로기와 상부구조의 시작이 었다. 그 성숙한 형태가 바로 원시사회의 무술(巫術) 의례, 즉 원고 시대의 토템 활동이었다.(李澤厚 1994a, 10; 리쩌허우 2014, 11~12 참조)

리쩌허우가 여기에서 주목하는 것은 물질생산의 합목적적 도구와 는 다른 '장식품'이다. 그것은 원시 인류 정신생산의 산물로서 그 과정 에는 '기호 상징의 관념적 내용'이 부여되고 특정한 이데올로기가 작 동하고 있었다는 것이다. "대상의 측면에서는, 자연 형식(붉은 색채)에 이미 사회적 내용이 적전되었고, 주체의 측면에서는, 관능적 느낌(붉은 색에 대한 감각적 유쾌) 속에 이미 관념적 상상과 이해가 적전되었다. 이 렇게 도구 제조 및 노동 과정과 구별되는 원시 인류의 이데올로기 활 동──종교, 예술, 심미 등을 포함하는 원시 무술 의례──이 진정으로 시작된 셈이다."(李澤厚, 11) 도구 제조 및 노동 과정과 구별되는 이데올 로기 활동이야말로 동물과 구별되는 인간의 특성이다. 무술 의례와 토 템 활동은 바로 인간의 이데올로기 활동의 산물인 것이다.

적전은 문화심리구조의 형성 원리이자 역사본체론의 시원이다. 리 쩌허우는 『화하미학』에서 적전에 대해 의미심장한 언급을 하고 있다. "의식의 배제와 침적이 있어야만 무의식을 형성하게 된다. 여기에서 무의식은 결코 이른바 '깊고 어두운' 생물적 본능이 아니라, 여전히 인 간이 의식적 노력을 거쳐 도달한 의식적이지 않은 적전이다. 앞의 심 미 태도 등이 적전의 심리적 성과라면 여기에서 말한 것은 이 적전의 심리 과정을 묘사하고 있다."(앞의 책, 314) '의식을 배제한 적전', '의식 적이지 않은 적전'이야말로 적전의 심리 과정이라는 것이다. 여기에서 의식적 노력은 공교함을 더할 수 있지만, 그 결과 전신(傳神)의 경지에 도달할 수 있는 것은 의식적이지 않은 적전의 결과물이라 할 수 있다. 리쩌허우는 그 대표적인 예로 포정(庖丁)의 해우(解牛)와 윤편(輪扁)의 작륜(斲輪), 재경(梓慶)의 삭거(削鐻)를 들고 있다. 포정이 소 잡는 것을 빌려 양생(養生)의 도를 설파한 이야기는 워낙 유명하다. "숙련된 기교로 객체 대상의 법칙성을 철저하게 파악"함으로써 "기예가 도에 나아간" 경지를 설파했다. 윤편이 수레바퀴를 깎을 때 "더 깎지도 덜 깎지도 않는 일은 손짐작으로 터득하여 마음으로 수긍할 뿐이지, 입으로 말할 수 없습니다"(『장자』「천도」)라고 한 것은 전수하기 어려운 정신을 파악하고 이해하고 배우는 것이 중요함을 설명하고 있는데, 이 역시 경험의 적전에서 비롯된다. 재경이 악기 틀을 깎을 때 이레간 재계(齋戒)하고는 "나무의 자연스러운 본성과 제 자연스러운 본성이 하나"(『장자』「달생」)가 되는 경지에 이르는 것 또한 창작하기 전 내부와 외부의 이해득실을 잊어버리고 자연에 접근해 물아일체가 되는 경지를 설명하고 있다.[5]

적전은 또한 리쩌허우가 중국 고대 미학사를 설명할 때 쓰는 핵심 개념이다.

실제로 양사오(仰韶)와 마자야오(馬家窯)의 어떤 기하 문양들은 그것이 동물 형상의 사실적 묘사에서 점차 추상화·기호화된 것임을 비교적 또렷

---

5 리쩌허우는 『미학 4강』에서 앞에서와 다른 관점에서 적전을 시초 적전-형식층, 예술 적전-형상층, 생활 적전-의미층으로 나누어 설명하고 있다. 이에 대해서는 별도의 고찰이 필요하다.

하게 보여 주고 있다. 재현(모방)에서 표현(추상화)으로, 사실적 묘사에서 기호화로의 과정은 바로 내용에서 형식으로의 적전 과정이다. 이는 바로 '의미 있는 형식'으로서 미(美)의 원시적 형성 과정이기도 하다. 즉, 후세에 보기에는 그저 '미관'이나 '장식'일 뿐 구체적 의미와 내용을 전혀 지니지 않은 듯한 기하 문양이 사실 그 당시에는 매우 중요한 내용과 의미를 지니고 있었다. 즉, 중대한 원시 무술(巫術) 의례의 토템적 의미가 있었다. '순'형식인 듯한 기하 문양은 원시인들의 느낌에는 균형과 대칭의 형식적 쾌감을 훨씬 벗어나 복잡한 관념과 상상의 의미를 내포하고 있었다. … 추상적 형식 속에는 내용이 있었고 감관의 느낌 속에는 관념이 있었다. 앞에서 말한 것처럼 이는 바로 대상과 주체 두 측면에서의 미와 심미의 공통 특징이다. 이 공통 특징이 바로 적전이다. 내용은 형식으로 적전되고 상상과 관념은 느낌으로 적전된다. 동물 형상이 기호화되어 추상적인 기하 문양으로 변하는 적전 과정은 예술사와 심미의식의 역사에 매우 관건적인 문제다.(李澤厚 1994a, 23~24; 리쩌허우 2014, 45~46 참조)

서양미술사에서 "구석기 시대의 자연주의적 양식과 신석기 시대의 기하학적 양식"이 존재했는데, "이 두 양식의 대립이 오랫동안 미술사를 지배"(진중권 1994, 21)했다고 한다. 미술사 문외한의 관점에서는 자연주의적 양식에서 기하학적 양식으로의 변화가 퇴보인 듯 보이지만, "구석기인들의 '높은' 수준의 자연주의가 그들의 '낮은' 수준의 지적 능력으로 설명"(진중권, 19)되고, "추상적, 개념적 사유가 신석기 시대의 추상적, 기하학적 양식을 설명해 준다"(앞의 책, 20). 이는 '동물 형상의 사실적 묘사로부터 점차 추상화·기호화'의 추세와 일치함을 알 수 있다. 리쩌허우는 바로 이 '기호화'를 단순한 형식화로 이해하지 않고 '의미 있는 형식'(significant form)이라고 평가하고 미의 원시적 형성과정으로 해석하면서, 미와 심미의 공통 특징을 '적전'이라 명명한다. 그에 따르면 "자연의 형식 속에 사회의 가치와 내용이 적전되고, 감성적 자연 속에 인간의 이성적 특성이 적전된다"(李澤厚 1994a, 17). 이는 그동안 서양 인식론에 익숙한 한국인들에게는 본말이 전도된 것처럼 느껴질 것이다. 하지만 리쩌허우는 산정동인 등 원시 인류의 유물 등을 통해 현실과 상상 두 영역에서 '자연의 인간화'를 간취(看取)해 낸다.

3. 자연의 인간화와 인간의 자연화

'자연의 인간화'와 '인간의 자연화'는 '유학 4기설'에서 천인(天人)을 새롭게 해석한 것이고, 전통 유학과 중화 문화 총체의 핵심 명제인 '천인합일'(天人合一)을 새롭게 해석한 것이다.(李澤厚 2008, 237) 중국의 '천인합일'은 원고(遠古)시대 무사(巫史)가 신령과 소통하고 조상을 맞이하는 의식에서 기원했고, 한대(漢代) 음양오행 프레임의 천인감응(天人感應)의 우주 도식과 송명 이학(理學)의 천리(天理)-인욕(人欲) 모델의 단계를 거쳤으며, 근현대에서는 캉유웨이·탄쓰퉁과 '현대 신유가' 등이 '천인합일'을 새롭게 해석했다. 이 가운데 "음양오행과 천인감응의 관념은 중국의 크고 작은 전통 속에서 줄곧 강력하게 연속되고 있다"(李澤厚, 239). 그리고 1949년 마르크스주의를 수용한 이후 유물론과 이성주의가 '천인 상분(相分)'을 강조하면서 '천인합일' 관념이 비판 대상이 되었지만, '천인합일' 전통은 '숨은 구조'(hidden structure)가 되어 중국 인민에게 영향을 주었다. "이른바 '하나의 세계', '낙감문화', '실용이성', '도(度)의 예술' 등 중국문화의 특징은 모두 이 '천인합일' 전통에서 비롯되고 '천인합일' 전통으로 표현된 심리 적전(積澱)에서 비롯되었다."(李澤厚 2008, 241)라는 사실을 알 수 있다. 리쩌허우는 '천인합일' 전통을 단순하게 극복 대상으로 설정한 것이 아니라, 중국문화의 특징이 '천인합일' 전통에 심리적으로 적전되었다고 평가한 후, 인류의 미래를 전망하고 인류가 처한 곤경을 벗어나기 위해 '천인합일' 사상을 새롭게 해석해 '자연의 인간화'와 '인간의 자연화' 명제로 제출했다.

그는 『중국고대사상사론』에서 한대 유학의 천인합일과 송대(宋代) 유학의 천인합일의 차이점을 아래와 같이 비교·분석하고 있다.

만약 한대 유가의 '천인합일'이 인간의 외재적 행동의 자유를 세우기 위한 우주 모델이고 여기서 '천'은 실질적으로 '기'(氣)이고 자연이고 신체라고 한다면, 송대 유가의 '천인합일'은 내재적 윤리의 자유를 세우기 위한 인성의 이상이고 여기서 '천'은 주로 '이'(理)이며 정신이고 심성(心性)이다. 그러므로 한유(漢儒)의 '천인합일'은 우주론, 즉 자연본체론이지만, 송유(宋儒)의 '천인합일'은 윤리학, 즉 도덕적 형이상학이다. 한유의 '천인합일'은 현실의 행동 세계이며 '생생불이'(生生不已)라는 말이 가리키는 것은 감성 세계의 존재와 변화 그리고 발전(순환)이다. 반면 송유의 '천인합일'은 마음의 도덕적 경지이고, '생생불이'는 단지 전체 세계에 대한 마음의 정감적 긍정일 뿐이고 실제로는 단지 주관의식의 투사로서, 이 투사를 도덕 본체까지 끌어올렸다. 바꿔 말해, 윤리를 본체로 삼아 우주 자연과 상통하여 합일하고자 했다. 송유는 '천인합일'을 공전의 철학 단계까지 끌어올렸지만 이것은 관념론이었다. '천인합일'의 감성적 현실의 측면과 구체적 역사성은 무시되고 소멸하기에 이른다. 여기서 주목할 것은 한유 나 송유를 막론하고, 또 '천'을 '기'로서의 자연 또는 '이'로서의 정신으로 보는 것을 막론하고, 비록 주재천(主宰天)와 운명천(運命天)의 함의를 완전 히 제거하지는 못했지만, 주재와 운명의 함의를 확실히 크게 퇴색시켰다 는 점이다. 한유의 음양오행 우주론과 송유의 심성이기 본체론은 내외 두 측면에서 '천'이 인격신의 종교 방향으로 발전하는 것을 가로막았다.(李澤 厚 1994b, 317; 리쩌허우 2005a, 610 참조)

이전 단계의 유학사 또는 경학사에서 한유와 송유를 대등하게 취급 한 경우는 거의 없었다. 대부분 한유를 경시하고 송유를 중시했다. 그 에 반해 리쩌허우는 천인합일이라는 주제에 대해 한유와 송유를 대등 하게 대조·분석하고 있다. 인용문 첫 부분에서 한대 유가와 송대 유가 를 '음양오행 우주론'의 '자연본체론'과 '심성이기 본체론'의 '도덕적 형이상학'으로 대조·분석한 부분은 탁견이 아닐 수 없다. 아울러 양자 가 '천' 개념이 종교 방향으로 발전하는 것을 막은 점을 높이 평가하고 있다. 우리는 여기에서 리쩌허우가 '유학 4기설'을 제기하며 한대 유학 을 독립시켜 제2기로 설정한 이유를 충분히 납득하게 된다. 나아가 한 유의 유물론적 성격과 송유의 관념론적 성격을 부각함으로써, 송유를 추앙하고 계승한 신유가와 리쩌허우 자신의 차이점도 자연스레 드러 나게 했다.

리쩌허우는 한 걸음 더 나아가 '천인합일' 전통을 근현대화하기 위해 '서학의 중국적 응용'으로 개조하고 재해석할 것을 제안한다. 주재천과 운명천의 부정적인 내용을 제거하고 "마르크스가 말한 '자연의 인간화'를 근본 기초로 삼아"(李澤厚 1994b, 317) 개조하자는 것이다.

리쩌허우는 자연을 '외재적 자연'과 '내재적 자연'으로 나눈다. '외재적 자연'은 인간의 주위 환경을, '내재적 자연'은 인간의 신체 기관을 가리킨다.(李澤厚 2008, 247) 그리고 환경과 신체 기관의 상호 작동 기제를 '하드웨어'라 하고, 심리 작동 기제를 '소프트웨어'라 했다. '외재적 자연'인 환경을 인간화시키는 '하드웨어' 차원이 '자연계에 대한 인간의 개조'를 가리킨다면, '소프트웨어 차원'은 '자연이 인류의 구성 요소'가 되는 '역사적 변천'을 가리킨다. 전자가 좁은 의미의 '자연의 인간화'라면, 후자는 넓은 의미의 '자연의 인간화'다. '좁은 의미의 자연 인간화'는 '인간이 도구를 제작하고 사용하는 실천 활동', 즉 '하드웨어'를 통해 직접 자연을 개조하는 것을 가리키지만, '넓은 의미의 자연 인간화'는 인간의 개조를 거치지 않고도 인간화되는 자연의 리듬과 형식의 인간에 대한 관계, 즉 소프트웨어를 가리킨다. 후자의 가장 좋은 사례가 자연을 '예술적으로 전유(專有)'하는 것이다. "인간은 표면상 인간과 항쟁하는 것 같은 감성적 자연 형식을 감상하는 과정에서 고양된 미감의 즐거움을 얻게 된다."(李澤厚 1994a, 479) '예술적 전유'를 통해 얻는 '미적 즐거움'(aesthetic pleasure)이야말로 '넓은 의미의 자연 인간화'의 훌륭한 사례인 것이다. 리쩌허우가 말하는 형식미는 '자연의 인간화'의 성과다. 형식미는 자연 인간화가 하드웨어로부터 소프트웨어로 과도(過渡)하는 구체적인 예증이라 할 수 있다. "이런 '형식미'와 '형식감'은 구체적이거나 구상적 내용을 가진 원시예술보다 일렀다. 사실

형식미와 형식감이야말로 전체 '외재적 자연의 인간화'의 중요한 관건이다. 왜냐하면 형식미와 형식감은 또한 '외재적 자연 인간화'의 '소프트웨어'로부터 '내재적 자연 인간화'의 '소프트웨어'로 전환하고 있기 때문이다."(李澤厚 2008, 246) 그러면 '내재적 자연 인간화'의 '소프트웨어'란 무엇일까?

'외재적 자연의 인간화'가 외재적 자연과 인간의 객관적 관계를 가리킨다면, '내재적 자연의 인간화'는 인류의 내재적 심리 상태를 가리킨다.(李澤厚, 247) '내재적 자연의 인간화'에서 대표 범주는 미학, 인식론의 자유직관, 윤리학의 자유의지 등이다. 이는 '인지과학'(cognitive science) 또는 '마음의 과학'(science of mind)과 연계되어 있다. 리쩌허우 또한 서양 철학의 중심이 인식론이었지만, 오늘날 인지과학이 이 중심을 대체했다고 하면서, "인지과학이 인간의 인지 과정과 기능 및 특징을 실증적으로 해명하고 인간의 지력구조(문화심리구조의 한 측면)를 구체적으로 게시한다"(앞의 책, 248)라고 이해하고 있다. 인간은 동물이면서도 동물과 다르다. 인간이 동물과 다른 특이점은 "동물성과 문화성이 하나로 잘 섞여서 혼합된 점에 있다. 즉 동물의 심리를 지니고 있으면서도 어떤 문화적 성과가 그 안에 적전되었으며, 사회성(문화성·이성)을 지니고 있으면서 또한 개체성(동물성·감성)을 지니고 있다"(앞의 책, 247). 그에 따르면 '내재적 자연 인간화'의 '소프트웨어'는 그의 핵심 개념인 '문화심리구조'의 또 다른 표현이다.

리쩌허우는 '내재적 자연의 인간화'에서 핵심을 '윤리학'으로 설정한다. 그는 인류의 윤리적 행위에서 중요한 형식은 '자유의지'이며, 그 기본 특징을 다음과 같이 규정한다. 인류는 자신의 개체적 감성 존재와 집단의 사회적 이성 존재가 첨예하게 모순되고 충돌할 때, 개체는 최종적으로 자기 한 몸의 이익, 권력, 행복, 생존, 생명을 자각적으로 희생해서 어떤 집단(가정, 씨족, 국가, 네이션, 계급, 집단, 종교, 문화 등)의 요구, 의무, 명령, 이익에 복종한다(李澤厚 2008, 249). 이때 자유의지는 개체 스스로 느끼는 의식적 행위와 태도다. 이 지점에서 필요한 것이 교육이다. 인간이 단순한 생물체가 아니라 하나의 인간이 되기 위해서는 내재적이고 자각적인 이성의 인품과 덕성을 지니고 있어야 하는데, 이것은 윤리 본체로서 인성 심리를 형상화하여 만드는 것이고, 내재적 자연을 인간화시키는 소프트웨어에서의 '자유의지'다.

여기서 '자유의지'는 '내재적 자연 인간화'의 '소프트웨어'의 하나이고, '윤리 본체'로서의 '인성' 심리를 빚어낸다. 이 '자유의지'는 천리(天理)에 있는 것이 아니라 인간 마음(人心)에 있다. 이 '마음'은 신비한 감화도 아니고 선험적 이성 또는 천부적 양지(良知)가 아니라, 역사와 교육을 거쳐 형성된 문화심리의 적전이다.(李澤厚, 250) 이 문화심리의 적전을 "종교 신도들은 '신'(神)이라 하고, 송명과 근현대의 이학가들은 '천리' 또는 '양지'라 하며, 칸트는 선험 이성이라 했다. 문화인류학과 공리주의 그리고 각종 상대주의 윤리학은 '신'과 '천리' 등을 근본적으로 부정한다"(앞의 책, 252). 반면 리쩌허우가 주장하는 인류학 역사본체론에서는 그 의미를 인정하고 중시한다. 리쩌허우는 문화심리가 '인간'에게서 나온 것이라고도 생각한다. 여기서 '인간'은 무한히 연장된 인류 전체, 즉『비판철학의 비판』에서 말하는 '대문자 인간'을 뜻한다. 이 '대문자 인간'의 생존과 연속이 바로 칸트가 설명한, 마땅히 복종해야 할 '절대명령'(categorical imperative)이나 '선험 원칙'의 근원이다.(앞

의 책, 253)

리쩌허우가 볼 때, 칸트는 한 인간이 인간으로 되는 이유는 '자유의지'의 위대함과 장엄함을 가지고 있기 때문이라고 지적하고, 이 '윤리본체'의 지위는 어떠한 개체의 감성적 행복과 쾌락 그리고 어떠한 공적과 사업보다도 훨씬 더 위에 있다고 표명했다. 오직 우주 자체만이 윤리 본체와 비교될 수 있을 것이다. "내 머리 위에서 별들은 반짝이고 도덕 명령은 내 마음속에 있네!" 리쩌허우는 "칸트로 대표되는 윤리 절대주의가 자세히 설명한, 보편필연성을 갖춘 이런 '절대명령'에 합리적 핵심이 있으며, 인류학 역사본체론이 전통을 전환적으로 창조하는 중요한 자원"(앞의 책, 254)이라고 생각한다.

리쩌허우는 중국 전통의 전환적 창조에 도움이 되는 '절대명령'의 합리적 핵심을 네 가지로 요약했다. 첫째, 어떤 집단이든 공통되거나 비슷한 요구와 규범이 있다. 둘째, 다양한 도덕적 요구와 윤리적 규범에서라 하더라도 '이성의 응집' 현상이 있다. 셋째, 이성 응집의 결과는 역사적 공통 원칙을 적전할 수 있다. 특히 인류의 문화심리적 구조 형식, 즉 '자유의지'를 적전했는데, 그것이 '내재적 자연 인간화'의 '소프트웨어'를 구성하는 중요한 구성 부분이다. 넷째, '윤리 본체' 또는 '자유의지'로 일컬어지는 이 '소프트웨어' 또는 '심리형식'은 인류 전체(과거, 현재, 미래)의 생존과 연속을 근본적인 배경이자 근거 그리고 조건으로 삼고 근본적으로 이 '전체'에 복무하고 있다. 그것은 실제로 '경험'에서 상승해 온 이른바 '선험'이다. 그것은 마치 시공간 조건을 초월한 '종교적 도덕'(선험 원칙)과 같은 '절대적 윤리'가 되어, 특정한 시공간 조건 아래의 '사회적 도덕'의 상대적 윤리를 그 진실한 발생 기지로 삼는다. 이는 '절대적 윤리'와 '상대적 윤리'의 변증법이기도 하다.(李澤厚 2008, 254~255 요약) 여기에서 리쩌허우는 '절대명령'의 합리적 핵심을, 공통된 규범을 형성하는 '이성적 응집'으로 '자유의지'가 적전되고 '자유의지'가 '종교적 도덕'과 '절대적 윤리'로 표현된다고 주장한다. 그러므로 '절대명령'의 핵심은 '자유의지'다.

리쩌허우는 이 지점에서 '종교적 도덕'과 '사회적 도덕'을 '절대적 윤리'와 '상대적 윤리'로 묶어서 분석하고 있다. '사회적 도덕'과 '상대적 윤리'는 현실적으로 기능하고, '종교적 도덕'과 '절대적 윤리'는 장기적으로 기능한다는 것이다. 리쩌허우는 도덕을 '종교적 도덕'과 '사회적 도덕'으로 구분한다. 일반적으로 고대 전통 사회에서는 두 가지 도덕의 구분이 없었고 양자는 혼합되어 있어서 잘 구분되지 않았다. 예를 들어 기독교 윤리나 유가 윤리가 그러하고 오늘날 일부 이슬람 국가의 윤리가 그러한데, 이것들은 종교 신앙이어서 정감적 요소가 강하다.

예컨대 유가의 예(禮)는 천지와 조상에 대한 농후한 종교적 정감을 띠고 있다. 한편 사회적 도덕은 근현대(modern)의 산물로, 그 이전에는 없던 것이었다. 이러한 철학을 대표하는 이들이 홉스, 로크, 루소, 칸트이고, 현대의 존 롤스까지 이어진다. 두 가지 도덕은 역사의 산물이다. 즉, 일정한 시대에 적응한다. 근현대의 사회적 도덕은 근현대 시장경제와 계약 원칙 그리고 개인 본위 등을 기초로 삼아 근현대인의 생활에 적응되었다. 그것은 이미 전통적인 종교적 도덕과 분리되고 구별되었다. 리쩌허우가 두 가지 도덕을 제기하는 이유는 비록 사회적 도덕이 대개 전통적인 종교적 도덕의 제약과 규범적 지도를 받고 있음에도, 이 제약과 규범적 지도에는 장단점이 있기 때문이다.

자고이래 각 인류는 산처럼 쌓인 예의와 습속, 제도와 법률, 종교와 예술을 가지고 있는데 그 현실 기능은 당시의 '사회적 도덕', 즉 '상대적 윤리'를 조직하는 데 있었다. 그러나 그 장구한 본체 기능은 '절대적 윤리'와 '종교적 도덕'의 거처로서의 '자유의지'를 빚어내는 데 있었다. … 바꿔 말해, 윤리 상대주의는 역사의 구체적 경험인 사회적 도덕으로 절대 윤리주의의 거처로서의 문화심리구조의 형식 또는 윤리 본체를 끊임없이 구성하고 만들어 나갔다. '절대'가 '상대'를 통해 구축되는 것이 바로 내가 이전에 말한 '경험이 선험(경험이 가능하게 되는 조건)으로 변하고, 역사가 이성을 세우며, 심리가 본체가 된다'라는 것이다.(李澤厚, 255)

여기에서 리쩌허우는 사회적 도덕과 종교적 도덕의 변증법, 상대적 윤리와 절대적 윤리의 변증법을 거론하고 있다. 인간은 궁극적으로 종교적 도덕과 절대적 윤리의 거처로서의 '자유의지'를 지향하지만 그 과정은 각 역사 시기에 형성되는 사회적 도덕과 상대적 윤리의 단계를 경과하고, 각 역사 시기의 상대적 윤리와 사회적 도덕을 통해 자유의지로 나아간다는 것이다. 이 과정을 리쩌허우는 인류학 역사본체론의 핵심인 '경험이 선험으로 변하고, 역사가 이성을 세우며, 심리가 본체가 된다'는 명제와 결합한다. 이 명제에서 '경험이 선험(경험이 가능하게 되는 조건)으로 변한다'는 가설은 검증이 필요하다.

모두 알다시피, 서양 근대 철학의 완성자로 평가받는 칸트는 『순수이성비판』에서 선험 지식(a priori knowledge)을 경험과 독립적인 지식, 곧 경험에 의존하지 않고 얻는 지식이라고 정의하고, 후험 또는 경험 지식(a posteriori or empirical knowledge)은 경험을 통해 얻는 지식이라고 정의했다.[6] 리쩌허우는 경험을 초월(transcendent)한 '선험 이성'을 칸트의 '절대명령'의 내원으로 이해하는데, 그가 이해하기에, '선험 이성'이란 그 가운데 경험적인 어떤 감정도 남기는 것을 허용하지 않는다. 그런데 리쩌허우의 인류학 역사본체론 체계에서, "'절대명령'의 근거는 경험적인 인류 전체의 생존과 연속에 있지, 결코 '천리'나, '상제' 또는 '순수이성'에는 존재하지 않는다. 그러므로 이 이성 원칙과 '절대명령'은 감정적 존재인 인류를 벗어날 수 없으므로 경험과 감정에 스며들게 된다. 비록 '절대명령' 자체는 여전히 이성적이지만 인간의 경험 및 감정과 연계되고 융합할 수 있다"(李澤厚 2008, 258)라고 주장했다. 리쩌허우의 주장을 옹호하는 입장에서 보충 설명하자면, '선험 이성'을 내원으로 삼는 '절대명령'을 인간의 인식이 결코 도달할 수 없는 경지로 설정하고 다가가지 않는 것은 형이상학적이다. 반면, 어느 지점에서의 '절대명령'이 그 이전 단계의 '상대적 명령', 즉 상대적 윤리가 적전되어 형성된 것으로 간주하고 '절대명령'과 '상대적 명령'의 관계를 해명하는 것은 변증법적이다. "인류학 역사본체론은 상대적 윤리의 사회적 도덕의 내용으로 절대주의의 심리형식을 구축했는데, 이는 감정과 이성, 인(仁)과 의(義) 등의 관계와 연관되어 있다."(李澤厚, 258) 여기에서 한 걸음 더 나아가, 리쩌허우는 중국 유학사에서 이에 관한 사례를 들고 있다. "상고시대의 예악, 공자의 '예'를 '인'으로 돌아가게 하기로부터 맹자의 '양기'(養氣)와 '지지'(持志)를 거쳐, 송명 이학에서 주희의 '격물치지'(格物致知), 왕양명의 '치양지'(致良知), 유종주의 '성의'(誠

---

6 마티아스 슈토이프, 『현대 인식론 입문』, 한상기 옮김, 서광사, 2008, 제3장 참조.

意) 등에 이르기까지, 모두 어렵고 힘든 도덕적 단련을 통해 이성이 응집된 심리형식을 구축할 것을 강조했다. 이러한 '이성의 응집'의 단련은 경험적이고 인간관계의 감정에서 벗어나지 않는다."(앞의 책, 258) 리쩌허우는 왕양명의 '양지'(良知) 등을 칸트의 '절대명령'의 층위에 두고 '양지'와 '절대명령'에 도달(致)하는 과정을 '힘든 도덕적 단련을 통해 이성이 응집된 심리형식을 구축'하는 과정으로 설정한다. 그러므로 리쩌허우의 체계 내에서 '절대명령'과 절대명령의 내원인 '선험 이성'은 '경험적인 이성의 응집'이라는 단련 과정을 벗어나지 않으므로 궁극적으로 인간관계의 감정에서도 벗어나지 않게 된다.

'자연의 인간화'는 도구본체의 성과이고 그 중심이 윤리학이라면, '인간의 자연화'는 정감(심리)본체의 건립이고 그 주축은 미학이다. 리쩌허우는 『미학 4강』에서 인간의 자연화의 세 층위를 다음과 같이 논술했다. 첫째 층위는 인간과 자연환경, 자연 생태의 관계다. 인간은 자연을 정복하고 파괴할 것이 아니라 자연을 자신의 안락한 거주지와 일자리, 휴양과 생식의 아름다운 환경으로 삼아야 한다. 둘째 층위는 자연 경물과 경관을 감상 및 관찰 대상으로 삼아 그것과 일체가 되는 것이다. 셋째 층위는 학습을 통해 심신의 리듬을 자연 리듬과 일치시켜 자연과 합일하는 경지에 이르는 것을 말한다. 기공(氣功)이 대표적인 예다. 이상이 인간의 자연화의 하드웨어다.(李澤厚 1994a, 483) 인간의 자연화의 소프트웨어는 바로 미학의 문제다. 이는 '인간화·사회화'된 인간의 심리와 정신을 다시 자연으로 되돌려 인류 문화심리구조 속의 자유로운 향수를 구성하는 것이다.

자연의 인간화에서 소프트웨어가 이성의 내재화인 인식과 이성의 응집인 윤리라면, 인간의 자연화에서 소프트웨어는 감성과 이성이 융합되어 하나로 적전된 심미다. 그러므로 리쩌허우의 역사본체론 체계에서 심미는 인식과 윤리보다 높은 층위에 위치한다. 인간의 자연화이론의 핵심은, 과학기술이 고도로 발전한 세계에서 시정(詩情)과 미적 의미를 회복하는 것이다. 리쩌허우의 용어로 바꾸어 말하면, 도구본체에 정감(심리)본체를 스며들게 하는 것이고, 도구사회구조에 문화심리구조를 결합하는 것이다.

4. '문학과 예술의 사회사'

『미의 역정』은 중국 미학사인 동시에 중국판 '문학과 예술의 사회사'라 할 만하다. 3000년이 넘는 중국 미학의 역사를 관통하는 흐름을 유가 전통으로 설정하고, 그것의 시대별·장르별 흐름의 특색을 잡아내고 있다. 벤야민은 1930년대 파리를 관찰하기 위해 '산책자'(the Flâneur)의 시점을 선택했지만, 3000년이 넘는 중국이라는 시공간을 관찰하기에 산책자의 어슬렁거림은 안이해 보인다. 리쩌허우는 부득불 거시적 조망의 방식을 선택하게 된다. 물론 부분적으로 산책자의 여유를 보이기도 하지만, 주요하게는 조감자(aeroviewer)의 시선을 취하고 있다. 조감자의 시선은 우선 예술사회학의 관점에서 3000년이 넘는 대하(大河) 물줄기의 본체에 초점을 맞춘다. 리쩌허우는 선진(先秦) 시대에 형성된 '이성주의 정신'을 중국 미학사의 특징으로 꼽는다. 이어서 시대별 특색에 눈길을 주는데, 이는 왕조 변천사에 초점을 맞출 수밖에 없다. 하

지만 리쩌허우는 단순하게 왕조의 변천을 따라 시기를 구분하지는 않
는다. 진(秦)의 제도를 계승했다는 한(漢)을 초(楚)와 하나의 문화권으로
묶고, 똑같은 당(唐)임에도 불구하고 성당(盛唐)과 중당(中唐)을 미학적
으로 다른 시기로 분류하며, 나아가 한족의 송(宋)과 몽골족의 원(元)을,
그리고 한족의 명(明)과 만주족의 청(淸)을 하나로 묶는 등의 시기 구분
은 리쩌허우의 독창적 안목을 드러내고 있다.

리쩌허우는 중국 미학사를 10시기 ─상고(上古), 청동, 선진, 초한,
위진, 불교 예술, 성당, 중당, 송원, 명청 ─로 나누고, 그 가운데 비교
적 개방적이고 자유로운 네 시기를 꼽는다. 첫째는 백가쟁명(百家爭
鳴)·백화제방(百花齊放)의 선진 시대다. 둘째는 위진(魏晉) 시대로, 철리
적(哲理的) 사변의 색채를 많이 띠었고 이론 창조와 사상 해방이 두드러
졌다. 셋째는 중당에서 북송까지로, 문화와 사상의 모든 영역에서 다양
하고도 전면적인 개척과 성숙이 이루어지면서 사대부(士大夫)라는 세
속 지주가 후기 봉건사회의 기초를 공고히 다졌다. 넷째는 명대 중엽
으로, 시민 문학과 낭만주의 사조가 자본주의라는 근대 의식의 출현을
상징한다.(리쩌허우 2014, 343)

이렇게 10시기로 나눈 리쩌허우는 다시 시대를 주도한 장르에 주목
한다. 이는 각각 그 시대 예술 정신의 응결 지점이었다.(리쩌허우, 307)
이를테면 한대의 공예와 부(賦), 육조(六朝)의 조소(彫塑)와 변문(騈文),
당대(唐代)의 시가와 서예, 송원의 회화와 사곡(詞曲), 명청의 희곡과 소
설 등이 바로 그것이다. 리쩌허우는 한발 더 나아가 그 시대의 예술 정
신을 응집시켜 각 장의 표제로 삼고 있다. 상고 시대의 토템과 원시 가
무, 청동 시대의 도철(饕餮)과 종정문(鐘鼎文), 선진 시대의 시가와 건축,

초한의 이소(離騷), 위진의 풍도(風度), 불교 예술, 성당의 시가·산문·서예, 중당의 운외지치(韻外之致), 송원 산수의 의경(意境), 명청의 시민 문예 등등이다. 문학과 예술의 사회사를 거시적으로 조감할 때 예술사회학의 방법을 동원했다면, 시대를 주도한 장르를 분석할 때 리쩌허우는 심미심리학의 방법을 가지고 온다. 전자가 예술과 경제·정치 발전의 불균형, 그리고 예술 각 부류 간의 불균형 등에 초점을 맞추어 문예의 존재 및 발전에 내재적인 논리를 발견하는 것이라면, 후자는 고전 작품 속에 응결된 중국인의 심미적 취향과 예술 스타일이 왜 오늘날 중국인의 느낌과 애호에 여전히 부합하고 친밀감을 주는가에 초점을 맞춤으로써 예술작품의 영원성의 비밀을 풀려는 시도라 할 수 있다.

『미의 역정』의 백미는 성당(盛唐)에 대한 분석이다. 리쩌허우는 이 시기를 '낡은 것을 타파'[破舊]하고 '새로운 것을 수립'[立新]한 전환점으로 파악했다. 이백(李白)과 장욱(張旭) 등에 초점을 맞추면, '성당'은 옛 사회 규범과 미학 기준에 대한 파괴와 돌파가 일어난 시기로서, 그 예술적 특징은 내용이 형식에 담을 수 없을 만큼 넘쳐나 형식의 어떠한 속박과 제한도 받지 않는다. 그것은 미처 형식이 확정되지 않은 모방할 수 없는 천재성의 발로다. 한편 두보(杜甫)와 안진경(顏眞卿) 등에 초점을 맞추면, '성당'은 새로운 예술 규범과 미학 기준을 확정·수립한 시기로, 그 특징은 형식을 중시하며 형식과 내용의 엄격한 결합과 통일을 요구함으로써 학습하고 모방할 수 있는 격식과 본보기를 세운 것이다. 전자가 낡은 형식을 돌파했다면 후자는 새로운 형식을 수립한 것이다.(李澤厚 1994a, 135) 그러기에 리쩌허우에게 성당은 이백과 장욱의 성당과 두보와 안진경의 성당 두 종류다. 그것은 두 종류의 서로 다른 '의미 있는 형식'으로, 서로 다른 사회적·시대적 내용이 각각에 간직되어 있고 적전되어 있다. 이로써 각자의 풍격상의 특징, 심미적 가치, 사회적 의미를 지닌다.(리쩌허우 2014, 333)

5. 미학의 적전구조

『미의 역정』이 '문학과 예술의 사회사'라면, 『화하미학』은 미학 사상의 논리화를 지향하고 있다. 그의 논리화는 역사적인 것과 동떨어져 있지 않고, 중국 미학의 역사와 더불어 자신의 논리를 구축하고 있다.

> 화하(華夏)미학은 유가 사상을 주체로 하는 중국의 전통 미학을 가리킨다. 유가는 오랫동안 깊고 넓은 사회적·역사적 기반을 다져 왔으며, 끊임없이 다양한 학파의 주장을 흡수하고 동화하여 자신을 풍부하게 발전시킴으로써 중국 문화의 주류와 기본을 이루었다.(리쩌허우 2016, 4)

이것이 중국 전통 미학 사상을 바라보는 리쩌허우의 기본 입장이다. 유가 미학은 비(非)디오니소스적 '예악' 전통을 역사적 근원으로 삼고, '호연지기'와 '천인합일'을 기본 특징으로 삼고 있다.

화하미학의 핵심인 유가 미학의 장점은 체계적 피드백 구조로 다양한 사조와 문화, 체계를 흡수하고 동화함으로써 자신을 개혁하고 발전시킨 점이다. 그것은 위로 '예악' 전통을 계승 발전시키고, 도가의 소요유(逍遙遊) 정신을 수용·보완하고, 굴원(屈原)과 위진 현학(玄學)의 깊은 감정과 성찰을 받아들이며, 선종(禪宗)의 형이상학적 추구를 통해 영원함과 묘오(妙悟), 운미(韻味)와 충담(沖淡)을 자신의 것으로 만들었다. 나아가 명대 중엽 이후 인간의 본능적 욕망과 성령(性靈)을 각성하고 서양 미학을 받아들여 새로운 단계로 나아갔다. 아래에서 구체적으로 살펴보자.

『화하미학』(1994a)의 목차를 보면, '제1장 예악 전통'부터 '제6장 근대를 향하여'까지 종적 구조를 가지면서도 그 내용을 들여다보면 단순한 시간의 변화를 기록하는 것에 그치는 것이 아니라, 적전구조로 되어 있음을 알 수 있다. 적전구조란 '제1장 예악 전통'이 '제2장 공문(孔門) 인학'에 적전되고, 다시 제1장과 제2장의 주요 내용이 '제3장 유가와 도가의 상호 보완'에 적전되는 구조를 가리킨다. 여기에서 '공문'은 '유가'와 차이가 있다. '공문'이 공자에서 시원하고 맹자와 순자가 발전시킨 '원시 유가'를 가리킨다면, '유가'는 한대 이후 선진 제자백가 사상과 한대 유행한 음양오행 사상이 적전된 사상 체계를 가리키는 것이다. 이처럼 중국 미학은 선진 시대부터 근현대까지 지속적으로 적전되었다는 것이 리쩌허우의 판단이다.

'예'(禮)와 '악'(樂)은 "원시 시대의 토템 가무와 무술 의례가 더한층 정비되고 분화"(리쩌허우 2016, 29)된 것으로, 주공(周公)이 그 중심적인 제정자이고 공자는 확고한 옹호자이며, "유가는 바로 이 역사적 전통의 계승자이며 유지자이며 해설자다"(리쩌허우, 31). 이렇게 볼 때 공자는 원시 시대의 토템 가무와 무술 의례를 제도화한 예악 전통을 유가에 접목한 인물이다. 공자는 예악 전통에 인학(仁學)이라는 자각 의식을 부여하고, 현실 인생에 집착한 실용이성을 주장함으로써, 동시대의 정치적 교화와 윤리, 인간관계의 조정, 사회질서의 구축에 직접 공헌하는 것을 목표로 삼았다. 그 뒤를 이은 맹자와 순자의 두 흐름은 약간의 차별점이 있었다. "맹자가 선험적 도덕으로써 인간의 감성을 주재하고 통괄하여 '인성(사회적 이성)이 선하다'라고 주장했다면, 순자는 현실적 질서와 규범으로 인간의 감성을 개조하여 '인성(생물적인 자연 감성)이 악하다'라고 주장했다."(李澤厚 1994a, 271) 그러나 맹자와 순자의 주장이 겉으로는 달라 보이지만, "어떻게 개인의 감성이 사회적 이성에 적전할 것인가 하는 공문(孔門) 인학의 공통 명제로 귀결된다"(李澤厚, 272)라는 점에서 상통하고 있다.

'유학 4기설'의 유학과 마찬가지로, "유가 미학은 중국 미학의 기초이자 주류로, 심후한 전통 연원과 심층적인 철학 관념을 가지고 있고, 그 체계론의 피드백 구조는 또한 각종 사조와 문화 그리고 체계를 흡수하고 동화하여, 자신을 혁신하고 발전시키는 데 뛰어났다"(앞의 책, 281). 『화하미학』 제3장에서 리쩌허우는 유가 미학과 도가·초사(楚辭)·선종이 어떻게 충돌하는 가운데 융합되었는지에 대해 논술하고 있다. 리쩌허우는 우선 유가와 도가가 "비(非)디오니소스적인 원시적 전통에 근원한다"(리쩌허우 2016, 149)라는 사실을 지적한 후 양자의 관계가 '대립적 보완'임을 밝힌다. "도가와 장자는 '인간의 자연화'라는 명제를 제시했는데, 그것은 '예악' 전통과 유가의 인학이 강조하는 '자연의 인간화'와 바로 대립하면서도 보완한다"(리쩌허우, 151)라는 것이다. 총체적으로 보면, 장자는 유가에 흡수되어 심미적 측면에서 사용되었다. 장자는 유가의 미학이 인생과 자연과 예술에 대해 진정한 심미적 태도를 세우는 데 일조했다.

리쩌허우는 유가와 도가의 상호 융화와 보완에는 정치적인 길과 예술적인 길이라는 두 가지가 있다고 설파한다. 먼저 정치적인 길은, "곽상(郭象) 등을 대표로 삼을 수 있고, 유가 학설로 장자를 주석하고 명교(名敎)가 바로 자연이라 인식하면서, 장자의 학설에서 소외를 반대하는 해방 정신과 인격 이상을 제거했다"(李澤厚 1994a, 308). 다음 예술적인 길은, "도연명(陶淵明)의 시와 산수화·화조화(花鳥畵)다. 그것은 확실히 '안빈낙도'의 세속을 따르는 일면이 있지만, 주로 세속 인간관계에 대한 항의와 초월 그리고 해탈이다"(李澤厚, 308). 도가의 부정적 논단과 세속을 초월한 형상은 현실 생활과 문예·미학에서 유가의 긍정적 명제와 독립적 인격으로 전환한다. 자연은 생활, 사상과 감정, 인격이라는 세 방면에서 인간의 최고 이상이 되었으며, 그것들은 '인간의 자연화'가 전면적으로 전개된 것으로서, 유가와 도가의 상호 보완이 구체적으로 실현된 것이다.(앞의 책, 309)

여기에서 주목할 것은 미학 사상에서 굴원의 역할에 대한 평가다. 대표작 「이소」(離騷)를 읽어 보면 굴원이 유가적 전통의 영향을 받았음을 알 수 있는데, 리쩌허우는 국가 관념이 희박했던 전국시대 당시 초나라에 연연하고 수도가 함락되자 바위를 안고 멱라수(汨羅水)에 투신한 굴원의 죽음에 대해 다음과 같이 평했다.

굴원은 죽음을 선택한 고양된 인간성과 감정적 태도, 즉 추악한 현실에 대한 철저한 부정과 인생의 이상에 대한 동경으로써, 후대 사람을 감염(感染)시키고 개발하고 교육했다. 굴원은 죽음을 통해, 삶과 죽음·인생과 생활에 대한 예약 전통과 유가 인학의 철리적 태도를 전에 없던 깊이 있는

감정의 새로운 수준으로 끌어올렸다.(앞의 책, 328)

훗날 유가 전통의 지배 아래 굴원의 자살을 본받은 지식인은 많지 않았지만, 죽음에 대한 깊은 체득과 감정적 반성으로 실제적 죽음 행위를 대체했다. 그러므로 중국인은 "벚꽃처럼 순간적으로 왕성하게 피는 것이 아니라, 오히려 매화·국화·소나무·대나무처럼 오랫동안 참아 내는 것을 이상적 상징으로 삼은 것이다"(리쩌허우 2016, 248). 이 지점에서 리쩌허우는 죽고 사는 현상 분석에 그치지 않고, 굴원처럼 죽음을 선택하지 않았더라도 죽음 앞에서 나온 심후한 '현존재'의 감정 그 자체를 높게 평가한다. "굴원과 같은 감정과 절조가 오히려 대대로 중국 지식인의 영혼을 배양했으며, 아울러 항상 생활과 창작의 원동력이 되었다."(리쩌허우, 248) 그러므로 죽음을 선택하지 않았지만, 치욕을 견디면서 『사기』 저술이라는 막중한 임무를 짊어졌던 사마천의 인생이나 죽림칠현의 일원이었던 혜강(嵇康)과 완적(阮籍)의 비분과 애상도 "죽음이 임박하여 비로소 최대로 표출될 수 있었던 '존재'의 의의를 가장 잘 드러냈다. 그것들은 죽음에 대한 감정적 사유를 통해 발휘되는 '존재'의 빛이다"(앞의 책, 249). 이처럼 굴원 정신의 전통은 후대 사대부 지식인들에게 계승되어 유학 전통의 '정감-이성 구조' 내면에 깊은 생사의 의미를 부여했다. 이렇게 "굴원과 유가·도가는 서로 스며들어 융화하여, 감정을 핵심으로 하는 위진 시대 문예-미학의 기본적 특징을 형성했다"(앞의 책, 262). 나아가 이 세 갈래 물줄기는 위진 시대에 하나로 합류(合流)해서 "화하 문예와 미학의 근본적인 심리 특징이자 '정감-이성 기제'를 만들어 냈다"(李澤厚 1994a, 338). 이후 중국 문학사의 대부분 작가는 유가·도가·굴원의 세 요소가 융화하여 이룬 심층적인 정감과 이성의 만남이라는 '문화심리구조'를 기반으로 삼아 작품을 창작한 것으로 보아도 무방할 것이다.

위진 시대에 중국에 들어온 불교가 유가와 만나는 과정 또한 화하미학 사상 형성에서 중요하다. "유학을 위주로 하는 중국의 문화 전통이 어떻게 불교에 대응하고 교류했는가의 문제는 수백 년간 이데올로기의 주요과제가 되었고 다양하고 찬란한 양상을 야기했다. 예술에서 문학에 이르기까지, 신앙에서 사상에 이르기까지 불교를 배척하기도 하고, 흡수하기도 하고, 귀의처로 삼기도 하고, 변조하기도 하고, 장자를 끌어들여 설명하기도 하고, 유교와 서로 겨루기도 했다."(李澤厚 1994a, 359) 불교 또한 인생 경계(境界)의 추구라는 점에서 유가와 소통했고 유가는 불교의 형이상학적 측면을 수용해 외연을 확장할 수 있었다. 선종(禪宗)이 전자의 예라면, 성리학은 후자의 사례라 할 수 있다. "유학 전통은 장자·굴원·현학이라는 단서를 흡수하면서도 새로운 걸음을 내디딘 상황을 계승했다 할 수 있다. 특히 미학사적 관점에서 보면 그러하다."(李澤厚, 359)

리쩌허우는 중국의 전통 의학인 사상(四象)으로 미학 사상을 분류한 바 있다.

유가는 강건함을 미로 여기고 그 속에 부드러움이 있으므로 '태양'(太陽)에 속하고, 도가는 부드러움을 본체로 여기고 그 속에 강함이 있으므로 '태음'(太陰)에 속하며, 굴원은 부드러움 속에 강함이 있으므로 '소양'(少陽)에 속하고, 선(禪)은 겉은 강하지만 속이 부드러우므로 '소음'(少陰)에 속한다고 할 수 있다. 이 '소음'은 유가의 웅건하고 강건한 미학 전통과 확실히 거리가 있다. 선은 본래 인도 불교가 중국 네이션의 문화심리구조에 의해 개조되고 창작된 것이다.(앞의 책, 377)

단, 중국인은 출가해서 중이 되는 것을 그다지 달가워하지 않았으며 의식과 문화 영역에도 불교가 그리 많이 반영되지는 않았고, 선은 궁극적으로 유가와 도가로 돌아가기 마련이다. 이렇게 볼 때, 리쩌허우는 중국의 불교, 즉 선종이 미학 차원에서는 심리로 전환되었다고 보고 있다. 이를 대표하는 시인이 바로 소식(蘇軾)이다. 리쩌허우는『미의 역정』에서 소식을 이전 작가들과 대비해 아래와 같이 품평한 바 있다.

여기(소식의 문장―인용자)에는 굴원과 완적의 근심과 울분이 없고, 이백과 두보의 호방함과 성실함도 없으며, 백거이의 명랑함과 다르고 유종원의 고고함과도 다르며, 한유의 안하무인의 오만한 기세와는 더더욱 다르다. 소식이 미학에서 추구한 것은, 질박하고 꾸미지 않으며 평담(平淡)하고 자연스러운 정취와 운미(韻味)였고, 사회를 멀리하고 세상을 꺼리는 인생 이상이자 생활 태도였다. 그는 가식과 조작, 장식과 조탁(彫琢)에 반대했으며, 이상의 모든 것을 철저한 깨달음의 철리적 수준으로 끌어올렸다.(앞의 책, 157)

여기에서 리쩌허우는 소식의 작품을 '송명 이학이 선종을 흡수한 해석학적 산물'(앞의 책, 385)로 설정하는 것처럼 보인다. 이는 송명 "이학자가 순수철학 영역에서 선종과 불학을 경유하여 다시 유학으로 돌아

왔을 때 자신을 최대한 풍부하게 하고 심미로 종교를 대신하는 형이상
학적 본체 경계를 구축"(李澤厚 1994a, 386)한 것과 대체로 비슷하다. 여
기에 리쩌허우는 산수화의 예를 추가한다. 그에 따르면, "송명 이학의
고조기가 대체로 중국에서 산수화가 가장 성했던 시기라는 것이다"(李
澤厚, 386). 철학적 사변과 예술적 취미의 이러한 동보성(同步性)은 경제
발전과 예술발전의 불균등성과 연관해서 고찰해 볼 만한 토픽임이 틀
림없다.

리쩌허우는 『화하미학』의 마지막 장인 '제6장 근대를 향하여'의 서
두에서 번영과 쇠락의 순환을 언급한 후, 전통 유학과 문예·미학의 상
황을 아래와 같이 서술한다.

> 새로운 뜻을 지니는 사상 경향과 예술 창작은 오히려 언제나 유학의 정통
> 을 등지거나 심지어 이를 위반하는 방향을 지향했다. 그러나 '다투어 벗
> 어나려는' 어떤 의향이나 전망을 표현할 수 있을지라도, 그것은 단지 '지
> 향'일 뿐, 그 자체로 유학의 울타리를 결코 벗어나지 못했다. 그것은 성숙
> 하지도 철저하지도 못했다. 특히 이론면에서는 더욱 그러했다.(앞의 책,
> 388)

명 중엽, 유학의 정통에서 '다투어 벗어나려는' 의향 또는 전망은 바
로 갑작스레 출현한 '인간의 욕망'[人欲]이었다. 모두 알다시피, 인간
의 욕망은 우선 남녀 간의 성욕으로, 오랜 기간 예술의 주제였다. 그러
나 중국의 예악 전통과 유교적 교양의 영향 아래 "성애(性愛) 자체는 문
예와 심미에서 독자적 지위를 제대로 얻지 못했으며, 특히 개체의 감

성 존재와 서로 깊이 연관된 독립적 지위도 얻지 못했다"(앞의 책, 389).
명 중엽 이래 전에 없던 상공업의 번영과 도시의 소비 발달에 힘입어 사회 풍상(風尙)이 바뀌었고, 성애(性愛)소설이 유행했으며 전통 예속(禮俗)이 붕괴하기 시작했다. 이를 대표하는 것이 '삼언'(三言)[7]과 '이박'(二拍)[8]이다.

사회 조류의 커다란 변화와 관련해 리쩌허우는 철학, 심미적 취미와 기교 형식의 세 가지를 제기했다. 첫째, 철학에서 말할 때 이러한 새로운 경향은 왕양명(王陽明) 심학(心學)의 해체 과정에 반영되었다. 이것은 감성적인 것이 인정되고 긍정되며 강조되는 것으로 나타났다.(리쩌허우 2016, 374) 둘째, 동일한 시기에, 서위(徐渭), 탕현조(湯顯祖), 원굉도(袁宏道)와 같이 이지(李贄)와 직간접적으로 관련 있는 인물이 시문과 회화 분야에서 개성과 자아를 핵심 또는 특징으로 하는 창작론과 예술론을 각각 발표했다.(리쩌허우, 379) 셋째, 그 시대에 몇몇 작가와 예술가들이 형식이나 기교를 규범화하고 고찰했던 것은 오히려 매우 자각적이라 할 수 있다. 문예-심미의 자체적 규율이나 법칙에 대한 일찍이 없었던 중시와 진지한 추구는 근대로 나아가는 표현이었다.(앞의 책, 395; 李澤厚 1994a, 400)

리쩌허우는 제6장의 마지막 부분에서, 서양의 이론 프레임으로 중국 문학 이론을 형이상학론, 결정론, 표현론, 기교론, 심리론, 실용론으

---

7 삼언(三言)은 풍몽룡(馮夢龍)이 편집한 『유세명언』(喻世明言), 『경세통언』(警世通言), 『성세항언』(醒世恒言)을 가리킨다.
8 이박(二拍)은 능몽초(凌濛初)가 편집한 『초각 박안경기』(初刻拍案驚奇)와 『이각 박안경기』(二刻拍案驚奇)를 가리킨다.

로 분류한 류뤄위(劉若愚)[9]와, 서예 이론을 사실파, 순조형파, 감정지상
파, 윤리파, 자연파, 선의파로 나눈 슝빙밍(熊秉明)[10]을 비판하면서, 자신
의 초보적 구상을 아래의 표로 제시하고 있다.

종류 \ 시대	선진, 양한	육조, 수당		송원	명청, 근대
철학	유가	장자	굴원	선(禪)	양명학
객체	기세(氣)	도(道)	형상(象)	여운(韻)	정취(趣)
주체	지향(志)	품격(格)	감정(情)	의지(意)	욕망(欲)
매개	비흥(比興)	신리(神理)	풍골(風骨)	묘오(妙悟)	성령(性靈)
예시	고개지, 두보, 안진경, 오경재	도잠, 장욱, 이백, 황공망	완적, 왕희지, 유종원, 주탑	왕유, 소식, 예운림, 조설근[11]	서위, 탕현조, 이어, 원매
미의 소재	예악, 인도	자연	심정(深情)	경계(境界)	생활

도표 3· 중국 전통 미학 사상의 범주와 연변(演變)

리쩌허우는 위의 표가 인상식의 현상 묘사이자 직관적 태도일 뿐,
근대적 언어분석의 과학성이 결여되어 모범으로 삼기 부족하고 다만
출발점으로 사용할 수 있지 않을까 하면서 겸양하지만, 우리는 이 표
를 통해 전통 미학 사상의 몇 가지 범주의 역사 흐름과 상호 구분을 이
해할 수 있다.

---

9 James J Liu, *Chinese Theories of Literature*, Chicago: University of Chicago Press, 1975.
10 熊秉明, 『中國書法理論體系』, 第1頁. 여기에서는 李澤厚, 『李澤厚十年集(第一卷) 美的歷程 附: 華夏美學 美學四講』, 412쪽에서 재인용.
11 조설근은 분명 청대 작가인데, 송원에 배치한 것은 리쩌허우 선생의 명백한 오류다. 번역서(리쩌허우 2016)도 같은 오류를 반복했다.

6. '적전'과 '폭발'

이 지점에서 리쩌허우의 사상을 러시아 문화기호학자 유리 로트만 (Yuri M. Lotman)의 사상과 대조해 볼 필요가 있다. 앞당겨 말하면, 리쩌 허우의 '적전'과 로트만의 '폭발'은 상호보완적 관계에 놓여 있다. 우선 로트만의 문화기호학에 대해 살펴보자.

로트만은 기호학에서 시작해 문화기호학으로 나아갔고 궁극적으로 역사와 조우했다. 그는, 흔히 큰 학자가 그렇듯이, 어느 한 분야에 얽매이지 않는다. 로트만의 학문적 섭렵을 김수환은 '르네상스적 규모'의 인식적 행보(김수환 2011, 16)라고 묘사하면서, 로트만을 이론가이자 문화사가라고 평가했다. '추상성과 구체성을 넘나드는 연구 스타일'로 인해, '한쪽에서 끊임없는 체계화와 도식화를 지향하는 이론가 로트만'과 '다른 편에선 구체적인 예술적 디테일에 집요하게 천착하는 문화사가 로트만이 자리한다'. 전자의 모습을 『기호계』에서 발견할 수 있다면, 후자의 모습은 『러시아 문화에 관한 담론 1, 2』에서 발견할 수 있다. '마지막' 책 『문화와 폭발』에서 로트만은 비로소 두 얼굴의 자연스러운 결합을 보여 준다.(김수환 2014, 309~310)

또한 방법론에서도 구조주의로부터 포스트구조주의까지 섭렵한 로트만은 '요소들의 계속적인 반복과 더불어 의미심장한 변형을 허용하는 체계'를 수립한, "언제나 새롭지만 항상 그대로"인 학자다.(김수환 2011, 20) 여기에서 '반복/불변' 항이 '기호학'이라면 '의미심장한 변형'은 '문화'라 할 수 있고, 이는 1970년을 기점으로 '개별 기초체계를 향한 관심이 문화 자체의 기호학적 본질과 메커니즘으로 확대'(김수환,

12~13)된 '문화기호학'이란 분야로 정립된다. 로트만은 1964년 여름 학교에서 '2차 모델링 체계'라는 주제로 모임을 가진 후 조직된 '모스 크바-타르투 학파'의 수장으로서 1970년 4차 여름학교를 끝으로 학파 의 핵심 성원 상당수가 서유럽으로 이주하거나 망명함으로써 사실상 해체된 시점에 '문화 자체에 관한 총체적 이론'으로서의 문화기호학의 정련 작업을 떠맡게 되었다.

1973년에 발표된 선언문에서 문화기호학은 "상이한 기호체계 간 의 기능적 상관관계를 연구하는 새로운 분야"로서 정의된다. 이에 대 해 김수환은 "이제 문학 이론은 문화 연구의 맥락 아래에 놓이고, 학파 의 핵심과제는 개별 기호체계의 분석이 아니라 그 모두를 아우르는 문 화라는 이름의 '체계의 체계'(복수언어체계)를 이론적으로 해명하는 일 이 된다"라고 하면서, '문화기호학의 이론적 정체성'이 "문화 자체의 기호적 메커니즘과 작동 원리를 탐구하는 고유한 학문 분야"로 확립되 었다고 평가한다.(김수환 2011, 13) 문화기호학의 정련 작업은 1970년대 내내 이루어졌다. 문화의 유형학에서 체계의 역동성으로, 신화를 거쳐 기호계로 이어지는 이 짧지 않은 여정은 '문화기호학'의 이름 아래 수 행되었다. 1970년대의 로트만은 의미를 단일하게 규정하는 구조주의 나 유희적으로 비워 버리는 포스트구조주의 대신에 의미를 담은 갖가 지 '다른 방식들'을 찾아내는 길을 택했다. 그리고 그 길의 탐색은 철저 하게 문화 속에서, 문화를 통해 추구되었다. 문화의 공시적·통시적 평 면을 넓고 깊게 아우르는 로트만의 탐색은 1980년대를 거쳐 1990년대 초반까지 이어졌다. 그 길은 물론 문화를 끝없이 살아 숨 쉬는 정보로 만들기 위한 길이었지만, 동시에 기호학을 여전히 '기능하는' 담론으

로 유지하기 위한 힘겹고 지난한 여정이기도 했다.(김수환 2014, 306)

로트만이 언어학에서 출발해 문화로 영역을 확장할 수 있었던 것은 '2차 모델링 체계'라는 독특한 문제의식과, 문화의 본성이 개별 인간 사이의 차이에서 비롯된다는 인식에 근거하고 있다. 로트만은 과거 '수많은 이론'이 "'인간'이라는 개념을 모종의 추상적인 개념적 단일체로서 도입"해 "인간의 개념이 사회문화적인 모델을 구축하기 위해 필요한 모든 본질적인 것을 포함하는 불변체적 모델이라는 생각에서 출발"(로트만 2008, 244)하고 있음을 인지하고는, 자신은 이와 '상반된 가설'에서 출발한다. 그는 '문화의 본성'이 '개별 인간 사이의 신체적-심리적 차이'에 존재하고 있음을 강조한다.

개인적인 차이(그리고 그 위에 덧씌워진 문화-심리적 층위라는 집단적인 차이)는 문화-기호학적 대상으로서, 인간 존재를 특징짓는 근본 자체에 속하는 것이다. 인간적 개성의 [다양한] 변이형, 문화사 전체를 통해 고무되고 발전해 온 바로 그 변이형이야말로 인간의 수많은 커뮤니케이션적 · 문화적 행위의 근본에 놓여 있는 것이다.(로트만, 245)

그에 따르면, 개인적 차이와 그에 기초한 집단적 차이야말로 인간 존재의 근본 특징이고, 이것이 문화기호학의 대상이라는 것이다. 그간 수많은 이론이 개인이 공유하는 불변하는 것에 초점을 맞췄다면, 로트만은 그 차이에 주목했다.

이 문제의식은 마지막 저서 『문화와 폭발』에서 '연속적인 것과 불연속적인 것', 바꿔 말해 '점진적인 것'과 '폭발적인 것' 사이의 대립에 관한 고찰로 심화한다. 로트만은 점진적이고 안정적인 연속적 변화가 있고, 문화적 폭발의 형태를 띠는 급격하고 불연속적인 변화가 있다고 본다. 그리고 두 가지 변화는 순차적으로 교체되는데, "(로트만은—인용자) 안정화의 시기와 폭발의 시기가 모두 동일한 진화적 과정의 상보적 상태라고 주장한다"(김수환 2014, 314). 안정화 시기의 점진적 역동성과 폭발 시기의 폭발적 역동성의 관계는 유물변증법에서 말하는 '양적 변화가 축적되어 질적 변화가 일어난다는 명제'와 유사하지만 선후는 바뀌어 있다. 유물변증법에서 질적 변화는 양적 축적의 결과이지만, 로트만이 말하는 "폭발의 국면은 새로운 단계의 시작을 표지한다"(로트만 2014, 35). 로트만은 '학문적 발견'과 같은 '폭발'이 먼저 출현하고 그것의 '기술적 실현' 과정은 점진적 역동성의 법칙을 따라 전개된다고 생각한다. 이런 맥락에서 볼 때, 아날 학파(Annales school)는 점진적 역동성의 과정을 역사 기술의 중심 범주로 도입하고, 정치적 투쟁이나 예술적 현상 등 역사 과정의 '폭발적 역동성'을 역사의 배면으로 밀어냈다. 로트만은 이를 두 개의 상반된 이미지로 묘사했다. 아날 학파가 겨냥했던 역사의 점진적 운동이 "봄철의 도도한 강물의 흐름"처럼 우리 앞에 놓여 있다면, 역사의 폭발적인 전개는 "예측 불가능한 장소에 폭약이 매설된 평원"처럼 나타난다.(김수환 2014, 315)

리쩌허우의 '적전'은 로트만이 말한 '역사의 점진적 운동'과 유사해 보인다. 그러나 '적전'은 "오랜 시간을 따라 천천히 진화하는 거대하고 구조적인 '장기 지속'(long durée)의 역사"(브로델 2012, 14)라는 시간대를 뛰어넘어 3천 년이 넘는 중국 역사를 관통하는 내재 원리라는 점에서, 로트만의 '역사의 점진적 운동'과 동일선상에 놓고 비교하는 것은 적절하지 않아 보인다.

이른바 '적전'은 인류가 기나긴 역사 과정을 겪고서야 인성을 만들어 낸 것을 가리킨다. 이때 인성은 인류 특유의 문화심리구조이고 철학적으로 말해 '심리본체'이다. 그것은 또한 "인류(역사의 총체)적인 것이 개체적인 것에 적전되었고, 이성적인 것이 감성적인 것에 적전되었으며 사회적인 것이 자연적인 것에 적전되었고 원래 동물적인 감각기관이 인간화되었으며 자연적인 심리구조와 소질이 인류적인 것으로 바뀌었다".[12] 이 인성의 구축은 적전의 산물이고 내재적 자연의 인간화이며 문화심리구조이고 심리본체로, 이름은 다르지만 실질은 같다. 그것은 또한 세 영역으로 나눌 수 있다. 첫째 인식 영역으로, 인간의 논리 능력과 사유 방식이고, 둘째 윤리 영역으로 인간의 도덕 품질과 의지 능력이며, 셋째 정감 영역으로, 인간의 미감 취향과 심미 능력이다.(李澤厚 1994a, 495)

이렇게 볼 때 리쩌허우에게 '적전'은 기나긴 역사 과정을 통해 형성된 인성을 만들어 낸 기제이자 형성 원리이므로, '적전'은 역사의 점진적 운동과 폭발적 역동성을 모두 아우른 개념이라 할 수 있겠다. 바꿔 말해, 인류의 기나긴 역사 과정은 적전의 과정이고, 그 과정은 점진적 운동과 폭발적 역동성의 과정으로 구성되어 있는 것이다.

---

12 李澤厚, 『批判哲學的批判』(修訂本), 北京: 人民出版社, 1984, 第453頁.

3장 · 칸트 철학 비판과 인류학 역사본체론

1. 칸트의 비판철학에 대한 논평

서양 철학사 최고봉의 하나인 칸트(Immanuel Kant)의 비판철학을, 중
국 당대 최고의 사상가가 비판적으로 연구한 성과인 『비판철학의 비
판』(批判哲學的批判, 초판 1979)은 '동서고금의 융합'이라는 차원에서 심대
한 의미가 있다. 리쩌허우에 따르면 마르크스주의의 실천론은 인간의
능동적 작용을 강조하는데, 이는 칸트와 헤겔의 고전 관념론 철학을
비판한 마르크스의 '코페르니쿠스적 혁명'을 통해 획득할 수 있었다.
『비판철학의 비판』은 『중국근대사상사론』 및 『미의 역정』과 더불어 리
쩌허우의 3대 주저로 꼽힌다. "이 책은 단순히 중국 현대사상의 한국적
수용의 차원을 넘어 서구 사상의 동양적 수용이라는 보다 거시적 맥락
에서 볼 때 중요할 뿐 아니라, 다시 한번 거대한 세계사적 변동을 맞이
하고 있는 21세기의 향방을 가늠하기 위한 사상적 좌표를 세우는 과정

에서 반드시 짚고 넘어가야 할 중대한 고민거리를 제공한다는 점에서도 의의가 있다."(심광현 2015, 184)

『비판철학의 비판』은 1976년 10월 완성되어 1979년 출간되었고, 2007년에 수정 6판이 나왔다. 초고 완성부터 치면 2017년 한국에서 번역본이 나오는 데 40년 넘게 걸린 셈이다. 문화대혁명 후반 '사인방'(장칭·왕훙원·장춘자오·야오원위안)의 횡포와 농단이 기승을 부리던 시절 분노를 삭이면서, 그리고 탕산(唐山)대지진으로 천막생활을 하면서, 리쩌허우는 "칸트 철학 연구와 마르크스주의 연구를 연결하고픈 희망"(리쩌허우 2017, 491)을 품고 원고를 완성했다. 그가 보기에 마르크스주의 철학은 헤겔뿐만 아니라 칸트에 기원을 두고 있기에 칸트를 어떻게 비판하고 지양하여 일련의 이론적 문제를 이해할 것인가는 마르크스주의 철학을 견지하고 발전시키는 데 매우 중요하다.

'인간이란 무엇인가'라는 문제는 칸트 철학의 핵심이다. 칸트 철학의 근본 취지는 '문화-도덕적 인간'이라는 주장으로 귀결할 수 있다. '인간이란 무엇인가'라는 문제는 자연스레 '인성'에 대한 관심으로 연결되는데, 리쩌허우가 보기에 인간은 개인이라는 '소아'에 집착하면서도 전체라는 '대아'에 대한 고려의 끈도 놓지 않는다. "인간은 '개인은 전체를 위해 존재한다'라는 명제에서 '전체는 개인을 위해 존재한다'라는 명제로 발전해 왔다. 후자를 강조하고 전자를 부정하는 것은 비(非)역사적이고, 전자를 강조하고 후자를 부정하는 것은 반(反)역사적이다."(李澤厚 2002, 67) 이런 점에서 자유주의는 비역사적이고, 집단주의는 반역사적이다. 비역사적·반역사적 치우침을 막기 위해 윤리와 도덕이 필요하다. 칸트는 그것을 '절대명령'이라 했다. 리쩌허우는 그것을 다시 종교적 도덕과 근현대의 사회적 도덕으로 구분했다. 종교적 도덕은 사적 신앙(개인 도덕)으로, 신비한 경험과 교감할 수 있다. 반면 사회적 도덕은 공공 이성(공적 도덕)으로, 어떠한 종교나 신비 경험과도 무관해야 한다.

심광현(2014)은 마르크스의 "포이어바흐 테제"와 칸트의 『판단력 비판』, 푸코와 벤야민의 미메시스 이론, 나아가 최근 신경정신분석학의 성과를 섭렵해 새로운 생산양식과 주체양식의 절합을 탐색한 바 있다. 그는 『비판철학의 비판』에 대한 해제 논문에서 리쩌허우의 시도를 다음과 같이 평가한다.

그는 칸트 사상의 주체적, 윤리적 계기만이 아니라 칸트의 초월적 인식론과 윤리학 및 미학의 전체 체계를 마르크스의 사적 유물론으로 재해석하여 칸트와 마르크스 사상의 내재적 결합을 시도한다는 점에서, 교환양식이라는 전혀 다른 문제틀에 입각해 마르크스의 생산양식 문제틀을 비판하는 고진의 '외재적 비판'과는 크게 차이가 있다. 리쩌허우는 칸트의 문제의식을 더 밀고 나가면 마르크스와 마주치게 된다고 본다.(심광현 2015, 187)

칸트와 마르크스의 결합을 시도한 사람은 리쩌허우만이 아니다. 일본의 가라타니 고진(柄谷行人)도 비슷한 시도를 했다. 하지만 가라타니 고진의 시도는 교환양식이라는 자신의 문제틀을 기준으로 마르크스의 생산양식을 비판했다는 점에서 정곡을 찌르지는 못했다. 그에 반해 리쩌허우는 칸트와 마르크스의 내재적 연계에 초점을 맞추고 있다. 리쩌허우에 따르면, 마르크스주의의 실천론은 인간의 능동적 작용을 강조했고, 이야말로 철학에서 '코페르니쿠스적 혁명'이었다는 것이다.

> 이 혁명은 또한 바로 칸트와 헤겔의 고전 관념론을 비판한 (마르크스의—인용자) 코페르니쿠스식 혁명에서만 획득할 수 있었던 것이다. 프랑스 유물론은 인간을 자연에 종속시켰고, 독일의 고전적 관념론은 자연을 인간의 정신에 종속시켰지만, 마르크스의 유물론은 인간이 세계에 대해 능동적으로 벌이는 물질적 개조에 자연을 종속시켰던 것이다. 이는 또한 자연본체론(프랑스 유물론)에서 의식본체론(독일 고전 관념론)으로의 전환이며, 다시 인류학본체론(마르크스주의)으로의 전환이다. (李澤厚 2007, 214)

흔히들 마르크스주의를 헤겔의 변증법과 포이어바흐의 유물론을 비판적으로 계승했다고 한다. 하지만 칸트와의 연관성에 주의를 기울인 사람은 드물었다. 리쩌허우는 바로 자연과학과 사회 실천의 영역에서 칸트 철학의 특징을 마르크스주의 관점에서 해석하려 한다. 이런 관점에 설 때 칸트의 초월적 자아의식을, 실천을 통해 역사적으로 생산되고 발전하는 '인류의 총체적 자아'에 대한 일종의 관념론적 예고라고 파악할 수 있게 된다. 그리고 이런 관점에서 리쩌허우는 칸트가 선험적 능력이라고 말한 지성, 판단력, 이성이 실제적으로는 역사 속에서 적전(積澱)된 인류의 주체적 능력이 개인적 자아에게 계승된 것이라고 보면서, 인류의 주체적 능력을 '도구사회구조'라는 객관적 측면과 '문화심리구조'라는 주관적 측면, 이 두 가지의 결합체로 재해석한다.

칸트는 인류의 사회적 실천이 객관세계의 규칙을 오랜 시간의 역사를 통해 범주로 내화된 것을 '선험적 범주'라 명명하면서 관념론적 형식으로 시간의 문제를 전도시켰지만, 리쩌허우는 유물론적 실천론을 통해 칸트의 관념론적 초월론을 다시 전도시키자고 제안한다. 칸트가 범주를 선험적 이성의 산물로 보았다면, 리쩌허우는 범주를 객관적 실천의 역사적 산물로 본다. 칸트가 인식의 능동성을 선험적인 것으로 해석했다면, 리쩌허우는 인식을 실천의 능동성으로 소급시켰음을 알 수 있다.

리쩌허우는 이성이 감정을 절대적으로 주재하는 '이성의 응집'을 부각한 점이 칸트의 중대한 공헌이라고 평가하면서, 자신의 인류학 역사본체론에 의하면 이러한 심리구조가 선험 이성이 아니라 인류의 장구한 역사적 적전을 통해 조성된 것이며, 이 때문에 "경험이 선험적인 것으로 변하고, 역사가 이성을 구축하며, 심리가 본체가 되는 것"(李澤厚 2002, 1)이라고 주장한다. 칸트의 인간은 사회성을 선험적 본질로 삼지만 동시에 여전히 감성적 개체인 자연적 존재다. 그리고 칸트에게서 이성과 감성의 관계는 총체와 개체, 사회(보편 필연성)와 자연(감성적 개체) 사이의 관계다. 칸트는 만년에 이르러 자연적 인간에서 도덕적 인간으로의 전환을 가능하게 하는 구체적인 중개 혹은 교량을 모색했는데, 그 결과물이 바로『판단력 비판』이었다.

『순수이성 비판』의 초월적 원리가 범주의 구축적이고 지도적인 원리이고,『실천이성 비판』의 초월적 원리가 도덕 명령이었다면,『판단력 비판』의 초월적 원리는 자연의 합목적성이다.(심광현 2015, 218) 리쩌허우는 이 합목적성을 원인과 결과가 피드백되는 유기체 안에 존재하는 목적성으로 해석한다. "부분과 전체, 부분과 부분이 서로 의존하면서 각각 번갈아 원인과 결과로 바뀌는, 부단히 자신을 조절하고 환경에 적응하는 자기조직적 유기 시스템이라는 생명체의 특성, 예술작품의 구조와 같은 것이 바로 칸트의 합목적성 개념이라는 것이다. 그리고 이런 합목적성 개념이 바로 감성적 자연과 이성적 자유를 연접시키는 교량 역할을 하게 된다는 것이다."(심광현, 218~219)

심미적 판단력 비판의 제1계기(질)는 '무관심적 관심'이고 제2계기(양)는 '개념 없는 보편성'인데, 칸트는 이런 계기들을 제3계기(관계)인 '목적 없는 합목적성'이라는 철학적 특성으로 고양했고, 이를 통해 미의 이상, 즉 이상과 목적의 관계로서 미라는 문제를 부각했다. '목적 없는 합목적성'은 자기조직적 유기 조직 내에서 특정한 '관계'를 구성하며, 이는 자연과 인간의 독특한 '형식'이다.(앞의 글, 219 요약) 리쩌허우는 여기서 한발 더 나아가 "제4계기(양태)의 분석에서 칸트가 심미적 판단의 필요조건으로 제시한 '초월적 공통감각'이 인류의 집단 이성, 즉 사회성과 연계된 지점에 주목한다. 이 심미 현상과 심리 형식의 근저에서 심리와 사회, 감각과 윤리, 자연과 인간의 교차가 발견된다는 것이다"(앞의 글, 219~220).

리쩌허우가 '칸트로 마르크스를 보완하고 마르크스로 칸트를 수정'하겠다는 의도를 얼마나 관철했는지에 대한 평가는 서양 철학에 밝은 이들의 몫일 것이다. 물론 그들이 중국 철학에 문외한이어서는 곤란하다. 중국학자가 칸트 철학을 비판적으로 읽어 낸 결과물인『비판철학의 비판』은 그간 서양에 경도되어 온 한국 학술계가 진지하게 검토해야 할 과제들을 적지 않게 던지고 있다.

2. 인류학 역사본체론(1): 역사와 이성, 경험과 선험, 심리와 본체

앞서 1장에서 언급한 것처럼, 리쩌허우는 자신의 사상발전 과정을 세 단계로 나눈다. 1단계(1950년대~1962)의 중심이 미학이었다면, 그리고 2단계(1966~1989)의 주요 성과가 '사상사론 3부작'과 『비판철학의 비판』이라면, 3단계(1990년대 이후)의 학술 중심은 '인류학 역사본체론'이다. 리쩌허우가 역사본체론을 본격 제출한 것은 2002년 동명의 단행본 『역사본체론』(李澤厚 2002; 리쩌허우 2004)을 출간하면서부터였다. 이 책의 원제는 『기묘오설보』(己卯五說補)였다. 그는 1999년(己卯年)에 출간한 『기묘오설』(李澤厚 2008)을 절필작으로 삼으려 했지만 할 말이 남아 있기에 보론을 썼고, 이전에도 부단히 언급했지만 전문적으로 설명한 적이 없는 '역사본체론'에 대해 더 설명할 필요가 있어서 그 표제를 바꿔, 132쪽 분량의 단행본으로 출간했다. 그리고 "경험이 선험으로 변화하고 역사가 이성을 건립하며 심리가 본체가 되는(經驗變先驗, 歷史建理性, 心理成本體)"(李澤厚 2002, 1) 역사본체론의 구체적 윤곽을 제시한 것이다. 3장으로 구성된 이 책에서 리쩌허우는 제1장 '실용이성과 밥 먹는 철학'에서 '역사와 이성의 관계'를 다루고, 제2장 '무사(巫史) 전통과 두 가지 도덕'에서 '경험과 선험의 관계'를, 제3장 '심리본체와 낙감문화'에서 '심리와 본체의 관계'를 논술하고 있다. '역사와 이성의 관계'에 대해서는 '역사적 실용이성'에 관한 앞의 논술(이 책 1장 3절)로 대신하고, 여기에서는 '경험과 선험', '심리와 본체'의 관계에 대해 살펴보자.

'경험이 선험으로 변한다'라는 명제는 "문화심리구조의 각도에서 도덕에 대해 현상적으로 기술"(리쩌허우 2004, 75)한 것으로, '이성의 응집' 개념을 전제로 한다. 이에 대해 리쩌허우는 이렇게 설명한다. "도덕은 개인 내재적 강제다. 즉, 식욕과 성욕에서 '사리사욕'과 같은 각종의 욕구에 이르기까지 이성이 자각적으로 압도하거나 승리해서 행위가 규범에 부합하게 되는 것이다. 감성에 대한 이성의 이러한 자각적·의식적인 주재와 지배는 도덕 행위를 하는 개인의 심리적 특징을 구성한다."(리쩌허우, 76) 그리고 "'이성의 응집'이 개인의 감성에 일으킨 주재적이고 지배적인 역량의 강대함을 칸트는 절대명령이라고 했고, 중국의 송명이학에서는 '천리'(天理, 朱熹)·'양지'(良知, 王陽明)라고 했던 것"(앞의 책, 77)이라 했다. 이처럼 절대명령, 천리, 양지의 수준에 이른 도덕은 종종 개인의 행복과 충돌·대항하며 개인의 행복을 초월함으로써 숭고한 지위를 획득하기도 한다. 리쩌허우는 '역사와 이성의 관계'에서 선험적 사변 이성의 일의성을 부정하되, 그것이 존재한다면 생활 경험이 적전되는 과정에서 '이성의 응집' 작용을 거쳐 선험으로 변한 것이라는 견해를 밝히고 있음을 알 수 있다.

리쩌허우는 이렇게 요약한다. "'역사본체론'은 두 개의 본체를 제기하는데, 앞의 본체(도구본체)는 마르크스를 계승한 것이고 뒤의 본체(심리본체)는 하이데거를 계승한 것이다. 그러나 이 두 본체는 모두 수정과 '발전'을 이루었다. 중국 전통과 결합해서 전자는 '실용이성'을 끄집어 냈고 후자는 '낙감문화'를 얻어 냈다. 양자는 모두 역사를 근본으로 삼고 인류 역사라는 본체에서 통일된다."(李澤厚 2002, 91~92) 도구본체가 마르크스를 계승해 중국 전통과 결합해 실용이성을 만들어 냈다면, 심리본체는 하이데거를 수용해 중국 전통과 결합해 낙감문화를 만들어 냈다는 것이다. 그리고 도구본체와 심리본체는 역사본체에서 통일된다. 이는 리쩌허우의 사상 편력과 긴밀한 관계가 있다.

70년대 말 졸저 『비판철학의 비판』에서 마르크스로부터 칸트로 회귀한 것은 인류 생존의 총체에서 개체와 개체의 심리로 돌아온 것이다. 그러나 전제로서의 전자를 타개해 버린 것은 아니다. 다시 말해 역사로부터 심리로 돌아와 심리가 역사의 침적물이며 자유직관, 자유의지는 이성이 내화되고 응집된 기초 위에서 건립되었음을 주장했다.(리쩌허우 2004, 151)

역사본체론의 이론체계가 마르크스주의와 칸트 철학의 접합으로 체현되었다는 평가는 바로 이 지점이다. 리쩌허우가 칸트로 마르크스를 보완한 것은 '총체 역사에서 개체 심리'로 회귀하기 위함이었다. 물론 그는 역사 총체를 타기(唾棄)하지 않았다. 기존의 역사에서 간과된 심리를 역사와 대등한 본체의 지위로 복원시키되 그 심리가 역사 적전의 산물임을 명확하게 밝힌 것이다.

이처럼 역사본체론은 마르크스주의와 칸트 철학의 접합 그리고 서양 철학과 중국 전통문화 특히 유학 사상의 절합으로 체현되었다. 리쩌허우가 볼 때 역사본체론은 구체적 사회역사 조건 및 자신의 심리구조의 적전 과정에서 형성되었다.

왕경(王耕)은 「리쩌허우 역사본체론 연구」(2015)에서, 역사본체론의 형성기초, 이론 전제, 사상 논리, 그리고 역사본체론과 중국 전통문화로 나누어 고찰한 바 있다. 그에 따르면, 역사본체론의 이론 전제는 세 가지로, 인간의 삶이 첫번째 전제고, 칸트의 비판철학이 구조적 전제며, 주체성 문제가 이론 전제다. 그리고 사상 논리는 '경험이 선험으로 변화하고 역사가 이성을 건립하며 심리가 본체로 되는' 세 가지다. 그리고 역사본체론과 중국 전통문화의 관계를 해명하는 이론은 유학 4기설이다.

역사본체론의 핵심은 주체성이고 그 총체적 전제는 '사람은 살아간다'이다. 주체성 문제의 핵심은 인류 총체로서의 주체성과 개체 주체성의 문제를 어떻게 처리하느냐에 놓여 있다. 상호주체성을 염두에 두고 있는 개체 주체성 문제에 대해 역사본체론은 두 가지 국면과 세 측면에서 접근한다. 두 국면은 '도(度) 본체'와 '정(情) 본체'의 국면, '도구(道具) 본체'와 '심리(心理) 본체'의 국면이며 최종적으로는 유학의 '실용이성'과 '낙감문화'의 두 국면을 지향한다. 그리고 세 측면은 인식론의 '진', 윤리학의 '선', 미학의 '미'의 측면을 가리키고, 이들이 역사본체론의 이론적 외연이 된다.

그 가운데 윤리학은 종교와 정치의 중개로 나아가는데, 이는 이론틀의 전제인 칸트 철학과 흡사하다. 세 측면에서 '정 본체'와 연관되는 미학이 중추 작용을 한다. 미학은 총체적 주체성으로부터 개체적 주체성으로 전향하는 중추인 동시에 역사본체론의 철학 체계와 중국 전통유학을 연접하는 중추이기도 하다. 리쩌허우의 역사본체론에서 미학은 기점이자 종점으로 설정되었다. 그의 인식론은 이성의 내면화로부터 '미로써 진을 여는'(以美啓眞) 것으로, 최종적으로 자유 직관을 실현하는 완정(完整)한 과정이다.

역사본체론의 진정한 의의는 그 현실성에 있다. '무사(巫史) 전통'의 이론 구축과 '유학 4기설'의 제출을 통해 역사본체론은 최종적으로 중국 전통유학의 형식으로 주입되었다. 이 부분은 자칫 국수주의 또는 중국 중심주의로 비판받을 수 있는 여지가 있지만, 리쩌허우는 이 과정을 통해 유학의 세번째 '전환적 창조', 즉 새로운 시기의 유학, 다시 말해 마르크스주의, 서양 철학, 포스트모더니즘, 실존주의 및 자유주의를 융합한 유학을 실현하고자 했다.

역사본체론 체계의 첫번째 전제는 '도 본체'와 '정 본체', '도구 본체'와 '심리 본체'의 관계다. 정-심리 본체는 결코 도-도구 본체가 전환한 결과가 아니고 중심의 변화도 결코 아니다. 도-도구 본체의 의의는 근본적이고 정-심리 본체의 전제다. 그것이 전환하게 되는 이유는 여전히 구체적 역사 진행 과정에 놓고 봐야 한다. '정 본체'의 본체성은 '도 본체'의 본체성의 필연적 결과로 그 위에 건립된다. '도구 본체'가 일정 정도까지 발전해야만 '심리'가 비로소 '본체'가 된다. 그러므로 양자의 관계는 병렬식의 전후 계승이지만 상호 결락될 수 없다.(王耕 2015, 111)

다음으로 주체성에 관한 문제다. 역사본체론이 주체성 실천철학이라고도 불리는 이유는 주체성의 의미가 전체 역사본체론의 핵심이라는 점에 있다. 주체성에 대한 파악은 총체성과 개체성의 이중 구분을 봐야 한다. 총체 주체성과 개체 주체성의 이중 구분으로부터 이성과 감성의 관계, 두 가지 도덕의 관계, 종교와 정치의 관계 그리고 최종적인 사회 진보·발전과 개인 자유의 관계가 전개될 수 있기 때문이다. 역사본체론의 관건을 이해하는 것은 바로 이 주체성의 이중 구분을 이해하는 데 있다. 역사본체론의 핵심 논리는 감성으로부터 이성으로 다시 이성을 융합한 감성으로 가는 과정으로, 역사를 통해 인류의 총체 주체성이 개체 주체성의 형식으로 표현해 나오는 과정이다.(王耕, 112)

마지막으로 리쩌허우 전체 사상의 독창성과 예측성은 궁극적으로 현실성에 복무한다. '사상사론' 3부작부터 『논어금독』에 이르기까지, '무사 전통'의 이론 설정부터 '유학 4기설'의 근본 입각점까지, 그리고 21세기 들어 역사본체론 체계를 유학에 대한 당대적 탐색에 주입하기까지, 모두 현실성에 대해 이론적으로 사고한 결과였다. 리쩌허우 철학의 생명력과 영향력 또한 여기에 있다. 그러므로 리쩌허우 사상 연구는 연구 층위에만 머물러서는 안 되고 실천 층위에도 초점을 맞추어야한다. 다시 말해, 이성의 축적으로서, 문화 적전의 성과로서의 역사본체론을 사회의 개체 심리구조에 내면화시키고 적전시켜야 한다.(앞의글, 112)

리쩌허우 사상의 핵심으로서 역사본체론은 1960년대의 온양(醞釀)을 거쳐 1970년대에 제출되었고 최종 체계는 세기 교체기에 형성되었다. 역사본체론의 핵심은 마르크스의 유물사관으로, 도구를 사용-제조하는 실천 활동이다. 이 점은 줄곧 변화가 없었다.

리쩌허우는 '적전론'의 출발점을 마르크스와 마찬가지로 도구를 생산력과 연결 지은 것으로 설정한다. 다만 마르크스는 생산력에서 생산관계에 관한 연구로 방향을 바꾸었고 다시 상부구조로 전환했는데, 이는 외재적 혹은 인문적 방면에서의 연구인 것이다. 그에 반해 리쩌허우는 도구의 사용과 제작으로 인해 형성된 문화심리구조, 즉 인성 문제이자 '적전'에 대한 연구를 진행했다고 그 차이점을 스스로 밝히고있다. 나아가 '적전'이야말로 기타 동물과 구별되는 인류의 심리 형식을 형성케 한다는 것이다. 마르크스가 '외재적 인문'에 중점을 두었다면 리쩌허우는 '내재적 인성'에 중점을 두었다.(李澤厚 2014b, 29) 바로이 지점에서 리쩌허우는 칸트의 선험 이성을 가져온다. 칸트에 따르면 선험 이성은 "인간 특유의 지각과 인식의 형식"이다. 그러나 칸트는 선험이 경험에 앞선다고 말했을 뿐 그것이 어디서 비롯되는지 말하지 않았다. 여기에서 리쩌허우의 창조성이 발휘된다. 그는 '인류는 어떻게 가능한가'라는 명제로 칸트의 '인식은 어떻게 가능한가'에 답했다. 그의 답변은 경험이 선험으로 변한다는 것이다. 개체에 대해서는 선험 인식 형식이지만 그것은 인류 경험이 역사적으로 적전되어 형성된 것이라는 것이다. 그는 이를 '문화심리구조'라고 명명했다.(李澤厚 2014b, 29~30) 선험의 기초가 도구를 제작하고 사용하는 생산 및 생활의 실천이라면, 감성은 개체의 실천에서 유래하는 감각 경험이고, 지성은 인류의 실천에서 유래하는 심리 형식이다.(李澤厚, 30)

리쩌허우는 역사본체론의 최종 출구로 중국 유학을 제출한다. 물론 그가 제기한 유학은 전통유학이 아니라, 세 번의 전환적 창조를 거친 제4기 유학이다. 이는 서양 철학을 비판적으로 수용해 근현대화와 현지화에 성공한 중국 전통문화의 핵심이라 할 수 있다. 그가 활용한 서양 철학 또한 단일한 사상이 아니라 다양한 내원이 있다. 황성만은 리쩌허우의 문화심리구조를 방법론의 총합으로 보면서 "구조주의적 문화인류학의 성과를 받아들이고, 칸트의 선험적 인식론과 피아제의 발생인식론 등을 역사적 유물론과 결부시켜 이해하고 해석한 이론도 수용하였으며, 한편으로는 니덤 이후 중국 철학연구의 중요한 방법으로 도입된 유기체 이론 및 현대과학이론의 하나인 체계이론 등 다양한 분야를 하나의 관점에서 종합하여 제기된 개념"(황성만 1992, 377)이라 평했다. 마르크스주의를 핵심으로 삼아 다양한 사상과 방법론을 망라했고, 그것을 다시 중국 전통문화와 결합해 제4기 유학을 거론하면서 역사본체론으로 귀결시킨 것이다. 많은 논자가 리쩌허우가 도구 본체의 각도에서 중국인의 실용이성을 말하고 심리 본체의 각도에서 중국 전통의 낙감문화를 제창했으며, 최종적인 심리구조의 건립을 심미적 생활방식과 태도, 즉 '지금 여기의 삶에 대한 자유로운 향수'로 귀결시켰다는 점에 동의한다.

심광현(2017)은『비판철학의 비판』의 이론적 성과를 ①인식론의 '문제 제기', ②인식론에서 '공간과 시간의 문제', ③인식론의 '범주', ④인식론의 '자아의식', ⑤인식론의 '이율배반', ⑥인식론의 '물 자체', ⑦윤리학의 도덕명령, ⑧윤리학과 종교, 정치, 역사관, ⑨미학과 목적론으로 나누어 꼼꼼하게 개괄했다. 특히 '미학과 목적론' 부분을 리쩌허우의 칸트 해석에서 가장 돋보이는 지점으로 거론하면서 아래와 같이 평가했다.

리쩌허우의 분석이 더욱 돋보이는 지점은 다음과 같다. 심미적 판단력비판의 제1계기(질)인 '무관심적 관심'과 제2계기(양)인 '개념 없는 보편성'은 이미 영국 경험론 미학이 제기했던 심리적인 형식적 특성이지만, 칸트는 이런 계기들을 제3계기(관계)인 '목적 없는 합목적성'이라는 철학적인 특성으로 고양시켰고, 이를 통해서 미의 이상, 즉 이상과 목적의 관계로서의 미라는 문제를 부각시켰다는 것이다. '목적 없는 합목적성'은 자기 조직적인 유기적 조직 내에서 특정한 '관계'를 구성하며, 자연과 인간의 통일의 독특한 '형식'이라는 것이다. 또한 리쩌허우는 제4계기(양태)의 분석에서 칸트가 심미적 판단의 필요조건으로 제시한 '초월적 공통감각'이 인류의 집단 이성, 즉 사회성과 연계되어 있는 지점에 주목한다. 이 심미 현상과 심리 형식의 근저에서 심리와 사회, 감각과 윤리, 자연과 인간의 교차가 발견된다는 것이다.

이런 이유에서 리쩌허우는 칸트의 보편적 인성론이 프랑스 유물론이 주장하는 자연 인성론과 다르고, 개체와 감성을 말살시키는 경향성을 가진 헤겔의 정신 인성론과도 다르게, 자연과 인간, 감성과 이성이 감성적 개체 안에서 통일될 것을 요구한다고 본다. 특히 감성과 이성을 연결하는 심미적 판단이라는 교량 안에서, 미에서 숭고로의 이동, 순수한 미에서 의존적 미로의 이동, 형식적 미에서 예술적 미로의 이동, 미에서 도덕으로의 이동과 같이, 과도적 과정 속에 다시 과도적 과정이 존재하는 복잡한 연계 방식(일종의 프랙탈 구조)이야말로 칸트 미학의 가장 큰 특징이라고 리쩌허우는 강조한다.(심광현 2017, 618)

심광현은 이어서 '칸트와 맑스에 내재한 이중적 긴장'이라는 표제 아래 '1) 칸트 해석에서 미진한 문제들'에서 두 가지, '2) 맑스 해석에서의 문제'에서 중대한 문제 하나를 제기한다. 중대한 문제는 앞에서도 거론했던 혁명과 개량의 문제다. 심광현은 『기묘오설』(국내 번역 『학설』)과 『고별혁명』의 문구를 토대로 리쩌허우가 "혁명을 원칙적으로 배제"(심광현, 632)했다고 판단하고 있다.

'혁명과 작별 인사하는', 다시 말해서 계급조화론으로 계급투쟁론을 갈음한 이후의 맑스주의라고 할 수 있다.(리쩌허우 2005d, 36)

저는 계급모순을 인정하고 중시할 뿐만 아니라 계급분석을 반대하지도 않습니다. 문제는 계급모순을 해결하는 데 반드시 너 죽고 나 살기 식의 계급투쟁 방법을 사용해야만 하느냐 하는 것이지요. 저는 꼭 그렇지만은 않다고 생각합니다. 계급모순은 계급조화와 협상, 양보, 협력 즉, 혁명이 아니라 개량을 통해서도 해결될 수 있거든요.(리쩌허우 2003, 310)

1절에서도 언급했지만, 리쩌허우가 말한 '계급투쟁'과 '혁명'은 "너 죽고 나 살기 식의 '계급투쟁' 방법을 사용"하는 '혁명'이다. 그 점만 명심한다면, 개량/개혁은 심광현이 상정한 '혁명'을 보완하는 방법이 되는 셈이므로, 그 '혁명'을 배제한 것이 아닌 것이 된다. 이와 함께 심광현이 '이성의 태만'으로 지적한 또 하나는 "리쩌허우는 현대에 걸맞은 사회적 도덕의 재건을 주장하는 지점에서 도덕적 이념의 규제적 원리를 사용하지 않고 있으며, 오히려 현대의 자본주의적 사회경제 원리인 사적 이익에 걸맞은 사회적 도덕의 재건을 주장한다"(심광현 2017, 630)라는 점이다. 하지만 리쩌허우는 '사적 이익에 걸맞은 사회적 도덕의 재건'을 주장했다기보다는 인간의 자연스러운 욕망을 억압하지 않은 사회적 도덕의 재건을 주장한 것으로 이해할 수 있다. 그가 '일가지언'(一家之言)이라 일컬은 '유학 4기설'의 역사본체론의 핵심을 '정감·욕망론'으로 설정한 것을 보면, 리쩌허우가 주장한 사회적 도덕은, '자본주의적 사회경제 원리인 사적 이익'이 아니라, 인간의 자연스러운 '정감과 욕망'에 근거한 사회적 도덕으로 이해해야 한다.

3. 인류학 역사본체론(2): 윤리학, 인식론, 존재론

'경험이 선험으로 변하고, 역사가 이성을 건설하고, 심리가 본체가 되는' 인류학 역사본체론의 요점(李澤厚 2002)은 『인류학 역사본체론』(李澤厚 2016)에 이르러 '윤리학 강요(綱要)', '인식론 강요', '존재론 강요'로 체제를 갖추고 그 내용도 풍부해졌다.

분야별 주요 내용을 검토하기 전에, '중국과 서양의 경계를 횡단(跨中西之界)하려는 리쩌허우의 지적·학술적 지향을 감안하여 그가 중국과 서양의 차이점을 어떻게 파악하고 있는지를 점검할 필요가 있다.

다음의 표에서 알 수 있다시피, 중국과 서양의 전통은 확연한 차이

서양	중국
태초에 말이 있었다(Word) ↓	우주는 쉬지 않고 운행한다(天行健) ↓
logos(언어, 논리, 수학, 과학우주관) ↓	생활(행동, 심미, 유비와 피드백, 유정우주관) ↓
원죄 ↓	성선 ↓
신과 악마의 투쟁 ↓	음양의 상호 보완 ↓
이성 지상 ↓	정리(情理) 구조 ↓
공정(justice) ↓	화해(harmony) ↓
무한한 추구(Faust 정신) ↓	유한이 무한(悠然見南山) ↓
두 세계 ↓	하나의 세계(인생) ↓

(李澤厚 2016, 648)

표 1 · 중국과 서양의 전통 비교

점을 보인다. 비록 근현대 들어 중국이 자의 반 타의 반으로 서양을 학습함으로써 '근현대화'(modernization) 과정을 밟았고, 그로 인해 서양과 비교할 수 있는 공감대 또는 비교 기준이 성립되었다. '근현대화'의 기준에서 볼 때 중국이 서양보다 아직 낙후되어 있음은 분명하다. 그러나 3천 년이 넘는 시간대를 놓고 보면, '근현대화'의 시간대는 180년에 불과하고 그것은 중국의 기록된 역사 시간의 1/10에도 미치지 못한다. 상고시대부터 아편전쟁까지 장장 3천 년 이상의 전통 중국을 총체적으로 고찰하기 위해서는 어떤 프레임을 설정해야 할까? 그리고 전통과 근현대 중국의 연속성 및 불연속성을 고찰하기 위해서는 또 다른 프레임이 필요할까? 리쩌허우의 고민은 여기에서 비롯된다. 이런 논의가 서유럽 보편을 부인하면서 중국적 표준을 세우자는 논리로 흘러서는 안 될 것이다. '근현대화'의 시간대를 눈여겨보되 그 밑바닥에 흐르며 '근현대화' 과정에 영향을 미쳐 온 3천 년의 시간대를 소홀히 다뤄서는 안 된다. 리쩌허우의 '서학의 중국적 응용'(西體中用, Western substance, Chinese application)은 이런 맥락에서 제기된 것이다.

리쩌허우는 '서체'를 '근현대화된 인민 대중의 일상 현생 생활(특히 물질생활)이라고 언급했지만 많은 사람이 그 의미를 제대로 이해하지 못했다. 급진적인 혁명적 방식이 아니라 점진적인 개량적 방식으로 바꾸려면 반드시 중국에서 서서히 스며드는 적용 과정을 고려해야 하므로, '서학의 중국적 응용'은 결국 '중체서용'과 대립하는 것이 아니라, 그것을 통해 자신을 실현하게 되는 것이다.

리쩌허우는 자신의 주장을 집대성한 『인류학 역사본체론』에서 '인류적 시각과 중국적 안목'으로 중화 문화의 '신'(神)을 붙잡아 공자로 칸트와 마르크스 그리고 하이데거 등을 소화하는 '전환적 창조'를 통해 인류 미래에 도움이 되기를 기대한다. 여기에서 '신'은 '형'(形)과 대립하는 것으로, 유가 철학의 '신'(神)을 지칭한다. 그것은 생존 지혜(度, proper measure), 실용이성(pragmatic reason), 강렬한 역사의식(strong consciousness of history), 낙감문화(culture of optimism), 인학 구조(the structure of humaneness), 정(情) 본체(emotion as substance), 관계주의(guanxi-ism) 등등을 가리킨다. 인류학 역사본체론(anthro-historical ontology)은 불교 영향을 깊게 받은 '송명이학'(Neo-Confucianism: 선험심성론)과 머우쫑싼(牟宗三)의 내재초월(immanent transcendence) 및 지적 직관(intellectual intuition)을 대표로 하는 '근현대 송명이학'(Modern Neo-Confucianism)에 찬동하지 않고, 무사(巫史) 전통(shamanistic-historical tradition)을 계승하는 공자와 맹자 그리고 순자 등의 '원전유학'(classical confucianism)으로 회귀해 그것을 발전시켜 새로운 '형태' ── 중국 자신의 근현대성과 중국적 생활방식 ── 를 건립할 것을 주장한다.(李澤厚 2016, 649)

그에 따르면, 인류학 역사본체론은 "백만 년 넘게 도구를 제조-사용해 먹이를 얻고 생존해 온 인류의 실천 활동 및 이런 실천 활동 경험으로 구성된 언어의 의미(이성)와 지력 그리고 느낌(질서감과 형식감 등을 포함)을 가지고, 인류는 어떻게 가능한가를 논증하며 생존 본체[1]로서의 공예-사회와 개체심리, 즉 인문과 인성의 쌍방향 진전을 강조한다. 그 중 중요한 관건은 심리로 나아가는 문화의 역사적 적전(sedimentation)

---

1 여기서 본체는 'noumenon'이 아니라, root, substance, body, final reality에 해당한다.

에 의해 형성된 문화심리구조(cultural-psychological formation)다"(李澤厚, 647). 문화가 심리에 적전되는 과정, 즉 '심리 적전'은 이성의 구축(the construction of reason)일 뿐만 아니라 이성의 응집(the solidification of reason)이자 이성의 융합(the melting of reason)이기도 하다. 이는 각각 인식, 도덕, 심미에 해당한다. 이것들은 '이성과 정감의 착종 교직'으로 구성된 '정리 구조'(emotio-rational structure)인데, 이 복잡한 '정리 구조'가 바로 인성(human nature or human psychology)이다. 이는 또한 '정 본체'라 칭하기도 한다.(앞의 책, 647~648) 칸트가 선험 이성으로 괄호 친 것을 리쩌허우는 인간의 오랜 '실천'을 통해 문화가 심리에 적전된 것으로 해석하고 있음을 알 수 있다.

이상에 대한 검토를 통해 우리는 리쩌허우의 핵심 개념인 문화심리구조, 서학의 중국적 응용, 유학 4기, 실용이성 등을 깊이 있게 이해할 수 있다. 그러면 새롭게 구성된 '인류학 역사본체론'의 주요 내용을 살펴보자. 먼저 11장 222쪽으로 구성된 '윤리학 강요'의 장별 주제를 보면, 내재적 자연의 인간화, 전통의 종교적 도덕과 현대의 사회적 도덕의 두 가지 도덕, 정 본체, 측은지심, 이성과 본능, 유가와 법가의 호용(互用), 윤리학 답문(答問), 중국식 자유주의, 공부자(孔夫子)와 칸트의 결합 등이다. 리쩌허우는 이 부분에서 중국 정 본체 전통을 계승해 인류학 역사본체론 철학의 시각에서 도덕과 윤리를 내외로 이분하고, 다시 도덕을 전통 종교적 도덕과 현대의 사회적 도덕으로 이분했다. 그리고 인성을 능력(의지)과 정감 그리고 관념으로 삼분하는 등 윤리학의 일부 근본 문제를 토론했다. '인식론 강요'는 5장 138쪽으로 구성되어 있고 장별 주제는, '도'(度)의 본체성, 실용이성의 논리, 이성의 내적 구축,

주체성(subjectality) 철학 인식론 등이다. '인식론 강요'에서는 '도'를 인식론의 첫번째 범주로 삼고 중국 실용이성의 장점을 지적했다. 마지막으로 5장 228쪽으로 구성된 '존재론 강요'의 장별 주제는, 철학 탐심록, 도구 본체와 심리 본체, 새로운 감성의 건립, 중국 전통, 미육(美育)으로 종교를 대신함 등이다. 이 부분에서는 '인간의 생존' 및 일부 종교-미학 논의를 둘러싸고 본래 형이상학적 존재론 전통이 없던 중국철학에 보편적인 '포스트 철학'의 길을 열어 주었다.

리쩌허우는 자신의 학술 생애에서 학술계와 학술계 외부에 거대한 영향력을 발생시켰기 때문에, 리쩌허우에 대한 관심은 단순한 학술사상에 국한되는 것이 아니라 사회역사 현상이기도 하고 문화 현상이라 칭할 수도 있다. 리쩌허우 사상 체계의 핵심으로서의 '인류학 역사본체론'은 수십 년에 걸친 학술 역정을 통해 형성되었다. 문화의 심리 적전 과정에서, 구체적 사회역사 조건의 변천 과정에서 리쩌허우의 사상은 여러 차례 전변한 것 같지만 수많은 변화에도 불구하고 그 종지(宗旨)를 벗어나지 않았다. 그 종지는 사회 역사와 개인 역사의 융합과 교차이고 총체 주체성과 개체 주체성의 변증법적 접합이며, '이성의 내면화'와 '미로써 참을 여는' 공통 작용의 결과이고 최종적으로 '자유로운 지관(止觀)'의 경지에 도달하는 것이다.

서양 철학사에서 수없이 논의되었지만 그 누구도 제대로 답변하지 못한 개념의 하나가 '선험'이었다. 선험을 '인류 경험이 역사적으로 적전되어 형성된 것'으로 보는 리쩌허우의 견해는 '선험'의 메커니즘에 대한 하나의 접근 방법이라 할 수 있을 것이다.

4. 리쩌허우 비판의 인지적 맹점

리쩌허우는 개혁개방 이후 중국에서 가장 영향력 있는 사상가였다. '1980년대 중국 사상계의 덩샤오핑'이라는 비유는 그의 영향력이 덩샤오핑에 버금간다는 저널리즘적 표현이었을 것이다. 그의 영향력은 전기에 주로 미학 방면에서 두드러졌지만, 후기에는 점차 중국 철학, 특히 유학(儒學) 방면에서 커다란 파문을 일으켰다. 특히 포스트사회주의 중국의 비판적 사상과 문화 흐름에 끼친 그의 영향력을 간과해서는 안 된다. 동서고금을 아우르면서 실용이성이 강고한 중국 전통을 해체하기 위해 근현대 과학기술을 근본으로 삼자고 주장한 리쩌허우는 첸리췬 등의 '20세기중국문학'(1985), 왕후이의 『중국 현대사상의 홍기』 (中國現代思想的興起, 2004) 등에도 영향을 미쳤다. 그리고 진다이(近代) 사회주의 유토피아 사조에 대한 그의 고찰은 중국공산당만이 진보적 전통을 대변하는 것으로 인식되던 이전 평가와는 달리, 중국의 진보적 전통을 중국공산당의 범주보다 큰 것으로 설정함으로써 중국 지식인들에게 거시적 시야를 제공했다. 왕샤오밍의 『중국현대사상문선 I·II』 (2013)는 바로 그 영향을 받은 산물이라 할 수 있다.

"우리는 우리가 보지 못한다는 것을 보지 못한다."(움베르또·바렐라 2007, 26) 이 문장은 제3세대 인지과학을 개척했다는 평가를 받는 프란시스코 바렐라(Francisco Varela)가 스승 움베르또 마투라나(Humberto Maturana)와 함께 미주기구(Organization of American States)의 제안을 받아들여 1980년 9월부터 사회사업가와 경영자를 대상으로 진행한 강연 내용을 토대로 출간한 『앎의 나무』(Der Baum der Erkenntnis) 1장의 핵심 문장이다. 이들에 따르면, 색채 지각 현상을 설명하려면 먼저 우리가 바라보는 물체의 색이 그 물체를 떠나온 빛의 속성에 따라 결정된다는 생각을 버려야 한다. 오히려 색채 지각이 신경계의 특정 흥분 상태에 어떤 방식으로 대응하는지를 이해하는 데 주의를 집중할 필요가 있다.(움베르또·바렐라 2007, 29) 바꿔 말하면, 우리는 세계의 '공간'을 보는 것이 아니라 우리의 시야(visuelles Feld)를 체험한다. 우리는 세계의 '색깔'을 보는 것이 아니라 우리의 색채 공간(chromatischer Raum)을 체험한다.(움베르또·바렐라, 30) 바렐라 등의 이러한 '발제론적 인지론'(enactive cognitive theory)[2]을 여기서 구체적으로 설명할 여유는 없다. 다만 시각에 맹점이 존재하듯이 우리의 인지에도 맹점이 존재한다는 사실을 환기하는 것으로 충분하다. 앞의 명제는 이렇게 바꿀 수 있다. "우리는 우리가 알지 못한다는 것을 인지하지 못한다."

인간에게 '인지적 맹점'이 존재한다는 사실을 전제한다면, 이론적 쟁론과 평가에 앞서 학습·연구 대상을 온전히 파악하고 있는지, 바꿔 말해 '인지적 맹점'은 없는지 자기성찰이 필요하다. 왜냐하면 많은 평가의 오류는 대개 인지적 맹점에서 비롯되기 때문이다. 이 글의 문제의식 중 하나는 리쩌허우에 관한 몇몇 비판에 인지적 맹점이 있다

---

2 바렐라와 함께 『몸의 인지과학』(*The Embodies Mind: Cognitive Science and Human Experience*, Cambridge: MIT Press, 1991; 석봉래 옮김, 김영사, 2013)의 공저자이자 제자인 에반 톰슨(Evan Thompson)은 인지과학 연구를 3세대로 나눈다. 제1세대 인지주의(cognitivism, 혹은 계산주의 computationalism)가 1950~70년대를 지배했고, 1980년대 제2세대 연결주의(connectionism)가 인지주의에 도전했으며, 1990년대 제3세대 신체화된 역동주의(embodied dynamism)가 뒤따랐는데, 오늘날에는 이 세 가지 접근법이 공존하며, 서로 분리되어 있음과 동시에 다양한 형식으로 혼합되고 있다고 한다. Evan Thompson, *Mind in Life*, Cambridge, London: The Belknap Press of Harvard University, 2007, pp.3~4. 바렐라 등의 발제론적 인지주의는 제3세대 신체화된 역동주의의 다른 명칭이다.

는 것이다. 리쩌허우 비판은 대체로 다음에 근거를 두고 있다. 첫째, 인문·사회과학도는 말할 것도 없고 이공계 대학원생의 서가에도 그의 저서가 꽂혀 있을 정도로 1980년대 중국 젊은 지식인들에게 사상적 지도자였던 리쩌허우는 톈안먼 사건 이후 국외 망명으로 인해 중국 내외에서 그 학문적 성과가 제대로 평가되지 못했다. 그의 사상 체계가 '계몽 담론' 또는 '신계몽주의'로 축소 해석되고, '이론적 유효성이 기각'되었다는 평가까지 나왔다. 둘째, 류짜이푸(劉再復)와의 대담집인『고별혁명』이 출간된 이후에는 중국에서 비판적 지식인의 명단에서 삭제되어 버렸다. 물론 이 상황은 노벨문학상 수상 작가임에도 수상 이전 망명한 가오싱젠(高行建)에 대한 연구가 중국에서 아예 이뤄지지 않는 경우보다는 나쁘지 않은 편이라고도 할 수 있다. 그러나 망명 이후 어느 순간 중국 내 담론 지형에서 리쩌허우는 사라졌고, 중국 담론을 따라가는 한국의 중국 연구 학계에서도 주목 대상에서 멀어졌다.

1997년 리쩌허우와 류짜이푸의 대담집『고별혁명』의 출간은, 1989년 '톈안먼 사건' 이후 미국 망명과 더불어, 중국 안팎에서 리쩌허우가 부정적 맥락의 '계몽주의자' 또는 '신계몽주의자'로 비판받는 중요한 빌미를 제공했다. 그러나 많은 평자의 폄하와 달리, 이 책을 꼼꼼히 읽어 보면, 그의 '고별혁명'이 단순하게 '혁명'과 고별하고 그 대안으로 '개량'을 제기한 것이 아님을 쉽게 알 수 있다. 그가 혁명과 이별을 고해야 한다고 했을 때, 그 혁명은 반제반봉건의 이중과제 가운데 반봉건의 과제를 결락시키고 오직 반제의 과제에만 매몰된, '반제가 반봉건을 압도한 그런 혁명'이었다. 즉, 지향으로서의 혁명을 반대한 것이 아니라, 마오쩌둥식의 혁명을 반대한 것이었다. 그리고 반봉건의 과제는 장기 지속적으로 수행되어야 하기에 개량적 방법이 필요하다고 했을 때의 그 개량은 혁명을 반대하는 층위의 개량이 아니라 그것을 보완하는 수준의 개량이었다. 그러므로 '고별혁명'을 액면 그대로 받아들여, 리쩌허우가 혁명을 반대하고 개량으로 돌아섰다고 이해하는 것은 리쩌허우의 진의를 제대로 파악하지 못한 표층적 이해에 머무는 것이다.

리쩌허우의 계몽을 혁명과 대립하는 개념으로 곡해하거나, '고별혁명'에서의 '혁명'이 '변질한 혁명'을 가리키는 것임을 이해하지 못하는 논의들은 리쩌허우의 '계몽' 개념과 '혁명' 개념을 오해한 것에서 비롯되었음을 알 수 있다. 이를테면 허자오톈(賀照田)은 리쩌허우의 「계몽과 구망의 이중 변주」에 영향을 받고 그것을 극복하고자 「계몽과 혁명의 이중 변주」(허자오톈 2018)라는 글을 쓴 바 있다. 여기에서 허자오톈은 개념의 착위(錯位) 현상을 보인다. 리쩌허우의 「계몽과 구망의 이중 변주」에서 계몽과 구망은 혁명의 하위 범주이고, 이 양자가 조화롭게 어울려야 혁명이 순조로울 텐데, 그것이 불협화음에 가까운 이중 변주로 변질하여 혁명도 변질했다는 것이 리쩌허우의 합리적 핵심이다. 하지만 허자오톈은 계몽을 상위 범주인 혁명과 대립시킴으로써, 마치 리쩌허우가 혁명을 반대하고 계몽을 주장한다고 오해하거나 오해를 불러일으키고 있다. 리쩌허우와 류짜이푸의 대담집 『고별혁명』의 출간으로 인해 마치 리쩌허우가 혁명을 반대하는 것으로 간주되었는데, 『고별혁명』을 제대로 읽은 독자는 잘 알겠지만, 그 책에서 리쩌허우가 '고별'한 혁명은 바로 계몽이 삭제된 마오쩌둥식의 구망 혁명이었다.

심광현 또한 『비판철학의 비판』에 대한 해제에서 리쩌허우의 두 가지 '이성의 태만'을 지적한 바 있는데, 그 하나가 "혁명과 개혁을 양자택일의 문제로 간주하면서 계급투쟁을 부정하고 계급협조론을 주장"(심광현 2017, 633)했다는 것이다. 여기에서 '혁명과 개혁을 양자택일의 문제로 간주'했다는 지적은 오해다. 최소한 내가 읽은 범위에서 리쩌허우는 개량과 개혁을 혁명의 보완책으로 이해하고 있었다.

아울러 리쩌허우의 수많은 저서 가운데 유독 한 권의 책에서 몇 마디 언급을 문제 삼아 '신계몽주의자'라고 판정하는 것도 온당하지 않다. 그리고 리쩌허우를 넘어섰다고 평가받는 왕후이의 문장 어디에서도 리쩌허우의 이름이나 문장을 찾아보기 어렵다. 거의 유일하게 '주체성 개념'을 언급하면서 후주에서 리쩌허우의 『비판철학의 비판』(1984)을 거론(汪暉 2000b, 90)하고 있는데, 왕후이는 '루쉰의 이론'을 "주체성 사상의 토대 위에서 수립된 비판 이론"(왕후이 2014a, 71)으로 보고 있는바, 이 또한 리쩌허우에 대한 비판이라기보다는 계승적 성격이 강하다. 2010년 중국 학계를 진동시켰던 왕후이의 표절 사건의 불씨를 댕겼던 왕빈빈(王彬彬)은 왕후이가 『절망에 반항하라』에서 리쩌허우의 『중국근대사상사론』과 『중국현대사상사론』 등의 일부를 인용해 놓고도 표기하지 않은 사실을 들어 '표절'이라 문제 삼기도 했다. 여기에서 주목하고 싶은 것은 왕후이의 표절 여부보다는, 왕후이가 리쩌허우의 영향을 받아 자신의 학문 어젠다를 그렸다는 사실이다. 그것을 왕후이가 리쩌허우의 영향을 받았다고 과장할 것까지는 없지만, 왕후이가 리쩌허우와는 전혀 다른 맥락에서 자신의 학문 어젠다를 스스로 만들었다거나, 리쩌허우를 뛰어넘었다고 보기는 어렵다는 것이다. 그런데도 많은 논자는 리쩌허우와 왕후이의 계승 관계에 관심을 기울이기보다는, 왕후이의 신계몽주의 비판을 리쩌허우 비판과 동일시하고 있다. 이런 동일시는 1989년 톈안먼 사건 이후 리쩌허우의 미국 망명과 1997년『고별혁명』의 출간에 대한 항간의 오해와도 연결되어 있다. 이는 커다란 맹점이 아닐 수 없다.

하남석(2018) 또한 오해와 오인에 근거해 리쩌허우를 1980년대 신계몽주의의 대표로 간주하고 왕후이를 리쩌허우의 안티테제로 설정하면서, 마오쩌둥의 사상을 '모더니티에 반하는 근현대성'론으로 해석한 왕후이를 추수하고 있다. 앞당겨 말하자면, 리쩌허우를 '신계몽주의의 대표'로 간주하는 왕후이의 관점은 문제가 있고, 왕후이를 리쩌허우의 안티테제로 이해하고 있는 하남석의 견해는 리쩌허우에 대한 몰이해에 근거하고 있다. 왕후이의 초기 저서를 꼼꼼히 독해한 경험에 따르면, 왕후이는 진지한 열정에 기초한 참신한 키워드와 현란한 레토릭으로 인해 그간의 논의를 완전히 새로운 차원으로 레벨업시킨 것 같지만, 결국은 마오쩌둥의 반제반봉건의 이중과제와 리쩌허우의 계몽과 구망의 이중 변주의 이론 프레임에서 그리 멀리 나간 것 같지 않다는 것이 필자의 소견이다.[3]

이상에서 살펴본 바와 같이, 리쩌허우에 대한 중국 안팎의 비판은 인지적 맹점에서 비롯한 오해와 오인에서 기인했음을 알 수 있다. 리쩌허우는 올바르게 인지되어야 하고 그에 기초해 재평가되어야 한다고 생각한다. 그의 사상사론, 특히『중국근대사상사론』을 정독해 보면 고와 금, 중과 서, 그리고 좌와 우가 뒤섞여 혼재되던 시기에 '중국

---

3 이에 대한 자세한 내용은 이 책 제5장 왕후이의 '근현대성 역설'과 루쉰 연구를 참조할 것.

은 어디로 갈 것인가'를 놓고 고민하던 수많은 지식인의 초상을, 사상에 초점을 맞춰 추적하고 있음을 알 수 있다. 21세기 들어 중국에서 그에 대한 박사학위 논문이 6편(錢善剛 2006; 劉廣新 2006; 羅紋文 2011; 牟方磊 2013; 趙景陽 2015; 王耕 2015) 나왔고 리쩌허우 관련 학술 논문이 증가한 것은 '이론적 유효성 기각' 운운이 성급한 판단이었음을 방증한다. 리쩌허우는 국내 출판계에서 그 저작이 꾸준히 출간되고 있는, 몇 안 되는 중국 인문학자다. 1991년 『미의 역정』이 처음 번역된 후 2015년 대담집 『중국 철학은 어떻게 등장할 것인가?』(中國哲學如何登場?) 그리고 2017년에 『비판철학의 비판』까지 15종이 번역 출간된 사실이 그의 가치를 방증하고 있다.

5. 문제 제기

리쩌허우는 개혁개방 이후 중국의 가장 영향력 있는 사상가였다. 미학에서 시작된 그의 연구는 후기에는 점차 중국 철학, 특히 유학 방향으로 전환했다. 그는 또한 자기 나름의 사상 체계를 구축한 몇 안 되는 사상가 중 한 사람이다. 미학과 철학 그리고 사상사에 걸친 그의 체계는 말년의 양식인 '인류학 역사본체론'으로 귀결되고 있다. 여기에서는 세 가지 문제를 제기하고자 한다.

첫째, 리쩌허우 사상의 핵심어는 적전(積澱)이다. 그의 사상 체계에서 적전은 무소불능(無所不能)의 권능으로 사용되었다. 적전은 문화심리구조의 형성 원리이기도 하고, '경험이 선험으로 변하고, 역사가 이성을 건설하고, 심리가 본체가 되는' 인류학 역사본체론의 요점도 적전설을 전제로 하고 있다. 그러므로 리쩌허우는 적전(sedimentation)을 formation(형성), process(과정)로 번역할 수 있다고도 했다. 그리고 선진 공문(孔門) 미학 사상이 적전되어 한대 유가 미학 사상의 기초가 되고, 한대 유가와 도가 그리고 굴원의 미학 사상이 적전되어 위진 시대 미학 사상을 이루는 적전구조는 리쩌허우의 탁월한 통찰이라 할 수 있다. 그런데 이상의 적전은 긍정적인 것이 축적되고 침전되는 것을 전제로 삼고 있는 것으로 보인다. 그러면 부정적인 것은 적전되지 않을까? 부정적인 것이 적전되어 선험이 되고 이성이 되고 본체가 된다면 인류의 삶은 어떻게 될 것인가? 이런 면에서 리쩌허우는 낙관적인 전제에서 낙관적 전망을 하고 있는 것으로 보인다.

둘째, 『미학 4강』의 역자 장태진은 리쩌허우 "사상의 실체는 중체서용론"이 아닌가 하고 조심스레 진단하고 있다. 그 이유는 다음과 같다. "어쩌면 그는 중국 미학 전통의 세계화를 위해 서양의 미학론이나 예술이론을 동원하고 있는 것이 아니냐"(장태진 2000, 203)라는 것이다. 모두 알다시피, 리쩌허우는 중체서용을 비판하고 '서체중용', 즉 '서학의 중국적 응용'을 주장했다. "그의 '서학의 중국적 응용'은 '중체서용'에 대한 언어유희가 아니라, 근본적인 전복을 주장한 것이다."(임춘성 2017, 90) 그는 "'문화심리구조'와 '실용이성'이라는 개념을 통해 전통을 재해석하면서 역으로 '서학의 중국적 응용'을 내세운다"(임춘성, 291). 간단히 말하면, '서학의 중국적 응용'은 '문화심리구조'와 '실용이성'의 보수성을 극복하고 전통을 창조적으로 전환하기 위해 내세운 구호였다. 리쩌허우는 아래와 같이 주장했다.

만일 근본적인 '체'가 사회존재·생산양식·현실생활이라고 인정한다면, 그리고 현대적 대공업과 과학 기술 역시 현대 사회 존재의 '본체'와 '실질'이라고 인정한다면, 이러한 '체' 위에서 성장한 자아의식 또는 '본체의식'(또는 '심리본체')의 이론형태, 즉 이러한 '체'의 존재를 낳고 유지하고 추진하는 '학'이 응당 '주'가 되고, '본'이 되고, '체'가 되어야 한다. 이것은 물론 근현대의 '서학'이며, 전통적인 '중학'은 아니다. 그러므로 이러한 의미에서 여전히 "**서학을 체로 삼고** 중학을 용으로 삼는다"고 다시 말할 수 있겠다.(리쩌허우 2005c, 531. 강조는 저자)

그러나 리쩌허우의 '서학의 중국적 응용'은 '서학을 체로 삼고 중학을 용으로 삼는다'라고 해석해서는 안 된다. 그의 서학의 중국적 응용은 "마르크스주의, 과학기술이론, 정치·경제관리이론, 문화이론, 심리이론 등 갖가지 다른 사상·이론·학설·학파도 포함한 서학을 체로 삼고, 중국의 각종 실제 상황과 실천활동에 어떻게 적용하고 응용하는가 하는 것을 용으로 삼는다는 것이다"(임춘성 2017, 92). 여기에서 체(體)가 되는 서학은 '근현대화된 인민 대중의 일상 현생 생활(특히 물질 생활)'이다. 그러므로 '서학의 중국적 응용'(Western substance, Chinese application)은 서양의 과학기술에 기초한 근현대화된 인민의 생활을 중국식으로 활용하겠다는 것이다. 리쩌허우는 이를 '전환적 창조'라고 부른 바 있다. 그러나 관점을 달리하면, 과학기술에 기초한 서학을 중국식으로 변환하겠다는 것이다. 아마도 장태진은 이 점을 우려한 것일 터이다. 리쩌허우의 '서체중용', 즉 '서학의 중국적 응용'은 이처럼 두 방향의 가능성을 향해 열려 있다. 진정한 '전환적 창조'의 길로 나아갈지, 아니면 또 한 번 '중국화'[4] 길로 빠져들지 우리는 그 추이를 조용히 관망(靜觀其變)해야 할 것이다.

셋째, 리쩌허우는 마오쩌둥의 '반제·반봉건'이라는 이중과제를 '계몽과 구망의 이중 변주'로 전유해 냈는데, 이는 '반제·반봉건'의 실천 과정에서 '구망이 계몽을 압도'한 현상을 지적한 탁월한 개괄이었다. 그러나 이재현은 그것에 잠복해 있는 '한족 중심주의'를 예리하게 지적해 낸다. 그는 '중국 특색의 제국주의'라는 관점에서 '구망의 계몽 압도' 테제가 '내부 식민지'의 존재를 무시하고 은폐하는 효과를 낳는 점을 비판하고 있다. '중국 특색의 제국주의'는 스수메이(史書美)가 사이노폰 공동체 형성의 세 가지 역사적 과정으로 간주한 대륙 식민주의, 정착형 식민주의, 이민의 이주를, 이재현이 전유해 새롭게 제안하는 개념이다. 이 가운데 대륙 식민주의에 국한해 보면, 동북 삼성(만저우), 네이멍구(남몽골), 신장(동투르키스탄), 시짱(티베트) 등을 청나라가 병합한 이후 중화민국을 거쳐서 중화인민공화국이 계승했다.[5] 우리는 구망이 계몽을 압도했다는 역사 인식이 한족 중심의 서술이었다는 사실을 환기하고 그에 대한 비판적 관점을 견지하면서 중국 근현대사 인식의 '전환적 창조'를 추구함으로써 그동안 은폐되었던 제국의 역사와 함께 소수 에스닉에 대한 '식민지 연구'를 확대·심화해야 할 것이다.

---

4 참고로, '중국화'는 중국이 외래 문물을 수용할 때 도저하게 작동해 온 기제라 할 수 있다. 중국은 사회주의를 수용해 '중국적 사회주의', '중국 특색의 사회주의'로 변화시켰고, 자본주의를 수용해 '중국 특색의 자본주의'를 시행하고 있다. 중국은 과거에도 수많은 외래 문물을 받아들여 마치 용광로처럼 중국 문물로 변모시킨 경력을 가지고 있다. 1850년대 태평천국운동에서 서양의 기독교를 '배상제회'로 변용하고, 1940년대 민족형식논쟁에서 새 술을 새 부대에 담지 못하고 헌 부대, 즉 구형식을 이용한 것 등이 그런 사례였다. 문제는 '중국화' 과정에서 봉건 이데올로기가 침투하기 쉽다는 점이다.
5 이상 이재현, 「사이노폰 연구와 비판적 중국 연구」(미발표), 2021에서 발췌 요약.

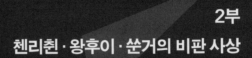

2부

첸리췬 · 왕후이 · 쑨거의 비판 사상

4장 · 첸리췬의 20세기 중국 지식인 정신사 연구와 민간 이단 사상 연구

첸리췬(錢理群, 1939~)은 중국 근현대문학(Chinese modern literature) 연구와 20세기 중국 지식인 정신사를 대표하는 학자다. 그는 대학 졸업 후 18년간의 변방 하층 생활을 보낸 후 불혹을 바라보는 나이에 석사과정에 입학해 늦깎이 공부를 시작했다. 베이징대학 중문학부 교수로 부임한 후 루쉰 연구의 기념비적 저서 『영혼의 탐색』을 비롯해 '20세기 중국문학' 담론,[1] '마오쩌둥 사상 연구',[2] '민간 이단 사상 연구' 등으로 학계의 폭넓은 주목을 줄곧 받아 왔다. 첸리췬은 2017년 자신의 주요 연구주제의 하나인 '20세기 중국 지식인 정신사' 연구의 결과물을

---

1 1985년 황쯔핑(黃子平)·천핑위안(陳平原)과 함께 제출한 '20세기중국문학' 담론은 첸리췬에게 전국적인 명망을 안겨 줬다. 20세기 중국문학 담론과 그에 대한 비판은 임춘성, 『중국 근현대문학사 담론과 타자화』, 문학동네, 2013, 26~35쪽 참조.

2 첸리췬의 마오쩌둥 연구에 대해서는 임춘성, 『포스트사회주의 중국의 문화정체성과 문화정치』, 문화과학사, 2017, 59~62쪽 참조.

3부작으로 출간했다. 여기에서는 '사회주의 개조'의 관점에서 20세기 중국 지식인의 정신 역정과 첸리췬의 학술적·정신적 삶의 역정을 고찰해 본다. 아울러 첸리췬의 민간 이단 사상 연구에 대해 살펴본다.

1. 20세기 중국문학 연구에서 지식인 정신사 연구로

2012년은 한국 출판계의 중국 연구(Chinese studies) 분야에서 '첸리췬의 해'로 기록될 만하다. 3월에 『망각을 거부하라: 1957년학 연구 기록』이, 4월에 『내 정신의 자서전』이, 9월에는 『모택동 시대와 포스트 모택동 시대 1949~2009(상·하)』가 각각 출간되었다. 내가 첸리췬을 처음 만난 것이 1993년 가을 '한국 중국현대문학학회'가 주최한 '루쉰 국제학술대회'[3]에서였으니, 그로부터 20년이 되는 해 그는 3종 4권의 책과 함께 한국에 돌아온 셈이다. 1939년생인 그는 39세에 베이징대학 석사 과정에 입학한 늦깎이 학자로, 문화대혁명 시기를 포함한 18년간의 하방 경험을 통해 중국 사회에 대한 비판적이고 실천적인 관점을 가지게 되었다. 그는 '20세기 중국 지식인의 정신사'라는 맥락에서 루쉰, 저우쭤런(周作人), 차오위(曹禺) 등의 작가를 연구했고, 베이징대학 중문학부에서 퇴직한 이후 중고등학교 문학교육에 열성을 쏟는 한편

---

3 이 학술대회는 최초로 중국 대륙의 학자들(옌자옌, 린페이, 첸리췬, 왕푸런 등)을 초청했다는 점에서, 그리고 캠퍼스 연합으로 꾸려진 '혁명문학 심포지엄' 팀(유중하, 김하림, 이주노, 김양수, 임춘성 등)이 '한국 중국현대문학학회'에 합류한 이후 개최된 첫번째 국제학술대회라는 점에서, 한국 중국현대문학 연구사에 중요한 의미가 있다.

국가 권력에 의해 억압되었던 1950년대 우파와 1960년대 문화대혁명의 복원에 주력하고 있다. 이런 연구 방향은 자연스레 민간의 이단 사상 발굴로 이어지고 있다.

루쉰 전문가에서 마오쩌둥 전문가로 변신한 그에게서 우리는 사상을 중시하는 중국 인문학자들의 전통을 읽을 수 있다. 그는 작가 루쉰을 연구할 때도 '선구자의 영혼(心靈)을 찾아서'라는 주제로 루쉰의 산문시집 『들풀』(野草)을 집중적으로 연구했고, 혁명가이자 정치가인 마오쩌둥을 연구할 때도 20세기 중국에 커다란 영향을 준 마오쩌둥 사상과 마오쩌둥 문화에 초점을 맞추었다. 그에 따르면 마오쩌둥 사상은 대륙 중국인의 사유 방식과 정감 방식, 행위 방식과 언어 방식을 전면적으로 바꾸었으며, 나아가 민족정신과 성격 그리고 기질에도 깊은 각인을 남김으로써, 유가와 불교, 도가와 법가 등의 전통문화 외에 인민공화국은 마오쩌둥 문화를 하나 더 가지게 되었다. 마오쩌둥 문화는 중국 전통문화 범주 바깥의 새로운 문화로, 그것은 오랫동안 조직적이고 계획적이며 지도적인 주입을 통해 대륙에서 이미 네이션의 집단 무의식, 곧 새로운 국민성을 형성했다.

첸리췬은 자신의 일생을 1978년을 경계로 삼아 '전반생'(39년)과 '후반생'(40년)으로 나눈다. 1960년(21세) 대학 졸업 후 그는 구이저우(貴州)에 배치되어 거기에서 18년간 일하고 생활했다. "80자술"[4]에 따르면 "중국 사회의 저층에서 대기근과 문화대혁명을 겪었고, 어려운 시련 속에서 자신의 세계관과 인생관을 기본적으로 형성했으며 동시에

---

4 이는 첸리췬 선생이 필자에게 직접 이메일로 보내 준 글로, 당시 아직 발표되지 않았다.

고독과 적막 가운데 학술 연구 준비를 견지했고, 이로 인해 후반생의 발전을 결정했다". 그는 구이저우의 오랜 하방 생활을 통해 중국 사회의 '하층 타자' 생활을 경험한 동시에 학술 인생을 자신의 길로 정립한 것으로 보인다. 그는 마흔을 바라보는 시점에 학문의 길을 가려 작정하고 베이징대학 중문학부 석사 과정에 입학한 것이다.

1978년 베이징대학 중문학부에서 왕야오(王瑤)와 옌자옌(嚴家炎)을 스승으로 모시고 시작한 학술 인생을 그는 스스로 '체제 내 학자', '학자 겸 정신계 전사', '역사와 현실의 관찰자이자 기록자 그리고 비판자'의 세 단계로 나누고 있다. 1단계 1978~1997년은 정규 학술 훈련을 받고 체제 내 학자가 되어 학문을 추구한 20년이다. 1997년 학원 체제의 승인을 받은 이후 다시 학원의 속박에 불안을 느끼고, 구이저우에서 형성된 생명 야성의 추동과 루쉰의 계시 아래 교문을 박차고 나와 사회에 개입해 독립적이고 비판적인 목소리를 내기 시작한 때가 2단계다. 이로부터 '학자 겸 정신계 전사'의 길을 걸었다. 학자의 신분으로, 아울러 학술 연구의 성과를 사상 자원으로 삼아 중고등학교와 초등학교의 어문 교육 개혁에 참여했고, 청년지원자운동을 추동하고 민간 사상 계몽에 발을 붙였다. 2002년 퇴직 후 점차 현대문학연구 전공에서 벗어나 현당대 중국 정치·사상사 연구를 시작했고, 더 깊이 자각적으로 민간 사상운동에 참여했다. 그러나 10여 년의 관찰과 사고를 거쳐 중국 사회와 학술이 장차 더 복잡하고 곡절 많은 엄혹한 역사 시기에 진입할 것으로 전망하게 되었다. 그리하여 2014년 말 학술계와 교육계 그리고 청년지원자운동에서 물러날 것을 선언했는데, 이때부터가 3단계다. 2015년 양로원으로 거처를 옮긴 후에는, '역사와 현실의 관찰자이자 기록자 그리고 비판자'가 되기로 마음먹고 사마천으로 대표되는 중국 지식인의 '사관'(史官) 전통을 자각적으로 계승해, 현실과 거리를 두면서 더욱 근본적인 사고를 하고 아울러 현당대 중국 역사에 대해 해석력과 비판력을 가진 이론의 창건을 추구하고 있다. 이는 또 한 번의 중요한 선택이다. 첸리췬 자신의 표현을 빌리면, '물러남으로 나아감을 삼는' 방식으로 마지막 학술과 인생의 여정을 완주하고 있다.

첸리췬은 다산(多産)성 학자다. 그는 40년 학술 생애 동안 수많은 저서와 편서(編書)를 출간했다. 1993년 첫 만남에서 내가 이미 구입한 자신의 첫 저서 『영혼의 탐색』에 서명해 준 이후, 만날 때마다 직접 받은 저서가 10권이 넘는다. 그것만 해도 일반 학자가 평생 이루기 어려운 업적인데, "80자술"에 따르면, 2017년까지 모두 87권(원고를 마무리하고 출판하지 않은 것까지 포함하면 91권)의 저서를 출판했고, 그 가운데 중복 출판된 것과 '선집'을 빼면 실제로는 70권을 썼다고 한다. 한 권을 30만 자로 계산하면 모두 2천 1백만 자이고, 아직 출판하지 않은 것이 2백만 자이니, 보수적으로 계산해도 모두 2천 3백만 자로, 매년 평균 50만 자 이상을 썼다. 또한 40년간 편집하거나 주편(主編)한 책이 54권이고, 출판 준비 중인 것까지 더하면 모두 59권이다. 그의 40년의 노력을 쌓아 보니, 쓰고 엮은 저서가 150권이고 총 4천만 자 이상으로 평균 매년 1백만 자 이상이다. 학술 연구를 양으로 계산하기 어렵지만, 그리고 일부 자기 인용이 없지 않지만, 매년 50만 자 이상의 글을 써서 출판했다는 사실은 조로(早老)가 만연한 우리 학계를 압도할 만한 분량임이 틀림없다. 뒤늦게 시작했다고 자각하고 학문 외의 모든 유혹을 거절하며 오로지 학술 연구에 정진했기에 이룬 성과라 할 수 있다.

첸리췬은 자신의 연구 방향을 크게 둘로 나눈다. 하나는 '문학사 글쓰기'다. 그는 학술적으로 자신을 '문학사가'(文學史家)로 자리매김하고, 중국 현대문학사 글쓰기에서 독립적인 문학사관(文學史觀)과 방법론, 독특한 구조방식과 서술방식을 형성할 것을 추구했다. 천핑위안·황쯔핑과 함께 집필한 「'20세기 중국문학'을 논함」(黃子平·陳平原·錢理群 1985; 황쯔핑·천핑위안·첸리췬 2013)은 중국 근현대문학사 연구와 집필의 지형도를 바꿔 놓았다. 하지만 첸리췬은 '20세기 중국문학'의 취지에 따라 집필한 『중국현대문학 30년』(錢理群·吳福輝·溫儒敏·王超氷 1987; 錢理群·溫儒敏·吳福輝 1998)보다는 『중국현대문학편년사─문학 광고를 중심으로』(3권본)[5]와 준비하고 있는 『첸리췬 신편 현대문학사』[6]를 더 중시하고 있다. 전자는 총서의 주편으로 참여한 만큼, 그보다는 후자의 출간을 기대할 수 있겠다.

첸리췬의 또 다른 학술 중심은 '20세기 중국 역사 경험'의 연구와 총결이다. 이는 네 분야로 나뉘는데, '루쉰 연구'(錢理群 1988; 錢理群 1999b; 錢理群 2003), 저우쭤런 연구(錢理群 1990; 錢理群 1991)와 차오위 연구(錢理群 1994)를 포함한 '중국 현당대 지식인 정신사 연구', '마오쩌둥 시대와 포스트 마오쩌둥 시대 연구'(전리군 2012), '중국 현당대 민간 사상사 연구'[7]이다.

---

5 吳福輝編者, 『中國現代文學編年史:以文學廣告爲中心(1928~1937)』(三卷本), 錢理群(叢書主編), 北京: 北京大學出版社, 2013.
6 『錢理群新編現代文學史』(근간)
7 이 또한 3부작으로 구성되어 있다. 錢理群, 『拒絶遺亡: '1957年學' 硏究筆記』, 香港: Oxford University Press, 2007; 錢理群, 『燗火不息: 文革民間思想 硏究筆記』, 香港: Oxford University Press, 2017; 錢理

2. '사회주의 개조'의 관점에서 살핀 20세기 중국 지식인의 정신 역정

2017년 출간된 '20세기 중국 지식인 정신사 3부작'은 첸리췬의 오랜 염원이 결실을 본 것이다. 그 가운데 상권인 『1948: 천지현황(天地玄黃)』은 1996년 처음 출간되었고, 하권인 『1977~2005: 절지수망(絕地守望)』은 2007년 『나의 정신 자전』(我的精神自傳)이라는 표제로 출간되었으며, 중권에 해당하는 『1949~1976: 세월창상(歲月滄桑)』은 3부작의 핵심 부분으로 2016년 초판이 출간되었다. 비록 '3부작' 전체가 새로운 내용은 아니지만 오랜 시간 구상하고 집필했던 내용을 집대성했다는 점에서 그 의미가 크다. 첫번째 책이 출간된 연도로부터 쳐도 20년이 넘어서야 3부작이 완성되었으니, 그 규모(3책 1874쪽)의 방대함은 차치하더라도 20년이 넘는 시간 동안 '20세기 중국 지식인의 정신사'라는 주제를 집중적으로 탐구해 온 그 집념이야말로 우리 학인들이 본받아야 할 치학(治學) 자세라 할 수 있겠다.

첸리췬은 '20세기 중국 지식인의 정신사'를 원래 '심로(心路) 역정 시리즈'로 계획했었다.[8] 하지만 계획이 방대해서 인민공화국 시기로 조정해 '당다이(當代) 중국 지식인의 정신사'가 되었다. 이렇게 20세기를

群, 『未竟之路: 80年代民間思想 硏究筆記』(집필 중).

8 그의 1997년 연구 계획은 다음과 같았다. 1) 1920년대: 대학원의 지식인—베이징을 중심으로. 2) 1930년대: 문학 시장의 지식인—상하이를 중심으로. 3) 전쟁 유랑 속의 지식인—서남연합대, 루쉰예술학교(抗大)를 중심으로. 4) 특수한 연대(1948년) 역사 전환 중의 지식인—난징에서 베이징으로의 중심 이동. 5) 1950~60년대: 국가 체제하의 지식인—당을 중심으로. 6) 1970년대: '프롤레타리아 독재 하의 혁명' 시대의 지식인—마오쩌둥을 중심으로. 7) 1980~90년대 '역사 교차점'에 처한 지식인—중심이 소실된 이후의 무질서 상태.(錢理群, 『1948: 天地玄黃』, 香港城市大學出版社, 2017, viii) 참고로 이 계획에서 우리는 리쩌허우의 영향을 엿볼 수 있다.

1949년 이후로 조정한 것은 원래 계획이 방대했기 때문이기도 하지만, 더욱 중요하게는 첸리췬의 이른바 '공화국 콤플렉스'와도 관련이 있다. 그는 다음과 같이 말한다.

> '당다이 중국'이야말로 내 진정한 흥미의 소재지라 말할 수 있다. 역사에 대한 연구도 당다이를 지향하고 있고 내 루쉰 연구의 자아 정위(定位)는 바로 루쉰의 자원을 당다이 사상 문화 교육 자원으로 전환해 '루쉰'과 '당다이 중국'을 연결하는 교량으로 삼는 것이다. 당다이 지식인 정신사를 연구하는 것도 나의 자아 반성과 성찰이라는 의도를 더욱 잘 체현시킬 수 있다.(錢理群 2017a, viii)

이로 미루어 볼 때 그의 '인민공화국 콤플렉스'는 흔히 말하는 열등감이라기보다는 연구주제에 대한 강박 관념을 가리키는 것이다. 그에게 당다이 중국은 자신의 자아 반성과 성찰을 잘 구현할 수 있는 진정한 흥미의 소재지인 셈이다. 사실 루쉰, 저우쭤런, 차오위 등에 대한 연구는 이미 20세기 중국 지식인 정신사 연구에 포함되지만, 첸리췬은 굳이 그 연구를 '당다이 지식인 정신사' 시리즈에 포함하지 않고, '당다이 시리즈'의 기점을 1948년으로 설정한다.

1) 공화국 건국 직전 지식인들의 기대와 불안: 『1948: 천지현황』

먼저 상권에 해당하는 『1948: 천지현황』은 공화국 건국 직전인 1948년, 지식인들의 선택을 월별로 기록했다. 1948년의 일을 관찰·기록한 책을 50년 만인 1998년에 초판을 내고 2008년에 재판을 냈다는 맥락에서, 첸리췬은 이 책에 특별한 의미를 부여한다.

1948년은 두 중국(신중국과 구중국)의 생사 대결전의 시각인 동시에 중국 지식인이 역사적 대전환 과정에서 자신의 운명을 선택해야 하는 시각이기도 했다. 바로 이 시각의 각종 지식인의 서로 다른 선택을 둘러싸고 발생하는 극히 복잡하고 극히 풍부한 사회와 사상, 문화와 심리 현상이 이 책의 기본 내용을 구성한다.(錢理群 2017a, 305)

모두 알다시피 1948년은 중국이 어느 방향으로 가게 될지 점치기 어려울 때였다. 첸리췬은 '신중국과 구중국의 생사 대결전'이라 표기했지만, 실제로는 '공산당과 국민당의 헤게모니 쟁탈전'이었다. 대결전의 결과 공산당 신중국의 승리로 귀결되었지만, 당시 상황에서는 낙관하기 어려웠다. 하지만 첸리췬은 서문에 해당하는 설자(楔子)에서 1948년 원단(元旦)의 풍경을 스케치한다. 펑즈(馮至)의 신년 치사, 예성타오(葉聖陶)와 주쯔칭(朱自淸)의 일기, 딩링(丁玲)과 샤오쥔(蕭軍)의 농민과 공산당에 대한 신뢰, 이미 마오쩌둥 문예 사상의 구체적 방향이 된 자오수리(趙樹理)의 사회주의에 대한 믿음, 그리고 홍콩 문인협회에서 주관한 신년 단배식의 풍경 등을 통해, 첸리췬은 밝아 오는 신중국의 미래를 전망하는 '요행의 생존자'(倖存者)들의 소리를 건져 낸 것이다. 한밤중의 기침 소리에 깨서 "생존자가 빈한한 겨울밤을 어떻게 몸부림치는지를 느낀"(錢理群, 1) 펑즈처럼, 베이징에서, 옌안에서, 동북에서, 그리고 농촌에서, 홍콩에서, 어렵사리 살아남은 이들의 모습을 통해 "생존이 모든 것을 압도하는 욕구"(앞의 책, 2)임을 깨달았다. 그러나 당시 생존자들은 1년 후 건국될 신중국의 인민공화국이 지식인을 '개조'함으로써 또 다른 의미의 생존의 길을 걷게 될 줄은 꿈에도 생각하지 못했을 것이다. 그 개조는 '사회주의적 개조'였고, 그 과정은 "본능적으로 개성 독립·해방·자유·민주와 휴머니즘을 지향해 온 자아"로부터 "환골탈태의 과정"을 거친 뒤 "사회평등의 유토피아를 추구하였고, 사상 통일을 강조하였고, 또 의식화와 투쟁 철학을 숭배하면서, 이러한 사상 경향을 핵심으로 하는 혁명의식에 바탕을 두어 일종의 새로운 자아를 형성"(첸리췬 2012b, 24)하는 과정이었다. 이후 첸리췬과 같은 지식인들은 '사회주의 개조'를 거치면서 새롭게 형성된 자아에 대해 한편으로는 당위적으로 신뢰를 보내면서도 다른 한편으로는 끊임없는 외적·내적 충돌을 경험하여 가치 판단상의 혼란을 겪을 수밖에 없었다. 1948년은 바로 새로운 세계에 대한 갈망과 기대가 일말의 불안과 징후적으로 교차하던 시점이었다.

당시 양대 정치세력인 공산당과 국민당은 그동안의 경험을 교훈으로 삼아 지식인 포섭에 노력을 기울였다. 공산당은 워낙 선전·선동에 능하고 지식인들의 역할을 중시했지만, 뒤늦게 지식인의 역할에 주의를 기울인 국민당으로서는 공산당과 경쟁하기에 역부족인 국면이었다. 1948년 1월 1일 마오쩌둥은 「목전 형세와 우리의 임무」라는 글을 『인민일보』에 발표해 공산당이 반격에 나섰다는 소식을 전함으로써 전 중국에 충격파를 던졌다. 그리고 글 끝에서 전형적인 낙관적인 어조로 신생 사회의 비전을 제시함으로써 수많은 인민과 지식인들을 끌어들였다. 이에 반해 같은 날 쑨원(孫文)의 무덤 앞에서 행한 장제스(蔣介石)의 신년 훈사(訓辭)는 마오쩌둥의 글과 선명한 대조를 이루었다. 한편 정치적으로 양당 사이에 끼어 있던 『대공보』(大公報)도 「원단(元旦) 헌사」를 발표해 전쟁이 조속히 끝나기를 바라는 자유주의 지식인의 바람을 표현했지만, 대중들의 호응은 크지 않았다.

첸리췬에 따르면, 1948년 3월 홍콩에서 도서 형식으로 출간된 잡지 『대중문예총간』은 편집자들의 북상으로 인해 6기 발간에 그쳤지만, 당시 문단 상황 및 이후 발전 추세를 이해하는 데 중요한 자료다. 동인지가 아니라 '대중 간행물'을 지향했던 이 잡지에 글을 실었던 주요 작가들은 사오취안린(邵荃麟), 펑나이차오(馮乃超), 후성(胡繩), 린모한(林黙涵), 차오무(喬木), 샤옌(夏衍), 귀모뤄(郭沫若), 딩링 등으로, 1949년 이후 공산당이 주관하는 문예활동의 중요한 지도자였다.(錢理群 2017a, 30~32) 이 잡지의 강령 문건인 「당면 문예운동에 대한 의견」을 보면, '견지', '계급', '입장', '지도', '주류', '조직' 등의 용어 사용 면에서의 유사성을 통해 1949년 이후 인민공화국 문화의 기초를 다지는 문건이었음을 알 수 있다. 이는 바로 '문예의 계급성과 당파성' 원칙을 강조한 것이다. 그리고 그에 반하는 경향을 비판했다. 이를테면, 선충원(沈從文), 주광첸(朱光潛), 샤오첸(蕭乾)이 대표한 흐름을 '반동문예'라 규정하고 그에 대해 비판했고, 루링(路翎), 야오쉐인(姚雪垠), 뤄빈지(駱賓基) 등의 작품을 프티부르주아 창작 경향이라 비판했으며, 후평(胡風) 및 그 친구에 대해 비판과 경고를 보냈다. 이는 서양 자본주의 문화에 대한 경고와 방비인 동시에 해방구 문예를 모범으로 하는 '인민문예'의 대대적 창도였다. 그리고 새로운 미학 원칙, 문예 창작, 비평 모델을 건립하는 것이었다.

그해 8월 문단에 예상치 못했던 논전이 일어났다. 바로 샤오쥔이 주편한 『문화보』와 공산당 동북국 선전부가 주도하는 『생활보』 사이에 일어난 것인데, 첸리췬은 이를 "집권(集權)과 질서 그리고 규범에 대한 요구와 유랑자의 독립적이고 반항적이며 자유로운 천성 사이의 충돌"(錢理群, 126)이라 명명했다. 사실 이 논전은 옌안(延安) 시기 왕스웨이(王實味) 사건[9]에서 잉태되었다 할 수 있다. 항일전쟁 승리 후 고향 동북으로 돌아간 샤오쥔의 활동에 대해 『생활보』가 조직적으로 공격한 것이다. 이는 건국 이후 끊이지 않았던 '대비판운동'의 선성(先聲)이 되었다. 사실 샤오쥔은 중국공산당과 그들이 지도하는 신정권을 옹호하고 신뢰하고 존중했다. 하지만 그의 옹호와 신뢰 그리고 존중에는 조건이 있었다. 그것은 바로 공산당이 '정확'하고 부분적인 비판이 가능하며 공산당이 변질하면 반대할 권리를 가지는 것이었다. 이는 지금 보면 너무나 당연한 조건이었다. 그러나 당시 신중국을 건립해야 할 공산당으로서는 "사상과 이론, 정신과 의지, 정치와 조직상의 고도 집중과 통일이 요구"(앞의 책, 133)되는 시기에 샤오쥔의 조건을 수용할

---

9 왕스웨이는 내부 비판이라는 명목하에 1942년 2월 3일, 『해방일보』 문예부간에 「들백합화」를 발표하였고 4월 『곡우』에 「정치가, 예술가」를 발표함으로써 많은 그릇된 사상 관점을 퍼뜨렸다. 그 내용을 구체적으로 살펴보면 다음과 같다. 첫째, 항일근거지의 당정 지도자를 '큰 두목', '작은 두목'으로 보고 그들에게는 "인간에 대한 동정심도 없고" 군중의 생사도 돌보지 않는, "사리사욕을 채우는 사람"이라고 하였다. 둘째, 항일근거지를 암흑천지라고 하였다. 셋째, 예술가가 정치가를 지도할 것을 선동하였다. 넷째, "모든 부패와 암흑을 간파하는" 것이 광명을 찬양하는 것보다 중요하다고 고취시켰다. 왕스웨이의 언론은 공산당통치구역의 수많은 인민과 문예활동가들의 의분을 격발시켰다. 1942년 4, 5월 사이에 많은 사람이 『해방일보』에 분분히 글을 발표하고 좌담회를 개최했다. 그리고 옌안 문예계는 6월 15일부터 18일까지 좌담회를 개최하여 「왕스웨이 사건에 관한 결의」를 발표하였다. 그 주요 내용은 다음과 같다. (1) 우리는 왕스웨이의 근본 사상이 트로츠키파의 사상과 동일한 것임을 공통적으로 인식한다. 그가 이러한 사상에 근거하여 진행한 행동은 바로 트로츠키파의 활동이다. 이는 프롤레타리아 계급을 반대하고 공산당과 혁명사업을 피해를 입히는 것으로 모든 혁명가와 혁명 동조자들이 굳세게 반대해야 하는 것이다. (2) 우리는 왕스웨이의 「들백합화」와 「정치가, 예술가」가 바로 이와 같은 그릇된 사상을 선전한 글임을 공통적으로 인식한다. (3) 최근 중앙연구원과 『해방일보』에서 진행된, 왕스웨이에 대한 청산과 투쟁은 정확하고 필요한 것일 뿐만 아니라 전체 문예계와 우리 스스로에게도 커다란 교육적 의의를 가지고 있으므로 우리는 일치단결하여 이 투쟁을 옹호해야 함을 공통적으로 인식한다. 이상 임춘성 엮고옮김, 『중국 근현대문학운동사』, 한길사, 1997, 249, 254쪽 참조.

겨를이 없었다. 결국 샤오쥔은 일벌백계의 희생양이 될 수밖에 없었고 이 사건은 샤오쥔 개인에 국한된 것이 아니었음을 그 이후의 역사가 보여 주고 있다. 조건 없는 집중과 통일, 이는 공화국 건국 이후 지식인 들에게 개조를 요구하는 굴레가 되었다.

사실 샤오쥔 사건보다 더 전형적인 사건은 건국 후 전개된 '후펑 반 혁명집단 비판운동'이었다. 그리고 이 사건 역시 그 실마리가 1930년 대 '전형론 논쟁'[10]에서 잠재되었고, 1948년에는 후펑 집단의 일원인 루링의 소설 『부호의 자녀들』에 대한 비판으로 비롯되었다. 후펑 등이 자각적으로 수호하고자 한 것은 바로 5·4 전통이었다. 이는 '무형의 봉건적 중국과의 투쟁'이었고, 5·4 계몽주의를 견지해 민족형식이라 일컬어지던 '구형식'으로의 투항에 반대하는 것이었다. 이 부분은 중 권에서도 상당한 편폭으로 기록되어 있다.

상권에는 이외에도 주쯔칭의 서거와 관련된 풍경, 딩링의 『태양은 쌍간허를 비추고』와 같은 사회주의 리얼리즘 창작모델의 탄생, 선충원 의 '물러나 지킴'에 대한 기록이 있다. 선충원은 시대 변동에 따라 자신 을 바꿀 수 없고, 단지 '앞당긴 사망'을 직면할 수 있을 뿐이라는 사실 을 깨달았다. 시류를 파악한 대다수 지식인은 좌경으로 돌아섰고, 소수

---

10 1936년 1월 후펑은 당권파 저우양(周揚)과 전형론을 둘러싸고 치열한 논전을 벌였다. 특히 6월 루쉰의 지시를 받고 「인민 대중은 문학에 무엇을 요구하는가」를 발표해 '민족 혁명 전쟁 중의 대중 문학'을 제 창했는데, 이 주장이 저우양, 리보(立波), 아이쓰치(艾思奇) 등이 제기한 '국방 문학' 주장과 대치됨으로 써 이른바 '두 가지 구호 논쟁'을 야기시킨 바 있다. 중첩된 두 논쟁을 통해 후펑은 좌익 문단의 초점 인 물이 되었고, 이후 후펑이 발표하는 글은 저우양을 중심으로 한 당권파 이론가들의 집중 공격을 받게 되었다. 이런 맥락에서 볼 때, 후펑의 비극은 바로 1936년에 그 씨앗을 잉태했음을 알 수 있다. 후펑의 전형론은 주로 「'전형'과 '유형'은 무엇인가?」(1935. 5. 26), 「리얼리즘의 한 가지 '수정'」(1936. 1. 5~6), 「전형론의 혼란」(1936. 4. 4)에 집중적으로 드러나 있다. 임춘성, 「1930년대 후펑의 리얼리즘론 연구」, 『중국현대문학』 제15호, 1998, 110~111쪽 참조.

인은 물러나 사상 문화상의 자유주의를 지켰다는 것이 첸리췬의 개략적인 평가다.

2) 국가사회주의 시기 지식인들의 개조와 견지: 『1949~1976: 세월창상』

신생 공화국이 세운 것은 3천 년이 넘는 중국 역사에서 최초로 봉건적인 황제 전제 제도를 전복시킨 인민공화국이었다. 물론 신해혁명에 의해 탄생한 중화민국이 있었지만, 그것은 미완의 혁명이었기에 신흥 공화국의 탄생은 많은 중국 인민들과 지식인들의 기대를 한 몸에 받았다. 그러나 그들을 기다리고 있는 것은 무조건 복종과 사회주의적 개조였다. 중권은 "'지식인 정신사' 3부작의 가장 핵심적인 부분"으로 "지식인을 비판하고 개조한 운동사를 구성했다"(錢理群 2017b, 1023). 상권이 1948년에 국한된 기록이고 하권이 한 개인에 대한 기록이라면, 중권은 15인의 다양한 지식인을 다뤘다는 점에서 '지식인 정신사'라는 주제에 부합한다.

15인의 명단은 작가와 인문학자에 국한되지 않는다. 자유주의와 개인주의를 추구하던 선충원, 페이밍(廢名), 교육학자 타오싱즈(陶行知), 자오수리, 후펑, 옌안에서 활동한 궈샤오촨(郭小川), 시인 샤오옌샹(邵燕祥) 등은 작가 범주에 속하고, 중국 현대문학 연구자 왕야오(王瑤), '향촌건설파' 사상가 량수밍(梁漱溟), 물리학자 수싱베이(束星北), 지하당원이자 경제학자 구준(顧準) 등은 학자이지만, 루쭤푸(盧作孚)는 신중국을 선택한 사업가였고(자살로 생을 마감), 공청단원 두가오(杜高)는 '반혁명 소집단'으로 분류된 재기발랄한 젊은이들에 속했다. 두가오는 공산당의 논리에 따라 개조되었지만 결국 무너지고 말았다. 경제학자이자 사상가인 구준은 일선에서 물러나 자신의 사상을 견지한 대표자의 성격을 가진다. 그는 '민주사회주의'에 관한 사고를 통해, '중국 사회주의 현대화' 도로를 설계하고 '혁명적 이상주의'를 추궁하는 등 사회주의 중국의 나아갈 길을 모색하기도 했다.

개조에 대한 지식인들의 반응은 대체로 세 가지로 나뉘었다. 첫번째 유형은 개조에 적극적으로 호응함으로써 다른 지식인들을 개조시키는 주체가 된 사람들이었다. 상권에서 거론한 『대중문예총간』에 편집자나 필자로 참여한 지식인들이 여기에 속한다. 두번째 유형은 공화국 신사회가 자신의 지향과 다름을 인지하고 물러나 자기 일에 몰두한 인물들이다. 그리고 세번째 유형은 비판적 지지자들이다. 이들은 샤오쥔과 마찬가지로 공화국을 적극 지지하면서도 그에 대해 조건을 내세우거나 더 나아가 새로운 건의를 하다가 비극을 겪은 인물들이다. 첸리췬이 '당다이 지식인 정신사'에서 다룬 지식인들은 대부분 두번째 유형과 세번째 유형에 속한, 비판적 열정을 가진 지식인들이었다. 특히 세번째 유형의 지식인들은 대개 신생 인민공화국의 탄생을 지지했고 공산당의 지도를 수긍했다. 그리고 거기서 한 걸음 더 나아가 공산당이 자신의 의견을 수용해 줄 것이라는 믿음을 가지고 자신의 생산적이고 비판적인 견해를 제기했다. 그리고 그들은 수난을 당했다. 그 가운데서도 후펑은 대표적인 인물이다.

후펑은 중국 근현대문학사의 비극적 인물이다. 그는 일본 공산당원으로 마르크스주의에 입문하고 좌익작가연맹의 서기까지 지냈음에도 불구하고 신중국 정권에 의해 반혁명분자로 지목되어 그에 연루된 인사만도 수십 명에 이르렀던 '후펑 반혁명집단 사건'의 주역으로 20여

년간의 옥고를 치르기도 하였다. "후펑 문제는 대단히 기이한 문화 현상으로서 20세기 중국문화의 활력과 타성, 희망과 실망을 집중적으로 반영했을 뿐만 아니라 문학 비평 방면에서도 20세기 중국 리얼리즘의 중대한 탁전(拓展)과 중대한 좌절을 반영하였다."(劉鋒杰 1995, 224) 그 활력과 탁전은 혁명과 항전의 시기에 중국문학과 중국문화를 근현대성(modernity)과 세계성의 수준으로 끌어올리려 노력한 점에 있고, 그 타성과 좌절은 결국 그러한 노력이 응분의 결실을 보지 못하고 혁명과 항전이라는 현실(또는 그 현실을 주도하던 당권파 이론가)에 의해 압살당한 점에 존재한다. 그러므로 20세기 중국문화와 중국문학을 이해하려면 후펑을 이해하지 않을 수 없다.(임춘성 1998, 108)

3. 절망의 땅에서 희망 지키기

1) 안순(安順) '민간 사상촌락'에서 베이징대학으로

문화대혁명 종결 다음 해부터 기록하고 있는 하권은 '상편: 나의 회고와 성찰' 부분과 '하편: 나의 정신 자전'으로 구성되어 있다. 앞의 두 권과 달리 하권에서 첸리췬은 한 지식인의 삶과 학문을 조망하고 있다. 그는 다름 아닌 첸리췬 자기 자신이다. 그는 그 이유를 다음과 같이 설명한다.

내가 '모수자천'(毛遂自薦) 식으로 자신의 연구를 선택해 '연구 대상'으로 삼은 것은 내가 문화대혁명 후 첫 세대 연구생에 속하고 이 역사에서 승전계후(承前繼後)의 지위에 놓여 있으며 내가 연구하는 중국 셴다이(現代) 문학 영역은 이 시기의 '잘나가는 학문'이었기 때문이었다. … 이리하여 내가 대면하는 문제와 문제에 대한 사고와 처리 방식 그리고 발생하는 문제(은폐, 실수 등등)는 모두 일정한 '전형성'을 가지고 있다.(錢理群 2017c, 529)

그리고 하권에 대해 스스로 평가하기를, "이 책은 내 학술 저서 가운데 상당히 독특한 지위를 차지하고 있다. 이 책은 내 자전, 학술 자전이자 정신 자전일 뿐만 아니라 학술사이자 사상사 그리고 지식인 정신사에 관한 저서다"(錢理群, 526)라고 했다. 종합하면, 하권에서 첸리췬은 스스로 이 시대의 전형적인 지식인인 동시에 자신에 관한 학술 자전이자 정신 자전인 이 책이 학술사이자 사상사 그리고 지식인 정신사가 될 수 있다고 평가하고 있는 셈이다. 과연 그의 이런 의도와 평가가 설득력이 있을까?

스스로 평가한 바와 같이 첸리췬은 분명 '전형성'이 있는 지식인임이 틀림없다. 하지만 하나의 사례로 포스트사회주의의 다양한 경관을 보여 주기에는 한참 부족하다. 더구나 20세기 중국 지식인의 정신사를 추적하고 연구한 결과를 쓰는 것은 자기 자신을 하나의 대상으로 삼아 서술하는 것과 별개의 일이다. 전자의 경우에 반드시 견지해야 하는 거리감이 후자에서는 상실되기 쉽기 때문이다. 우리는 많은 경우 자신이 생각하는 자신과 타인에게 비치는 자신의 괴리에 놀라곤 한다. "다른 사람이 나를 알아주지 않아도 노여워하지 않는다"(人不知而不慍)라는 『논어』「학이」편의 글귀는 마음 수양을 타이르는 경구이지만, 그 말 자체가 이미 양자의 괴리를 전제하고 있는 셈이다. 그러므로 자신이 자신을 기록하는 일은 신중에 신중을 기해야 한다. 하권, 특히 '하편: 나의 정신 자전'에 대한 평가는 곧 첸리췬에 대한 평가인 만큼 좀 더 정밀한 분석이 필요할 것이다. 물론 첸리췬이 이런 점을 모를 리 없다. 그는 이를 보완하기 위해 젊은 세대 학자들과의 대화를 시도한다. 특히 하권의 '상편: 나의 회고와 성찰'의 제1강에서 허구이메이(賀桂梅)에게 논평(評點)을 부탁해 실은 것은 바로 그런 시도의 하나다. 하지만 같은 대학 같은 학과의 후배 교수의 논평만으로는 부족하다. 더 많은 후래자(後來者)의 객관적인 논평을 기다려야 할 것이다. 이런 맥락을 전제하되, 하권은 '당다이 지식인 정신사' 시리즈와는 별개로 첸리췬 개인을 연구하는 중요한 사료로 취급해야 한다.

문화대혁명 종결 다음 해부터 기록을 시작하고 있는 이 책은 '상편: 나의 회고와 성찰'[11] 부분과 '하편: 나의 정신 자전'[12] 부분으로 나뉘어 있다. 상편은 베이징대학의 마지막 강의록을 모은 것으로 모두 10강으로 구성되어 있는데, 제1~3강에서 자신의 인생과 학문의 역정을 간략하게 요약한 후, 스스로 직면했던 시대적 과제에 대한 자신의 견해를 피력해 나간다. 그와 달리 하편[13]에서는 자신의 학술·정신 역정을 7개

---

11 제1~3강 내 인생길과 학문 길(상, 중, 하), 제4강 지식인의 자아독립성과 주체성 문제, 제5강 지식인과 민중의 관계 문제, 제6강 계몽주의에 관한 성찰, 제7강 이상주의에 관한 성찰, 제8강 사상과 행동의 관계에 관한 문제, 제9강 자연 인성론과 개인주의 문제, 제10강 마지막 화제: 대학교육과 베이징대학의 전통에 관해.

12 전언, 1. 역사적 중간물, 2. 돈키호테와 햄릿, 3. 행운의 생존자, 4. 학자, 교사, 정신계 전사, 5. 진정한 지식계급, 6. 사상가와 실천가, 7. 유랑자와 사수자, 후기.

13 국내에서 번역 출판된 것은 이 하편 부분이다. 첸리췬, 『내 정신의 자서전』, 김영문 옮김, 글항아리, 2012. 옮긴이에 따르면 한글 번역본은 대륙판(廣西師範大學出版社, 2007)을 바탕으로 저자가 타이완판(臺灣社會科學雜誌社, 2008)에 의거해 '대조 교정'한 텍스트를 번역했다고 한다. 저자가 타이완판을 완전

의 키워드로 나누어 서술하고 있는데, 상편과 하편은 일부 중복되는 부분이 없지 않지만, 상호 절묘한 조화를 이루며 첸리췬이라는 인물의 학술적·정신적 삶을 우리에게 핍진(逼眞)하게 전달하고 있다.

첸리췬은 선천적으로 권위주의에 대한 저항적 기질이 있는 것으로 보인다. 그는 일생 끊임없이 지도자 및 권세가와 충돌을 일으켰다. 본인 표현에 따르면, 그 과정은 세 단계를 거친다. 처음에는 지도자가 첸리췬의 능력과 진지한 스타일을 인정한다. 그러나 그는 자신의 견해를 가지고 일하는 스타일이기 때문에 곧 지도자와 충돌하게 되고, 지도자의 인정은 결국 못살게 구는 것으로 바뀌곤 한다.(錢理群 2017c, 47) 그는 18년 동안 구이저우 안순에서 각양각색의 간부들과 부딪치고 괴롭힘을 당했음에도 불구하고, 학술 연구의 길을 가겠다는 새로운 목표를 세우고 공부를 시작한 후에도 그 기질을 쉽게 다스리지 못한 것으로 보인다. 다행히 영원한 멘토인 루쉰과 스승 왕야오에게서 자기 보호의 지혜를 전수받았다. 루쉰 또한 연구자도 자신의 생존 문제를 고려해야 한다고 하면서, 첫째가 생존이고 둘째가 먹고사는 문제[溫飽]이며 셋째가 발전이라고 했다. 그리고 왕야오는 학계에 입문해서도 계속 시빗거리를 만드는 소장 학자 첸리췬에게 학술 연구에서 '진리 추구 정신'과 함께 '분수 파악'의 이치를 깨우쳐 주었다. '분수 파악'이란 '어느 시점에 말을 해도 되는지, 어느 정도까지를 말하는지의 분수를 파악'(錢理

한 판본이라고 생각하는 만큼 타이완판을 토대로 번역했으면 간단한 일이었겠지만, 저자는 대조 교정이라는 문헌학적 고찰을 통해 2007년 전후 대륙의 사상 검열 상황, 나아가 '학자들의 생존 양식'을 추정할 수 있다는 의미를 부여하고 있으며, 옮긴이는 그 취지에 공감하고 대조교정의 내용까지 옮겨 놓았다. 이 글에서 대상으로 삼고 있는 홍콩판(香港香港城市大學出版社, 2017)은 타이완판을 토대로 자구 수정을 가한 것으로 보인다.

群, 7)하는 것이다. 첸리췬은 왕야오의 가르침을 완벽하게 소화하지는 못했다고 자평하지만, 베이징대학에서 원만하게 정년퇴직하고 '진리 추구'의 길을 계속 가고 있는 것으로 보아 '중국의 학자가 되는 길'을 나름 터득한 것으로 추정할 수 있다.

첸리췬은 베이징대학의 마지막 강의에서 수강생들에게 자신의 학술 연구의 두 가지 목적을 '부채 상환'과 '꿈의 실현'(圓夢)이라고 요약한 바 있다.

그는 세 가지 부채를 말한다. 가족에 대한 부채, 젊은이에 대한 부채 그리고 자신에 대한 부채(앞의 책, 15)가 그것이다. 첸리췬의 가족은 중국 근현대사의 복잡성을 반영하고 있기에, 그는 공산당을 연구할 때 무조건 공산당 입장에만 설 수 없었고, 국민당을 연구할 때에도 무조건 국민당 입장에만 설 수도 없었다.(앞의 책, 20) 그러므로 이념을 초월해 진정한 지식인의 정신사를 완성하는 과제는 자신의 가족사를 온전히 복원하는 과제와 중첩된 셈이다. 또한 그는 역사사회적인 책무의 일환으로 도저한 '사후래자'(思後來者)의 자세를 견지하고 있다. 특히 자신의 개인적인 경험과 맞물려 '마음속의 무덤에 묻어 둔 젊은이들에 대한 부채'를 한시도 잊지 않고 있다.(錢理群 1997b) 이는 첸리췬의 생애에서 문화대혁명이라는 무덤이고 톈안먼 사건이라는 무덤이다. 그리고 그것은 젊은이들에 대한 부채감이고 죄의식이다.(錢理群 2017c, 22) 마지막으로 자신에 대한 부채는 '고난과 굴욕의 기억으로 충만'한 자신의 삶에 대한 부채를 가리킨다. 그것은 '사회주의적 개조'와 같은 단순한 외재적 압력에 의해서만 만들어진 것이 아니라, '자기 내면의 동요, 굴복 내지 배신, 자아 인성의 왜곡, 추악함, 변태 등'(錢理群, 24)에 의해 구성되었다. 첸리췬은 이 문제를 지식인의 독립성과 주체성의 문제로 승화시키고 있다.

첸리췬이 언급하고 있는 부채는 단순한 상환으로 끝나는 것이 아니다. 그에게 부채는 역사적·개인적인 고통을 수반하고 있다. 그러기에 부채 상환은 속죄를 동반한다. 아울러 그는 험난한 역사 시기에 자신이 살아남았다는 사실을 요행이라 느낀다. 그러므로 그는 단순한 생존자가 아니라 '요행히 살아남은 사람', 즉 '행존자'(倖存者)를 자처한다. 행존자의 사회적 책무는 먼저 간 동료와 자신이 겪은 일을 기록하는 일이다. 그리고 그 과제는 자기 속죄를 겸하고 있다. 이런 과정을 이해해야만 첸리췬의 '자기 징벌'(錢理群 2017c, 327)과 '징벌적 글쓰기'를 이해할 수 있을 것이다. 하지만 그는 단순한 자기 징벌에 머무르지 않는다. 그에게는 '후래자'들이 있기 때문이다. 그러므로 자신과 동료들이 겪었던 고난을 정신 자원으로 전환하려는 노력을 포기하지 않는다. 그리고 그 노력은 최소 70권 이상의 저서와 매년 50만 자 이상의 글쓰기로 귀결되었다.

첸리췬 학술 연구의 최종 목적은 정신의 자유, 생명의 자유를 추구하는 것이다. 그것은 어려서부터 꾸었던 꿈을 실현하는 과정이기도 하다. 초등학교 시절 자유롭게 날아다니던 꿈, 1956년 난징사대 부속 고등학교를 졸업하기 이전까지 자유롭게 공부하고 놀고 마음껏 창작하면서 꾸었던 꿈을 다시 추구하는 과정인 것이다. 그러므로 그에게 독서와 학습 그리고 연구는 본질적으로 미지세계에 대한 자유로운 탐험을 통한 '발견'과 연결되어 있다.

2) 학자 겸 정신계 전사로서의 비판적 지식인

위에서 언급한 후반생의 1단계와 2단계, 즉 '체제 내 학자'와 '학자 겸 정신계 전사'가 순차적으로 나열될 수 있는가 하는 점에 대한 해명이 필요하다. 한 지식인이 거의 20년에 가까운 시간을 '체제 내 학자'로 살다가 어느 날 갑자기 '정신계 전사'로 돌변할 수 있을까? 첸리췬이 학문의 길에 들어선 것은 대학 졸업 후 18년에 걸친 하방 기간 동안 구이저우 안순에서의 실천을 통한 시행착오를 겪고 나서 내린 신중하고도 목적의식적인 결정이었다. 그는 이후 자신의 모든 삶을 학술에 투여하기로 했다. 이런 그이기에 읽고 쓰는 학술 활동에 큰 노력을 기울였을 것이다. 하지만 자신이 '체제 내 학자'로 명명한 약 20년의 베이징대학 재직 기간 동안 그저 단순하게 체제 순응적으로 살아온 것은 아니었다. 학생들의 커다란 호응을 얻은 명강의 교수에게 체제 비판적 성향이 없을 수 없다. 사실 1994년 한국에 교환교수로 파견 나온 것도 체제 비판으로 야기된 당국의 억압 예봉을 일시적으로 피하기 위함이었다고 한다.

첸리췬 세대의 학자들에게 문화대혁명은 대단히 중요한 배경이다. 그는 1960년 대학 졸업 후 하방되어 1978년 베이징대학 석사 과정에 입학하기까지 장장 18년 동안 구이저우에서 생활했다. 21세부터 39세까지 인생의 황금기를 중국 사회의 하층이자 변방에서 보낸 것이다. 그리고 그 기간에 문화대혁명이라는 사건이 온전히 포함되어 있다. 그는 중국 사회의 변방 하층에서 문화대혁명에 참여하고 체험했다.(錢理群, 45) 18년 동안 그는 사선을 넘나드는 천신만고의 과정을 수도 없이 겪었다. 그리고 마치 '현장을 떠나는 활동가'처럼 안순의 '민간 사상촌락'을 떠나 베이징대학으로 돌아온다. 그는 교육자로서 전사를 지향했지만, 자신이 '진정한 혁명가가 될 수 없는, 이상주의적 지식인에 지나지 않음'(錢理群 2017c, 79)을 깨닫고는 불혹을 바라보는 나이에 학자의 길을 선택한다.

뒤늦게 입학한 1980년대의 베이징대학은 뜻밖에도 첸리췬에게 특별한 보살핌으로 다가온 보상의 공간이었다. 문화대혁명 10년 동란 동안 멈춰 섰던 학술 연구의 시계가 바삐 돌아가기 시작한 시기가 바로 1980년대였다. 주광첸(朱光潛), 쭝바이화(宗白華), 우쭈샹(吳組緗), 펑유란(馮友蘭), 린겅(林庚), 그리고 왕야오 등 '5·4' 전통의 최후의 증인이자 계승자가 후속 세대를 양성하겠다는 일념에 자신을 잊고 학생들을 가르쳤고 학생들은 학문적 갈증에 목말라 미친 듯이 배움을 갈구했던 시기였다.(錢理群, 83) 특히 중국 셴다이(現代)문학을 전공한 첸리췬에게 왕야오는 학문과 인생의 특별한 스승이었다.

문화대혁명이 종결된 후 안순 민간 사상촌락이라는 현장으로부터 베이징대학이라는 강단 체제 내로 돌아온 첸리췬에게 현장의 실천과 전사라는 단어는 계속 그의 뇌리에서 떠나지 않았다. 비록 현장을 떠났지만 그는 그 현장을 잊지 않았다. 그리고 자신이 새롭게 선택한 학문의 길에서 새로운 전사 형상을 찾게 된다. 그것은 바로 스승 왕야오로부터 발견한 '학자 겸 정신계 전사로서의 지식인'이다. 물론 그 연원은 루쉰에게서 비롯된다. 첸리췬이 오랜 고민과 방황 끝에 찾아낸 '학자 겸 정신계 전사'로서의 지식인 모델은 한편으로는 건설적인 활동을 하면서 다른 한편으로는 비판적 기능을 수행한다. 좀 더 구체적으로 보면, 한편으로 학술의 계승과 창조, 민족문화 및 인류문명의 축적된 보편적인 가치 이상의 해석과 전파, 현실에서 제기된 문제에 근거해 창조적 전환을 진행하고 새롭게 탐토(探討)하며 새로운 가치 이념을 제출하는 것이다. 다른 한편으로 사상의 비판, 정신의 견지, 학술 연구에서 확립한 가치 이념과 이상으로 역사와 현실을 평하고 엄격하게 비판한다.(앞의 책, 102) 첸리췬은 전자를 학자의 활동으로, 후자를 정신계 전사의 기능으로 구분하고 후자의 비판적 기능을 더욱 부각했다.

비판적 기능이야말로 정신계 전사의 특수한 의미가 존재하는 이유다. 그의 비판은 전면적이고 철저하며, 가치 이상에 부합되지 않으면 모두 비판해야 하고 타협을 강구하지 않는다. 현실의 이익과 이해관계를 초월하고 초공리적이다. 이런 정신계 전사는 현실의 국가정치 및 정당정치와 각종 복잡한 관계를 야기하지만 엄격하게 거리를 유지하고 어떤 경우에도 국사(國士)나 막료가 되는 것을 거절해야 한다. 그들은 민간 정치에 대해 상당한 친화력을 가지고 있음에도 불구하고 결코 민간의 대변인이 되어서는 안 되고, 그에 대해서도 일정한 거리를 가져야 한다.(앞의 책, 102) 사실 비판과 창조적 건설의 기능을 겸비한 지식인 모델을 첸리췬이 처음 제시한 것은 아니다.[14] 첸리췬의 특수함은 그것을 '정신계 전사'로 명명하고 학자의 기능과 공존 가능성을 찾아낸 점에 있다. 양자는 베이징대학 교수인 첸리췬에게서 자기 나름의 내재적 통일을 이룬 것이다.

---

14 이는 새로운 이론을 건설할 때 이전 것을 '비판/파괴'하면서 새로운 것을 '창조/구성'하는 것과 관련이 있다. 마이클 하트는 질 들뢰즈의 비판적 절차를 "pars destruens, pars construens"(일면에서는 파괴, 일면에서는 구성)으로 요약한 바 있다. 마이클 하트, 『들뢰즈 사상의 진화』, 김상운·양창렬 옮김, 갈무리, 2004, 180쪽 참조.

이에 대해 '하편'에서도 다음과 같이 서술하고 있다. "학자가 종사하는 것은 학리적 탐구이고 역사적 고찰이지만, 정신계 전사의 활동은 현실적 사회 비판과 문화 비판 그리고 사상적 계몽이다. 전자는 후자에게 비판의 이론과 역사 자료를 제공하고, 후자는 전자의 사상적 성과를 현실적 비판 능력으로 전환해서 보다 많은 독자가 파악할 수 있게 해준다. 이는 어떤 면에서 학술의 보급 활동으로 볼 수 있다."(錢理群 2017c, 429) 이렇게 내재적 통일을 이룰 수 있는 근거는 학자와 정신계 전사가 '정신 현상, 특히 인간의 정신 문제'를 자신의 탐구 대상으로 삼기 때문이다. 물론 양자 사이에는 일정한 모순이 존재한다. 그 모순은 연구와 창작의 관계와 유사하고 이론과 실천의 관계와도 같다.

3) 지식인의 독립성과 주체성

지식인의 독립성과 주체성은 첸리췬이 자신의 사상 학술을 회고하고 성찰하며 반성하는 동시에 자신을 하나의 사례로 삼아 1980~90년대의 사상 학술에 대해 역사적 성찰을 진행(錢理群, 105)하면서 추출한 핵심 주제다. 그의 초기 학술 저서는 이 주제를 가지고 루쉰과 저우쭤런 그리고 차오위를 고찰한 것들이었다. 그는 지식인의 개조 과정을 자신의 첫 저서인『영혼의 탐색』에서 아래와 같이 개괄하고 있다.

1950~60년대에 성장한 우리 세대의 지식인은 앞 세대에서 전해 내려온 '지식인과 노동의 상호 결합'의 정확한 전통을 계승할 때 '지식인의 노동자화와 농민화'의 이론을 동시에 수용했다. 그러나 일반 노동자·농민과 동등함(등호를 그음)을 분투 목표로 삼으면 삼을수록 지식인과 노동자·농

민의 관계에 왜곡이 생겼다. 그들은 더는 상호 지지하고 상호 흡수 보충하는 평등한 사회변혁의 역량이 아니라, 인위적으로 개조하는 사람과 개조받는 사람으로 구분되었다. 지식인은 '환골탈태'하지 않으면 존재를 인준받지 못하는 이기(異己)적 역량이 되었다. 처음에는 지식인에게 확실히 존재하는 약점에 대한 과장이었고, '반성' 전통을 가진 중국 지식인은 이런 과장을 쉽게 수용하고 분분히 자각적으로 자신을 견책했다. 그다음에는 '프롤레타리아 계급을 흥성시키고 부르주아 계급을 멸망시키며 수정주의를 반대하자'라는 구호를 내세웠다. … 이 구호의 신성한 기치 아래 과학과 민주를 중심으로 하는 현대 의식을 모두 이 구호의 범위에 포함해 근본적으로 부정하고 철저하게 유린했던 것이다. 이리하여 중국 현대 지식인이 기대어 존재하는 기초인 역사의 전진 방향을 대표하는 현대 과학 문화와의 밀접한 연계는 근본적으로 부정되고 손상되었으며 마지막에는 '책을 읽으면 읽을수록 멍청해진다'라는 수준까지 발전해 지식 자체가 죄악이 되었다. 지식인은 이처럼 '한 걸음 한 걸음씩 부지불식간에 스스로 자신을 배신하고, 마침내 자신이 죄가 있다고 믿게 되었고 자신이 철두철미하게 근본적으로 개조를 거치지 않으면 존재의 가치를 잃게 될 것이라 믿게 되었다'.(錢理群 1988, 354~355)

첸리췬은 사회주의 시기에 제출된 '인민을 위해 복무'하고 '노동자·농민·병사를 위해 복무'하라는 구호와 '대중 속으로'라는 구호가 실제로 지식인을 개조하기 위한 것이었음을 뒤늦게 깨달았으며, 지식인들이 그 구호를 수용하고 '개조'된 과정을 온몸으로 체험했고 고통스럽게 기억하고 있다. '지식인과 노동자·농민의 상호 결합'은 분명 정확하고 중요한 과제였지만, 그것은 일방적으로 지식인이 노동자화·농민화되는 것이고 노동자·농민에게 인준받지 못하면 여전히 개조 대상에서 벗어날 수 없는 그런 일방적인 형국이 조성되었다. 그리고 '과학과 민주를 중심으로 하는 근현대 의식'을 부르주아 계급의 산물로 간주함으로써 그것을 근본적으로 부정하고 철저하게 유린했다. 여기에서 중요한 것은 지식인 자신도 부지불식간에 그런 현실을 수용하게끔 개조되었다는 사실이다. 첸리췬은 지식과 지식인에 대한 근본 부정, 즉 외재적인 강력한 부정으로부터 내재적인 자아 부정까지에 대해 마찬가지로 각골명심해야 함(錢理群 2017c, 111)을 강조하고 있다. 내재적인 자아 부정은 자기 노예화와 자아 유린으로 이어지게 마련인데, 이는 문화대혁명이 끝난 후 그에 대한 성찰을 통해 얻은 결론이다.

첸리췬은 여기에서 그치지 않는다. 그는 1980년대 이후 집단 속으로 소실된 개인을 회복하기 위한 흐름이 지식인들의 주류가 되었음을 간파하고는, 그것이 불가피함을 인정하면서도 개인과 집단의 사이에 놓인, 나아가 개인과 집단을 아우르는 사회에 관한 관심을 놓치고 있음을 날카롭게 지적한다. 특히 톈안먼 사건 이후 현실 사회문제를 회피하려는 경향(錢理群, 116)이 중국의 사상과 문화, 문학과 학술의 주류가 되었음을 예리하게 지적하고 있다. 아울러 이런 경향이 지식인의 독립성과 주체성의 또 다른 상실을 초래하고 있음을 분석하고 있다. 그는 먼저 1978년 시작된 개혁개방의 요점을 '경제발전 중심, 정치체제 개혁 뒷전'의 개혁 노선으로 요약한다. 이에 따라 정부의 지식인 정책도 마오쩌둥 시대와 달리 근본적인 변화가 일어난다. 지식인을 개조 대상에서 협력 대상으로 설정하고, 정치 엘리트로 양성하는 점이 그것이다.

이로 인해 지식인들은 경제개혁에 따라 정치도 개혁될 것으로 착각하는 동시에, 자본의 시초 축적 시기에는 '눈물의 계곡'을 거쳐야 한다면서 공산당의 독단을 용인하게 되는데, 이는 바로 예속화 또는 관료화를 유발하고, 지식인 독립성과 주체성의 상실로 귀결되었다.(앞의 책, 119) 이제 체제에 부응하는 지식인은 엘리트 집단에 들어갈 수 있지만, 체제 비판적인 지식인은 여전히 탄압 대상이다. 체제에 대한 순응과 비판이라는 지식인의 분화는 1990년대에 출현한 새로운 문제다.

4) 새로운 계몽주의와 이상주의

20세기 중국에서 계몽주의는 두 차례 고조된 적이 있었다. 한 번은 5·4 신문화운동 당시이고, 또 한 번은 1980년대이다. 그리고 1980년대의 구호는 '5·4로 돌아가자'였다. 전자는 첸리췬의 주요 연구 대상이고, 후자는 첸리췬의 주요 활동 시기였던 만큼, 그는 계몽주의에 대해 깊은 이해를 하고 있었다. 계몽주의를 신봉하던 그는 톈안먼 사건 후 계몽주의에 대한 두 가지 반성을 내놓는다. 계몽주의에 어떤 위험 또는 함정이 도사리고 있는가 하는 문제와 계몽주의는 도대체 얼마나 큰 작용을 하는가의 문제였다.(앞의 책, 157) 첸리췬은 투르게네프의 소설 「루진」의 주인공 루진과 카탈리아 그리고 세르반테스의 동명 소설의 주인공 돈키호테의 예를 통해 계몽이 독재로 바뀔 수 있는 위험, 즉 '계몽의 전횡'(앞의 책, 160)을 경고한다. 그리고 그런 현상을 '돈키호테식 전제(專制)', '전제주의적 낭만주의자', '독재 정치의 돈키호테'(앞의 책, 161)라 명명하면서 이를 계몽주의의 위험 또는 함정이라 경계한다. 계몽주의를 연구하고 계몽주의자로 살아온 첸리췬에게 계몽주의의 함정은 커다란 충격이 아닐 수 없다. 하지만 계몽주의가 위험하다고 해서 그것을 던져 버릴 수도 없는 일이다. 중국은 아직도 계몽주의가 필요한 사회이기 때문이다. 그러므로 첸리췬에게 '계몽은 매력과 살상력을 가진 양날의 검'(錢理群 2017c, 165)이다.

살상력을 의식하면서 그 매력을 놓치지 않는 것이 해결책이지만, 지식인은 많은 책을 읽고 사유하고 말하고 쓰는 존재이기 때문에 계몽(啓蒙, enlightenment), 즉 누군가의 몽매함을 밝혀 주는 매력의 유혹에서 벗어나기 어렵다. 그리고 그 유혹은 자신과 대상에 대한 살상의 칼날을 내장하고 있다. 그러기에 계몽에 대해 우리는 '문제를 제기하면서도 견지하고, 견지하면서도 문제 제기'(錢理群, 174)해야 한다. 자타가 공인하는 계몽주의자인 그는 수시로 성찰의 질문을 던진다. 특히 베이징대학 명강의 교수로 이름을 떨친 그는 학생들에게 자신의 강의를 열심히 듣되 거기에 매몰되지 말 것을 당부한다. 계몽주의의 유용성과 함정을 파악하고 있는 그는 이제 이중적 회의를 강조한다. 우선은 계몽주의에 대한 회의이고, 그다음은 계몽주의 회의에 대한 회의다. 첸리췬이 수시로 참조하고 끌어다 확인 근거로 삼고 있는 루쉰 또한 계몽주의에 대해 수많은 문제를 제기하면서도 계몽주의를 견지했다는 사실의 발견은 첸리췬에게 커다란 힘이다.

계몽주의에 이어 첸리췬은 이상주의에 대해서도 성찰을 시도한다. 사회주의 중국 30년의 시기는 어떤 면에서 이상을 향해 매진하던 시기였다. 이에 대해 첸리췬은 「세기 교차기 중국 대륙 지식인의 역사에 대한 성찰과 현실적 곤경」(1995)이라는 글에서 다음과 같은 다섯 가지 사항에 대해 성찰해야 함을 제시한다. 지상에 '천당'을 건설하고 지선지미(至善至美)의 '대동'(大同)세계와 이상사회를 실현하려 한 것에 대한 성찰, 지선지미하고 순수한 인성의 추구와 '인간 개조'에 대한 성찰, 지선지미하고 절대 진리의 사상을 추구하고 마르크스주의를 절대화·종교화한 것에 대한 성찰, '인민' 숭배, 인민과 지식인 관계에 대한 성찰, 투쟁(모순, 반항, 운동)을 절대화·신성화한 '투쟁 철학'에 대한 성찰(앞의 책, 191~200), 이상의 다섯 가지는 마오쩌둥의 사회주의 시기에 실현할 수 있을 것으로 착각했던 이상이었지만, 이제는 거짓임이 드러난 이상주의이므로, 성찰의 대상이다.

이상주의에 대한 첸리췬의 태도는 명확하다. 성찰해야 할 것은 성찰해야 하지만, 이상주의 자체를 포기할 수는 없다는 것이다. 그러므로 위의 다섯 가지 성찰에 대해 '재성찰'(앞의 책, 204)을 요구한다. 그는 이상주의에 대해서도 계몽주의에 대해서와 마찬가지로, '이상주의를 견지하면서도 이상주의에 문제 제기'(앞의 책, 206)하는 태도를 보여야 함을 주장한다. 거짓 이상주의와 결별하고, 자발적이며 우리의 내재 생명이 요구하는, 독립 자주적으로 선택하는 진정한 신앙이자 신념으로서의 이상을 견지할 것을 주장한다. 그리고 그 이상이 '광신'이 되지 않게끔 '명백한 이성' 정신이 관통해야 한다. 아울러 '자아 회의' 정신과 '강인함', 그리고 '사상과 신앙의 자유' 정신이 뒷받침되어야 한다.(앞의 책, 206)

계몽주의와 이상주의에 대해 그것을 견지하면서도 그것에 문제를 제기하는 태도, 이것이 새로운 계몽주의이고 새로운 이상주의다. 그것은 바로 루쉰의 '절망에 반항'하는 정신을 계승하는 것이기도 하다.

5) '절망에 반항'하는 '역사적 중간물'

첸리췬은 자신을 혁명세대와 개방세대 사이에 낀 '역사적 중간물'로 인식한다. '역사적 중간물'은 왕후이(汪暉)에게서 빌려 온 용어지만, 루쉰을 연구하는 과정에서 첸리췬은 '역사적 중간물'에 대해 독특한 해석을 제시한다. 사실 '중간물'은 단일하지 않은 정체성(identity)을 가리킨다. 정체성 이론의 합리적 핵심은 단일한 정체성은 없다는 것이다. 모든 정체성은 혼합(hybrid)되어 있다. 앞 세대와 뒷세대 사이, 전통과 현대 사이, 좌와 우 사이에 놓이면서 양자의 어떤 부분을 자신의 몸에 아우르는 것이 중간물의 특색이라 할 수 있다. 첸리췬은 기질적으로 중간물의 특색이 두드러진다. 그는 개혁개방 이후 줄곧 좌파와 신파 사이에 끼어 있다. "극좌파는 혁명 정통을 옹호하는 입장에서 내 글이 좌파 경전과 행동 규칙을 위반했다고 지적"(錢理群 2017c, 24)하고, "신파들은 나의 사상 해방이 불철저하여 여전히 혁명의식이라는 전통적인 속박에서 벗어나지 못했다고 비판했다"(錢理群, 25). 좌파가 보기에 그는 신파(의 요소를 가지고 있)고, 신파가 보기에 그는 좌파(의 요소를 가지고 있)다. 사실 그의 내면에서는 '아직 개조되지 않은 옛날 자아'와 '이미 개조 과정을 거친 새로운 자아'가 개인 자유와 민주 의식이라는 측면에서 혁명의식과 충돌을 일으키면서 가치 판단상의 혼란을 일으켰다(앞의 책, 24). 그의 자아 또한 중간물인 셈이다.

첸리췬의 중간물 의식의 귀중한 점은 루쉰을 연구하면서 그로부터 새로운 비약을 이뤄 낸 것이다.

자아 반성 과정에서 나는 루쉰의 '역사적 중간물'이라는 명제를 완전히 새롭게 인식하고 발견하게 되었다. 루쉰에게 있어서 '중간물'이란 대전환 시기에 역사 개체로서 '존재'하면서도 두 사회에 모두 '속하지 못한' 역사 지위에 대한 확인이었을 뿐만 아니라 세계 본질에 대한 그 자신의 확실한 인식이었다. … 그는 세계의 본체란 무한히 발전하는 사슬과 중간 고리의 대립·통일 과정이라고 인식했다. 세계란 무한히 진화하고 발전하며 이러한 무한성은 유한한 중간물로 구성된다는 것이었다. 이처럼 루쉰은 근본적인 면에서 중간물과 유한성이 만사와 만물의 존재 방식임을 인정했다. … 그는 원만하지 않고 결함이 있는 것만이 역사·사회·인생·인성·예술의 정상적인 존재 형태이며 만물의 객관적인 발전법칙이라는 사실을 확실하게 인정했다. 동시에 루쉰은 '완벽'을 거절하면서 '아무런 폐단이 없는 개혁'과 아무런 편향이 없는 선택을 결단코 부정했다. 그는 대신 어떤 것이든 모두 폐단이 있고 편향 속에서 발전한다는 사실을 확인했다. 루쉰은 또 영구함과 영원함을 물리치면서 역사적·사회적 생명의 응고와 불후를 부정하고, 만사와 만물의 과도성을 확인했다.(앞의 책, 366)

"대전환 시기에 역사 개체로서 '존재'하면서도 두 사회에 모두 '속하지 못한' 역사 지위"를 가진 '중간물'에 대해서는 일찌감치 취추바이(瞿秋白)가 '불효자'[逆子], '두 임금을 섬기는 신하'[貳臣], '잘못을 솔직하게 충고해 주는 친구'[諍友][15]라고 적절하게 지적한 바 있다. 이는 전환기 비판적 지식인의 존재 양식이라 할 수 있다. 첸리췬은 한 걸음 더

---

15 瞿秋白, 「序言」, 『魯迅雜感選集』, 上海:青光書局, 1933 참고. "是封建宗法社會的逆子, 是紳士階級的貳臣, 而同時也是一些浪漫諦克的革命家的諍友!"

나아가, 세계 본질에 대한 루쉰의 인식을 읽어 낸다. '무한히 진화하고 발전하는 세계 내적 존재로서의 유한한 중간물'이라는 요약이 그것이다. 유한한 중간물은 완벽할 수 없고 폐단이 없을 수 없다. 그러므로 모든 개혁과 진보는 편향을 가질 수밖에 없고 그렇기에 단계적이고 과도적이다. 루쉰의 텍스트로부터 유한하고 과도적인 중간물로서의 세계 본체를 읽어 낸 것은 첸리췬의 공로다. 그러므로 루쉰은 "정신적인 모든 도피처와 퇴로를 두절시키고 다른 사람들과 자신에게 유일한 선택을 하도록 했다. 그것은 바로 현실과 인생의 불완전·불화·결함·편향·폐단과 일시성·소멸성을 직시하고, 이러한 직시와 직면으로부터 이 한 줄기 생명의 길을 뚫고 나가야 한다는 것이다. 이것이 루쉰식의 '절망에 반항하는' 철학이다"(錢理群 2017c, 366). 첸리췬 또한 고통스러운 반성을 통해 그것을 자신의 철학으로 내면화했다.

4. 민간 이단 사상의 역사와 '1957년학'

첸리췬이 관심을 가져 온 민간 이단 사상은 크게 학원운동과 민간 사상으로 나눌 수 있다. 전자에는 1956~1958년 중국 학원에서의 사회주의 민주운동, 1960년대 초반 중국 학원의 지하 신사조, 1998년 전후의 베이징대학 개교 100주년 민간 기념 등이 있고, 후자로는 문화대혁명 후기의 민간 사조, 1989년 톈안먼 민주운동, 1998년 '베이징의 봄', 21세기의 권리방어운동과 온라인 감독 그리고 비정부조직 등 3대 민간운동의 흥기 등을 들 수 있다. 첸리췬은 민간 이단 사상에 초점을 맞취 기존의 공산당 일변도의 역사 해석에 균열을 내고, 마오쩌둥 체제와는 다른 것으로 인식되었던 덩샤오핑 체제를 마오쩌둥 체제의 축소된 연속체로 파악함으로써 인민공화국 60여 년 역사의 흐름을 일목요연하게 보여 주었다. 여기에서는 인하대학교 한국학연구소 특강 원고인 「두 개의 중국, 두 개의 사회주의, 그 이론과 실천 및 역사적 경험이 주는 교훈」(첸리췬 2012c)을 중심으로 논술하고자 한다. 참고로 이 글은 중국에서는 발표되지 않았다.

첸리췬은 중국의 사회주의 경험을 두 가지로 나눈다. 공산당이 주도한 사회주의 국가의 이론과 실천이 우리가 잘 알고 있는 경험이라면, 다른 하나는 '민간 사회주의 사조와 운동의 존재'다. 그에 따르면, 중국 민간 사회주의 사조와 운동은 다음과 같은 다섯 가지 특징을 가지고 있다. 첫째, 이단성. 둘째, 일관된 비합법성. 셋째, 참여자 모두가 생명까지 버릴 정도의 막대한 대가를 치른 점. 넷째, 민간의 이단 사상가들 대부분이 마오쩌둥 및 그의 사상과 복잡한 관계에 놓여 있었던 점. 다섯째, 공산당과 국가는 '망각을 강요'하는 사상, 문화, 교육 정책을 펼쳐 왔기 때문에, 지금까지도 중국 대륙에서는 민간 사회주의 사상과 운동의 역사를 말하거나 연구하거나 토론하는 것이 금지된 점.(첸리췬, 139~140) 첸리췬에 따르면, 1956년 '백가쟁명, 백화제방' 운동이 벌어졌을 때부터 '민간 사회주의운동'이 등장했는데, 이는 기존 공산당과 노선을 달리했고 그로 인해 공산당 치하에서는 합법적일 수 없었으므로 운동에 참여한 사람들은 모두가 막대한 대가를 치렀다는 것이다. 하지만 중국 대륙에서는 이에 대해 연구와 토론이 금지되어 있어 지금껏 제대로 알려지지 않았다.

첸리췬은 중국 사회주의의 역사를 다섯 시기 ──명방(鳴放)운동과 반(反)우파투쟁 시기, 대약진운동과 인민공사운동 시기, 문화대혁명 시기, 개혁개방 1단계, 개혁개방 2단계 ──로 나누어 두 가지 노선을 대조했다. 이는 주로 공산당이 주도한 인민공화국의 주요 사건을 서술하고 그 시기의 민간 사상을 대조하는 방식이다. 여기에서는 주로 민간 사상에 초점을 맞춰 그 흐름을 서술하고자 한다.

첫번째 시기(1956~1957)의 주요 사건은 명방운동과 반우파투쟁인데, 둘 다 마오쩌둥이 주도했다. 학술과 문화예술 분야에서 마음껏 주장하고 표현하자는 명방운동은 사실 상부의 마지노선이 있었고 공산당은 그 선을 넘은 사람들을 우경으로 몰아 1957년 반우파투쟁을 전개했다. 이 시기의 주요한 민간 사상은 린시링(林希翎)이 베이징대학에서 열린 공개 강연에서 제기한 '진정한 사회주의는 오고, 봉건적 사회주의는 가라'라는 구호에 담겨 있다. 그녀가 주장한 진정한 사회주의는 첫째는 '사회주의적 민주', 둘째는 '사회주의적 공유제', 셋째는 '인도주의적 사회주의', 즉 새로운 사상 해방을 요구하고, 당의 신화화 및 마르크스주의의 종교화에 반대한 것이었다.(첸리췬 2012c, 142~143) 그러나 린시링의 '진정한 사회주의'는 상식적인 수준에서 공감이 가는 사회주의였음에도 불구하고, 마오쩌둥은 이 주장을 모두 '반당, 반사회주의, 반마르크스주의'적이라고 보았고 자신이 견지하고자 하는 프롤레타리아 계급 독재에 대한 공공연한 도전으로 간주하고는 공산당 내의 관료와 연합하여 민간 사회주의 사조와 운동을 우파로 지목하고 탄압했다. 그 결과로 구축된 것이 이른바 '1957년 체제'다. 1957년 체제는 권력의 독점과 공산당의 일원적 영도 체제의 수립, 제1서기의 독재 시행, 전면적이고 절대적인 이데올로기 독재의 시행을 특징으로 한다.(첸리췬, 143~144) 1957년 체제는 첸리췬의 독특한 명명이다. 첸리췬은 마오쩌둥 통치 시대를 1957년 체제로, 덩샤오핑 시대를 6·4 체제라고 명명했는데, 이는 흔히들 상반된 시기로 이해하는 두 시기의 내재적 연관성을 '일당독재체제'라고 밝힌 것이다.

두번째 시기(1958~1962)는 대약진운동과 인민공사운동을 표지로 하는 '공상적 사회주의의 실험' 시기다. 마오쩌둥이 발동한 인민공사운동은 소농형 원시적 사회주의 이상 실현, 농업 사회주의 이상의 체현, 정치와 사회의 결합이라는 세 가지 이상을 지향하고 있었다. 그러나 그 이상은 현실에서 유리되었다. 구준(顧準)은 이에 대해 "극도의 야만적인 방식으로 '사회주의적 로베스피에르주의'를 시행함으로써, 사회주의의 원시적 축적 시기의 역사적 임무를 완수했다"(앞의 글, 147)고 평가했고, 린자오(林昭)는 장춘위안(張春元)을 우두머리로 하는 란저우(蘭州)대학 학생들과 함께 지하 간행물『불꽃』(星火)을 창간했다. 이들은 중국의 현행 사회주의 체제는 사실상 '정치적 과두가 독점하는 국가사회주의'이고, '신흥 관료 통치계층'이 이미 형성되었다고 판단했다. 그들은 다시금 '진정한 사회주의'와 '민주적 사회주의'를 요구하는 기치를 올렸지만 잔혹한 탄압을 받았고, 린자오와 장춘위안을 비롯하여 그들을 지지한 공산당 현 위원회 서기 두잉화(杜暎華)까지 모두 총살되었다.(앞의 글, 147~148)

세번째 시기(1966~1976)는 문화대혁명 시기다. 첸리췬은 마오쩌둥이 문화대혁명을 일으킨 목적을 다섯 가지로 요약했다. 첫째, '1957년 체제'가 각급 당 조직과 일반 민중 사이에 긴장 관계를 유발하고 수많은 사회적 모순을 발생시키는 것을 보면서, '자본주의의 길을 걷는 당권파'와 '부르주아 계급의 반동적 학술 권위'를 문화대혁명의 대상으로 확정한다. 둘째, 마오쩌둥은 중국 전체를 하나의 '대학교'로 운영해 대약진 시기의 공상적 사회주의의 실험을 지속하고자 했다. 셋째, 문화대혁명 초기에 마오쩌둥은 '파리 코뮌'을 모방해 '베이징 코뮌(公社)' 건립을 제기했다. '파리 코뮌의 원칙에 따라 인민 민주의 권리를 충분히 실현'하고자 한 것이다. 이는 국가 체제에 대한 근본적인 개혁을 시도한 것이다. 넷째, 그러나 그 이면에는 프롤레타리아 계급의 독재 강화와 전면 독재가 놓여 있었다. 다섯째, 마오쩌둥의 최종 목적은 끊임없는 혁명을 통해 중국공산당과 국가의 영원한 혁명성을 유지하고, 중국을 세계 혁명의 중심이 되게 하며, 마오쩌둥 사상으로 세계를 개조하는 것이었다.(첸리췬 2012c, 148~149) 문화대혁명 시작부터 존재했던 민간 사상은 문화대혁명 후기, 특히 1971년 린뱌오(林彪)가 축출된 이후 더욱 자각적이고 절실해지는 모습을 보였다. 그런데 다른 한편으로는 느슨하고 자발적인 민간의 토론을 통해, 하향(下鄉) 지식 청년과 청년 노동자들을 주체로 하는 '민간 사상 촌락'을 형성하기도 했다. 민간 사상의 두 가지 경로는 서유럽의 헌정 민주와 사회민주주의였다.(첸리췬, 151) 첸리췬은 "1990년대의 지식인 가운데 양대 파벌인 자유주의와 신좌파는 사실 그 속에 이미 배태되어 있었다"(앞의 글, 151)라는 평가를 덧붙임으로써, 1990년대의 자유주의와 신좌파가 이미 1970년대 민간 사상 속에 배태되어 있음을 강조하고 있다. 문화대혁명 후기 민간 사상의 구체적인 성과는 주로 세 가지다. 첫째, 중국의 현행 사회주의 체제에 대한 정치경제학적 비판으로, 천얼진(陳爾晋)의 「프롤레타리아 계급 민주혁명을 논함」(論無産階級民主革命)이 대표적이다. 둘째, 사회주의적 민주 및 법제와 관련된, 사상 계몽의 호소와 사고(思考)로, 리이저(李一哲)와 루수닝(盧叔寧)이 대표 논자다. 셋째, 사회의 생산력을 발전시키는 것과 관련하여, 농촌 체제 개혁의 호소와 사고로, 장무성(張木生)과 천이쯔(陳一諮)를 대표로 하는 체제 내 개혁파의 주장을 참고할 수 있다.(앞의 글, 151~152)

네번째 시기는 개혁개방 1단계(1978~1989)다. 개혁개방 이후 공산당의 개혁노선과 민간 사상의 개혁노선은 판이한 양상을 보인다. 덩샤오핑의 개혁노선이 당내 기득권 세력과 투쟁을 벌이며 4항 기본 원칙의 견지를 내세워 '부국강병을 목적으로 한 단일한 경제개혁노선'을 선택했지만, 문화대혁명을 경험한 수많은 민간 사상가가 대학으로 모여들면서 대학 민주운동이 시작되었다. 그들은 전반적 근현대화와 인민의 권리 쟁취를 요구했다. 1978년 9월 '시단(西單) 민주벽'은 그들의 대중운동의 장이었다. 톈안먼 사건 전까지 민간 사상가들은 덩샤오핑의 개혁파에 대해 어느 정도 기대를 하며 지지했었다. 하지만 덩샤오핑이 선택한 것은 부국강병을 목적으로 한 경제개혁 노선이었다. 이는 민간의 민주운동에서 요구한 전면적인 개혁에 대한 거부였다.(앞의 글, 154) 결국 양자의 갈등은 1989년 '톈안먼 민주화운동'으로 폭발되었다. 이는 사회 각 계층과 공산당 내외의 인물들이 광범위하게 참여한 민간 사회운동이었고, 규모와 영향력의 측면에서 인민공화국의 역사상 유례가 없는 것이었다. 이 운동에서 제기된 요구는 반(反)부패와 언론·출판·집회·시위 및 결사의 자유에 대한 요구였다.(앞의 글, 155)

다섯번째 시기는 개혁개방 2단계(1990년 이후)다. 톈안먼 민주운동을 무력으로 진압하고 들어선 것이 이른바 '6·4 체제'다. 톈안먼 민주운동 진압 후 민간 사회운동은 10년 동안 침묵했다. 이는 5·18 광주민중항쟁이 진압되고 몇 년간 운동의 저조기를 겪었던 한국 상황과 유사하다. 민간의 저항과 견제가 사라진 상황에서, 공산당 지도부는 '권위적 정치와 시장 경제의 결합'이라는 노선을 추구하면서 권력의 자본으로의 전환을 대규모로 실행했다. 그리하여 중국의 사회구조에는 양극화라는 근본적인 변화가 발생했다. 정실자본(crony capital) 계층과 실직 노동자 집단·토지를 상실한 농민 집단과 농민공 계층의 형성이 그 두드러진 표다.(첸리췬 2012c, 156) 2001년 '세 개 대표'[三個代表] 사상을 통해 공산당은 정치 엘리트와 자본 엘리트와 관리 엘리트 및 기술 엘리트 등 상층 계급의 이익을 주로 보호하는 엘리트 당으로 변질되었다. 이에 대해 어떤 이는 오늘날의 중국 사회를 사실상 가장 나쁜 '사회주의'(즉 '사회주의적 독재')와 가장 나쁜 '자본주의'의 악질적 결합이라고 한다.(첸리췬, 157) 21세기 들어 주로 실직 노동자, 토지를 잃은 농민, 농민공, 도시 빈민 등 피해자들이 중심이 된 권리수호운동이 민간운동의 주를 이루고, 현실에 불만인 청년 네티즌을 중심으로 한 네트워크 민주운동, 그리고 이상주의를 견지하는 청년과 지식인을 중심으로 한 민간의 공익조직운동의 등장이 이 시기 민간운동의 특징이다.(앞의 글, 157)

첸리췬의 역사 서술에 따르면, 중국 사회주의는 공산당보다는 민간 사상에 진정성이 있는 것으로 보인다. 민간 사상가들도 자신들이 추구하는 사회주의를 진정한 사회주의 등으로 명명했고 그들은 기존 체제에 지속해서 문제를 제기했다. 그들은 마치 '황금시대의 이단자가 될 것'이라는 루쉰의 예언을 실천한 듯하다.

체리췬은 민간 이단 사상의 기원을 1957년으로 설정하고, 그것을 '1957년학'이라 명명한다. 체리췬은 베이징대학 100주년 기념행사가 끝나고 "1957년에 관한 역사가 베이징대학 역사 서술과 기억에서 소실되어 있다는 것을 발견"(체리췬 2012a, 23)한 후, 『우파언론 모음집』을 검토하면서, 1917년 시작한 5·4 신문화운동, 1957년에 발생한 '사회주의 사상의식 개조운동', 1978년 시작한 사상해방운동, "이 세 가지 운동이 언어에서 사상까지 아주 유사하다는 것을 발견"(체리췬, 25)하고는 놀라움을 금치 못한다. 세 가지 운동의 유사한 핵심은 '독립, 자유, 비판, 창조' 그리고 '이상주의와 낭만주의 정신'(앞의 책, 26)이었다.

이어서 그는 『우파언론 모음집』에 실린 글과 『덩샤오핑 문선』 중 「당과 국가 영도제도의 개혁」이라는 글을 대조한다. 양자가 역사 경험의 총결에서는 차이가 있음에도 불구하고, 제도 개혁, 권력 집중 반대, 특권 반대, 사회주의 민주의 확대와 사회주의 법제의 강화 등의 인식에서 거의 일치하거나 유사하다는 점을 발견하게 된다. 하지만 『우파언론 모음집』의 "기본 관점은 1957년에 '반당·반사회주의' 언론으로 치부되어, 모든 저자가 엄중한 처벌을 받았다"(앞의 책, 30)는 사실은 체리췬과 우리를 당혹하게 하기에 충분하다. 더 어이가 없는 것은 『우파언론 모음집』의 모든 저자가 처벌받았음에도 불구하고 그 기본 관점은 "중국 개혁의 지도 사상이 되었고, '민주'와 '법제'와 같은 이런 개념들은 사람들의 입버릇이 되어 버렸다"(앞의 책, 30)는 점이다. 그들은 루쉰의 단편소설 「약」(藥)의 잠재적 주인공 샤위(夏瑜)처럼 "그들의 사상이 앞서 나간 것에 대해 혹독한 피의 대가"(앞의 책, 31)를 치렀음에도 불구하고, 꽃다발은커녕 비극적 영웅으로 기억되지 못한 채 역사와 기억 속에서 사라져 버렸다.

1957년 광장의 사유와 외침은 5·4 신문화운동을 계승한 동시에 1980년대 중국 사상해방운동의 서곡이 되었다. 거슬러 올라가면, '6·4 톈안먼운동', 1978~1980년의 '베이징의 봄', 1976년 '4·5 톈안먼 시초(詩抄)운동', 1974년 '광저우 민주벽', '문화대혁명 이단 사조' 등의 시원에 1957년 '5·19 민주운동'이 놓여 있는 셈이다. 그러므로 첸리췬은 그 중요성을 부각하기 위해 '1957년학'이라는 명칭을 부여한다. 1957년에 진행된 사유는 "중국 개혁 사상의 주춧돌이었으며, 또 중국 민간의 젊은 선각자들이 비합법적인 형식으로 자신의 생명과 선혈을 바쳐 만든 것이었다"(첸리췬 2012a, 32). 1957년 사유의 핵심은 '무조건적인 절대 복종'에 대한 강력한 비판이었다. 인민공화국 초기 공산당과 그 지도자의 영도 아래 얻은 '휘황찬란한 성과'와 '중국의 거대한 변화'는 사람들을 도취시켰고 도취는 미신으로 변질되었으며, 그리고 당, 국가, 지도자에 대한 숭배와 종교적 신앙이 형성되어 각종 신화가 만들어졌다. 나아가 신화는 상부의 모든 지시를 무조건 따르는 문화심리구조를 형성했다.(첸리췬, 34~35) '맹종'은 인민뿐만 아니라 지식인들까지도 도구화시키고 노예로 만들어 새로운 국민성의 약점이 되었고, 당시 학생운동 지도자는 "그들의 불행을 슬퍼하면서도 그들이 싸우지 않음에 분노한다"(哀其不幸, 怒其不爭)라는 루쉰을 본받아 1957년 중국에서 다시 "영혼을 구하자"라는 외침을 부르짖었다.(앞의 책, 37)

이들은 무엇보다 정신적 자유와 독립적 사유에 대한 권리를 쟁취하고자 했다. 그리고 자신들의 주장에 설득력을 강화하기 위해 마르크스주의 저작들을 학습하고 인용하기도 했다. 첸리췬은 이들의 노력을 "5·4를 이은 또 한 차례의 '신문화운동'(앞의 책, 38)이라 평하면서, 그들이 "권력이 과도하게 집중된 사회주의 국가에서 사상 자유와 정신 해방을 쟁취했고, 새로운 국민성 개조를 진행"(앞의 책, 38)했음을 인정하고 있다. "1957년의 이 비장한 노력은 모든 참가자가 일망타진됨으로 실패로 끝났지만 그들의 사상과 정신은 오히려 80년대 이래 사상해방운동과 개혁운동 속에서 확대되었다고 할 수 있다."(앞의 책, 38)

5. 비판적 관찰기록자의 과제

첸리췬은 2014년 말 학술계와 교육계 그리고 청년지원자운동에서 물러날 것을 선언하면서 자신의 학술 인생이 3단계에 접어들었다고 했다. 이듬해 양로원으로 거처를 옮겨 '역사와 현실의 관찰자이자 기록자 그리고 비판자'가 되기로 마음먹고 사마천으로 대표되는 중국 지식인의 '사관'(史官) 전통을 자각적으로 계승해, 현실과 거리를 두는, 더욱 근본적인 사고를 함으로써 아울러 근현대 중국 역사에 대해 해석력과 비판력을 가진 이론의 창건을 추구하고 있다. 특히 그는 1957년부터 시작된 민간 이단 사상의 역사를 복원하는 작업에 열정을 쏟고 있다. '망각을 거부'(拒絶遺忘)하고 '꺼지지 않는 횃불'(爝火不息)을 들고 '끝나지 않은 길'(未竟之路)을 걸어가는 그는 1957년 5·19운동의 역사와 문화대혁명 시기 억압당한 민간 사상 그리고 1980년대 공산당에게 다시 한번 기만당한 민간 사상의 역사를 소환하고 있다. 표제는 '연구 노트'(研究筆記)라고 겸손하게 명명했지만 그 내용은 장기간에 걸쳐 수집한 방대한 자료를 섭렵하고 있다. 특히 공산당과 정부의 입장이 아니라 민간 입장에서 민간의 사상과 운동을 다뤘다는 점에서 그 의미가 막대하다. 이제 중국 근현대사, 특히 인민공화국의 역사는 첸리췬의 민간 사상 3부작으로 인해 새롭게 쓰이게 될 것이다.

불혹의 나이를 바라보며 공부를 시작한 이후 40년 동안 온갖 유혹을 물리치고 학술 연구에 모든 것을 바친 노학자의 삶과 글을 존중하는 것을 전제로, 아쉬운 점 몇 가지를 지적하고자 한다.

첫째, 『1977~2005: 절지수망』의 '상편: 나의 회고와 성찰' 부분은 베이징대학의 정신 전통을 환기하는 것으로 마무리하고 있다. 상편은 베이징대학 교수가 퇴임을 앞두고 베이징대학 학생들을 대상으로 진행한 '고별 강연'의 강의록인 만큼, 강의자와 수강자의 공감대인 베이징대학에 초점을 맞추고 그 정신 전통에 대해 언급한 것은 당연한 일일 것이다. 하지만 우리는 다음과 같은 질문을 던질 수 있다. 베이징대학의 정신 전통이란 무엇일까? 그 실체는 과연 존재하는 것일까? 범박하게 말해 그것은 인류 문명의 발전에 공헌하는 그런 것이 아닐까? 베이징대학의 정신 전통을 강조한다는 것은 베이징대학 외에는 그런 전통이 없다는 것을 전제하는 것일까? 이를테면, 첸리췬이 말하는 베이징대학의 세 차례의 찬란한 지점 ──5·4운동 시기, 1957년 5·19 민주운동, 1980년대 사상해방운동(錢理群 2017c, 285) ──은 비단 베이징대학만의 찬란함이 아닐 것이고, '독립, 자유, 비판, 창조' 정신(錢理群, 302) 또한 베이징대학만의 전유물은 아닐 것이다. 이와 같은 베이징대학의 정신 전통 운운은 자칫 특권의식으로 귀결되기 쉽다. 한국만큼은 아니겠지만, 중국에서도 학벌은 중요한 작용을 하는 것으로 보인다. 상하이만 해도 푸단(復旦)대학 출신들이 곳곳에 자리 잡고 은밀하거나 공공연하게 카르텔을 형성하고 있으며, 화둥(華東)사대 출신들이 그에 대한 대항마로 또 다른 커넥션을 형성하고 있는 것으로 보아, 베이징대학 네트워크의 현실적 위력은 무시할 수 없을 것으로 보인다. 이런 현실을 감안할 때 베이징대학의 정신 전통은 첸리췬의 의도와는 무관하게 특권 강화의 근거로 작용할 가능성이 크다. 특권은 바로 학벌에서 비롯되기 때문이다. 그러므로 베이징대학의 전통을 강조하기 위해서는 학벌로 귀결되기 쉬운 정신 전통을 강조하기보다는 학술적 결과물로 인정할 수 있는 학술 전통, 즉 학풍의 형성이 더욱 중요할 것으로 보인다. 학풍으로 나아가지 않은 대학의 정신 전통은 학벌로 귀결되기 마련이다. 사족 한마디 덧붙이면, 첸리췬은 끊임없이 주변을 강조하고 있지만, 정작 자신의 후반기 삶의 터전이었던 베이징대학이 중국의 '중심의 중심'이었다는 사실을 간과하고 있었던 것으로 보인다. 과연 안순 민간 사상촌락의 한 구성원으로 살아가면서 발언했다면, 매년 50만 자 이상, 최소 70권 이상의 학술 성과를 낼 수 있었겠냐는 질문도 조심스럽게 남겨 본다.

둘째, 첸리췬의 학술 역정은 루쉰을 연구하기 위해 시작되었고 그 과정에서 자신을 발견하고 자신을 루쉰에 동일시하는 과정이었다 해도 과언이 아닐 것이다. 조금 과장되게 말하면, 첸리췬의 글쓰기에서 루쉰은 거의 모든 문장에서 등장하는 근거이다. 그에게 루쉰은 오류가 없는 존재다. 그리고 첸리췬이 생각하는 모든 것이 그 안에 있다. 이런 맥락에서 볼 때 첸리췬은 '루쉰주의자'라 할 수 있다. 그런 용어가 가능하다면 말이다. 바꿔 말하면, 첸리췬은 루쉰에게 갇혀 있다 할 수 있다. 루쉰은 그의 삶에 지대한 영향을 주고 심지어 그의 학술적·정신적 삶을 규정하고 있다. 다행히 루쉰의 세계가 좁지 않아 첸리췬은 그 세계에서 마음껏 활보할 수 있었지만, 루쉰의 세계가 아무리 넓다 한들 인류의 역사 세계와 현실 세계를 모두 아우를 수는 없는 법이다.

첸리췬은 자신을 "마오 시대가 만들어 냈고 마오 문화가 혈육과 영혼 속에 스며들어, 아무리 발버둥 치고 자성하고 비판해도 여전히 구제불능인 이상주의자, 낭만주의자, 유토피아주의자"인 동시에 "마오 시대의 목적의식적인 모반자"(전리군 2012-상, 21)라고 자평한 바 있다. '마오 시대가 만들어 냈으면서도 목적의식적인 모반자'라는 평가는 비단 첸리췬 개인에게만 국한된 것은 아닐 것이다. 하지만 첸리췬은 마오 문화의 강한 영향을 받았음에도 불구하고 거기에서 벗어나기 위해 모반을 시도했다. 루쉰은 그 모반의 정신적 지주였다. 공식적으로 '마오 문화'가 지배이데올로기로 작동하던 시기에 첸리췬 등의 비판적 지식인들은 『루쉰전집』을 붙잡고 위안을 얻을 수 있었다. 그러기에 신시기 초에 루쉰은 '사상 해방'의 상징이었고 실질적으로도 많은 연구가 이뤄졌다. 비판적 지식인들은 루쉰을 단순한 연구 대상으로만 삼은 것이 아니라 개인의 한계를 돌파하고 사회를 비판하는 과정에서 루쉰에게서 지혜를 구했다. 그들에게 루쉰은 지적·사회적 비판의 지혜의 보고였던 셈이다. 문제는 그다음이다.

대부분의 비판적 지식인들은 루쉰 외에도 자신에게 필요한 참조 체계를 확보해 나갔다. 왕푸런은 중국 고대 사상(신국학)을, 왕후이는 유로코뮤니즘을, 왕샤오밍은 문화 연구를, 그리고 리쩌허우는 중국 사상

사와 미학사 그리고 서양 철학을 각자의 참조 체계로 삼아 루쉰 연구
와 더불어 자신의 학문 영역을 확대했다. 그런데 유독 첸리췬은 루쉰
을 움켜쥐고 있는 것으로 보인다. '20세기 지식인 정신사' 연구도 루쉰
연구에서 비롯되었고, '민간 사상' 연구도 루쉰이 판단의 기준으로 작
동하고 있는 것으로 보인다. 선천적으로 저항적 기질이 농후했었고 마
오 문화에 대해서도 목적의식적인 모반을 도모했던 첸리췬이지만, 루
쉰에 대해서만큼은 오체투지(五體投地)의 자세를 취하고 있는 것으로
보인다.

셋째, 첸리췬의 민간 이단 사상 연구는 중국 사회주의 역사를 새로
쓸 만한 업적이지만, 그가 거론한 '민간 이단 사상'은 '한족'(漢族)의 '민
간 이단 사상'에 국한되는 한계를 가진다. 그가 발굴한 이단 사상은 티
베트족, 위구르족, 몽골족, 조선족 등의 민간 이단 사상은 아니다.[16] 그
러므로 첸리췬은 티베트 사태나 위구르 사태에 대해 발언하지 않는다.
심지어 같은 한족 안에서 트로츠키주의에 대해서도 무지하거나 말하
지 못하고 있다.

넷째, 첸리췬의 '3부작'은 공화국 건국 직전인 1948년부터 2005년

---

16 첸리췬은 『爝火不息: 文革民間思想硏究筆記』에 「내몽골에서 바라본 문혁 중의 에스닉 문제」(從內蒙看文
革中的民族問題)라는 표제로, 3권의 저서에 대한 독후감을 실었다. 그는 "'문혁 중의 에스닉 문제'가 문
혁연구에서 생략하거나 회피할 수 없는 과제이지만, 자신은 이에 대해 연구하지 못했고 필요한 지식
과 사료 준비가 부족해 구할 수 있는 제한된 연구성과에 의거해 내몽골의 사례를 가지고 간략하게 다
시 서술하고 정리한다"(錢理群, 『爝火不息: 文革民間思想硏究筆記』, 1089頁)라고 했다. 제한된 3권의 연구
성과는 啓之의 『內蒙文革實錄』, 高樹華·程鐵軍의 『內蒙文革風雷』, 圖門·祝動力의 『康生與'內人黨'冤
案』이다. 첸리췬이 문화대혁명 시기 소수 에스닉의 피해 상황에 대한 중요한 저서인 唯色, 『殺劫: 不可
碰觸的記憶禁區, 鏡頭下的西藏文革, 第一次披露』, 2016이나 楊海英, 『沒有墓碑的草原: 內蒙古的文革大
屠殺實錄』, 2014 등을 연구대상에 포함하지 않거나 못한 것은 그의 문화대혁명 연구를 한족에 국한하
는 한계를 드러내는 것이다.

까지의 당다이 지식인의 정신사를 추적했다는 점에서 커다란 의미가 있다. '사회주의 개조'와 '견지'라는 관점에서 관련 문헌의 꼼꼼한 독해를 통해 문제적인 지식인의 외적 환경과 내면 심리를 적절하게 분석하고 있다. 특히 해당 시기는 중국 대륙에서 경천동지의 변화가 일어난 시기였다. 그리고 그 변화는 지금도 진행 중이다. 바꿔 말하면, 사회주의 실험이 아직도 진행되고 있는 가운데, 첸리췬은 사회주의 시기를 살아온 지식인들의 정신사를 추적하고 있다는 점에서 커다란 의미가 있다. 그리고 '3부작'에서 그가 거론한 지식인들은 심층적으로 연구되어 재평가되어야 마땅하다. 하지만 첸리췬의 '당다이 지식인 정신사'는 중국적 사회주의가 여전히 지속하고 있다는 점에서 미완의 정신사다. 그리고 현재 서술 상황은 사(史)라기보다는 사론(史論)[17]에 가깝다. 명실상부한 '당다이 지식인 정신사'가 되기 위해서는 대표성을 가진 보다 다양하고 지식인에 대한 고찰이 필요하고 나아가 그들을 하나로 꿸 수 있는 시대정신 또는 역사적 보편성이 제시되어야 할 것으로 보인다. 보다 완정한 지식인 정신사로 나아가기 위해 보완해야 할 과제를 몇 가지 제시하면 아래와 같다.

첫째, 통시적 기술과 공시적 기술의 교차가 필요하다. 상권과 중권이 주로 통시적 기술이라면 하권은 공시적 기술에 해당한다. 양자가 시기별로 조화를 이루는 것이 타당할 것이다. 첸리췬이 지식인의 정신사를 추구하고 있는 만큼, 대표성 또는 전형성을 띤 인물들의 정신 역정에

---

17 사론은 리쩌허우가 고대·근대·현대 사상사론에서 채택한 형식이다. 이런 점에서도 첸리췬은 리쩌허우의 영향을 받은 것으로 보인다.

대한 역사적 고찰은 필수 불가결하다. 하지만 그에 못지않게 시대정신과 같은 보편성을 추출하려고 노력해야 하는데, 현재의 '3부작'에서는 그런 부분을 찾아보기 어렵다. 역사적 고찰은 풍부하지만 이론적 개괄은 미약하다. 바꿔 말하면, 통시성은 충분하지만 공시성이 취약하다. 이런 평가는 지식인 수난사가 비단 인민공화국에 그치지 않는 현실 사회주의의 공통된 문제이기 때문이고 나아가 인류사 전체의 문제이기 때문이다. 최근 갈수록 삼엄해지는 중국의 이데올로기 통치와 검열 강화 국면을 감안할 때, 저자가 다하지 못한 이야기가 있을 것으로 짐작할 수 있다. 이 부분은 '역사와 현실의 관찰자이자 기록자 그리고 비판자'를 자임한 그의 이후 저술에 기대해 봄 직하다.

둘째, 중국 내부에만 연구의 초점을 맞추다 보니 시야가 제한될 가능성이 있다. 첸리췬이 1994년 한국에 교환교수로 왔을 때 가방에 들고 온 책이 무려 50권(그의 계산에 따르면 1천만 자)이었는데, 내가 그때 '한국에 온 김에 한국 공부도 하셔야지요.' 했더니, 그 답은 중국 연구는 자신이 하고, 한국 연구는 한국 학자가 해서 그 결과를 상호 공유하면 되지 않겠냐는 것이었다. 첸리췬이 한국 연구에 관심을 기울인 적은 없었던 것으로 보인다. 그에게는 중국만이 중요한 대상이었고, 하루빨리 제대로 된 중국을 보는 것이 소망이었기 때문이다. 이를 협애한 내셔널리즘이라고 비판하는 것은 적절치 않다. 그에게는 중국 이외의 것을 돌아볼 여유가 없었다고 말하는 것이 나을 것이다. 그의 표현을 빌리면, 중국 이외의 연구 대상에 눈을 돌리는 것도 하나의 '유혹'이기에, 그는 과감하게 그런 '유혹을 거절'하고 오로지 중국 연구에 매진한 것이다. 첸리췬과 달리, 쑨거(孫歌)는 근현대 일본 사상사를 고찰하면서 다케우치 요시미(竹內好)를 따라 일본의 근대로 들어갈 수 있었으며, 그로부터 루쉰에 들어갈 수 있는 새로운 시각이 계발되어 다시 중국의 근대로 들어갈 수 있었다.(쑨꺼 2003, 51) 쑨꺼가 일본에 깊숙이 들어갔다 나오면서 루쉰을 바라보는 새로운 시야를 획득한 가능성을 첸리췬은 원천 봉쇄한 셈이다. 각자 일장일단이 있을 터이니, 단순하게 판정할 문제는 아닐 것이다.

셋째, 자기 인용의 문제는 첸리췬이 한 걸음 더 나아가는 데 발목을 잡는 역할을 할 가능성이 있다. 우리도 글을 쓰다 보면, 이전에 썼던 글을 활용하고 싶은 '유혹'에 사로잡힐 때가 있고, 때로는 주석에 명기하고 인용할 때도 있다. 자기 인용은 자신의 지난 견해를 점검하면서 새롭게 나아가는 데 필요한 일이기도 하다. 하지만 잦은 자기 인용은 자칫 자기 표절의 함정에 빠질 수도 있고, 더 중요한 것은 새롭게 나아가는 데 장애 요인이 될 수 있다는 점이다. 인간의 뇌는 끊임없이 새로운 것을 찾아낼 수 있도록 구조화되어 있는데, 자기 인용은 그런 뇌 활동에 역행하는 셈이다.

40년 이상 중국 근현대문학 연구와 20세기 중국 지식인 정신사 연구, 그리고 중국 민간 사상 연구 등에 종사해 온 노학자를 한두 편의 글로 재단하는 것은 온갖 유혹을 거절해 온 첸리췬의 학술 인생과 학술 성과에 대한 예의가 아닐 것이다. 위의 몇 가지 아쉬움은 초보적인 문제 제기일 뿐이다. 그가 루쉰을 추종하는 루쉰주의자인지 아니면 독립적이고 주체적인 루쉰 연구자, 나아가 자신의 체계를 구축한 사상가인지에 대한 판단은 루쉰 텍스트에 정통한 동시에 첸리췬의 저작 70권을 통독한 독립적이고 비판적인 연구자의 몫으로 남겨 둔다.

5장·왕후이의 '근현대성 역설'과 루쉰 연구

1. 키워드를 통한 어젠다의 제시

'신좌파'의 기수로 일컬어지곤 하는 왕후이(汪暉, 1959~)는 현재 영어권에 가장 많이 소개되었고 한국에서도 명성을 얻은 중국학자다. 루쉰 연구에서 시작해 사상사와 사회과학을 넘나들고, 중국에 국한되지 않고 아시아를 사유하며 소수자에게도 관심을 기울여 티베트와 오키나와를 학문적 의제로 삼고 있는 인문사회과학 학자다. 그의 탁월함은 '키워드를 통한 어젠다의 제시'에서 두드러진다. 루쉰을 연구할 때도 '역사적 중간물', '절망에 반항' 등으로 루쉰의 문화철학과 문화심리를 요약했고, 그 이후에도 '(자본주의적) 모더니티에 반하는 근현대화 이데올로기'와 '모더니티적 근현대화 이데올로기'라는 용어로 마오쩌둥의 '중국적 사회주의'/'혁명적 사회주의'와 덩샤오핑의 '중국 특색의 사회주의'/'개혁개방 사회주의'를 변별했으며, '탈정치화된 정치'로 단기

20세기의 혁명 실험이 실패로 끝난 이후의 탈혁명화 상황을 요약했고, '트랜스 시스템 사회'로 포스트사회주의 시대에 내셔널리즘과 국민국가를 초월하는 동시에 신자유주의적 지구화에 제한을 가하는 방안을 제시한 바 있다. 이처럼 그는 키워드를 통해 어젠다를 제시함으로써 중국 지식계에 활력을 불어넣곤 했다.

그는 1994년 한국에서 먼저 발표된 글[1]을 통해 이른바 '자유파와 신좌파의 논쟁'에 불을 지피고 '신좌파'의 명망을 한 몸에 아울렀지만, 정작 자신은 신좌파라는 명명보다는 비판적 지식인을 자처한다. 그는 이른바 '신좌파' 중에서는 서유럽의 '뉴 레프트'에 가까워 보이지만, '세련된 중화주의자'라는 혐의에서도 자유롭지 못하다. 또한 추이즈위안(崔之元) 등의 '신좌파'가 후진타오(胡錦濤) 시절 이른바 '싱크 탱크' 노릇을 한 반면, 왕후이는 체제의 경계에서 자신의 독자적인 영역을 구축하고 있다.

1996년부터 시작한 『두수』(讀書) 주편 경력은 그의 진보성을 드러낸 동시에 체제와의 타협이라는 측면도 존재한다. 왕후이 등이 주관한 『두수』의 역할은 과대평가된 측면이 있다. 『두수』는 당국과 유연하게 '협상과 타협'을 하는 이른바 '6세대' 독립영화 제작자들[2]과 유사한 기

---

1 이 글은 한국에서 먼저 발표(「중국 사회주의와 근대성 문제」, 이욱연 옮김, 『창작과비평』 86호, 1994)된 후 저자의 대폭적인 수정 보완을 거쳐 중국에서 발표(「當代中國的思想狀況與現代性問題」, 『文藝爭鳴』 1998年 第6期)되었다. 그리고 수정된 전문이 한국에서 다시 완역·발표(「세계화 속의 중국, 자기변혁의 추구」, 이희옥 옮김, 『당대비평』 10~11, 삼인, 2000 봄·여름)되었다.

2 "톈안먼 사건 이후 새로운 도시영화, 특히 독립영화 제작자들은 선배 세대와는 달리 권력 기구와 상업 조류 그리고 국제 예술영화 시장과 '양가적이고 공생적인 관계'를 가지고 있다. 이들은 더 이상 국가제도 및 자본과 일방적으로 각을 세우거나 무력하게 그 속으로 들어가지 않는 유연함을 가지고 있다." 임춘성, 「포스트사회주의 중국의 도시화와 도시영화의 정체성」, 『중국현대문학』 제64호, 한국 중국현대문학회, 2013, 78~79쪽 참조.

제가 있었다. 아울러 『두수』와 리카싱(李嘉誠)의 커넥션도 눈여겨볼 지점이다. 싼롄(三聯)서점 홍콩지사 전 대표였던 둥슈위(董秀玉)는 2004년 리카싱의 부인 저우카이쉬안(周凱旋)과 함께 〈중국문화논단〉을 만들었다.[3] 둥슈위는 퇴직한 후에도 싼롄서점에 막강한 영향력을 발휘했던 출판인이다. 리카싱의 해외 화인자본과 중국공산당 중앙 선전부 산하의 싼롄서점 그리고 거기서 주관하는 『두수』와 '창장(長江) 학자'[4]의 커넥션이 어제오늘의 일은 아닌 셈이다. 그리고 2010년의 표절 사건[5]이 있었다. 2012년에는 밀실정치와 신자유주의의 권토중래라는 각도에서 충칭(重慶) 사건을 재평가하는 글(왕후이 2012)을 또다시 한국에서 먼저 발표함으로써 충칭 사건을 국제적 이슈로 만들었다.

왕후이는 문제적이다. 왕후이를 제대로 문제화(problematization)하기 위해서는 그의 핵심 개념인 '모더니티에 반하는 근현대성'과 '신계몽주의 비판'에 대한 재검토가 필요하다.

---

3 중국문화논단은 21세기 중국 문명의 역사 상황에 입각해 학제적 방식으로 중국 문명의 과거와 현재 그리고 미래를 새롭게 인식하고 글로벌 시대 중국 문명의 주체성에 대한 이론적 사고와 실천적 관심을 촉진하고자 한다. 중국의 일류 인문사회과학자들을 이사로 초빙해 매년 1회 학술대회를 개최하고 그 성과를 단행본으로 출간하고 있다. (中國文化論壇_百度百科)

4 1998년 8월, 중화인민공화국 교육부와 리카싱기금회(李嘉誠基金会)는 공동으로 '창장학자 장려 계획'(長江學者獎勵計劃)을 시행했다. (長江學者獎勵計劃_百度百科)

5 난징대 교수 왕빈빈(王彬彬)은 2010년 『문예연구』에 「汪暉〈反抗绝望─鲁迅及其文学世界〉的学风问题」을 발표해, 왕후이의 표절을 문제 삼았다. 왕빈빈에 따르면 왕후이는 최소한 다음 5권을 표절했다고 한다. 李泽厚, 『中國現代思想史论』, 东方出版社, 1987; 李泽厚, 『中國近代思想史论』, 人民出版社, 1979; [美]勒文森, 『梁启超与中国近代思想』, 四川人民出版社, 1986; [美]林毓生, 『中国意识的危机』, 贵州人民出版社, 1988; 张汝伦, 『意义的探索』, 辽宁人民出版社, 1986. 왕후이의 표절 시비에 대해 첸리췬은 "『反抗绝望』의 핵심 관점은 왕후이의 독립적인 사고의 결과"라고 하면서 왕후이를 변호한 바 있다. (汪暉抄襲門_百度百科)

2. 자본주의적 모더니티에 반(反)하는 중국의 근현대성

논의에 들어가기에 앞서 번역의 문제를 짚을 필요가 있다. 왕후이 의 '現代性'과 '現代'를 옮길 때 이욱연(왕후이 1994)과 이희옥(왕후이 2000)은 '근대성'과 '근대'로 번역했고 김택규(왕후이 2005)는 '현대 성'과 '현대'로 번역했다. 앞 2인이 '자국화(domesticating) 번역'에 입 각한 것이라면 후자는 '외국화(foreignizing) 번역'에 따른 셈이다. 로 렌스 베누티(Lawrence Venuti)는 프리드리히 슐라이어마허(Friedrich Schleiermacher)가 '독자를 저자에게 데려가는 것'과 '저자를 독자에게 데려가는 것'으로 분류한 번역의 두 가지 방식을 각각 '외국화 번역'과 '자국화 번역'이라 명명했다.[6] 김택규가 '현대성'을 '셴다이싱'[7]으로 표 기했더라면 보다 철저한 '외국화 번역'이 되었을 것이다. 그리고 '悖論' 은 영문 paradox의 번역어다. paradox는 한국어에서 역설(逆說), 배 리(背理) 등으로 번역되는데, 이 글(제5장)에서는 역설로 번역했다. 영한 번역가 이희재는 슐라이어마허의 두 가지 번역을 각각 '들이밀기'와 '길들이기'에 해당하는 것으로 정리하며, 후자에 의미를 부여한 바 있 다.(이희재 2009)

그러나 발터 벤야민은 번역을 "역사적 관점에서 궁극적으로 철학적 인 것에 귀결"시키면서 '역사적 번역철학'을 제창함으로써 오늘날까

---

6 Lawrence Venuti, *The Translator's Invisibility*, London & New York: Routledge, 1995. 더글러 스 로빈슨, 『번역과 제국』, 정혜욱 옮김, 동문선, 2002, 7쪽에서 재인용.

7 양식 있는 서양 학자들은 중국의 가(家)와 부녀(婦女) 등을 알파벳으로 표기할 때 house/home과 woman 등 번역어로 표기하지 않고, jia, funü 등 발음 그대로 표기함으로써, 중국적 맥락을 배려하는 데, 참고할 필요가 있다.

지도 수많은 '번역 연구' 학자들에게 이론적 영감의 원천이 되고 있는데, 벤야민은 번역의 원칙으로 '충실성', '번역 불가능성'과 함께 '이국화/외국화'를 꼽고 있다. '이국화/외국화'는 "(원작의) 낯선 말이 사후에 성숙하는 과정"(벤야민 2008, 129)까지도 염두에 두었을 뿐만 아니라 '충실성'과 '번역 불가능성'을 수행하기 위한 방법론이라 할 수 있다. 하지만 '외국화/이국화 번역'과 '자국화 번역'에 대해 우열을 논하는 것은 현명한 일이 아니다. 전자는 원본 텍스트(origin text)의 맥락을 그대로 들여오는 장점이 있지만 자국의 맥락에 익숙해지는 데 일정한 시간이 걸린다는 단점이 있다. 후자는 원본 텍스트를 자국의 언어와 문화 맥락에 길들이는 장점이 있지만 원본 텍스트의 의미를 그대로 가져오기 어렵다는 문제점이 있다. 이 글에서는 벤야민의 '역사적 번역철학'을 존중해 '외국화/이국화 번역'을 기본으로 하되 궁극적으로 '순수 언어', '진리의 언어', '진정한 언어'에 도달하기 위한 과정에서 '자국화 번역' 나아가 '새로운 번역'도 참조함으로써 그것들이 모여 하나의 '성좌'(constellation)를 구성할 가능성을 모색하는 것을 지향한다.

이상의 논의를 참작해 이 글에서는 서유럽의 '모던/모더니티'에 상응하는 동아시아적 개념으로 '근현대/근현대성'을 선택했다. 서유럽의 '모던'(modern)이라는 개념 자체가 모호한 만큼 그것에 해당하는 '동아시아 근현대'의 의미를 정의하는 것은 간단치 않다. 그동안 한국은 모던을 '근대'와 '현대'로, 중국은 '진다이'(近代), '셴다이'(現代), '당다이'(當代)로 나누고, '서유럽 모던'에 해당하는 역어로 한국에서는 '근대'를, 중국에서는 '셴다이'를 선호했다. 그러나 동아시아 담론이 운위되고 있는 만큼 공동 용어의 확립이 요청된다. 이 글에서는 19세기 들어 세계사를 주도해 온 서유럽 문화가 동아시아 문화와 본격적으로 충돌하기 시작한 19세기 중반을 그 기점으로 설정하고 그때 제기된 과제가 아직 근본적으로 해결되지 않았다는 점에 주목하여, 그때부터 지금까지의 역사를 하나의 '유기적 총체'로 설정하며, 그것을 '동아시아 근현대'라고 명명하고자 한다. 아울러 서유럽의 '모더니티'(modernity)를 동아시아의 '근현대성'으로, 서유럽의 '모더니제이션'(modernization)을 동아시아의 '근현대화'로 대응시켰다. 이때 동아시아의 근현대는 서양의 포스트모던(postmodern)까지 포함하게 된다.(임춘성 1997, 10) 중국어 맥락에서는 이런 문제의식 없이 '現代/現代性'으로 사용하고 있으므로, 이 글에서는 중국어 '現代/現代性'을 문맥에 따라 (서유럽의) '모던/모더니티'와 (동아시아의) '근현대/근현대성'으로 변별해서 사용하게 될 것이다. 앞당겨 말하면, 모더니티/근현대성은 지향 가치를, 모더니제이션/근현대화는 현실 과정을 가리킨다.

왕후이는 「당대 중국의 사상 상황과 근현대성 문제」(汪暉 1998)에서, 중국 마르크스주의를 이데올로기로 취급하면서 그것을 세 가지로 나누어 당대 중국의 근현대성 문제를 다루고 있다. 먼저 그가 분류한 세 가지 마르크스주의를 따라가 보자. 첫째는 '마오쩌둥의 사회주의 사상'이다. 이에 대해 왕후이는 아래와 같이 설명한다.

마오쩌둥의 사회주의는 한편으로는 근현대화의 이데올로기이면서 다른 한편으로는 유럽과 미국의 자본주의적 모더니제이션에 대한 비판이었다. 그러나 이 비판은 모더니제이션 자체에 대한 비판이 아니라, 그와 반대로 혁명 이데올로기와 내셔널리즘 입장에 기초해 형성된, 모더니제이션된 자본주의 형식 또는 단계에 대한 비판이었다. 그러므로 가치관과 역사관의 층위에서 말하자면, 마오쩌둥의 사회주의 사상은 '자본주의적 모더니티에 반하는 근현대성(反現代性的現代性) 이론'이다.(汪暉 2000b, 49~50)

원문에서 왕후이는 '反現代性的現代性'이란 표현을 씀으로써 '現代性'을 두 번 사용하고 있는데, 앞의 現代性을 반대한 뒤의 現代性은 앞의 現代性과 기표는 같지만 기의가 달라진다. 기의가 다르면 그에 따른 설명이 필요하고 번역도 달리하는 것이 타당할 것이다. 전자는 서유럽 자본주의 모더니티의 각종 폐단을 가리키고, 후자는 바로 그 폐단을 지양한 비서유럽 국가의 가치를 가리킨다. 그리고 왕후이는 한 걸음 더 나아가 '자본주의적 모더니티에 반하는 근현대성 이론'이 마오쩌둥 사상에만 국한된 것이 아니라 근현대 중국 사상의 주요한 특징임을 천명하면서, 그 사례로 캉유웨이(康有爲)의 '대동(大同) 사상', 장타이옌(章太炎)의 평등 관념, 쑨중산(孫中山)의 민생(民生)주의 그리고 각양각색의 사회주의자들의 자본주의 비판 등을 예로 들고 있다. 앞당겨 말하면, 이들은 '근현대성의 역설'을 인지하고 모더니티의 합리적 핵심인 '합리화 모더니티'를 추구하면서 '자본주의 모더니티의 각종 폐단을 비판하고 회의'했던 인물들이다. 왕후이 공부의 기점이자 그가 커다란 영향을 받은 루쉰은 그 대표적인 인물이다.

둘째는 '실용주의적 마르크스주의'로, '개혁적 사회주의'라고도 하는데, 이는 '근현대화 이데올로기로서의 마르크스주의'(汪暉, 52)다. 그것은 기본적으로 자본주의 모더니티에 반대하지 않는다. 따라서 왕후이는 1987년부터 일어난 개혁 논쟁의 핵심은 바로 근현대화의 실행 여부가 아니라 근현대화의 방식이었고, '모더니티에 반하는 근현대화의 마르크스주의 이데올로기와 근현대화 마르크스주의 이데올로기' 사이의 투쟁(汪暉 2000b, 53)이라고 개괄하고 있는데, 이는 설득력 있다. 물론 이 투쟁에서 후자가 우위를 점한 것은 우리 모두 아는 현실이다.

셋째는 '휴머니즘적 마르크스주의'로, 그것은 "한편으로 국가가 마르크스 학설에 인간의 자유와 해방에 관한 학설이 있었다는 사실을 망각하고는 '프롤레타리아 독재[人民民主專政]라는 명목' 아래 잔혹한 사회 독재를 시행했음을 비판하고, 다른 한편으로는 사회주의 개혁 사상과도 모순을 형성했다"(汪暉, 53~54). 다시 말해, '휴머니즘적 마르크스주의'는 휴머니즘이라는 미명 아래 마오쩌둥 사상과 실용주의적 사회주의를 싸잡아 비판했다. "중국의 휴머니즘적 마르크스주의는 마르크스의 소외 개념을 자본주의 모더니티를 비판하는 역사적 맥락에서 분리해 소외 개념을 전통 사회주의 비판에 전용(轉用)했다."(앞의 책, 54) 왕후이가 보기에 휴머니즘적 마르크스주의는 앞선 두 가지 마르크스주의를 비판하면서 등장했지만, 점차 '전통 사회주의', 즉 마오쩌둥의 '모더니티에 반하는 근현대화 이데올로기'와 그 역사 실천을 분석하고 비판하는 것을 자신의 주요 과제로 설정함으로써 '자본주의 모더니티에 반하지 않는 근현대화 이데올로기로서의 마르크스주의'가 되었다. 이로 인해 중국의 '근현대화와 자본주의 시장 경제가 조성한 사회 위기에 대해 응분의 분석과 비판'을 하지 못함(앞의 책, 54)으로써, '비판적 사회주의'로 나아가지 못하고 말았다. 왕후이는 "특정한 맥락에서 서양 자본주의 모더니티에 대한 마르크스주의의 비판이 근현대화 이데올로기가 되어 당대 중국의 '신계몽주의' 사상의 중요한 구성 부분이 되었다"라고 단언하는데, '휴머니즘적 마르크스주의'가 그에 해당한 다. 이에 대해서는 4절 '신계몽주의 비판'에 대한 비판 부분에서 다시 살펴보겠다.

왕후이의 세 가지 마르크스주의에 대한 논의에서 우리가 주목할 내 용은 다음과 같다. 첫째, 왕후이가 마오쩌둥 사상을 '反現代性的現代性', 즉 '(자본주의) 모더니티에 반하는 근현대성'으로 재해석함으로써, 마오 쩌둥 사상과 사회주의 시기의 역사적 경험을 재발견하고 재평가할 수 있는 근거를 제시했다. 아울러 '중국 근현대성의 역설'이란 문제의식 을 제기했다. 둘째, '모더니티에 반하는 근현대성'을 중국 근현대 사상 사의 두드러진 특징으로 명시함으로써, 마오쩌둥 사상을 중국 장기 근 현대의 진보적인 사상 계보에 새롭게 위치시켰다. 셋째, 마오쩌둥과 덩 샤오핑의 단절적 측면을 부각했다. 넷째, 휴머니즘 마르크스주의를 신 계몽주의 사조의 이론적 근거로 단정했다.

여기에서 둘째와 셋째 부분은 큰 문제가 없어 보인다. 둘째 부분과 관련해, 리쩌허우는 진다이(近代) 사상사를 논하면서 구제도를 비판하 며 봉건 지주의 정통 사상과 대립했던 세 가지 선진적 사회 사조의 계 보를 작성한 바 있다. "그것들은 서로 다른 역사 시기에 처하고 세 가지 서로 다른 유형과 세 가지 서로 다른 특색을 가지고 있으면서도 서로 앞뒤로 연속되어 있고 서로 지양하며 보다 높은 단계로 매진하면서 중 국에서 마르크스주의의 전파와 발전을 위해 길을 닦았다. 이 세 가지 시대사조는 태평천국 농민혁명 사상과 개량파 자유주의의 변법유신 사상, 그리고 혁명파 민주주의의 '삼민주의' 사상이다."(리쩌허우 2005b,

751) 그리고 변법유신과 삼민주의를 농민혁명의 첫번째 부정으로, 신민주주의 혁명을 두번째 부정으로 분석한 바 있다. 이상의 선진 사조들은 사회주의 유토피아 성격을 가지고 있었지만, 각각 시대적·계급적 한계를 가지고 있었다. 마오쩌둥 사상도 예외는 아니었다.

그러면 아래에서 왕후이의 논단(論斷)을 '근현대성의 역설'과 '신계몽주의 비판'에 초점을 맞춰 재검토하고자 한다.

3. '근현대성의 역설'

왕후이는 자신의 핵심 개념인 '근현대성의 역설'에 대해 아래와 같이 설명한다.

(자본주의—인용자) 모더니티에 대한 회의와 비판 자체가 중국 근현대성 사상의 가장 기본적인 특징을 구성했다. 이에 따라 중국의 근현대 사상 및 가장 중요한 사상가들은 역설적인 방식으로 자신들이 중국 근현대성을 추구하는 사상 노력과 사회 실천을 전개했다. 중국 근현대 사상은 모더니티에 대한 성찰을 포함한다. 그러나 근현대화를 추구하는 과정에서 이런 특정한 맥락에서 형성된 깊이 있는 사상은 반(反)모던의 사회 실천과 유토피아주의를 형성시켰다. 관료제 국가에 대한 공포, 형식화된 법률에 대한 경시, 절대 평등의 추존(推尊) 등등이 그것이다. 중국의 역사 맥락에서 근현대화의 노력과 '합리화' 과정에 대한 거절의 병행은 심각한 역사적 모순을 구성했다.(汪暉 2000b, 50~51)

왕후이의 문맥을 따라가 보면, 한편으로 '중국의 근현대 사상 및 가장 중요한 사상가들은 역설적인 방식으로 자신들이 중국 근현대성을 추구하는 사상 노력과 사회 실천을 전개'하는 과정에서, 한편으로 서유럽 '모더니티에 대한 성찰'을 진행함으로써 '깊이 있는 사상'을 획득했지만, 다른 한편으로, '(자본주의적) 모더니티(의 각종 폐단)에 대한 회의와 비판'을 진행함으로써 '근현대화를 추구하는 과정'에서 '반(反)모던의 사회 실천과 유토피아주의를 형성'했다는 것이다. 요약하면, 근현대화 과정에서 중국의 중요한 사상가들이 '서유럽 모더니티를 추구'[8]하는 동시에 모더니티의 폐단에 대한 성찰을 진행함으로써 획득한 '깊이 있는 사상'은 한편으로 중국적 근현대화의 노력으로 표현되는 동시에 다른 한편으로 서유럽 모더니티의 합리적 핵심이랄 수 있는 '합리화' 과정에 대한 거절도 포함하게 된다. 이 양자의 병행이 심각한 역사적 모순을 형성했다는 것이 왕후이의 요점이라 할 수 있다.

왕후이의 논단은 최소한 세 가지 층위를 포함하고 있다. 먼저 '중국의 근현대화 노력'은 두 가지 층위를 포함한다. 첫번째 층위는 '서유럽 모더니티의 합리적 핵심을 추구'하는 층위이고, 두번째 층위는 '그 폐단에 대한 회의와 성찰'이다. 그리고 두번째 층위를 통해 얻은 깊이 있는 사상은 '합리화 과정에 대한 거절'이라는 층위를 형성시켰다. 그러나 왕후이는 첫번째 층위를 사상(捨象)한 채 두번째 층위와 세번째 층위의 병행을 '중국 근현대성의 역설'로 제시하는 오류를 범하고 있

---

8 왕후이는 주요 논단에서 '서유럽 모더니티의 추구'를 명시하지 않는데, 이 글에서는 '합리화 과정에 대한 거절'이란 언급에서 '합리화' 추구를 전제하고 있다고 가정한다.

다. 서유럽 모더니티에 대한 성찰은 합리적 핵심인 '합리화 모더니티'를 수용하고 그 폐단은 비판하는 과정이 되어야 하는데, '합리화 모더니티'의 거절과 병행되어 심각한 역사모순을 구성했다. 이로 인해 중국 사회주의 근현대화 과정은 서유럽 모더니티의 합리적 핵심인 '합리화', 바꿔 말해 '이성적 모더니티'를 방기(放棄)하고 말았고 그 결과는 '봉건으로의 회귀'였던 것이다. 역설의 원래적 의미[9]를 되새기면서 왕후이의 '근현대성의 역설'을 수정해 보면, 중국의 근현대화를 위해 자본주의 모더니티의 '합리화' 부분을 학습해야 한다. 그러나 자본주의 모더니티의 각종 병폐에 대해 회의하고 비판한 것은 타당했지만 그 과정에서 모더니티의 '합리화' 부분을 거절한 것은 '목욕물을 버리면서 아기까지 버리는' 오류를 범한 것이다. 그리고 합리화의 거절은 '봉건 또는 중세로의 회귀'로 귀결되었다.

사실 왕후이가 '모더니티에 반하는 근현대성'이라는 새로운 용어를 만들어 복잡하게 설명한 '근현대성의 역설'은, '이성적 모더니티'를 학습하고 수용하는 동시에 '자본주의적 모더니티의 각종 폐단'에 대해서는 회의하고 성찰하는 이중과제라 할 수 있는데, 이는 비단 중국만의 과제가 아니다. 김용옥은 "외재적으로는(外患) 배척해야 할 서양이라는 그 무엇과 싸워야 하면서도, 내재적으로는(內憂) 배척해야 할 서양이라는 그 무엇을 배척하고 있는 모든 전통적 그 무엇과 다시 싸워야 하는 아이러니", "배척되어야 할 그 무엇과 싸우면서, 배척되어야 할 그 무엇을 배척하는 그 무엇과 싸워야만 하는 형식논리적 모순성"(김용옥

9 에피메니데스의 패러독스, 제논의 패러독스 등.

1986, 156~157)이라 논술한 바 있다. 왕후이의 '역설'과 김용옥의 '형식 논리적 모순성'은 상통하는 내용으로, 그에 대한 해결책을 굳이 찾는 다면, 그것은 이중과제를 껴안고 가는 것이다. 하지만 대부분의 선지선각자들은 현실 과정에서 그러지 못했다. 그들은 적절한 이중과제를 설정하고 추진하던 과정에서 절망적 상황을 만나 좌절하고 주저앉고 말았는데, 이는 복잡한 세계를 단순하게 해석하는 데서 비롯된 오류였다.

마오쩌둥이 주도한 근현대화 과정도 이중과제 가운데 반봉건 과제를 방기하고 반제 과제에 몰두하다가 봉건적인 것으로 회귀하고 말았다. 내가 보기에 마오쩌둥은 '중국의 장기 근현대' 과정에서 최소한 세 가지 '이형동질'(異形同質, allomorphism)의 오류를 범했다. 첫째, '반봉건과 반제의 이중과제'를 설정하고도 그것을 해결하는 과정에서 반봉건을 유보하고 반제를 주요 과제로 선택함으로써 '반제가 반봉건을 압도'한 상황을 연출했다. 둘째, 1942년 「옌안(延安) 문예좌담회에서의 연설」에서 '보급(普及)과 제고(提高)의 쌍방향적 관계'를 훌륭하게 개괄해 놓고도 실행 과정에서는 '제고를 유보한 보급'의 수준에 머물렀다. 셋째, 마오쩌둥은 근현대화의 목표와 사회주의적 열망이라는 이중과제 가운데, 부지불식간에 사회주의 목표를 공업화에 종속시키는 길을 선택했다. 이는 사상가로서의 마오쩌둥이 통치자로서의 마오쩌둥에게 압도당했기 때문이다. 사상가로서의 마오쩌둥은 '반제와 반봉건', '보급과 제고', '근현대화와 사회주의 목표'라는 이중과제를 잘 인식하고 있었지만, 현실 정치를 지도하는 마오쩌둥은 이중과제를 추진할 역량이 부족했다. 이에 대해서는 첸리췬도 "사상의 실현은 곧 사상 자체와 사상가의 훼멸(毀滅)"(전리군 2012-상, 23)이라 평가함으로써, 마오쩌둥이 사상과 행동의 일체화를 추구하는 과정에서, 현실과 타협해야 하는 실천을 중시하다가 철저한 비타협의 초월적인 사상을 훼멸시켰다고 했다. 통치자로서의 마오쩌둥은 중국 현실에서 가능한 과제를 추진하다 보니, '반봉건을 유보한 반제'와 '제고를 유보한 보급'에 역점을 둘 수밖에 없었으며, 표층적으로는 사회주의적 열망을 내세웠지만 자신도 모르게 그것을 공업화에 종속시키고 말았다. 바꿔 말하면, '변증법적 통일'이라는 미명 아래 복잡한 모순을 단순한 과제로 바꿨다. 이는 가치 지향으로서의 모더니티/근현대성이 역사 과정으로서의 모더니제이션/근현대화에 매몰된 것과 유사하다.

이상의 세 가지 오류는 가히 치명적이라 할 수 있다. 그런데 이에 대한 적절한 비판 없이 자본주의를 비판하겠다는 일념으로 중국 혁명과 마오쩌둥의 경험을 가져와 중국 발전의 나침반으로 삼자는 왕후이의 주장은 일면적이고 설득력이 떨어지며, 그에 뇌동하는 주장들 또한 왕후이의 주장을 일방적으로 추수한 것이 아닌지 자기성찰이 필요하다.

4. '신계몽주의 비판'에 대한 비판

왕후이가 신좌파의 기수로 떠오른 것은 마오쩌둥 사상을 '모더니티에 반하는 근현대성' 이론으로 재해석했을 뿐만 아니라, 1980년대 활력이 충만했고 1989년 톈안먼 사건 이후 보수파와 자유파로 분화한 '신계몽주의 사조'를 비판한 것에서 비롯되었다.

1980년대 '신계몽주의' 또는 '신계몽운동'에 대해 왕후이는 가오리커(高力克 2007) 또는 첸리췬(전리군 2012)과 평가를 달리하지만, "신계몽주의 사상이 포함하는 비판적 잠재력은 1980년대에 청춘의 활력을 진작"(汪暉 2000b, 60)시켰다고 함으로써 왕후이도 '신계몽주의'의 '비판적 열정과 가능성'은 수긍하고 있음을 알 수 있다. 가오리커와 첸리췬은 바로 그 '비판적 열정과 가능성'이 '신좌파'로 분화되었다고 보지만, 왕후이는 '신계몽주의'와 '신좌파'의 선을 분명하게 그은 셈이다. 이어서 왕후이는 1989년 이후 "이 운동의 보수적 집단은 체제 내 개혁파나 기술 관료, 또는 근현대화 이데올로기로서의 신보수주의의 관변 이론가가 되었다. 그리고 이 운동의 급진적인 이들은 점차 정치적 반대파를 형성했다. 그들은 자유주의적인 입장에서 중국의 인권운동을 추진하고, 정부가 경제개혁뿐만 아니라 정치 영역에서도 서유럽적인 민주화 개혁을 실행할 것을 촉구했다"(汪暉, 60)라고 평함으로써, 1980년대의 신계몽주의가 1989년 이후 신보수주의와 자유주의로 분화되었다고 분석했다. 이런 전제 아래 왕후이의 신계몽주의 비판은 "오늘날 중국의 '계몽사상'은 국가의 목표와 대립하는 사조"가 아니고, "'계몽적 지식인들'은 국가에 대항하는 정치 세력"(앞의 책, 55)이 아니라는 선언으로 포문을 열고 있다. "역사적으로 볼 때 이 사조의 기본 입장과 역사적 의의는 국가 전체의 개혁 작업에 이데올로기적 기초를 제공하는 것이다."(앞의 책, 55) 그리고 왕후이는 휴머니즘적 마르크스주의가 '근현대성의 가치관', 즉 '근현대화 이데올로기'로 전환됨으로써 1980년대 '신계몽주의' 사조의 주요한 구성 요소가 되었다고 진단하고 있는데, 이에 대해서도 재검토가 필요하다.

왕후이의 평가와 달리, 가오리커는 1990년대 시장화 추세로 인해

1980년대 '신계몽운동'이라는 범자유화 사조로부터 자유주의와 신좌파 사조가 분화되었다고 분석하고 있다. 신계몽적 입장을 견지하고 있던 자유파는 서양의 자유주의로부터 시장화와 민주화의 사상적 자원을 찾아내려 했고 지속해서 심도 있게 극좌 이데올로기와 권력구조를 비판하는 한편 중국의 입헌 민주 체제를 위한 정치체제 개혁을 추진하고 있었다. 그에 반해 신계몽 진영으로부터 분화되어 나온 신좌파는 서양의 좌익 비판 이론으로부터 영감을 얻어 반(反)자본주의적인 신좌익 비판 전통을 새롭게 건설하려 했다는 것이다.(高力克 2007, 195~196) 또한 첸리췬은 "신좌파는 중국 사회의 자본주의화가 세계자본주의 체계의 유기적 구성 부분이라고 보았고" "비판의 예봉을 시장 패권과 독점 엘리트에게 조준했고", "중국혁명 및 마오 시대에 대해 더욱 많은 긍정적 평가를 부여하고, 문화대혁명에 대한 전면적 부정에도 반대"했으며, "사회적 평등을 중시했고, 중국혁명과 마오의 사회주의 실험의 경험을 참고하여 중국 자신의 발전 노선을 걷자고 주장"했다고 분석했다.(전리군 2012-하, 384~385) 이에 따르면 신좌파는 중국의 자본주의화를 반대하면서 중국혁명 및 마오쩌둥의 사회주의 실험의 경험으로부터 미래의 전망을 찾으려 한 그룹인 셈이다. 가오리커와 첸리췬에 비춰 보면, 1980년대 '신계몽운동'이라는 범자유화 사조로부터 1990년대 자유파와 신좌파가 분화되었는데, 왕후이는 신계몽주의와 자유파를 하나로 묶어 비판하고 있다. 사실 왕후이가 '계몽주의 및 그 당대적 형태'에서 비판하고 있는 내용은 대부분 1990년대의 자유파에 해당한다. 그러므로 왕후이의 신계몽주의 비판은 당대, 즉 1990년대의 자유파 비판으로 읽는 것이 타당하다. 사실 우리가 중국의 비판적 지식인의 대명사로 꼽는 첸리췬도 "내가 1980년대에 주로 견지한 것은 계몽주의 입장이었고, 사상적으로는 자유주의 색채를 띠었다고 해야 할 것"(전리군, 385)이라 했음을 볼 때, 1980년대의 신계몽주의는 왕후이가 비판하고 있는 것처럼 단순한 사조가 아니었음을 알 수 있다. 또한 왕사오광(王紹光), 추이즈위안 등과 함께 '신좌파'로 불리는 간양(甘陽)은 자신들을 마르크스-레닌주의식의 '구좌파'와 변별해 '자유 좌파'라 부르기도 했다. 그에 따르면, 1990년대 중국 자유파 지식인은 '자유 좌파'와 '자유 우파' 또는 '신좌파'와 '신우파'의 두 진영으로 분화되었다.(高力克 2007, 197) 간양의 명명은 나름 심오한 메시지를 내포하고 있다. 신좌파의 내함(內含)이 이제는 자유주의의 좌파라는 지적은 전통적 맥락의 좌파는 더는 중국에 존재하지 않는다는 것이 그것이다. 이렇게 볼 때 왕후이가 1980년대 '신계몽운동'에 참여했던 대부분의 비판적 지식인들을 싸잡아 '신계몽주의'로 비판하는 '유아독좌'(唯我獨左) 또는 '독야홍홍'(獨也紅紅)의 포지션은 새롭게 점검할 필요가 있다. 아울러 '신계몽주의'와 선을 긋고 있는 이른바 '신좌파'의 기원과 내력에 대해서도 별도의 해명이 필요할 것이다.

5. 루쉰의 개체성의 문화철학

1) 불멸의 루쉰

20세기 중국에서 루쉰은 불멸한다. 5·4 신문화운동을 논할 때 빠뜨릴 수 없고 1930년대 좌익문학 연구에서도 결락될 수 없다. 사회주의

30년 동안 누구도 건드릴 수 없는 성역이었을 뿐만 아니라 개혁개방 초기의 금구를 타파하는 데에도 루쉰 연구가 돌파구 노릇을 했다. 루쉰은 마오쩌둥식 혁명에서도 필수적 존재였지만, 그것을 부정하고 극복하는 데에도 유용한 방법이 되었다. 하지만 루쉰의 삶과 정신 역정은 그 결과처럼 단순하지는 않았다. 19~20세기의 과도적이고 개방적인 성격으로 인해 그는 끊임없이 신구(新舊) 사이에서 갈등했고, 중서(中西) 교류라는 시대적 특징으로 인해 그는 서양에 대한 지향과 배척 사이에서 배회했다. 게다가 좌우의 극한적 대립은 후기 루쉰에게 선택을 강요했고 그로 인해 자신의 현실적 선택과 이상 사이에서 방황했다. 그는 전통의 창신(創新)과 외래의 수용이라는 복잡한 시대적 과제에 직면해 복잡한 방식으로 해결하려 했고 복잡한 과제를 어느 것 하나 소홀히 하지 않으면서 그 해결책을 찾기 위해 자기 자신을 복잡하게 변화시키려고 노력했다. 그는 '식인사회'를 고발하면서도 자신의 식인 혐의를 부인하지 않았던 '광인'임을 자각했던 동시에 '황금 세계'가 도래해도 자신이 '이단자'가 될 것을 예감했었던 경계인이었다.

'마오쩌둥 문화'가 공식적 지배이데올로기로 작동하던 시기, 특히 문화대혁명 시기에 수많은 비판적 지식인은 마오쩌둥의 문장 외에는 마음 놓고 읽을 수 있는 글이 없었다. 그 와중에 『루쉰전집』이 금서 목록에 오르지 않았던 것은 커다란 위안이었다. "나는 저 황당한 시대에 태어나고 자라, 내 나이 열일곱 무렵 '지도자'의 전집 외에 자유롭게 읽을 수 있었던 저작 전집은 오직 『루쉰전집』뿐이었다."(왕샤오밍 1997, 5) 그러기에 신시기 초에 루쉰은 '사상 해방'의 상징이었고 실질적으로도 꼼꼼한 독서에 기초한 많은 연구가 이뤄졌다. 루쉰의 초기와 전기 사상에 대한 리쩌허우[10]의 연구가 포스트사회주의 시기 루쉰 연구를 위해 길을 닦았다면, 왕푸런의 '반봉건혁명의 거울'(王富仁 1986)과 첸리췬의 '선구자 영혼의 탐색'(錢理群 1988)이 수창(首倡)의 역할을 했고, 왕후이의 '절망에 반항'(汪暉 1991)은 신시기 루쉰 연구를 새로운 단계로 끌어올렸으며, 왕샤오밍의 '비껴서기'(橫站, 王曉明 1993)는 지식인의 비판적 자세를 새롭게 전유(專有)한 성과였다. 그리고 근현대 사상사의 역정에서 "오로지 루쉰만이 위대했다"[11]라는 리쩌허우의 평가는 이상의 논의를 징후적으로 총결한 평어라 할 수 있다. 이들은 루쉰을 단순한 연구 대상으로만 삼은 것이 아니라, 개인의 한계를 돌파하고 사회를 비판하는 과정에서 루쉰에게서 지혜를 구했다. 그들에게 루쉰은 자신의 학술적 문제를 해결하는 지남이었을 뿐만 아니라 지적·사회적 비판의 지혜의 보고였던 셈이다.

　왕후이는 자신의 박사논문인 『절망에 반항하라』[12]에서 루쉰의 사상과 문학 작품을 세 부분으로 나누어 연구했다. 첫째, 루쉰 사상의 역설, 둘째, 절망에 반항하는 역사적 중간물로서의 루쉰의 문학세계, 셋째, 루쉰 소설의 서사 원칙과 서사 방법이 그것이다. 이 글에서는 다음 두 가지에 초점을 맞춰 왕후이의 루쉰 연구를 검토하고자 한다. 첫째, 왕

10　李澤厚, 「第10章 略論魯迅思想的發展」, 『中國近代思想史論』, 北京 : 人民出版社, 1979.
11　리쩌허우, 『중국근대사상론』, 임춘성 옮김, 한길사, 2005, 754쪽. "그(루쉰―인용자)는 부단히 전진하는 반봉건 계몽의 도로를 개척했고, 그것은 오늘날에도 여전히 빛을 발하고 있다."(앞의 책, 같은 쪽)
12　이 책은 1990년 타이완에서 초판이 나온 후, 대륙 초판본은 1991년 출간되었다(汪暉, 『反抗絶望』, 上海 : 上海人民出版社, 1991). 그 후 2000년 수정본이 나왔고, 2008년 다시 찍었다. 국내 번역본(왕후이, 『절망에 반항하라』, 송인재 옮김, 글항아리, 2014)은 2008년 판을 저본으로 삼아 저자의 '상당 부분의 보완 작업'을 반영했다고 한다. 이 글에서는 국내 번역본을 저본으로 삼되 필요할 경우 2000년 수정본을 참조해 부분 수정했다. 이하 같음.

후이 학술 연구의 핵심어의 하나인 '근현대성의 역설'에 초점을 맞춰, 개체성의 원칙에 기초한 루쉰 사상의 역설을 검토한 후, 둘째, '변증법적 접합'의 관점에서 왕후이 루쉰 연구의 핵심어인 '역사적 중간물'의 내함을 고찰하고자 한다. 그에 앞서 루쉰의 개체성 원칙에 특별한 영향을 준 것으로 보이는 막스 슈티르너(Max Stirner)의 '유일자'에 대해 검토하고자 한다.

2) 슈티르너의 유일자

우리는 서양 근현대 철학사를 섭렵하고 있는 루쉰의 방대한 독서량에 놀라움을 금치 못하는 가운데 익숙지 않은 한 이름에 주목하게 된다. 그것은 바로 막스 슈티르너[13]다. 왕후이는 흔히 알려진 대로 루쉰이 니체의 영향을 받았을 뿐만 아니라, 그와 다른 맥락에서 슈티르너의 영향을 '상당히' 받았음을 여러 차례 지적하고 있다. 특히 왕후이가 초점을 맞추고 있는 루쉰의 '개체성 원칙'은 상당 부분 슈티르너의 『유일자와 그 소유』[14]의 영향을 받았다는 것이 왕후이의 판단이다. 루쉰은

---

13 막스 슈티르너(Max Stirner), 본명은 요한 카스파 슈미트(Johann Kaspar Schmidt). 19세기 독일의 철학자. 1806년 10월에 독일 바바리아에서 태어나 1826~1829년에 베를린과 에를랑겐 등지에서 철학과 신학을 공부했다. 1835년에 베를린대학 철학과를 졸업했다. 졸업논문인 「교육법을 논함」은 통과되지 않았다. 1839년부터 베를린의 한 여학교에서 교편을 잡았다. 1842년에는 청년 마르크스가 편집하는 『라인신문』에 글을 투고하기도 했다. 1856년 6월에 베를린에서 세상을 떠났다. 주요 저서로 『유일자와 그 소유』(1844), 『반동의 역사』(1852) 등이 있다.
14 막스 슈티르너의 원저는 1844년 10월(책에는 1845년으로 표시) 라이프치히에서 출간되었다(Max Stirner, *Der Einzige und sein Eigentum*, 1845). 1907년 아나키스트였던 스티븐 빙톤에 의해 영어로 번역되었고(Max Stirner, *The Ego and His Own*, trans. Steven T. Byington, New York: B.R. Tucker Publisher, 1907), 같은 판본이 1995년에 다시 출간되었다(*The Ego and His Own*, edited by David Leopold, Cambridge: Cambridge University Press, 1995). 그리고 2017년 월피 랜드슈트라이허에 의해 새롭게 번역되었다(Max Stirner, *The Unique and Its Property*, trans. Wolfi Landstreicher, Underground Amusements, 2017). 참고로 『절망에 반항하라』(국내 번역본)에서는 1912년 간행된 판본(Max Stirner,

1922년 「『노동자 셰빌로프』를 번역하고」에서 다음과 같이 말했다.

> 우리들 중에는 가끔 내가 니체의 영향을 받았다고 말하는 사람이 있다.
> 이것은 내게 대단히 불가사의하다. 이유는 지극히 간단한데, 나는 니체를
> 읽은 적이 없기 때문이다.—내가 보다 익숙하고 보다 깊이 이해하고 있는
> 이는 슈티르너(Max Stirner)이다.[15]

루쉰의 언설은 때로 액면 그대로 받아들여서는 안 되는 부분이 있
다. 위 인용문의 니체에 대한 언급이 그러하다. 루쉰이 받은 니체의 영
향에 관해서는 이미 많은 연구 성과가 나와 있으므로 굳이 여기에서
반복할 필요는 없을 것이다. 하지만 위의 인용문으로부터 우리는 최소
한 루쉰이 슈티르너의 영향을 깊이 받았음을 인정하고 있음을 확인할
수 있다.

슈티르너는 "니힐리즘, 실존주의, 정신분석 이론, 포스트모더니즘,
그리고 아나키즘, 특히 개인주의적 아나키즘의 선구자로 간주된다".[16]
그는 "서유럽 사상사의 현대적 맥락에서 스스로 형이상학을 제거한 첫
번째 인물"일 뿐 아니라 "마르크스가 철저하게 인간주의를 벗어나 역
사유물론의 과학혁명으로 나아가는 데 직접적인 영향력을 미쳤다"(장
이빙 2018, 583). 슈티르너의 『유일자와 그 소유』의 영향을 받아 "마르크

The Ego and His Own, London:A.C. Fifield, 1912)을 참고하고 있다. 한편 중국에서는 1989년 번역 출간
되었다(施蒂納, 『唯一者及其所有物』, 金海民譯, 香港: 商務印書館, 1989).

15 루쉰, 「『노동자 셰빌로프』를 번역하고」, 『루쉰전집』 제12권, 루쉰전집번역위원회 옮김, 그린비, 2016,
384쪽.

16 막스 슈티르너, 위키백과

스는 포이어바흐의 유적 본질의 논리적 질곡으로부터 해방되었다"(장 이빙 2018, 608). 여기에서 그의 전체 사상을 살펴볼 여유는 없고, 루쉰 의 개체성 원칙과 관련된 부분을 영문 번역본(Stirner 2017) 및 중문 번 역본(施蒂納 1989)과 장이빙(2018)을 중심으로 고찰해 보도록 하자.

슈티르너의『유일자와 그 소유』는 "나는 무(無, Nichts)를 내 삶의 기 초로 삼는다"[17]라는 문장으로 시작한다. 그는 포이어바흐와 헤스, 그 리고 청년 마르크스가 제기한 '인간은 인간에 대해 최고 본질'이라 는 인간주의의 슬로건에 대해, 현실 존재로서의 개인인 '나는 모든 것 보다 숭고하다'라는 명제로 문제를 제기했다. 슈티르너의 키워드는 '나', '이기주의', '유일자'(the unique)다. 이 세 가지의 대표인 '유일자' 의 사명은 '무'(無)다. 그의 '무'는 정치적인 무정부일 뿐 아니라 존재론 (ontology)적 의미에서의 철저한 소멸과 자유이며 전통적 형이상학에 대한 최초의 근본적 전복이다. 그리고 '나'는 어떤 대상이 어떤 총체적 관계로부터 의지하지 않는 현실의 개인이다. 슈티르너의 '유일자'는 니체의 '초인'에 영향을 주었고 새로운 인간주의의 입장에서 고전 인 간주의의 본질을 반대하는 개인으로 볼 수 있다. 나아가 '무'를 본질로 하는 '유일자'는 오늘날 포스트모더니즘에서 일컫는 개인과 주체 그리 고 사형을 선고받은 저자의 선구라 할 수 있다. 이렇듯 슈티르너 사상 의 의미는 역사적인 맥락을 초월해 당대성도 가지고 있다.

『유일자와 그 소유』는 인류(humanity)와 소유(ownness)의 두 부분으 로 구성되어 있는데, 제1장에서 슈티르너는 인류 개체의 발전을 세 단

---

17 "I Have Based My Affair on Nothing." Max Stirner, *The Unique and Its Property*, 2017, p.25.

계로 나누었다. 첫째 단계 '유년 시기'는 인간이 사물 대상과 관계를 맺는 초보적 리얼리즘 시기이고, 둘째 단계 '청년 시기'는 이상주의 관점의 시기이며, 셋째 단계 '성인 시기'에서 성인은 이상에 따르는 것이 아니라 이익에 따라 세계에 대응한다. 이것이 바로 슈티르너가 긍정하는 자기중심으로 사람을 대하는 '제2의 자기 발견'이며 사물에 얽히지 않고 객관적 실재에서 출발하는 현실적 입장이기도 하다. 슈티르너는 고대인의 관념은 유년기의 산물이고, 중세 이후 모든 근대 관념은 성숙하지 못한 청년의 추상적이고 보편적인 정신결정론이라 비판하면서, 자신의 관념만이 진정한 성인의 성숙한 사상을 대표한다고 주장했다.

그는 나아가 부르주아 자유주의와 사회주의도 반대했다. 부르주아 자유주의는 봉건 전제에서 벗어난 것이고, 사회주의의 자유는 자본의 통치에서 해방되어 나온 것이라고 하지만, 슈티르너가 보기에 이들 자유는 허구라는 것이다. 슈티르너가 보기에 중세시대와 비교했을 때 "자유주의는 또 다른 개념을 화제로 제시했을 뿐이다. 즉, 신을 대체한 것은 인간이라는 개념이고 교회를 대체한 것은 국가라는 개념이며 신앙을 대체한 것은 '과학이라는' 개념이다. 요컨대 '생경한 교조'와 계율을 대체한 것은 현실적 개념과 영원한 법규다"(麥克斯·施蒂納 1989, 103). 자유주의는 중세의 신과 교회와 신앙을 인간과 국가와 과학으로 대체했을 뿐, 그 본질이 억압이라는 점에서 다를 바가 없다는 것이다. 단지 기독교의 계율을 부르주아 법규로 대체했을 뿐이다.

슈티르너가 보기에 사회주의는 사회적 자유주의(social liberalism)에 불과하다. 그것은 '개인'이 재산을 점유하지 못하게 하고 '모두'가 재산을 점유해야 한다고 주장하는 것이다. "무산자가 희망하는 대로 빈부격차를 소멸시킨 '사회'를 건립한다면 그는 '유민'이 될 것이다."(麥克斯·施蒂納 1989, 126) 이 '유민'은 부르주아혁명이 '시민'으로 치켜세웠던 것과 비슷하게 빈껍데기에 불과하다. 왜냐하면 '유민'은 아무것도 가지지 못하고 '사회'만이 재산을 가지게 되는데, 이 '사회'는 '추상'적 권력이기 때문이다. 그 앞에서 모든 '유민'은 평등하게 아무것도 아니게 된다.

정치적 자유주의와 사회적 자유주의에 대한 슈티르너의 결론은 이렇다. "정치적 자유주의에서 어떤 사람도 명령을 발표하지 않는 것과 마찬가지로 (사회적 자유주의에서는—인용자) 어떤 사람도 무언가를 소유하는 것이 허락되지 않는다. 또한 (정치적 자유주의에서—인용자) 국가만이 명령권을 가지는 것과 마찬가지로 (사회적 자유주의에서는—인용자) 사회만이 재산을 가지게 된다."(麥克斯·施蒂納, 125) 둘 다 개인의 권리를 침해하는 것은 마찬가지라는 것이다. 이처럼 부르주아 자유주의 및 그 대안으로 제시된 사회주의까지 부정하는 슈티르너의 '유일자' 개념의 핵심은 '대체 불가능한 유일자로서의 개인'이다.

그간 슈티르너는 마르크스에게 비판받으면서 많은 이들에게 잊혔지만, 마르크스주의 내부에서도 재평가의 움직임이 있다. 이를테면 에티엔 발리바르(Étienne Balibar)는 다음과 같이 논하기도 했다.

슈티르너는 어떤 믿음도 어떤 [대문자] 관념도 어떤 '거대 서사'도, 그러니까 [대문자] 신, [대문자] 인간, [대문자] 교회, [대문자] 국가의 거대 서사도 원하지 않으며, 또한 동시에 [대문자] 혁명의 거대 서사도 원하지 않는 것이다. 그리고 실제로/현실적으로(en effet) **인권**과 **공산주의** 사이에 아무런 논리적 차이가 없듯이, **기독교**(chrétientié), **인류, 인민, 사회, 민족**(nation) 또는 **프롤레타리아** 사이에는 아무런 논리적 차이가 없다. 이 모든 보편적 통념은 실제로는/현실적으로는(effectivement) 추상물일 뿐이며, 이 추상물은 슈티르너의 관점에서는 허구들일 뿐이라는 점을 의미한다.(발리바르 2018, 114~115. 강조는 저자)

즉, 슈티르너는 기독교 신학과 계몽 정신 그리고 시민의식으로부터 급진적인 인간주의와 공산주의까지 포함해 모든 '유(類)적 존재'와 '총체'를 허구(fiction)로 간주했다는 것이다. 슈티르너는 개인에 대한 '유적 존재'와 '총체'의 압박을 반대하면서 당시 유럽에 존재하던 거의 모든 사상과 논쟁을 벌였다. 슈티르너는 신학에서 헤겔까지, 헤겔에서 다시 포이어바흐까지의 변화가 시간의 추이에 따라 신성한 정신이 '절대 관념'으로 변한 것에 불과하다고 보았고, 이 절대 관념이 또 여러 가지로 변해 인류애와 합리성, 시민 도덕 등등 여러 가지 관념을 낳았다고 비판했다.

슈티르너는 오직 눈에 보이는 개체의 존재만을 믿었다. 이런 개인을 슈티르너는 '유일자'라고 일컬었다. 슈티르너에게 있어 '유일자'는 삶의 기초가 되는 창조자이고 그것은 영원불멸하지 않은 무(無)이다. "내가 유일자인 나 자신을 내 삶의 기초로 삼는다면, 내 삶은 자신을 소비하는 일시적이고 사멸하는 창조자에게 의거하는 것이다. 그리고 나는 이렇게 말할 것이다. 나는 무(無)를 내 삶의 기초로 삼았다."(Stirner 2017, 377) 슈티르너의 '유일자'는 루쉰의 개체성 문화철학의 근간이 되고 있다.

3) 루쉰의 개체성/주체성의 문화철학

루쉰은 27세인 1907년에 쓴 글 「문화편향론」에서 슈티르너의 사상을
아래와 같이 요약한 바 있다.

사물이 극에 달하면 방향을 바꾸게 마련이니 투쟁하는 선각자가 출현하
게 된다. 독일인 슈티르너(M. Stirner)가 가장 먼저 극단적인 개인주의를
내걸고 세상에 나타났다. 그는 진정한 진보는 자기 발아래에 있다고 했
다. 인간은 자기 개성을 발휘함으로써 관념적인 세계의 속박에서 벗어날
수 있다. 이 자기 개성이야말로 조물주이다. 오직 이 자기(我)만이 본래 자
유를 소유하고 있다. 자유는 본래 자기에게 있는 것이므로 다른 데서 구
한다면 이는 모순이다. 자유는 힘으로써 얻게 되는데, 그 힘은 바로 개인
에게 있고, 또한 그것은 개인의 자산이면서 권리이기도 하다. 그러므로
만일 외부 압력이 가해진다면 그것이 군주에서 나왔든 또는 대중에서 나
왔든 관계없이 다 전제이다. 국가가 나에게 국민의 의지와 함께해야 한다
고 말하면 이 또한 하나의 전제이다. 대중의 의지가 법률로 표현되면 나
는 그 속박을 곧 받아들이는데, 비록 법률이 나의 노예라고 하더라도 나
또한 마찬가지로 노예일 뿐이다. 법률을 제거하기 위해서는 어떻게 해야
하는가? 의무를 폐지해야 한다고 한다. 의무를 폐지하면 법률은 그와 함
께 사라진다는 것이다. 그 의미인즉, 한 개인의 사상과 행동은 반드시 자
기를 중추로 삼고 자기를 궁극으로 삼아야 한다는 것이며, 다시 말하면
자아 개성을 확립하여 절대적인 자유자가 되어야 한다는 것이다.[18]

---

18 루쉰, 「문화편향론」, 『루쉰전집』 제1권, 91~92쪽.

루쉰에 따르면, 슈티르너는 '극단적 개인주의'의 '투쟁하는 선각자'로, '개성을 조물주'로 삼아 '외부 압력' ─ 종교, 군주, 대중, 국가, 법률 등 ─에 굴하지 말고 개인의 자유를 추구하고 개성을 확립하여 '절대적인 자유자'가 될 것을 주장했다.

　루쉰의 개체성 문화철학의 핵심에는 자유로운 개인이 놓여 있다. 자유로운 개인은 '자아 개성을 확립'한 '절대적 자유자'를 가리킨다. 왕후이는 루쉰의 '절대적 자유자'를 네 차원으로 나눠 분석하고 있다. 첫째, 현실적이고 구체적이지만 보편적이지 않은 사람이다.(왕후이 2014a, 77) 둘째, 루쉰은 개체성 이론을 논리적으로 확장해 자아를 주체로 삼고 자기를 발양시키고 천재를 높였다. "오늘날 귀하게 대접하고 기대해야 할 사람은 대중의 시끄러운 목소리에 부화뇌동하지 않고 홀로 자신만의 견해를 갖추고 있는 선비다. 이런 사람은 어둠 속에 감춰진 실상을 통찰하고 문명을 비평하면서도 망령된 자들과는 시시비비를 함께하지 않고 오직 자신의 소신을 향해 나아간다. 온 세상이 그를 찬양해도 그에게 아무것도 권할 수 없으며, 온 세상이 그를 비난해도 그의 행동을 가로막을 수 없다."[19] 셋째, 정신적 개체, 주관적 사상가이고, 넷째, 초월적 주체로, 시간과 공간을 초월하는 주체다. 이처럼 루쉰이 추구한 '절대적 자유자'는 루쉰 문화철학의 핵심 주제인 동시에 "이 자유로운 개체는 선택·자유·유일자·생명 의지·주관적 진리다. 궁극적으로 그것은 유한한 상태로부터 무한한 절대를 추구함으로써 초월을 얻고 객체와 타자로 돌아간다"(왕후이, 89). 그러나 루쉰은 절대적으로 자

---

19 루쉰, 「파악성론」, 『루쉰전집』 10권, 63~64쪽.

유로운 개체를 추구하는 것에 그치지 않았다. 루쉰은 인간의 개체성과 주관성을 중심에 두고 사회와 역사를 생각했다. 여기에 루쉰 근현대성의 특징이 있다.

왕후이가 루쉰 계몽주의의 기본 특징을 휴머니즘과 개성주의 진화론으로 보는 것은 타당하다. 그러나 루쉰은 계몽주의나 이성 철학에서 사상적 원천을 흡수한 것이 아니라, 주로 19세기 말엽의 비이성적 철학 사조, 위진(魏晉) 시대의 품격과 같은 중국의 전통, 민간 문화에서 사상적 자원을 찾아 중국의 현실 속에서 이성적 계몽주의로 전화시켰다. 이 과정에서 루쉰은 개인의 독립성이나 개체성의 문제를 사고의 중심에 두었던 것이다.(왕후이 2014a, 18) 루쉰은 이성주의 철학 체계를 비판함으로써 개인 중심의 비이성주의 사상체계를 수립한 슈티르너, 쇼펜하우어, 니체, 키르케고르, 베르그송 등의 이론을 수용해 "개인의 자유의지를 자본주의적 정치제도 및 자유평등 원칙과 대립시켰다. 그리고 후자가 군주전제와 마찬가지로 개인과 개성을 속박한다고 보았다"(왕후이, 62). 루쉰은 "자유는 힘으로 얻을 수 있고 힘은 곧 개인에게 있으며 재산이자 권리"(「문화편향론」)라는 슈티르너의 관점에 주목했고, "칼한 자루의 힘이 곧 권리다. 국가의 법도이자 사회의 도덕은 멸시하듯 본다"(「마라시력설」)라는 바이런의 정신을 칭찬했으며, "희망은 오직 큰 선비와 천재에게만 걸 수 있다. 우민을 본위로 하는 것은 나쁘기가 뱀이나 전갈과 다름없다"(「문화편향론」)라는 니체의 태도를 칭송했다. 우리는 이상의 언설에서도 슈티르너 등의 영향을 읽을 수 있다. 이처럼 루쉰은 봉건 전제를 반대했을 뿐만 아니라 자본주의적 정치제도 및 자유평등 원칙도 반대했다. 봉건제와 자본제를 구별하지 않은 것이 아니라 그것들이 개인과 개성을 속박한다는 점에서는 다를 바 없음을 간파했기 때문이다. 그리고 현실 세계를 움직이고 있는 것은 힘과 권력이고 법과 도덕의 무기력함을 설파하면서 그 힘과 권력을 올바른 방향으로 사용할 큰 선비와 천재의 출현에 희망을 기탁할 수밖에 없음을 초기에서부터 간파했던 것이다.

왕후이는 여기에서 한 걸음 더 나아간다. 루쉰이 '인간의 개체성과 주관성을 중심에 두고 사회와 역사를 생각'함으로써 '문화편향이라는 역사변증법을 구축했다'(앞의 책, 91)라고 본 것이다. 루쉰은 「과학사교편」에서 역사 발전과 인류의 자연 정복 능력의 관계에 관한 변증법적 관점과 "이른바 세계란 직진하지 않고 항상 나선형으로 굴곡을 그리며, 대파(大波)와 소파(小波)가 천태만상으로 기복을 이루면서 오랫동안 진퇴(進退)를 거듭하여 하류에 도달한다"[20] 것에 관한 객관적 변증법의 관점을 서술한 것에 그치지 않고, "대개 오늘날 이루어 놓은 것을 보면, 이전 사람들이 남겨 놓은 것을 계승하지 않은 것이 하나도 없기에 문명은 반드시 시대에 따라 변하게 마련이며, 또 이전 시대의 대조류에 저항하는 것이기도 하기에 문명 역시 편향을 지니지 않을 수 없다"[21]는 '문화편향'의 역사변증법도 파악하고 있었다고 본 것이다. 이지점에서 왕후이는 루쉰이 '개체성 원칙'을 '인간의 주체성, 주관성, 초월성에 관한 이론'으로 승화시켰을 뿐만 아니라 '문화편향'이라는 '부정의 변증법'을 구축했다(앞의 책, 94)고 평하고 있다.

20 루쉰, 「과학사교편」, 『루쉰전집』 1권, 59쪽.
21 루쉰, 「문화편향론」, 앞의 책, 83쪽.

6. 역사적 중간물의 개인적 동일성

왕후이의 루쉰 연구는 루쉰 연구사에서 특별한 위치를 점하고 있는 것으로 보인다. 선배 연구자들이 루쉰을 반봉건 계몽의 기수(리쩌허우), 반봉건의 거울(왕푸런), 개성주의와 휴머니즘의 대립 통일[22]로 본 반면, 왕후이는 루쉰을 역설의 결과물로 보고 있다는 점에서 큰 차이가 있다. 왕후이가 『절망에 반항하라』에서 논술하고 있는 루쉰의 사상과 문학은 마치 위태로운 '줄타기'를 연상시킨다. 루쉰은 개인과 네이션 사이에서, 진화와 윤회 사이에서 양자를 빈번하게 드나들며 양자의 공생을 모색하며 균형을 잡고 있기에 그러하다. 루쉰의 삶은 모순과 방황으로 가득하고 그의 내면세계는 애증으로 얽혀 있다. 그의 모순과 방황 그리고 애증에 대해 왕후이는 루쉰의 역설적 정신구조를 거론하면서 그 세계사적 문화이론 배경을 아래와 같이 서술하고 있다.

인간의 개체성, 주관성, 자유로운 본질, 선택과 부정, 초월성으로부터 고독한 개체의 고독, 우울, 절망, 반항, '죽음을 향해 존재하는 것', 죄책감의 느낌과 체험 등으로 발전하는데, 이런 사유 경로의 출발점은 개체의 생존이다. 그 문화이론적 배경은 슈티르너, 쇼펜하우어, 니체, 키르케고르, 안드레예프, 가르신, 도스토옙스키, 구리야가와 하쿠손이다. 과학이성, 진화이론, 민주공화에서 데모크라시와 사이언스 선생, 문명비평, 사회비평까

---

22 첸리췬은 "'개인 본위주의'의 개성주의 사상과 '어린이, 약자, 아랫사람 본위주의'의 휴머니즘 사상의 대립 통일은 루쉰 초기 사상의 가장 선명한 특색을 구성했다"라고 평한 바 있다.

지, 그리고 경제 제도, 무계급사회에 이르는 사유의 줄거리[線索]는 사회 집단을 출발점으로 삼고, '유'(類) 그리고 유와 자연의 관계를 출발점으로 삼는다. 그 문화이론적 배경은 베이컨, 데카르트, 다윈, 계몽철학, 마르크스주의다.[23]

루쉰은 이미 초기에 서양 근현대 사상사의 방대한 저술을 섭렵했는데, 더욱 중요한 것은 그의 독서 목록에 이른바 이성주의 계열의 사상가와 이성주의를 비판한 비이성주의 계열의 사상가가 동시에 망라되어 있다는 사실이다. 이 두 계열의 사상은 분명 상호 모순을 가지고 있는데 루쉰은 그것들을 어떻게 한 몸에 수용할 수 있었을까? 왕후이에 따르면, 루쉰에게는 두 계열을 아우르는 어떤 '개인적 동일성'이 존재한다고 본다.

대립적인 사유 논리는 결코 루쉰의 첨예한 심리적 긴장을 초래하지 않았다. 정반대로 루쉰은 줄곧 현실 문제 해결을 자신의 이론적 사유의 역사적 전제로 삼았기 때문에, 사변 내용에 대한 실용적 혹은 현실적 이해를 통해 서로 다른 사상적 관점이 '동일한' 현실적 필요 속에서 완충되었다. 중국 근현대 사상가에게서 '엄연한' 동일 논리 체계를 찾으려는 노력은 늘 수포로 돌아가곤 한다. 그들은 서로 다른 상황, 심지어 같은 상황에서도 완전히 다른 사상을 신봉했다. 그러나 그들의 혼란스러운 이론적 견해의 배후에는 또 사유 방법과 심리의 어떤 '동일성'이 확실히 존재했다.

---

23 왕후이, 『절망에 반항하라』, 119쪽; 汪暉, 『反抗絶望』, 48~49頁.

그것은 바로 중국 지식인의 완강한 '실용이성'과 시국을 한탄하고 나라를 걱정하는 내재적 격정이었다.[24]

대립적인 사유 논리를 체계적으로 해결하지 못했지만, 현실 문제 해결을 위해 고대 중국으로부터 실용이성과 우국우민(憂國憂民)의 사대부 전통이라는 '동일성'을 가져왔다는 진단이다. '동일성'에 대해 왕후이는 또 다른 부분에서 아래와 같이 논술하고 있다.

사유 논리의 일치성은 이미 깨졌지만 루쉰에게는 그 사이에 여전히 어떤 '개인적 동일성'(개체의 생존과 사회의 해방이 항상 인간의 주체성 수립과 인간 해방을 근본 목적으로 삼는 것)이 존재한다. 더 넓은 의미에서 보면 이 두 측면은 모두 인간과 인간의 사회성에 대한 루쉰의 이해에 예속됨으로써 깊은 사회문화적 비판과 복잡한 개체적 생명 체험이 얽힌 독특한 사상체계를 형성한다.[25]

바꿔 말하면, '개체의 생존'과 '사회의 해방'이라는 논리적으로 모순된 과제가 항상 '인간의 주체성 수립과 인간 해방'이라는 근본 목적 안에서 '접합'(articulation)된다는 것이다. 왕후이는 개체의 생존과 사회 해방이 줄곧 인간의 주체성 수립과 인간 해방을 근본 목적으로 삼는 것을 '개인적 동일성'이라 명명했는데, 이 개인적 동일성이 성립하기

---

24 왕후이, 『절망에 반항하라』, 99~100쪽; 汪暉, 앞의 책, 34頁.
25 왕후이, 앞의 책, 56~57쪽; 汪暉, 앞의 책, 4~5頁.

위해서는 반대 방향, 즉 인간의 주체성 수립과 인간 해방의 과제 또한 개체의 생존과 사회의 해방을 전제해야 한다. 결국 개인적 동일성이란 양방향의 접합이 이루어져야 가능한 법인데, 왕후이는 한 방향만을 거론하고 있는 셈이다.

그러나 모순적인 문화이론적 배경이 항상 접합으로 귀결되는 것은 아니었다. "이 두 측면은 루쉰의 반전통이라는 사회적 실천 과정에서는 서로 유사한 실천적 의미를 가졌음에도 불구하고 루쉰 자신의 정신구조에서는 일종의 역설적 존재를 이루었다."[26] 우리는 루쉰의 정신구조에서 이중의 역설 관계를 읽을 수 있다. 역설 관계의 첫번째 층위에서 두 가지 문화이론적 배경 자체가 루쉰의 정신구조 내에서 모순적 관계를 이루고 있다. 역설 관계의 두번째 층위에서는 모순 관계임에도 불구하고 실천 과정에서는 두 계열의 문화이론적 배경이 유사한 실천적 의미가 있다는 사실이다. 이에 대해 왕후이는 아래와 같이 해명하고 있다.

이성과 비이성, 생명과 죽음, 희망과 절망, 비관과 낙관, 이 모든 것은 루쉰의 세계에서 깊은 역설적 관계를 형성한다. 그는 전자도 믿고 후자도 믿지만 양측은 각자 이론적 근거를 갖고 있으며 서로 충돌한다. 여기에는 결코 완전하지 않은 '동일'한 통일점이 있을 뿐이다. 그것은 곧 반항, 즉 사회생활과 개체 생존에 대한 반항이다! 따라서 루쉰은 중국 역사상 가장 용맹하고 비장한 반봉건 전사인 동시에 중국 근현대 문화사에서 전통과

---

26 왕후이, 앞의 책, 119쪽; 汪暉, 『反抗絶望』, 49頁.

근현대에 동시에 의문을 던진 사상가이자 문학가다.[27]

왕후이에 따르면, 루쉰의 문화철학 프레임 내에서 상호 어긋나는 두 가지 부분이 병존하고 있다. 하나는 개체성과 주관성 원칙이고, 다른 하나는 과학 이성 정신 및 진화론적 역사관이다. 이 양자는 논리적으로 병존하기 어렵다. 그러나 루쉰은 이 두 가지 문화철학을 '현실 문제 해결'을 위해 양자 사이에서 '사유 방법과 심리의 동일성' 또는 '개인적 동일성'을 찾아냈다는 것이다. 왕후이는 다른 곳에서 '통일되지 않음에서의 통일'(왕후이 2014a, 108), '종합적 혹은 중용적 사유 모델'(왕후이, 135)이란 표현도 썼는데, 그것은 바로 중국 사대부의 실용이성과 우국우민(憂國憂民) 전통이라는 것이다.

루쉰의 주체성 문화철학은 서양의 비이성주의 철학을 배경으로 삼고 있지만, 그것은 낙후한 중국 현실이라는 상황에서 중국 지식인 특유의 '실용이성' 전통에 힘입어 실천 과정에서 18세기 이후 이성적 계몽 전통과 가까워졌다는 것이 왕후이의 진단이다. 서유럽의 '비이성적 사상가가 이성의 사유에 포섭'(앞의 책, 104)된 것이다. 그로 인해 '휴머니즘, 진화론, 개성 해방' 등으로 구성된 '루쉰의 계몽주의 사상체계'에서 "슈티르너, 니체, 입센은 톨스토이와 함께 봉건 전통을 비판하는 '궤도파괴자'의 범주에 포함되었다"(앞의 책, 105). 루쉰의 강점은 바로 "전통에 반발하면서도 전통 속에 있었고 서양의 가치를 창도하면서도 서양의 야심에 경계심을 늦추지 않았다"(앞의 책, 124~125)라는 점에 존

---

27 왕후이, 『절망에 반항하라』, 122쪽; 汪暉, 앞의 책, 51頁.

재한다. 전통 방면에 대해 말하자면, 대부분 지식인이 전통을 완강하게 고수하거나 아니면 그것을 완전히 내동댕이쳤을 때, 오로지 루쉰만이 위대하게 전통에 반발하는 동시에 그것의 장점을 견지하는 이중적 태도를 보였다. 마찬가지로 서양에 대해서도 학습하는 동시에 경계하는 자세를 취했다. 전자를 전통의 창조적 계승이라 한다면 후자를 외래의 비판적 수용이라 할 수 있다. 어떤 전통에 반발하고 어떤 전통을 견지했는지, 그리고 어떤 서양을 학습하고 어떤 서양을 경계했는지에 대해 꼼꼼하게 분석하는 것은 별도의 과제다.

7. 용어의 문제

「당대 중국의 사상 상황과 근현대성 문제」에서 유아독좌(唯我獨左)적 포지션을 취했던 왕후이의 '차별화'(differentiation) 경향은 『절망에 반항하라』에서는 독자적인 용어 선택으로 나타나고 있다. 왕후이는 키워드 공장이라 불러도 될 만큼 많은 용어를 조합하거나 새롭게 전유해냈다. 하지만 어떤 용어들은 기존 용어와 비슷한 기의(signifié)를 가지고 있음에도 불구하고 기표(signifiant)를 달리하고 있다. 그는 마오쩌둥 이래 흔히 쓰던 모순이란 말 대신 '역설'[悖論]이란 용어를 선택했고, 반봉건이란 용어를 '반전통'으로 대체했으며, '개체성'이란 용어를 '주체성'에 해당하는 의미로 사용했다. 아울러 '개인적 동일성'이란 애매한 용어를 만들어 '변증법적 접합'에 가까운 의미로 사용했다. 인문학의 특색 가운데 하나가 끊임없는 새로운 해석이라 할 수 있지만, 새롭게 해석하는 것과 유사한 개념을 혼용하는 것은 별개의 일이다. 특히 '반전통'과 '개체성'은 내용적으로 '반봉건'과 '주체성'이라는 개념에 새롭게 보탠 것이 없어 보이고, '개인적 동일성'이란 용어는 '변증법적 접합'이라는 풍부한 내용을 아우르지 못한 채 거꾸로 읽는 이의 혼란만 초래할 뿐이다. 한 차례 사용한 '통일되지 않음에서의 통일'이란 표현이 '개인적 동일성'보다 훨씬 설득력 있어 보인다.

왕후이가 루쉰을 관찰하며 건져 올린 키워드 가운데 가장 중요한 것은 '역사적 중간물'과 '절망에 반항'이고 그다음으로는 '개체성'을 꼽아야 할 것 같다. 개체성이란 individuality의 역어로, '더는 나눌 수 없는 것'의 의미가 있는데, 왕후이는 개체성을 간혹 주체성이나 주관성과 혼용 또는 병용함으로써 혼란을 자초하고 있다. 심지어 "루쉰의 이론은 주체성 사상의 토대 위에서 수립된 비판 이론이라 할 수 있다"(왕후이 2014a, 71)라고 함으로써 개체성과 주체성이 사실상 같은 개념임을 토로하기도 했다. 참고로 리쩌허우는 주체성을 '실천적 주체 철학'의 핵심어로 설정하고는 주체성(subjectality)을 주관성(subjectivity)과 구별하면서, '인류 총체로서의 주체성'과 '개체 주체성'으로 나누고 있는데(李澤厚 2016, 7), 리쩌허우의 개체 주체성은 왕후이의 개체성을 포괄하는 개념으로 이해해도 될 것으로 보인다.

왕후이는 루쉰을 연구할 때도 루쉰 사상의 '역설'에 주목했고, 서유럽과 중국의 근현대성을 천착할 때도 그 '역설'에 초점을 맞추었다. '근현대성의 역설'은 중국을 비롯한 동아시아를 넘어 '비서유럽 사회'의 공통된 과제이기도 하다. 나아가 그것은 필연적으로 전통과의 관계에 대해 심문받게 된다. 모로코의 지식인 라로이(Abdallah Laroui)는 『아랍 지식인의 위기—전통주의 또는 역사주의?』에서 그 딜레마를 '서유럽화를 추진함으로써 전통에서 탈출하는 것'과 '영원히 후진성을 넘어설 수 없을 것이라는 점을 각오하면서 정체성의 근원으로서 전통을 재확인하는 것' 사이의 함정 속에 위치[28]시킴으로써, '서유럽화와 전통 사이의 함정'을 지적했다. 라로이는 이 함정을 두 종류의 소외로 요약했는데, '서유럽 지향적 소외'와 '전통 지향적 소외'가 그것이다. '전통 지향적 소외'란 "고전적인 아라비아 문화의 위대한 시대와의 마법에 가까운 동일시를 통해 얻은 과장된 중세화"[29]를 가리키는데 '과장된 중세화'에서 비롯된 '전통 지향적 소외'라는 지적은 중국과 공유 가능한 언급이다. 그러나 서유럽 모더니티가 단일한 것이 아니었듯이, 전통 또한 일률적으로 중세 또는 봉건과 동일시할 수는 없다. 그뿐만 아니라 근현대 이후 '서유럽 이외의 사회'에서 운위되는 '전통'은 더 이상 그 사회의 순수한 전통이 아니라 '서유럽 이외의 사회' 사람들에 의해서 '내면화된 오리엔탈리즘의 산물'이 될 수밖에 없다. 딜릭은 이를 '자아-오리엔탈리즘화'(self-orientalisation) 또는 '뒤집어 놓은 오리엔탈리즘'(orientalism in reverse)이라고 명명하기도 했다.(딜릭 2000, 82) 이렇게 볼 때 동아시아 또는 비서유럽 사회의 근현대성과 전통/중세/봉건의 관계는 함께 고민해야 할 고차원의 방정식이다.

유감스럽게도 왕후이는 '모더니티에 반하는 근현대성'을 다룬 글

---

28 Abdallah Laroui, *The Crisis of the Arab Intellectuals*, trans. Diarmid Cammed, Berkeley: University of California Press, 1976. 여기서는 아리프 딜릭, 「역사와 대립되는 문화인가」, 「발견으로서의 동아시아」, 전형준 외 엮음, 문학과지성사, 2000, 81쪽에서 재인용.

29 Ibid., p.156. "the exaggerated medievalization obtained through quasi-magical identification with the great period of classical Arabian culture."

에서는 전통 항목을 누락시켰다. '근현대와 전통'의 이분법을 비판하고 근현대화 과정에서 발생하는 오류를 전통 탓으로 돌리는 '반봉건'을 비판하면서 전통을 누락시켰다. 하지만 왕후이는 루쉰 연구(汪暉 1991; 汪暉 2000a; 왕후이 2014a)에서 '근현대와 전통'의 '변증법적 절합'(dialectic articulation) 관계에 대해 천착하고 있다.

왕후이는 "루쉰은 … 중국 전통문화는 결코 봉건 문화와 동일하지 않고 긍정적 요소를 담고 있으며 '연속'의 가능성과 필연성이 존재한다고 생각했다"(왕후이 2014a, 131)라고 하여 분명 전통과 봉건을 변별했으면서도 굳이 '반전통'이란 표현을 고집하고 있다. 반봉건이라는 마오쩌둥의 용어에 물려서일까? 왕후이는 전통과 봉건에 대한 뚜렷한 해명 없이 반전통이라는 용어를 선호한다. 심지어 '반전통의 계몽운동'이라는 용어도 사용함으로써 자신의 반전통이 기존의 반봉건과 비슷한 맥락이라는 사실을 실토하고 있다. 전통문화와 봉건문화를 변별하고 있는 것으로 보아, 왕후이의 반전통은 반봉건으로 이해해도 무방하다. 물론 루쉰 등이 사유 방식과 총체적 가치의 측면에서 전통 전체를 부정적으로 보았던 것도 사실이다. 하지만 전통을 제대로 계승하기 위해 서유럽 모더니티를 가져왔고 서유럽 모더니티를 비판적으로 수용하기 위해 전통의 일부를 참조 체계로 삼은 것을 보면, 반전통이라는 용어는 적절치 않아 보인다.

왕후이의 루쉰 연구는 분명 포스트사회주의 루쉰 연구의 차원을 한 단계 승화시켰다 할 수 있다. '근현대성의 역설'이라는 키워드를 통해 루쉰 사상의 핵심을 '역사적 중간물'로 포착하고 '절망에 반항'을 그 인생철학으로 전유했을 뿐만 아니라, 루쉰의 문학 창작을 19~20세기 세계문화사적 배경에 두고 고찰한 것이 그것이다. 왕후이의 연구를 통해 그간의 루쉰 연구의 상당 부분이 편협하게 텍스트에 갇혀 있었다는 사실이 노출되었다. 특히 역사적 중간물 의식을 가진 루쉰을 역사 과정에 놓고 관찰함으로써 루쉰의 중간물 의식을 연구방법론으로 승화시킨 것은 왕후이의 공헌이라 할 수 있다.

의아한 것은 왕후이의 논의를 흥미롭게 따라가다 보면, 결국 귀착점은 마오쩌둥의 반제반봉건의 이중과제로 돌아오는 것이 아닌가 하는 생각이 든다는 점이다. 진지한 열정에 기초한 참신한 키워드와 현란한 레토릭 때문에 그간의 논의를 완전히 새로운 차원으로 상승시킨 것 같지만, 결국은 마오쩌둥의 반제반봉건의 이중과제와 리쩌허우의 계몽과 구망의 이중 변주의 이론 프레임에서 그리 멀리 나간 것 같지 않다는 것이 필자의 소견이다. '모더니티에 반하는 근현대성'도 선인들의 성과가 있었기에 가능한 추상화였다 할 수 있다.

6장·쑨거의 동아시아론

쑨거(孫歌, 1955~)는 동아시아 문제를 자신의 학문적 의제의 하나로 인식하고 그에 관한 성과를 내는 거의 유일한 중국의 비판적 지식인이다. 이는 쑨거의 일본 유학 경험에 힘입은 바 크다 하겠다. 그녀는 일본 유학을 통해 다케우치 요시미(竹内好), 마루야마 마사오(丸山眞男), 미조구치 유조(溝口雄三) 등 일본의 비판적 지식인들의 성과를 중국 학계에 소개함으로써 중·일 학술 교류에 이바지했다. 특히 다케우치 요시미의 '방법으로서의 아시아'에 영향을 받아 '냉전구조의 동아시아 시각'이라는 명제를 제시함으로써 '동아시아' 지식장에 '역사 진입', '비판적 지식인의 태도' 등의 문제를 제기했다. 여기에서는 동아시아와 서유럽의 관계에 대한 고찰을 통해 동아시아 정체성을 검토한 후, 쑨거 동아시아 인식론의 핵심인 '역사에 진입하는 동아시아 인식'과 '동아시아의 횡단과 연대'에 대해 살펴보고, 참조 체계로서 근현대 일본에 대해 냉철한 비판을 하는 고모리 요이치(小森陽一)의 '식민지적 무의식'과

'식민주의적 의식'의 이중구조에 대한 논의를 대조함으로써 쑨거가 수용하고 있는 다케우치 요시미와 미조구치 유조 등이 결락시킨 부분을 보완하고자 한다.

1. 동아시아와 서유럽의 관계

근현대(modern) 이전 동아시아에는 타자를 상정할 만큼의 '우리 의식'(we-ness)이 존재했던 적이 없었다. 이를테면 '임진왜란'(1592)은 중세 동아시아 역사에서 한·중·일 삼국이 충돌한 중요한 사건이었지만 당시 세 나라는 스스로 하나의 단위로 인식하지 않았고, 근현대 초입 새로운 동아시아 판도 형성에 중대한 영향을 미쳤던 '청일전쟁'(1894)에서도 그러한 인식은 크게 달라지지 않았던 것으로 보인다. 역사적으로 볼 때 동아시아는 서유럽¹에 의해 명명된 것으로 보아야 하고 서유럽의 침략에 대응해 아시아주의를 주창했던 일본과 중국의 대응을 그 초기 형태로 볼 수 있을 것이다. 이때 등장했던 중체서용(中體西用), 화혼양재(和魂洋才), 동도서기(東道西器) 등은 서(西)/양(洋)의 충격을 받고 그에 대응하는 방식을 모색하면서 중(中)/화(和)/동(東)을 상정했다. 그

---

1 이 글(6장)에서 서유럽은 세 가지 층위를 가지고 있다. 첫째는 서양이고, 둘째는 유럽과 아메리카(이른바 '歐美')이며, 셋째는 명실상부한 서유럽이다. 이 글에서는 주로 세번째 층위를 가리키지만 때로는 서유럽과 미국을 아우르는 개념으로 사용하기도 했다. 서유럽과 미국을 아우를 때는 제국주의라는 개념과 연결되어 있고, 그 경우에는 러시아와 일본 등의 제국주의 국가를 포함하기도 한다. 한국에서는 흔히 서구(西歐)라고 표기되고 있는데, 이는 서구라파의 약칭이고, 구라파는 유럽의 중국식 음역인 어우뤄바(歐羅巴: Ouluoba)의 한자 독음이다.

러나 일본과 중국의 아시아주의는 자국을 중심에 놓고 기타 아시아 국가를 배치한 것일 뿐이었다. 이런 현상은 지금까지도 지속하고 있고 이는 각국의 동아시아 담론이 자국 중심적 한계를 드러내는 원인을 제공하고 있다. 중국이 아편전쟁 이후 역사 과정에서 자신의 문제 해결에 동아시아를 돌아볼 틈이 없었던 것에 반해, 일본은 제국의 이익선(利益線)[2]과 관련해 끊임없이 동아시아의 지정학적 지도를 수정하면서 흥아(興亞)와 탈아(脫亞)의 경계를 넘나들었다.

많은 논자가 언급한 것처럼 동아시아는 서유럽의 발견과 명명으로 구성되었다. 그것은 지금까지도 구성원들의 '우리 의식' 또는 자발적인 연대에 의해 지속하기보다는, 전쟁이라는 잔혹하고 핵심적인 접착제, 유학(儒學)이라는 암묵적인 접착제, 경제라는 명시적인 접착제, 냉전 이데올로기라는 현실적 접착제, 그리고 미국이라는 패권적 접착제 등에 의해 유지되어 왔고 지금도 유지되고 있는 것으로 보인다. "동아시아란 타자에 의한 전쟁과 식민지화의 자의적 산물이며, 타자에 의해 임의로 정의된 지역에 불과하다. 따라서 고유한 정체성을 가진 '공동체'는 전혀 아니라고 말해도 과언이 아니다."(사까모또 2009, 398) 이 언급은 동아시아 정체성이 일차적으로 서유럽에 의해, 무력을 통해, 그들의 경제적 이익을 위해, 구성되었음을 반증하고 있다. 그리고 이차적으로는 동아시아가 그것을 내면화(internalization)했다. 전자가 오리엔

---

2 1890년 제1회 제국의회에서 총리 야마가타 아리토모(山縣有朋)는 '주권선 수호와 이익선 보호'에 관해 연설했다. 바로 이 연설이 당시 일본의 대외 방침을 상징적으로 결정지었다. 1890년에 나온 이 '이익선'이라는 지역적 개념과 함께 이른바 근대 일본의 대외 확장이 전개된 것이다. 이익선은 초기 조선반도에서 남만주, 화베이(華北), 남태평양으로 계속 확장되었다. 마루카와 데쓰시, 『리저널리즘』, 백지운·윤여일 옮김, 그린비, 2008, 62~63쪽.

탈리즘[3]적 시선이라면 후자는 오리엔탈리즘의 내면화 또는 셀프 오리엔탈리제이션(self-orientalisation)이라 할 수 있겠다. 여기에 호미 바바(Homi Bhabha)의 양가성 이론[4]에서 식민자의 시선(look)과 피식민자의 응시(gaze)를 결합하고 세계체계(world system)의 시야(perspective)를 동원해 동아시아와 서유럽의 관계를 역사적으로 고찰해 보면 거칠게나마 아래와 같은 4단계로 나누어 볼 수 있다.

첫번째 단계는 서유럽에 의한 동아시아 구성이다. 동아시아의 입장에서 볼 때 서유럽 제국주의의 침략은 동아시아의 근간을 흔든 '충격'이었다. 서유럽 제국주의는 식민지를 '야만'이라 규정하고 그것을 '문명'화(化)하려 했다. 사실 서유럽이라는 개념 또한 유라시아 대륙의 서쪽 귀퉁이라는 단순한 지리적 개념이 아니라 역사적으로 구성된 것이다. 그것은 동아시아 등 '그 외의 사회'를 타자화(otherization)하는 과정에서 발명되었고(invented) '그 외의 사회'에 강요되었으며, '그 외의 사회 사람들'은 그것을 내면화했고 열심히 추종해 왔다.(홍석준·임춘성 2009, 107) 서유럽은 자신을 역사적으로 구성하면서 그 외의 사회도 구성했다. 서유럽 모던 시기의 이항대립——서양과 동양, 문명과 야만, 백인과 유색인종, 남성과 여성, 이성애와 동성애 등——은 바로 이 타자화

---

3 에드워드 사이드는 "오리엔탈리즘이란, 동양을 지배하고 재구성하며 억압하기 위한 서양의 방식"이라 정의한 바 있다. 에드워드 사이드, 『오리엔탈리즘』, 박홍규 옮김, 교보문고, 2007, 18쪽.

4 바바는 서유럽의 모던 시선 권력이 식민지인이나 이주민 같은 타자와 부딪히면서 양가적으로 분열될 수밖에 없음을 논의한다. 서유럽의 식민주의적 시선은 피식민자(혹은 이주민)에게 오리엔탈리즘적인 정체성을 부여하려 한다. 그러나 피식민자의 진정한 정체성은 그런 시선에 의해 결코 '보여질 수 없으며' 실종된 인격이나 탈락된 정체성으로 남게 된다. 그리고 그 과정에서 살아 나온 피식민자(타자)의 눈은 식민주의적 시선을 혼란시키는 '응시'로서 되돌아온다. 여기서 식민주의적 시선은 타자를 동일화시키는 데(그리고 정체성을 부여하는 데) 실패함으로써 '양가적으로' 분열될 수밖에 없게 된다. 이상 나병철, 「역자 서문」, 호미 바바, 『문화의 위치』, 소명출판, 2003, 16쪽 참조.

의 산물이라 할 수 있다.

두번째 단계는 동아시아에 의한 서유럽의 수용이다. 이는 주로 일본의 서유럽 모방으로 대표되었다. 전통적으로 중국 중심의 조공외교 체계에 편입되어 있던 일본이 아편전쟁에서 패배한 중국 제국의 몰락 징후를 간파하고 '만국공법' 중심의 서유럽 외교 체계에 자발적으로 진입한 것을 가리킨다. 이 과정에서 일본은 중국을 타자화시키는 동시에 일본 내의 아이누인을 주변화시켰으며, 이어서 류큐와 타이완 그리고 조선을 식민지화함으로써 동아시아의 다른 '야만'(?) 국가들과의 차별화를 도모했고 서유럽과 비슷한 수준의 '문명'(?) 국가임을 증명하기 위해 서유럽을 모방했다. 야만의 아시아를 벗어나 문명의 유럽으로 들어갈 것(脫亞入歐)을 주장했던 후쿠자와 유키치(福澤諭吉)는 「탈아론」[5]에서, 서양 문명을 유행병에 비유하고는 감염-면역의 경로를 제시했다. 이에 대해 고모리 요이치는 "'서양 문명'이라는 '유행병'적 타자성을 그렇게 불가피하고 불가역적인 것으로 담론화하는 데에 후쿠자와 유키치의 특징이 있다. 즉, 병에 걸렸음에도 불구하고 그 병과 그 이전의 건강했을 신체를 망각하고 감염 후의 삶을 살아간다는, 곧 병의 은폐인 것이다"라고 비판했다.(고모리 2002, 57~58) 병을 은폐함으로써 "유행병이라는 비유로 언급되었던 문명이 선인가 악인가 하는, 합리적인 사고에서 당연히 물어져야 할 그 문제가 그 순간 사고 정지의 심연에 떨어지고 만다. 역시 프레드릭 제임슨이 말하는 정치적 무의식이 구조화되는 전형적인 예이다"(고모리, 62). 이 무의식을 고모리 요이치는 '식

5 『시사신보』 1885년 3월 16일.

민지적 무의식'이라 명명한다. 후쿠자와 유키치가 감염될 것을 주장한 서양 문명은, 바바에 의하면, 문명이라는 외피를 쓴 폭력적인 '야만의 전파'(barbaric transmission)[6]였다.

세번째 단계는 서유럽에 대한 동아시아의 응시(gaze)다. 이는 식민 자의 시선(look)을 분열시키는 역할을 한다. 이를테면 1919년 조선 반도의 3·1운동이나 중국 대륙의 5·4운동이 대표적이다. 이들은 현실에서 성공을 거두지 못했지만, 해당 지역에서 진정한 근현대의 시작을 표지하는 사건으로 기록되고 있다. 마루카와 데쓰시(丸川哲史)에 의하면, 일본이 아시아를 침략하고 식민지로 삼아 지배했으며, 그 반대편에서는 반(半)식민지 상태의 아시아 각지에서 내셔널리즘이 흥성했는데, 일본이 1919년의 파동을 그대로 비켜 감으로써 일본의 '아시아' 담론 구조는 1919년을 놓쳐 버린 채 성립되었다.(마루카와 2008, 59) 결국 일본은 스스로 식민지적 무의식에 갇혀 서유럽 제국주의를 응시할 기회를 놓친 셈이다. 그리고 이 응시 기회의 상실은 종전 이후에도 일본 사회, 심지어 지식인들에게도 식민지 침략에 대한 사죄를 주저하게 만드는 상황을 초래하고 있다.

마지막 단계는 동아시아에 의한 동아시아 상상이다. 근현대 이래 동아시아가 서유럽에 의해 상상되고(imagined) 발명되고(invented) 구성되고(consisted) 조직되었던(organized) 것이라면, 동아시아 스스로

---

6 Homi Bhabha, "On Global Memory: Reflections on Barbaric Transmission", Relocating the Other: Cultural Politics of Alterity, 2009. 9. 4~5, Ewha Womans University, Seoul. 이 강연에 대한 리뷰는 박미선, 「전 지구화의 기억과 미래, 번역의 정치와 예술의 윤리」, 『중국현대문학』 제50호, 2009 참조.

주체적으로 상상하고 발명하고 구성하고 조직하는 것이 오늘의 과제다. 우리는 서유럽에 의해 구성된 동아시아 정체성을 내면화하는 차원이 아니라 재창안(reinvention)의 차원에서 새롭게 조직해야 할 것이다. 그것은 무엇보다 기존의 서유럽적 상상과 구성에 저항하면서 동아시아 자신의 정체성을 형성하게 될 것이다. 이와 관련해 레이 초우(Rey Chow, 周蕾)의 포스트모던적인 자기-서술(self-writing) 혹은 자기 민족지(auto-ethnography) 개념을 참조할 필요가 있다. 문화횡단적(transcultural) 교류라는 문제의식을 가지고 중국 영화를 대상으로 삼아 에스노그라피(ethnography) 이론을 '문화번역' 이론으로 보완하려는 레이 초우가 보기에, 지금까지의 에스노그라피는 불평등한 '문화번역'이었다. 서유럽 관찰자가 비서유럽 관찰 대상을 주관적으로 재현(초우 2004, 266)했기 때문이다. 그녀가 제기하는 대안은 그동안 '보여지는'(to-be-looked-at) 대상이었던 토착민이 '보는 주체'로 새로 탄생하는 것이다. 레이 초우의 '문화 간 번역'(translation between cultures)은 서양과 동양 사이의 불균형적이고 위계적인 권력 관계와, '오리지널'과 '번역' 사이의 불균형적이고 위계적인 권력 관계를 역전(초우, 286)시키는 것에 초점을 맞추고 있다. 6장에서는 동아시아인에 의한 동아시아의 상상을 궁극적 목표로 삼아 쑨거의 동아시아 인식론의 구체적 내용을 살펴보고 그에게 영향을 준 다케우치 요시미의 '방법으로서의 아시아'를 고찰한 후, 고모리 요이치의 이중구조를 참조 체계로 삼아 대조 분석하고자 한다.

2. 역사에 진입하는 동아시아 인식

19세기 중반 이후 서양 이론과 비서양, 특히 아시아 현실 사이의 관계가 당연한 것처럼 인식됐다. 중국의 경우에서 아편전쟁 패배 이후 위기의식이 팽배해졌고 서양 학습을 통해 새로운 '비판적 사고'를 형성해 왔음도 부인하기 어렵다. "만청의 개혁주의적 사유에서부터 5·4 계몽주의까지, 중국적 마르크스주의에서부터 1980년대의 이른바 제2의 계몽주의까지, 아울러 최근에 발전한 (신)자유주의 및 포스트사회주의 사유까지 우리는 특정한 서양 이론들을 식별해 낼 수 있는데, 이 이론들은 이러한 지적 형성에 대해서 결정적인 정당화 담론 역학 혹은 영적인 매개자 역할을 해왔다."(Shih 2010, 469) 일본의 메이지 유신도 예외는 아니었다.

스수메이(史書美)는 다케우치 요시미가 서양 이론과 아시아 현실의 관계에 대한 협상 모델을 제안했다(Shih, 471)고 평하고 있다. 다케우치는 「방법으로서의 아시아」에서 서양의 영향을 받아 근현대화의 길을 걸은 일본만이 아시아의 유일한 형태가 아니라, 중국의 경로를 참고해 '근(현)대화의 두 가지 형태', 나아가 인도까지 포함한 '세 개의 좌표축'(다케우치 2011, 47)을 설정해야 한다는 깨달음을 적고 있다. 이는 일본이 난학(蘭學), 즉 네덜란드학을 수용하고 '탈아입구'(脫亞入歐)의 길에 들어선 후 2차대전 패전까지 달려온 과정에 대한 반성으로, 서양의 모더니제이션과는 다른 아시아의 근현대화 과정에 대한 자각으로 평가할 수도 있겠다. 강연 기록[7]이어서인지 명성에 비해 그다지 촘촘하지 않은 이 글의 끝에서 다케우치는 "이를 명확히 규정하는 일은 제게도 벅차군요"라는 겸양의 말을 덧붙이고 있다. 하지만 그가 이 글에서 제안한 서양에 대한 동양의 '문화적 되감기'라는 방법은 나름의 타당성을 가지고 있다.

서구의 우수한 문화가치를 보다 큰 규모에서 실현하려면 서양을 다시 한 번 동양으로 감싸 안아 거꾸로 서양을 이쪽에서 변혁시킨다, 이 문화적 되감기 혹은 가치상의 되감기를 통해 보편성을 만들어 내야 합니다. 서양이 낳은 보편가치를 보다 고양하기 위해 동양의 힘으로 서양을 변혁한다, 이것이 동과 서가 직면한 오늘날의 문제입니다. 정치의 문제인 동시에 문화의 문제입니다. 일본인도 이런 구상을 가져야 합니다.(다케우치 2011, 64)

다케우치의 '방법'을 요약하면 서양의 우수한 문화가치를 동양의 문화 또는 가치로 되감아 서양을 변혁함으로써 보편성을 만들어 내자는 것이라 할 수 있다. 흔히 '나래주의'(拿來主義)라고 일컬어진 '외래의 비판적 수용'에 그치지 않고, 한 걸음 더 나아가 '동양의 문화 또는 가치로 서양을 되감기' 할 것을 주장하고 있다. 서양을 되감기 위해서는 '주체 형성의 과정'으로서 무언가 '독자적인 것'을 가지고 있어야 한다고

---

7 1960년 1월 25일에 국제기독교대학 아시아문화연구위원회가 주최한 〈사상사 방법론 강좌〉에서 '대상으로서의 아시아와 방법으로서의 아시아'라는 제목으로 강연한 기록.(다케우치 요시미, 『내재하는 아시아』, 윤여일 옮김, 휴머니스트, 2011, 471쪽)

덧붙이고 있지만 '주체 형성 과정의 독자적인 것'이 무엇인지에 대해서는 명확하게 규정하고 있지 않다. 이에 대해 스수메이는 다케우치의 진술이 모호하기는 하지만 "핵심 포인트는 에이전시(agency, 행위자)에, 또 자신을 주체화할 수 있는 아시아의 능력과 관련되어 있다"(Shih 2010, 471)라고 평하면서 '방법으로서의 아시아'가 마이너 문학들을 자신 있게 선택하는 것, 모방과 노예적 멘탈리티를 극복하는 것, 유럽 및 아시아의 관념과 가치들을 비본질주의적으로 이해하는 것, 참된 보편성을 만들어 내는 것 등을 포함한다고 해석했다. 이런 방식에 의해서, 다케우치가 '서양의 이론, 아시아의 현실'이라는 이항대립을 극복했다(Shih, 473)는 것이 스수메이의 평가다. 다케우치가 동양의 문화가치를 통해 서양의 문화가치를 되감아 보편성의 차원으로 승화시킬 가능성을 제시함으로써 아시아가 서양의 이론을 수용해 단순히 적용하는 장소(location)라는 이항대립을 극복했다는 스수메이의 평가에 동의하더라도, 중국과 일본의 근현대화 모델만 가지고 아시아를 대표할 수 있느냐의 문제가 남는다. 다케우치는 중국 근현대문학을 전공하고 중일전쟁에 참전해 침략전쟁의 실상을 직접 겪었음에도 일제의 식민 지배에 대한 성찰이 부재하다. 그는 "일본에서 가장 가까운 외국인 조선에 대해 우리는 정말이지 아는 바가 없습니다. 알지 못할 뿐 아니라 알려고도 하지 않죠"(다케우치, 49)라는 식으로 일본의 '조선/한국' 인식에 대해 지적은 하지만, 본인의 인식 체계에 '조선/한국'은 부재하고 있다. 그러므로 중국과 일본의 모델에 국한해 비교 검토한 후 '방법으로서의 아시아'를 제기한 것이다. 따라서 다케우치의 '방법으로서의 아시아'는 태생적으로 '일반화의 오류'를 내재하고 있었다. 이에 대해 쑨거는 다음과 같이 변호하고 있다. "다케우치의 중국론은 결코 구체적인 중국만을 향하지 않았다. 그는 오히려 구체적인 중국론(특히 루쉰론)을 통해 어떤 철학적 성질을 띤 문제를 집요하게 추궁했다. 즉, 서양에서 유래하는 '근대'라는 역사적 운동, 그 폭력을 받아들이면서 동아시아는 어떻게 자신의 주체성을 다져갈 수 있는지를 따져 물었다."(쑨거 2013, 6~7) 쑨거의 다케우치 변호를 충분히 수용하더라도, 다케우치의 아시아 지평에 대국인 중국은 중요하게 자리하고 있지만 소국인 조선/한국을 배치하지 않은 것은 소수자에 대한 배려 부족이라는 비판을 면하기 어렵다. 그리고 소수자에 대한 배려는 항상 진리 추구와 밀접하게 연계되어 있다는 사실만 지적하기로 하자.

다케우치의 영향을 자인하는 쑨거의 동아시아론은 다행히도 인식론에 방점이 찍혀 있다. 그녀의 동아시아 인식론의 핵심은 '냉전구조 속의 동아시아 시각'이다. 동아시아 근현대를 고찰할 때 냉전은 관건적 고리임이 틀림없다. 앙드레 시프린(A. Schiffrin)은 냉전을 이렇게 평가한다. "역사가들은 20세기 후반기 우리 모두의 삶에서 가장 중요한 사실은 냉전이었다는 데 동의한다. 냉전은 우리의 정치를 지배했고 우리의 경제를 변형시켰고 또 무수한 방식으로 전 세계 사람들의 삶에 영향을 끼쳤다. 냉전은 역사의 사유방식에서부터 다른 나라들 문화 및 사회의 접근방식에 이르기까지, 수많은 중요한 영역에 대한 우리의 시각을 근본적으로 변화시켰다." 그러나 "냉전이 지식인의 삶에 끼친 영향을 철저하게 규명하는 연구는 하나도 없었다"(시프린 2001, 7). 여기에서 '우리'는 주로 미국과 서유럽을 가리키지만, 냉전의 영향력은 동아시아에서 두드러지게 발휘되었다.

쑨거는 기존의 동아시아 시각으로 세 가지를 들며 그에 대한 비판을 진행하고 있다. 첫번째 전통 유학의 시각은 이데올로기로서의 유학이 한·중·일 세 나라를 하나로 포괄하는 데에 아무런 매개 역할도 수행하지 못했다는 점을 지적했고, 두번째 근현대화 시각은 동아시아를 근현대화의 구현을 도모하는 지역으로 설정하고 동아시아 각국이 타국을 서양을 따라잡는 일종의 경쟁 상대로 파악함으로써 동아시아 시각 확보에 실패했다고 진단했다. 마지막은 전쟁 기억과 관련된 것으로, '일본은 동아시아의 잔혹한 접착제'였음에도 불구하고 일본의 진보 세력이 전쟁 책임의 규명과 전쟁 기억의 정확한 전승을 위해 수행한 노력을 낮게 평가할 수 없다는 점을 강조하고 있다.(쑨거 2009, 16~19) 그녀의 비판 가운데 두번째 근현대화 시각에 대한 것은 동의할 수 있지만, 전통 유학이 아무런 매개 역할도 수행하지 못했다는 비판은 과도하고, 일본 진보 세력의 노력을 낮게 평가할 수 없다는 점은 동의하기 어렵다. 이와 관련해 일본 지식계의 전반적인 흐름에 대한 쑨거의 평가가 지나치게 관대하다는 점은 지적해 두어야 한다.

쑨거는 기성의 틀을 무조건 부정하지 않는다. 그와 반대로 "기성의 동아시아 분석틀에 하나의 새로운 구상을 더함으로써 상술한 시각들에서 홀시되거나 회피된 그러한 문제들과 대면하기를 희망한다"(쑨거, 23). 그리고 동아시아의 개념에 대한 정명(正名), 나아가 인접 개념에 대한 검토와 동아시아 인식론에 대한 발본적인 성찰을 진행하고 있다. 필자가 보기에 그녀의 합리적 핵심은, 기존의 동아시아 개념은 한·중·일을 중심으로 구성되어 있고, 동아시아 시각에는 냉전의 형성과 해체가 동아시아에 가져다준 국제적 변동이라는 역사적 시야가 빠져 있다는 지적이다. 이 두 가지는 충분히 동의 가능한 지적이다. 전자에 대해서는 여러 논평이 있었으므로, 여기에서는 후자에 초점을 맞춰 살펴보기로 하자.

쑨거는 '중국 사회에는 왜 아시아 의식이 결핍되어 있는가'라는 질문으로 중국 동아시아 담론의 특수성을 거론하고 있다. 인식상의 장애도 있지만 더 중요한 것은 대국 중국이 동아시아에 국한되지 않은 국토를 영유하고 있는 점이다. 이에 대해 쑨거는 "중국이 동아시아·남아시아·서아시아 및 매우 드물게 언급되는 단위이기는 하지만 '북아시아'와 모두 접하고 있다 보니 동아시아라는 틀에 몰입하기 어렵다"(쑨거 2009, 13~14)라고 속내를 털어놓고 있다. 필자 또한 중국의 지리적 상황을 다음과 같이 평가한 바 있다. "중국 대륙의 입장에서는 동쪽의 한국, 일본과 함께 '동북아시아', 남쪽의 태국, 미얀마, 말레이시아, 싱가포르, 인도네시아 등 아시아국가연합(ASEAN)에 속한 국가들과 함께 '동남아시아', 북쪽의 우즈베키스탄, 타지키스탄 등과 함께 '중앙아시아', 서쪽의 인도·네팔 등과 함께 '남아시아'라는 권역을 구성할 수 있기 때문에 어느 한 권역에 얽매이고 싶지 않을 것이다."(홍석준·임춘성 2009, 5) 이런 상황에 비추어볼 때 중국을 단순하게 동아시아에 귀속시키기보다는 동아시아에 속하면서도 동아시아에 국한되지 않는 국가로 설정하는 것이 타당할 것이다.

쑨거가 냉전구조를 중시하는 것은 다케우치 요시미의 '역사 진입' 방법론에 빗지고 있다. 다케우치는 '실증'이라는 역사 복원 방식을 거절하고, 유동하는 역사 속으로 진입하는 방식을 선택했다.(쑨거 2007, 8) 역사에 진입하는 것은 역사의 논리를 찾아 그것을 고쳐 쓰기 위해서이다. 다케우치는 일본인에게 저항 정신을 가진 새로운 주체성의 확립이 가능하냐는 문제를 집요하게 추구하면서 관념적인 입장에서 벗어나 역사의 소용돌이에 몸을 던질 것을 제안했다. 다케우치가 들어간 역사는 단순하게 일본 일국의 역사가 아니라 중국을 포함한 아시아의 역사였다. 그리고 전략적으로 "보수파 내지 우익의 아성(牙城)으로 간주되던 아시아주의를 '고쳐 쓴다는' 방법을 취했다. 그곳에서 아시아를 향한 일본인의 책임감을 살려내고자 다케우치 요시미는 생애에 걸쳐 힘을 쏟았다"(쑨거, 15). 그에게 중층적으로 뒤얽힌 과정인 역사로 진입하는 일은 '역사를 고쳐 쓰는' 일이고 이를 통해 역사의 어떤 단계를 지나고 나서 역사에 관한 인식을 새로 짜는 일이며, 그로써 역사의 의미를 다시 발견하는 일이다. 그는 역사를 관념으로부터 해방시키는 한편, 현실에서의 가능성 그리고 미래를 향한 가능성을 역사의 논리에서 건져 올리고자 했다.(앞의 책, 15~16) 바꿔 말하면, 다케우치는 전후 아시아라는 문제의식을 가지고 중국과의 관계 속에서 일본인의 정체성을 규명하려 했다. 이는 이전 단계 동아시아의 이웃을 '타자' 또는 '나쁜 친구'로 설정하고 그들을 적대시했던 것에 비해 확연히 다른 태도라 할 수 있다. 물론 중국 이외의 아시아에 대해서는 여전히 눈길을 주지 않았다는 점은 지적되어야 한다.

쑨거 또한 역사 진입의 노력을 통해 진정한 주체가 형성된다고 본다. 그녀가 진입하려는 역사는 바로 전후 '냉전구조의 동아시아'다. 하지만 동아시아 각국은 '동아시아 시각'에 의미를 부여하지 않을 뿐 아니라 '냉전구조'에도 무관심하다. 오히려 '냉전 체제'에 적응하거나 그것을 활용하여 자국의 이익을 추구하고 있는 형국이다. 냉전 체제의 중심에는 미국이 자리하고 있기 때문에 한·중·일 삼국은 동아시아 시각보다는 '미국화'(americanization)에 관심이 더 크다. 쑨거는 바로 이 지점을 짚으면서 '냉전구조 속의 동아시아 시각'을 갖출 것을 요구하고 있다.

쑨거는 동아시아의 진정한 상황이란, 복잡한 패권 관계가 '내부'와 '외부'가 상호작용하는 과정을 통해 아시아 내부의 패권 관계와 동양에 대한 서유럽(특히 미국)의 패권 관계가 서로 긴밀하게 얽어매는 상황(쑨거 2003, 16)이라 지적한 바 있다. 쑨거는 또한 기존의 동아시아 시각에는 냉전의 형성과 해체가 동아시아에 가져다준 국제적 변동이라는 역사적 시야가 빠져 있다고 본다. 그 대표적인 예가 북한 핵 문제에 대한 태도이다. 그녀가 볼 때 동아시아 담론의 하나로 간주해야 할 북한의 핵 문제가 단지 일회적인 국제정치 문제로서 다루어질 뿐, 동아시아라는 틀과 연계되어 인식되지 않고 있다는 것이다.(쑨거 2009, 42) 그러므로 그녀는 한·중·일 공히 '냉전구조'의 역사 속으로 들어가 '동아시아 시각'을 가질 것을 주장한다. 냉전구조가 사실상 해체된 상황에서조차 냉전 이데올로기는 여전히 상대적으로 독립된 채로 불변의 형태를 유지하고 있으며 갈수록 단순화·경직화되고 있기 때문이다.

쑨거의 냉전구조 논의와 관련해 사카모토 요시카즈(坂本義和)의 '동아시아 공동체'에 관한 독특한 관점을 참조할 필요가 있다. 그는 「21세기에 '동아시아 공동체'가 갖는 의미」(2009)에서 우선 21세기의 도전을 '글로벌화라는 비가역적인 동력'으로 특징짓는다. 그것은 당연하게도 긍정적인 측면과 부정적인 측면을 내포하는데, 후자가 '비인간적인 글로벌화'(dehumanized globalization)로 표현된다면 전자는 '인간성을 제고하는 글로벌화'(humanized globalization)로 표현되고 우리는 당연하게 전자를 위해 노력해야 할 것이다. 이를 위한 조건으로 사카모토는 네 가지 조건을 제시한다. '평화의 글로벌화', '모든 인간이 기아나 빈곤에서 해방되어 격차 없는 공정한 자원 배분을 달성하는 것', '자연과의 환경친화적(ecological) 공생을 달성하는 것', '타자를 대등한 존재로 인정하지 않는 사상, 종교, 습속, 편견 등을 극복하는 것'이 그것이다. 사카모토의 주장은 북한을 중심에 두고 21세기 동아시아 공동체를 구상했다는 점에 독특함이 있다. 이는 동아시아 지역에서 북한이 가장 약한 고리임을 전제한 것으로, 소수자(minority)에 대한 우선적 배려는 문제 해결의 실마리라 할 수 있다. 사카모토가 구상하는 21세기 동아시아 공동체는 '비핵공동체'이자 '부전(不戰)공동체'(security community)이다. 이를 수행하기 위해 현재 이 지역에서 안전보장의 주도권을 잡고 있는 미국과 일본 그리고 한국의 역할이 중요하다. 그리고 사카모토가 보기에 이 지역의 체제를 개혁하기 위해서는 한국과 일본의 역할이 특히 중요하다. 이들 두 나라가 동아시아를 초월하는 동아시아를 구상해야 한다. 그러나 이 실천은 국가보다는 시민에게 달려 있다. 그러므로 21세기 동아시아 공동체는 무엇보다도 시민공동체가 우선되어야 한다. 사카모토의 '동아시아 공동체' 구상은 북한을 약한 고리로 설정하고 있다는 점에서 쑨거의 '냉전구조의 동아시아 시각'과 불모이합(不謀而合)의 관계를 이루고 있다. 마루카와 데쓰시 또한 "동아시아의 두번째 핵폭발, 그리고 제2차 한국전쟁을 막아 내는 힘을 동아시아의 손안으로 되찾아 오는 것"(마루카와 2008, 190~191)을 현재 당면 과제라고 제시함으로써 비핵공동체 및 부전공동체 구상에 동의하고 있음을 알 수 있다.

3. 동아시아의 횡단과 연대

쑨거는 근현대 사상을 매개로 중국 문학과 일본 정치학을 가로지르고 있다. 그 과정에서 그녀가 대면하는 번거로운 문제는 양국의 상황과 맥락이다. "일본의 언어장(言語場)에서 중국의 문제를 찾는 방식인 만큼, 내 논의는 일본의 상황과도 부합해야 하고 또 중국 대륙의 맥락과도 잘 맞아야 한다. 과연 이러한 문화와 문화를 가로지르는 방식이 가능한 것인가?"(쑨거 2003, 34) 그녀는 선인들로부터 횡단의 방법론을 찾아냈다. 량치차오(梁啓超)와 그 시대 사람들이 취했던 '길 찾기'의 기나긴 여로는 그녀에게 커다란 계시를 주었다. "'일본'에서 길을 취하여 '중국'으로 되돌아오리라!" "그리고 그렇게 한번은 '가고' 한번은 '돌아오는' 과정에서, 의심할 나위 없이 확고했던 '중국'과 '일본'에 대한 나의 감수(感受) 방식이 변하기 시작했다. 이는 정말 뜻밖의 일이었다."(쑨거, 35) '가고' '돌아오는' 과정은 비단 량치차오 등에게 국한된 것이 아니었다. 다케우치 또한 중국과 루쉰에게 '들어갔다가' 종전 일본 지식계로 '돌아오는' 과정을 거쳤고, 루쉰 또한 일본으로 '들어갔다가' 5·4 시기 중국으로 '돌아오는' 과정을 거쳤다. 루쉰은 일본 외에도 서양 모던 사상사의 맥락 속으로 '들어갔다가' 근현대 중국으로 '돌아오는' 과정을 거침으로써, 서양의 충격으로 소용돌이치던 동아시아 근현대의 새로운 모색에 유효한 지침을 남겼다. 쑨거는 일본으로 들어가 다케우치 요시미 등을 만나고 그를 통해 종전 일본의 지식계를 만나고 루쉰을 새롭게 만나는 경험을 가지고 중국으로 돌아온 것이다. 나아가 '들어갔다가' '돌아오는' 과정을 통해 얻은 경험을 바탕으로 그 누구도 보지 못한 '냉전구조의 동아시아 시각'을 제출하게 된 것이다.

어떤 대상에 '들어갔다가 돌아오는 과정'에서 단순한 왕복운동만으로는 아무것도 얻을 수 없다. 수많은 사람이 수많은 곳에 여행을 다녀오지만, 그것이 단순한 왕복운동에 머물고 마는 것은 자신을 비우지 않기 때문이다. 대상에 들어가기 위해서는 자신을 비우고 대상을 받아들여야 한다. 그런 후 다시 돌아와, 대상에 들어가 받아들인 것과 자신이 가지고 있던 것을 비교·대조함으로써 대상과 자신에 대해 확고했던 감수 방식을 교정하게 되는 것이다. 이는 비단 일본에 들어갔다가 돌아온 중국 지식인 쑨거의 경험에 그치는 것이 아니라, 인식론 일반으로까지 승화시킬 수 있는 방법론이라 할 수 있다.

'들어갔다 돌아오는 인식 과정'에서 비판적 태도는 필수적이다. 쑨거 또한 다케우치와 자신이 놓인 지적 상황이 다름을 전제하고 있다. 다케우치는 내셔널리즘이 배타적인 논리로 성장한 일본이라는 지적 상황에 놓여 있었지만, 자신은 내셔널리즘의 성장이 어렵고 전후 국제주의가 승한 상황에 놓여 있다(쑨거 2007, 17)고 진단하고 있다. 다케우치와 다른 지적 상황에 놓였다는 자각은 동의할 수 있지만, '내셔널리즘의 성장이 어렵고 전후 국제주의가 승한 상황'이란 평가는 사회주의 중국 건국 초기의 일시적인 현상이 아니었을까? 중국 근현대사에서 내셔널리즘이 강하게 작동하지 않은 적이 있었던가 하는 의문을 지우기 어렵다.

사실 동아시아의 횡단은 말처럼 쉬운 것은 아니다. 특히 언어 장벽으로 인한 상대방에 대한 무지는 쉽게 해결하기 어려운 과제다. 그리고 "무관심의 '교차승인'은 결국 '무지'를 '잠정적'인 것이 아니라 항구적인 것으로서 반복 재생산하게 되며 이는 곧 '만남'이 필요로 하는 최소한의 윤리적 토대조차 허무는 것으로 직결되기 때문"(이정훈 2005, 3)이다. 쑨거 또한 다음과 같은 질문을 던지며 연대에 대한 절망감을 거론한다. 한국과 일본 사회에서 일부 사회 여론은 왜 미군기지의 존재를 무시하고 중국위협론의 논조를 주장하는가? 중국 사회의 일본 이미지는 왜 줄곧 관념적인 단순화와 기호화의 상태에 머물러 있는가? 중국 사회의 한국 이미지는 왜 이처럼 빈곤한가? 타이완 사회와 대륙 사이에는 왜 진실한 접촉점을 찾기 어렵고 줄곧 건조한 대립 상태가 지속하는가? 조선(즉 북한)은 왜 항상 '권위주의적 독재사회'로 단순하게 처리되는가?(孫歌 2008a, 19) 이상이 중국인의 입장에서 느끼는 연대에 대한 절망감이라면, 한국인의 입장에서는 또 다른 층위의 절망감을 덧붙일 수 있다. 이를테면, 한국인들은 후진타오, 시진핑 등 중국 인명을 존중하는 방향으로 가고 있는데 왜 중국인들은 박근혜, 문재인 등 한국 인명을 중국식 발음 퍄오친후이, 원짜이인으로 호명하고 표기하는가? 한국과 타이완은 전후 동보(同步)적이고 상보(相補)적임에도 불구하고 양국은 왜 줄곧 미국만 바라보고 달려왔는가? 등등. 아울러 일본인의 입장에서 그리고 타이완인의 입장에서 나아가 조선인의 입장에서 느끼는 절망감도 염두에 두어야 할 것이다.

하지만 쑨거는 여기서 좌절하지 않는다. 그녀는 다시 다케우치 요시미로 돌아간다. 다케우치는 루쉰의 비판 정신을 승화시켜 철학으로 원리화했다. 그것은 "그는 자기임을 거부하고 동시에 자기 이외임도 거부한다. 그것은 루쉰에게 있는 루쉰을 성립시키는 절망의 의미이다. 절망은 없는 길을 가야 한다는 저항에서 생기며, 저항은 절망의 행동화로 나타난다. 그것은 상황으로 보자면 절망이며, 운동으로 보자면 저항이다"라는 원리이다.(쑨거 2007, 19) 쑨거는 아마도 냉전구조라는 절망적인 상황에서 동아시아 시각을 확보하자는 저항을 하는 것으로 보인다. 그와 같은 절망에 저항하는 운동을 하다 보면 어느 순간 "회심(回心)이라는 결정적인 시기"(쑨거, 21)가 찾아올 거라는 믿음을 가지고 있다. 그러므로 "절망과 회심을 자신의 출발점 삼아 역사철학을 완성시켜 가야 한다"(앞의 책, 22)라고 역설하고 있다.

아울러 다케우치의 '뒤집기'(飜轉)도 횡단과 연대의 방법론으로 참고할 만하다. 물론 그에게 아시아는 일본인의 주체성을 형성하기 위해 서유럽 중심의 가치관을 뒤집으려는 구상의 일환으로서의 방법일 뿐이다. 하지만 그의 뒤집기는 "서유럽식의 우수한 문화가치를 더 대규모로 실현하기 위해 동양에서 재차 서양을 포용하고 거꾸로 동양에서부터 서양 자신을 변혁한다. 이런 문화의 뒤집기 또는 가치상의 뒤집기를 통해 보편성을 창조해 내는 것이다. 동양의 역량이 서양에서 기원하는 보편가치를 증강할 수 있기 위해서는 반드시 서양을 변혁해야한다"(孫歌 2008a, 14). 이는 일본인의 주체성 형성을 위한 방법으로 제출된 것이지만, 그동안 탈아입구의 맥락에서 야만으로 간주했던 아시아를 중시했다는 점에서 의미를 부여할 수 있고, 동양이 서양을 수용하고 그것을 변혁함으로써 새로운 문화를 창출하는 방법으로서의 뒤집기는 참고할 가치가 있다. 이는 쑨거가 제시한 상대국 문화에 '들어갔다 나오기'와 짝을 이뤄 횡단과 연대의 방법론으로 삼을 만하다. 물론 '일본 중심주의' 나아가 '동아시아 특수주의'의 혐의에서 완전히 벗어나기 어렵다는 점도 동시에 지적해야 할 것이다.

4. 식민지적 무의식과 식민주의적 의식의 이중구조

쑨거가 일본 근현대 지식계의 긍정적인 측면에 초점을 맞추고 있는 반면, 고모리 요이치는 근현대 일본 지식계에 만연한 '자기 식민지화'에 대해 예리한 비판의 칼날을 들이대고 있다. 그는 일본의 근현대적 자아구조를 자기 식민지화에 의한 '식민지적 무의식'과 '식민주의적 의식'이라는 이중구조라고 보고 있다. 일본이 비록 일찍부터 난학(蘭學, Holland studies)에 눈을 떠 개국을 통해 서양 학습에 열중하고 비(非)서유럽 국가 가운데 거의 유일하게 강대국/제국주의 국가 반열에 올라섰음에도 불구하고, 고모리 요이치는 그것이 제국주의 열강의 논리에 기초한 자기 식민지화의 결과라고 보고 있다. 그러므로 일본은 스스로 식민지로 전락한 적이 없음에도 불구하고 식민지적 무의식을 내재하고 있었다. 그리고 그것과 짝을 이뤄 주변 지역을 식민지로 삼으려는 '식민주의적 의식'이 형성되어 끊임없이 자국의 '이익선'을 확대해 온 것이 2차대전 종전까지의 일본사였다 할 수 있다. 이에 대한 포스트식민주의적 비판이 고모리 요이치의 목적이다.

고모리 요이치는 "문명으로서의 근대를 향했다고 긍정적으로 말해져 온 바쿠후(幕府) 시대 말부터 청일전쟁까지의 사건을 식민지적 무의

식과 식민주의적 의식의 모순 속에서 다시 파악"(고모리 2002, 15)하려
한다. 그 또한 다케우치 요시미의 '역사 진입'의 맥락에서 역사를 고쳐
쓰고자 한다. 그는 특히 1850년대와 1860년대의 중국 대륙, 조선 반도,
일본 열도와 서유럽 열강의 지정학적 역관계는 일국의 역사(national
history)라는 측면에서는 결코 정확하게 파악할 수 없다(고모리, 17)고
전제했다. 그리고 메이지 유신 이후의 일본이, 서유럽 열강에 의해 식
민지화될지도 모른다는 위기 상황에 뚜껑을 덮고, 마치 자발적 의지인
것처럼 '문명개화'라는 슬로건을 내걸고 서유럽 열강을 모방하는 것에
내재하는 자기 식민지화를 은폐하고 망각함으로써 식민지적 무의식
이 구조화(앞의 책, 32)되는 과정을 고찰했다. 나아가 스스로가 '문명'임
을 증거하기 위해, 주변에서 '야만'을 '발견'하고 그 토지를 영유했다.
'야만'의 발견은 타이완, 조선으로 확대해 간다. 동화와 배제의 이중성
을 만들어 내는 담론 전략은 그 이후의 일본형 식민주의를 관철해 나
아간다.(앞의 책, 32) 이 과정은 '서유럽 열강보다 더 서유럽 열강답게 되
는' 것에 대한 과도한 욕망(앞의 책, 46)으로 인해, 부적절한 모방이 되었
고 탈식민주의적 담론의 논리적 가능성(앞의 책, 48)으로 가는 길을 가
로막았다.

　고모리 요이치의 탁월함은 '식민지적 무의식과 식민주의적 의식의
이중구조'가 전후 일본에서도 지속하고 있음을 지적하는 것에서 두
드러지게 드러나고 있다. 특히 '국체로서의 천황제 존속', '전쟁 포기
와 군사력의 포기에 관한 신헌법의 조항', 그리고 '오키나와의 요새
화', 이 세 가지는 밀접하고도 불가분한 세트로 기능했다. 최후의 결전
으로 지휘하고 막대한 희생을 치렀던 그 오키나와를 히로히토는 자신

의 정치적 기반을 안정시키기 위해 미국에 다시 내주었다. 히로히토의 이름 아래 오키나와는 탈식민지화의 계기를 빼앗겼고 미국의 군사 요새로서 재식민지화되었으며, 천황의 오키나와 전에 대한 책임은 면책되어 이른바 '복귀' 후에도 그 상황은 근본적으로 변하지 않았다.(고모리 2002, 100~101) 전후 일본의 상황을 고모리 요이치는 '미·일 담합 상징 천황제 민주주의'라 요약했다. 그것은 메이지 유신 이후의 역사 가운데 유일하게 식민지화(colonization)를 수반하지 않은 전후의 민주화였음에도, 신헌법하에서의 일본 국민이 구식민지의 탈식민지화(decolonization) 과정에 대해 식민지 지배의 가해자로서 관련되는 계기를 은폐시켰다.(고모리, 103) 특히 식민 지배에 대한 "배상 지불의 의무를 수행하는 행위에 속죄 의식이 결여됨으로써 그것은 '반성이나 책임에 대한 자각'을 가지는 계기가 되지 않았을 뿐만 아니라, 오히려 '경제적 진출'이라는 이름의, 미국과 결탁한 신식민주의로 전화해 갔던 것"(앞의 책, 125)이라는 진단은 징용과 위안부 문제에 대한 배상과 사과가 오늘날까지도 한·일 간에 해결되지 않는 응어리로 남아 있는 원인을 신랄하게 지적한 것이라 할 수 있다. 물론 그 이면에는 미국의 동아시아 정책이 뒷받침하고 있음도 잊지 말아야 할 사항이다. '구식민지 포기가 배상에 해당'한다고 했던 맥아더의 발언과 "결국에는 모든 나라들이 미국형 소비생산 국가가 된다는 '발전'·'진보'의 신화"(앞의 책, 140)를 대변한 라이샤워의 근현대화론 등이 그 구체적 증거다.

유독 일본인들은, 심지어 이른바 '비판적' 지식인들조차도 패전국의 피해 콤플렉스에 사로잡혀 식민지 타자들의 고통에 둔감하다. 게다가 외부 검열보다 자기 검열의 폐해가 더 크듯이, 자신도 모르게 수용한 오리엔탈리즘은 이후 일본을 중심으로 한 동아시아의 지배적 가치 질서가 되었음은 모두 아는 사실이다. 고모리 요이치에 따르면 동양은 서양에 의해 명명된 것에 그치지 않고 실체적으로도 "몇 세대에 걸친 지식인, 학자, 정치가, 평론가, 작가라는 오리엔탈리즘에 꿰뚫린 사람들이 반복 재생산한 표상=대리 표출(representation)에 의해 구성된 현상"(앞의 책, 12)에 지나지 않는다. 바꿔 말하면 "피식민적 주체는 이 제국주의적 타자의 감시와 응시의 시선에 구석구석까지 노출되고 또 꿰뚫리게 된다"(앞의 책, 13). 여기에서 일본의 특이성은 "자발성을 가장하면서 식민지화하는" "자기 식민지화"(앞의 책, 24) 현상이다. 일본은 서유럽의 상을 계속 흉내 내지 않으면 안 된다. 그러나 결코 그 상과 동일화할 수는 없다. 그러므로 고모리 요이치의 과제는 포스트식민주의 입장에서 근현대 일본인의 식민지적 무의식을 드러내고 식민주의적 의식을 비판하는 것이고, 양자의 심층에 존재하고 있는 '자기 식민지화'의 실체를 밝히는 것이 된다. 박유하는 고모리 요이치가 "타국을 '식민지화'했던 스스로의 과거가 그 땅의 타자들에게는 아직 '과거'가 되지 못하고 있음을 직시하고 그 이유가 바로 '일본' 자신에게 있음을 밝히려 하고 있는 것"(박유하 2002, 154)이라 요약하면서, "긍정적으로만 평가되어 온 근대화='문명화'라는 것이 실은 서유럽 열강을 '모방'하려 한 '자기 식민지화'에 지나지 않았고, 그러한 '자기 식민지화'를 은폐하기 위한 시도야말로 바로 홋카이도와 타이완, 류큐, 그리고 조선에 대한 침략을 감행케 한 것이었다고 보고 있는 것이다"(박유하, 155)라고 평하고 있다. 홋카이도-타이완-조선의 '야만'국성은 '문명'국인 일본이 그들을 동화하거나 배제할 수 있는 이유이기도 했다. 이러한 숨은 의식을 고모리는 '식민주의적 의식'이라 말한다. 마루카와 데쓰시는 "서양으로부터 오리엔탈한 객체로 취급되던 일본이 아시아에 대해서는 옥시덴탈한 주체가 되어 위세를 부리는 이중적 성격을 지니고 있다"(마루카와 2008, 47~48)라고 했는데, 이는 고모리의 이중구조와 상통한다.

고모리는 미셸 푸코의 담론, 에드워드 사이드의 오리엔탈리즘, 호미 바바의 양가성, 가야트리 스피박의 서벌턴 등을 참조 체계로 삼아, 도쿠가와 막부 말기부터 청일전쟁까지의 사건과 패전 후의 사건을 식민지적 무의식과 식민주의적 의식의 모순 속에서 다시 파악하고자 한다. 청일전쟁까지의 역사는 문명으로서의 근대를 향했다고 긍정적으로 평가됐고, 패전 후의 역사는 다시 '문명'으로서의 '민주주의'로 향했다고 말해지고 있는 주류 담론의 허구성을 지적하려는 것이다. 아울러 그는 나쓰메 소세키(夏目漱石)의 텍스트를 정전(正典)으로서가 아니라 포스트식민적 텍스트로 독해함으로써 이상의 두 가지 역사 서술 사이에 개입시키려고 한다.

메이지 유신 이후의 일본에서 식민지적 무의식은 서유럽 열강에 의해 식민지화될지도 모른다는 위기 상황에 뚜껑을 덮고, '문명개화'라는 슬로건을 내걸고 서유럽 열강을 모방하는 과정에 내재하는 자기 식민지화를 은폐하고 망각함으로써 식민지적 무의식이 구조화되었다.(고모리 2002, 32) 그러나 스스로가 '문명'이라는 증거는, 주변에서 '야만'을 발견하고 그 토지를 영유함으로써만 손에 넣을 수 있다. 동화와 배제의 이 이중성을 만들어 내는 담론 전략은 그 이후의 일본형 식민주의를 관철해 나아갔다.(고모리, 32) 아이누족의 내부 식민화, 오키나와 속지화, 타이완 출병, 강화도 사건으로 이어지는 과정은 바로 일본 식민주의의 확장인 동시에 이익선의 팽창이었다. 서유럽 열강의 '주체'를 모방·흉내 냄으로써, 결과적으로 '조공외교'적 종속 관계를 최종적으로 해체하는 서유럽 열강의 대리인 역할을 훌륭하게 수행했다.(앞의 책, 54) 이후 일본은 "서구 제국주의 열강의 논리로 자기 식민지화해 나아가는 과정을, 국내적으로는 '문명'과 '진보'의 이름에 의해 서구 열강과 대등하게 되는 것이라고 강변하며 내셔널리즘을 부추겨 가는 자기 모순"과 "내셔널리즘이 자기 모순적이기 때문에 그 모순을 감추기 위해 청나라에 대한 적개심을 선동하면서 조선 반도에 대한 식민주의적 침략의 야망으로 돌리고 군비 확장을 위해 대대적인 증세(增稅)를 신민(臣民)에게 강요해 나간다는 또 하나의 모순"(앞의 책, 62), 바꿔 말하면, '식민지적 무의식'과 '식민주의적 의식'이 매개 없이 결합한 채로 일로매진했다는 것이 고모리의 판단이다. 고모리는 다음과 같이 결론짓는다. "일본의 욕망은 '만국공법'권에서의 종주국이 되기 위해 속국이 될 만한 지역에서 전쟁을 할 수 있게 되는 '보편의 나라'가 되는 데에 있었다. 그러한 의미에서 이 욕망은 2001년까지도 형태를 바꾸지 않고 계속해서 살아 있다."(앞의 책, 63) 그리고 그 욕망은 지금도 지속적으로 강화되고 있는 것으로 보인다.

사실 쑨거도 오키나와 문제를 단순하게 오키나와 자체의 문제로만 보지 않고 일본을 관찰하는 중요한 시각으로 설정하고 있다. 그녀는 「일본을 관찰하는 시각」에서 우선 시각의 복수성(複數性)을 전제하면서, 일본이 중국 침략 시 자행했던 여러 가지 사건들──난징(南京) 대학살, 세균전, 위안부 문제 등──과 일본 각료들의 야스쿠니(靖國) 신사 참배 등의 사건이 근현대 중일관계에서 상징성을 띠고 있지만, 자칫 '상징성'에 의해 매몰되기 쉬운 '역사성'의 문제를 제기했다. 상징으로서의 역사 사건은 명사적/정태적이지만, 역사로서의 역사 사건은 동사적/동태적이기 때문이다. 쑨거가 볼 때, 오키나와 전투와 집단자결은 바로 역사성의 중요한 사례다. 그녀는 일본 사회에 침략전쟁을 미화하고 전쟁의 총체적 범죄 사실을 부정하는 우익의 경향이 존재해 왔기 때문에 일본 우익의 오류를 반박하기 위한 명확한 입장이 필요하다고 지적하면서, 그렇게 하지 않으면 "우리의 몸을 역사 밖에 놓아두고 그에 따라 우리의 사고도 역사성을 잃어버리게 될 것"(쑨거 2008, 437)을 경고하고 있다.

오에 겐자부로(大江健三郎), 사카모토 요시카즈 등의 비판적 지식인들이 자성적인 자세로 그들의 문제를 밀고 나갔을 때 태평양 전쟁 말기 오키나와의 무고한 백성들의 집단자살 문제와 일본 사회의 여타 문제 사이에 연관성이 드러났다. 위안부 문제와 세균전 문제 그리고 교과서 문제 등이 오키나와의 시각에서 새로운 형태를 획득했을 뿐만 아니라 난징 대학살과 야스쿠니 신사 참배라는 두 가지 상징적인 사건들 이면에 은폐된 일본 사회·정치구조의 문제가 오키나와 사건으로 인해 무대 앞으로 끌려 나왔다. 더욱 중요한 것은 중국인들이 피해국의 국민으로서 오키나와 민중의 저항운동에 어떻게 반응해야 하며 나아가 우리는 도대체 '일본'을 어떻게 보아야 할 것인가가 새로운 문제로 대두되었다는 점이다.(쑨거, 431~432) 2차대전 후 독일 지식인들이 자신들의 나치 합작에 대해, 파시즘의 진행이 점진적이고 눈에 드러나지 않으며 때로는 사람들에게 신뢰를 주는 자아 반성과 수정을 수반하기도 하며 때로는 우회하면서 전진한다는 사실을 발견했다는 사례를 들면서 쑨거는 일본의 파시즘화를 경고하고 있고, 나아가 중국 지식인들이 그런 역사 사실을 외면함으로써 역사성을 상실할 것을 우려하고 있다.

일본의 오키나와 문제는 중국의 소수민족 문제와 유사성을 가지고 있다. 또한 한반도에서 남한이 북한을 흡수 통일할 경우 남한의 자본 (주로 건설자본)이 북한을 식민지화할 것은 명약관화하다. 이 문제들은 '내부 식민지'(internal colony)라는 주제로 수렴할 수 있는데, 이런 팽창적 국가주의가 지속할 경우 파국으로 치달을 가능성이 있음은 우리 모두 잘 아는 사실이다.

5. 일본 중심주의 또는 동아시아 특수주의

쑨거는 다케우치 요시미 등을 통해 일본 근현대 사상사의 심층에 들어갔다 나오는 귀중한 경험을 통해 '냉전구조의 동아시아 시각'이라는 인식론을 정립했지만, 고모리 요이치가 지적한 식민지적 무의식과 식민주의적 의식 사이의 모순과 같은 일본 사회의 심층에는 다가가지 못한 것으로 보인다. 그 외에도 쑨거의 동아시아 인식론에는 몇 가지 아쉬움이 남는다.

첫째, 동아시아 특수주의 혐의. 중국의 탈아(脫亞) 경향에 대해 쑨거는 "최근의 가장 비판적인 지식인들은 서구는 시야에 두고 있지만, 아시아 특히 가까운 동아시아는 진정한 의미에서 시야에 담고 있지 않다"(쑨거 2007, 18)고 비판하고 있다. 쑨거는 그들과 반대로 일본을 주요 참조 체계로 삼고 있고 부분적으로 한국을 시야에 두고 있다. 하지만 쑨거의 언설들을 읽다 보면, 쑨거의 시야 또한 제한적이다. 서유럽 중심주의를 비판하다가 서유럽의 합리적 핵심까지 비판하는 점도 지적되어야 한다. 한국의 비판적 담론에 대해서도 폭넓게 섭렵하고 있다기보다는 백낙청과 백영서 등 일부에만 초점(孫歌 2011)을 맞추고 있다. 그리고 주요 참조 체계인 일본의 비판적 담론에 대해서도 편식 경향을 보인다. 이를테면 다케우치 요시미를 아시아의 사상 자원으로 발굴하려는 시도는 '동아시아인의 동아시아'를 발견하고 상상하는 하나의 경로를 제시했다는 점에서 의미가 있다. "한 시대 앞서 다케우치 요시미는 중국과 루쉰을 가장 풍성한 사상의 자원으로 바꿔 놓았다. 나는 역의 방향에서 다케우치 요시미를 아시아의 사상 자원으로 삼고 싶다."(쑨거 2007, 22) 일본의 다케우치 요시미가 루쉰을 발굴해 일본에 소개하고 중국의 쑨거가 다케우치 요시미를 중국에서 재해석함으로써 중국과 일본의 지식계는 한결 공감대가 형성되고 소통이 되는 것으로 보인다. 하지만 다케우치 요시미가 종전 이후 일본 사상계를 진작시키기 위해 루쉰을 가져갔음에도 불구하고, 현재까지도 진행되고 있는 일본의 식민지적 무의식의 역사에 진입하는 작업을 다케우치 요시미에게서 찾아보기 어렵다. 식민지적 무의식의 역사에 진입하는 작업은 일본의 근현대사를 이해하기 위해 반드시 수행해야 하는 과제임에도 불구하고 그에 대한 노력은 다케우치의 영향을 받은 쑨거에게서도 찾아보기 어렵다.

둘째, 한국에 대한 피상적 이해. 동아시아를 가로지르기 위해서는 가로지른 국가의 내부 지식 상황을 깊이 천착해 파악하는 것을 전제해야 한다. 쑨거는 일본의 상황과 중국의 맥락을 고려해 양국 문화를 가로 지르는 노력을 기울였지만, 한국 상황에 대해서는 '창작과비평' 그룹 에만 의존함으로 인해 그녀의 동아시아 인식론은 불균형을 면하기 어 렵다. 그녀는 일본과 중국의 맥락, 좀 더 구체적으로는 일본이라는 콘 텍스트에서 중국 문제를 찾는 방식을 선택한다. 뒤늦게 일부 한국 논 자들의 논의를 참조하지만 그것만으로 한국의 상황과 맥락을 파악했 다고 보기에는 한참 부족하다. 한글 자료에 대한 독해 능력 없이 한국 을 이해하는 것이 가능할까? 쑨거 자신도 이렇게 말한다. "나는 한국 어를 할 줄 모르며 한국에서 오랫동안 체류한 적도 없다. 내게는 한국 을 논할 만한 능력이 없다. 다만 다행스럽게도 훌륭한 한국인 친구가 많이 생겨서 그들로부터 한국 사회의 독특한 분위기를 감지할 수 있었 다."(쑨거 2013, 5) 한국을 자주 오간 경험과 한국인 친구의 도움을 바탕 으로 쑨거는 한국에 대해서도 발언하기 시작했는데, 이는 반가운 일이 면서도 경계를 필요로 한다. 예를 들어, 한청(漢城)을 서울(首爾)로 개명 한 일을 통해 한국 사회 내부가 중국에 대해 느낀 압박감을 분명하게 표출했다고 해석(쑨거 2009, 31)한 것은 일반 중국인의 표층적 한국 이 해를 무비판적으로 반영하고 있다. "漢城→首爾이 개명이 아니라 한국 최초로 서울의 중국어 표기법을 제정한 것이고, 그 이전까지 중국인을 제외한 전 세계인이 모두 서울(Seoul)이라고 불렀다"(임춘성 2008, 346~ 347)라는 사실은 여전히 쑨거를 비롯한 중국 지식인에게도 이해하기 어려운 일인 셈이고, 이런 현상은 양국 지식인 사이의 격절(隔絶)을 반 증하고 있다. 바꿔 말하면, 정부 수립 이후 대한민국 수도는 서울이라 는 역사 사실에 둔감한 채, 자신들의 무지와 오만에서 비롯된 한청(漢

城)이라는 명명을 고집하던 중국인들은, 한국 정부가 중국인과의 소통을 위해 首爾이라는 표기를 만들었음을 이해하지 못하고, 한청에서 서울로 개명했다고 오해하고 있고, 심지어 그것을 '탈중국'(去漢)의 조짐으로 오독(馬相武 2005)하는 지식인도 있는 것이다. 하나 덧붙일 것은, 漢城→首爾이 압박감의 표출이라면, 서울 한가운데를 흐르고 있는 한강(漢江)은 왜 한강(韓江)으로 개명하지 않고 그대로 두었겠느냐는 반문을 쑨거 등에 남겨 두고 싶다.

마지막으로, 앞에서 살펴본 '동아시아 연대에 대한 절망감'에서도 쑨거의 문제 제기에 대해 공감하면서도 그녀가 역지사지의 경지, 즉 한국과 타이완의 입장에서 느끼는 답답함과 절망감을 헤아리지 못하는 점은 아쉬움으로 남겨 둘 수밖에 없다.

3부
원톄쥔 · 추이즈위안 · 장이빙의 비판 사상

7장 · 원톄쥔의 '백 년의 급진'과 '비용전가론'

1. 공업화와 비판적 정책학

원톄쥔(溫鐵軍, 1951~)은 사상가, 이론가, 정책가, 활동가 등 다양한 얼굴을 가지고 있다. 그는 '삼농(三農) 선생'으로서 중국의 농민, 농업, 농촌에 관심을 기울이고 있을 뿐 아니라, 동아시아적 가치를 추구하고 제국주의 및 신자유주의를 비판하면서도 그의 주장에는 국가주의적 입장이 내재하고 있다. 원톄쥔은 인민공화국의 역사를 공업화의 역사로 보고 건국 후, 구체적으로는 1953년 이후 민족자본주의에서 국가자본주의로 전환되었다고 본다. 아울러 인민공화국의 경제사를 세 단계로 구성된 하나의 과정으로 본다는 점에서, 마오쩌둥이 두 단계 혁명을 전망했지만 결국은 부르주아혁명에 머물고 말았다고 보는 모리스 마이스너(2004)의 관점, 그리고 마오쩌둥 체제와 덩샤오핑 체제의 연속성을 강조하는 첸리췬(전리군 2012)의 관점과 상통하고 있다.

원톄쥔은 우선 포스트식민주의 관점에서 서유럽의 자본주의적 모더니제이션과 개발도상국의 근현대화 과정을 대비하면서 중국의 길을 모색하고 있다. 양자의 결정적인 차이는 '발전의 전제 조건이자 경로의존성(path dependency)인 식민화'(원톄쥔 2013, 6)의 유무다. 서유럽의 제도적 형태에 따라 '개발주의'를 추구해 온 개발도상국들은 모두 발전의 함정에 빠졌는데, 그 결정적인 이유가 '식민지의 부재'라는 것이다. 원톄쥔은 "초대형 대륙 경제체인 중국은 객관적으로는 삼농에서 잉여를 추출하는 특수한 '비교 우위'를 통해 공업화를 위한 내향형의 원시적 축적을 완성했고, 이어서 구조적인 외향형의 산업 확장을 이루었다"(원톄쥔, 6)라고 평가하고 있다. 그리고 이후의 과제를 "생태 문명을 지향하는 '포용적 성장'으로 전환"(앞의 책, 7)하는 것으로 설정하고 있다.

　흔히 마오쩌둥의 중국이 반(反)자본 정책을 시행했다고 알려진 것과는 달리, 원톄쥔은 마오쩌둥 시기, 나아가 아편전쟁 이후 중국이 자본주의의 길을 걸어왔다고 전제하고 있고, 1980년대 제5차 5개년계획부터 구조조정을 시행하여 21세기부터 자본 중심에서 인간 중심으로 정책 전환을 시도해 친환경·친민생 정책의 길로 접어들기 시작했다고 진단하고 있다. 내가 보기에 원톄쥔의 포지션은 '정책 제안자'다. 제안자는 입안자와 달리, 정책 결정자가 받아들일 수 있는 정책을 제안해야 한다. 제안자는 또한 비판자와 달리, 무조건 비판 일변도여서도 안 된다. 제안자는 정책 입안과 비판의 중간 지점에서 자신의 정책을 가다듬어 제안해야 할 것이다. 원톄쥔의 정책 제안자라는 정체성은 그의 담론에도 많은 영향을 주었을 것이다. 정책 결정자가 수용할 수 있을 만한 정책을 제안하는 것이 바로 정책 제안자의 포지션이기 때문이다.

원톄쥔은 위기의 관점에서 자본주의의 역사를 재해석하고 있다. 우선 선진국이라 일컬어지던 서유럽은 미국의 1971년 금본위제 폐기 선언 이후 '정치적 신용의 위기'를 맞이했고 이는 '금융 위기'로 이어졌으며, 21세기 들어 사실상 '정치의 위기'인 '채무 위기'를 맞이했다. 과도한 부채는 한편으로 '체제의 우위'를 유지해 주었지만 다른 한편으로는 '정치체제의 위기'이고 결국은 서유럽이 확산시켜 온 '보편적 가치의 위기'로 귀결되고 있다.(원톄쥔 2013, 59) 원톄쥔의 결론은 간단하다. 중국은 과거 백 년의 급진, 즉 자본주의화의 길을 걸어오면서 서유럽이 겪은 위기뿐만 아니라 중국적 위기도 겪어 왔다. 원톄쥔은 이를 '여덟 번의 위기'로 개괄한 후 그것을 극복하기 위한 나름의 방안을 제시하고 있다.

원톄쥔은 자신의 공부를 '중국의 경험 분석'에 입각한 '비판적 정책학'이라 명명한다. 이는 과학적 연구를 특징으로 삼는데, "과학적 연구란 앞 세대의 경험 가운데 더 검증할 필요 없이 결론지어진 문제에 대해 '끊임없는 반증을 시도'함으로써 보편이성 수준으로 인식의 혁신을 이루는 과정이다". 그러므로 "연구자는 자신이 처한 이익구조의 제약에서 벗어나야 비로소 '역사적 경험의 기점에 서서 그 기점과 일치하는 논리적 해석을 세울 수 있고', '가치 판단을 넘어서는' 객관적 연구를 할 수 있다"(원톄쥔, 13)라는 것이 원톄쥔의 기본적인 치학(治學) 태도라 할 수 있다. 비판적 정책학을 통해 공정하고 객관적으로 중국 근현대화의 역사, 원톄쥔의 표현으로는 '백 년의 급진'의 경험을 공업화

(industrialization)[1]의 관점에서 '3단계 8위기'라는 새로운 시각으로 해석하고, 이후 중국에 적합한 발전 경로를 선택하는 데 비판적인 정책을 제안하는 것이 원톄쥔의 목표라 할 수 있다.

2. 백 년의 급진

서유럽의 자본주의적 모더니제이션이 대규모의 식민지 확장에 기반을 두고 있다는 진단은 더는 새로운 발견이 아니다. 이에 대해 원톄쥔은 다음과 같이 논술하고 있다. "아메리카와 아프리카 원주민들의 엄청난 죽음과 자원 및 환경에 대한 약탈적 파괴를 수반"(앞의 책, 8)했던 모더니제이션 과정을 통해 서유럽은 비로소 '원시적 축적을 완성'할 수 있었고 전쟁을 통해 '산업자본의 구조적 확장'을 이룰 수 있었다. 그뿐만 아니라 1970년대 이후 이룩한 '서유럽의 정치 모더니제이션' 또한 해외로 이전한 산업자본이 벌어들이는 수익에 의존하여 유지되면서, "노동자 자본이 직접적으로 대립하는 사회구조의 내재적 모순"도 "개발도상국으로 이전되었다"(앞의 책, 9). 원톄쥔은 이런 개괄로부터 자신의 중요한 이론인 '비용전가론'의 근거를 끌어낸다. 그러나 서유럽을 모방·학습해 근현대화를 추진한 대다수 개발도상국은 자신의 제도 비용을 전가할 식민지를 갖지 못함으로써 근본적으로 '전반적인 서

---

1 industrialization을 한국어로는 '산업화'로 번역하고, 중국어에서는 '공업화'(工業化)로 번역한다. 산업이 1차, 2차, 3차, 4차로 나뉘고 그 가운데 2차산업이 공업에 해당하는 만큼, 한국어 맥락에서의 산업화는 2차산업화, 즉 공업화에 해당한다. 따라서 여기에서는 industrialization을 '공업화'로 번역한다.

유럽화'를 추구할 수 없었다. "그저 대다수의 빈곤과 고통을 대가로 해서 소수의 주류 이익집단이 서유럽식 모더니제이션에 진입했을 뿐이다."(원톄쥔 2013, 10) 그러므로 서유럽의 모더니제이션 과정과 비(非)서유럽의 근현대화 과정은 커다란 격차가 존재하고 있는 셈이다. 이와 관련해 하남석은 원톄쥔의 주장을 요약하면서 "서유럽의 발전 모델은 제국주의라는 성격을 가지고 제3세계라는 외부로 자기 내부의 비용을 전가해 왔던 모델로 지속가능하지 않으며, 제3세계의 개발도상국들이 이 모델을 복제하여 발전(공업화/근대화)을 추구하다가는 이에 종속될 뿐만 아니라 자신의 비용을 서유럽처럼 외부로 전가할 수 없는 상황이기에 커다란 모순적 상황에 빠지게 됨"(하남석 2016b, 126)을 지적했다. 타당한 분석이다. 장하준(2004)이 언급한 '사다리 걷어차기'는 이런 인식을 공유하며 "세계화와 신자유주의에 대한 맹목적 찬사가 얼마나 위험한 것인지를 생생하게 드러내며 새로운 세계 경제 질서 모색의 필요성을 주장"하며 제시된 전략이라 할 수 있다.

중국이 걸어온 길은 서유럽의 길도, 개발도상국의 길도 아니었다. 그것은 "유럽 중심의 세계 보편이 아니라 중국을 하나의 또 다른 보편으로 자리매김하고자 하는" "보편 중국 선언"(장윤미 2019, 70)이다. 원톄쥔은 또 다른 관점에서 중국이 "주로 내향형의 원시적 축적에 의존해서 공업화를 할 수밖에 없었다"(원톄쥔 2013, 11)라고 진단하고 있다. 그 방식은 두 가지다. 첫째, 고도의 조직화를 통해 전체 노동자의 노동 잉여가치를 점유하고, 공업과 농업 생산품의 협상 가격 차이를 이용하여 농업의 잉여를 추출하는 것이며, 둘째, 노동력 자원을 자본화하여 국가의 기본적인 건설에 대규모로 집중적으로 투입함으로써 결핍된 자본을 대체하는 것이었다. 공업화를 위한 원시적 축적의 과정에서 형성된 이런 중국적 특색의 '정부 조합주의(corporation)'적 경제 토대는 이후 제도의 변화 과정에서 '경로의존성'을 형성하게 된다. 그리고 개혁 과정에서, 정부의 '기업화'를 특징으로 하는 정부 시장경제를 파생시켰다. '중국 경험'의 본질은 '정부의 기업화'라는 조건에서 산업구조를 상대적으로 온전하게 유지해 온 데 있다는 것이다.(원톄쥔, 11~12) 개발도상국의 근현대화 과정을 겪어 온 한국인에게 '내향형의 원시적 자본 축적'이란 익숙지 않은 용어다.

내향형 원시 자본 축적을 설명하기 위해 원톄쥔은 우선 제도와 문화 차원에서 두 가지 효과적인 메커니즘에 주목한다. 유구한 역사적 유산의 핵심인 집단문화를 통해, '시장경제의 심각한 외부성(externality) 문제를 내부화(internalization)해서 처리'할 수 있는 메커니즘과, 수천 년 이어진 농가 경제에 내재하는 '대가를 따지지 않는 노동력을 자본을 대신해서 투입'하는 메커니즘이 그것이다. 원톄쥔은 중국이 바로 이 두 가지 메커니즘을 통해 극도의 자본 부족 문제를 완화할 수 있었다(앞의 책, 12)고 진단하고 있다. 이로 인해 중국은 일반적인 '제3세계 국가들'과 비교할 때, 훨씬 빠르고 쉽게 공업화 단계로 진입했다.

그러나 공업화가 중기 단계에 접어든 이후 향촌 사회 내부의 사회경제적 구조와 외부의 거시적 환경에 근본적인 변화가 발생했다. 먼저 농촌 내부를 보면, 청장년 노동력이 비농업 부문으로 대거 순유출되어, 농촌 인구의 노령화와 여성화 추세가 심각한 지경에 이르렀다. 또한 노동력의 자본화에 따른 수익을 대부분 국내외 자본이나 발전된 지역이 점유했다. 이에 따라 '집단문화'를 만들어 내는 향촌 사회의 토대가

와해할 위기에 직면했고, 농가의 합리성을 유지하게 하는 주요 조건들이 대부분 사라지고 있다는 것이 원톄쥔의 진단이다. 그리고 외부의 거시적 환경을 보면, 한편으로 자본의 과잉이라는 상황에서 중앙정부가 '친(親)민생' 정책으로 적극 변화할 조건이 마련되었다. 다른 한편으로, '정부 조합주의'의 경로에 계속 의존해 온 지방정부는 여전히 자본 결핍의 압력에 시달려, 불가피하게 '개발주의'적 지향을 유지하며 '고부채=고투자=고성장'이라는 발전모델에 매달릴 수밖에 없었다. 그래서 자원의 심각한 유출과 지속하기 어려운 생태환경이라는 위기에 직면해 있다.(원톄쥔 2013, 13~14) 이상 농촌의 근본적인 변화에 대해, 원톄쥔은 중앙이 추진하는 전략적 조정이 관철되는 체제의 조건을 마련할 수 있는지가 중국 근현대화의 성공 여부를 결정한다고 하면서, 중앙정부가 '기업화된 지방정부'로 하여금 중앙의 전략에 따라오도록 강제할 수 있는 가장 효과적인 수단으로 '반부패'를 들고 있다.

아울러 그는 다음과 같은 장기적 과제를 제시하고 있다. 첫째, 중국 공산당 17대와 18대에서 반복적으로 제기된 '생태 문명'에 대한 요구를 관철하여, 환경과 사회적 측면의 '과도한 소모'에 따른 각종 모순을 완화해야 한다. 둘째, '조화 사회 건설'이라는 정치 노선을 강화하여, 정부의 국채 투입과 국가 금융 부문의 투자에서 모든 취약계층에 고르게 혜택이 돌아가도록 하는 원칙을 지켜야 한다. 셋째, 전통적인 향촌 사회에서 내부화를 통해 거래 비용을 절감하는 메커니즘으로써, 기본적인 건설 투자로 인해 농촌에서 자원과 생태환경을 둘러싼 충돌이 늘어나는 것을 막아야 한다.(원톄쥔, 14~15) 원톄쥔은 생태 문명과 조화사회에 초점을 맞춰 취약계층과 농촌을 보호하는 입장에서 장기 과제를 제시하고 있다.

　그는 또 정책 제안자의 입장에서 다음과 같이 구체적인 정책 중점을 제기하고 있다. 첫째, 중앙정부가 금융을 독점적으로 장악한 토대 위에서, 현(縣) 이하의 신농촌 건설과 성진화(城鎭化: 중소 도시화)를 통합적으로 추진할 수 있는 기본적인 건설 투자의 메커니즘을 위에서 아래로 내려보내는 방식으로 수립함으로써, 향촌의 안정을 유지하고 취업 기회를 더 많이 창출하고 내수를 진작할 수 있는 정책적 역량과 역할을 지방에 부여한다. 둘째, '조직 혁신과 제도 혁신'을 내용으로 하는 농촌의 종합적인 체제 개혁을 한층 더 심화시킨다.(앞의 책, 15) 이렇게 해야만 중국은 글로벌 열등화 경쟁으로 초래된 위기에서 '위기 속의 기회'를 만들어 낼 수 있고 중국 자신의 특징에 부합하는 지속가능한 포용적 발전을 실현할 수 있다는 것이 원톄쥔의 주장이다.

　중국에게 지난 백 년은 근현대화(modernization)의 시간이었다. 그것은 서유럽을 모방해 공업화(industrialization)하고 도시화(urbanization)한 과정이었다. 원톄쥔은 그것을 '백 년의 급진'이라 명명하고 그것과 이별할 것을 요구하고 있다. 원톄쥔이 보기에 "중국은 제12차 5개년 계획(2011~2015)에 이르러서야 백 년의 급진에서 벗어나기 시작"(앞의 책, 23)했다. 그 이전 중국이 "서유럽 열강의 모더니제이션을 모델로 한 공업화에 전력을 기울였다"(앞의 책, 24)라는 사실은 누구도 부정하기 어려웠다. 원톄쥔은 '백 년의 급진'과 관련된 두 가지 상식을 다음과 같이 요약한다. 공업화는 끊임없이 자본을 투입해야 하는 경제적 과정이라는 점과 대다수 후발 국가들의 경우에 공업화를 위한 최소한의 기반도 갖추고 있지 못하다는 점이 그것이다. 공업화에 진입하기 위해서는 자본이 있어야 하는데, 개발도상국들은 '자본의 극단적인 결핍'에 직면하게 된다는 것이다.(원톄쥔 2013, 25~26) 중국 또한 20세기에 자본의 극단적인 결핍으로부터 어느덧 공업화를 완성하고 이제 자본의 과잉이라는 문제에 직면해 있다.(원톄쥔, 27) 원톄쥔은 이를 세 가지 과잉, 즉 '산업의 과잉', 그로 인한 '금융의 과잉', 그리고 산업과 금융의 과잉으로 인한 '상업의 과잉'에서 비롯된 산업자본, 금융자본, 상업자본의 3대 자본의 과잉으로 귀결되었다고 요약하고 있다. 중국은 21세기로 들어서면서 결핍과 이별하고 과잉의 10년을 맞이했다.(앞의 책, 30) 결핍의 시대에 국가의 임무는 자본의 축적이었으므로 친자본적 정책을 펼 수밖에 없었지만, 자본의 과잉 상태가 된 21세기는 친(親)민생 정책이 구현될 조건을 갖춘 셈이다.

'근현대 중국 경제사이자 정책 제안서'(하남석 2016, 126)라 할 수 있는 원톄쥔의 『백 년의 급진』(2013)과 『여덟 번의 위기』(2016)는 "'자본주의'적 축적이라는 관점에서의 중국 사회/경제에 대한 일관된 입장과 서술"(이재현 2016b, 133)이다. 이재현의 요약에 따르면, 중국은 1949년 이래로 '국가자본주의'를 시행했는데, 1953년 민족자본('신민주주의론') 단계에서 국가자본 단계로 나아갔다. 그리고 1997~1998년 이후 금융자본 주도하에 글로벌 체제에 편입되었다. 이 과정에서 중국 자본주의 발전은 '삼농'(三農: 농민, 농업, 농촌) 및 농민공에게 크게 의지했다는 것이 원톄쥔의 일관된 입장이다. 하남석 또한 1949년 이후 중국의 발전 전략은 서유럽으로부터 자립할 수 있는 경제적 기반을 구축하기 위한 국가자본주의의 성격을 가지고 있었으며, 중국이 1949년 이후 8차례나 위기를 겪으면서도 비교적 성공적으로 자립적인 공업화를 이룰 수 있었던 것은 그 비용을 내부, 즉 농촌으로 전가할 수 있었기 때문이었고, 소농에 기반을 둔 중국 향촌 사회야말로 공업화 축적의 과정에서 여러 차례의 위기를 안정적으로 연착륙시켜 온 '안전장치'이자 '조절장치'(하남석, 126)였다고 지적하고 있다.

상산하향(上山下鄕)의 통계수치는 농촌이 도시 위기를 어떻게 수용했는지를 잘 보여 주고 있다. 1960년대 초의 상산하향이 1958년 경제 위기의 결과라면, 1968년의 상산하향은 1966년 경제 위기의 결과였다. 그리고 1974~1976년의 상산하향은 1970년대에 도입한 외자가 외채 부담으로 작용함에 따라 발생한 경제 위기의 결과였다.(원톄쥔 2013, 51) 1차 1200만 명, 2차 1700만 명, 3차 1000만 명 이상, 도합 4000만 명 이상의 도시 인구가 농촌으로 이동했던 것이다. 「신중국 60년 동안 농민의 국가 건설에 대한 기여 분석」[2]에 따르면, 공산물과 농산물의 협상 가격차로 인한 기여, 값싼 노동력으로서의 기여, 국가 건설을 위해 토지 제공을 통해 기여했는데, 이 세 항목 합계는 약 17조 3000억 위안에 이른다는 것이다.(원톄쥔 2016, 50~53) 여기에 개혁개방 이후 농민공은 임금 차액의 형태로 8조 5500억 위안을 '초과 착취'당했다고 한다.(이재현 2016a, 251) 서유럽 발전 모델을 따른 개발도상국들과는 달리, 중국은 농민과 농민공이라는 '내부 식민지' 수탈을 통해 공업화를 완성한 셈이다. 바꿔 말해 마오쩌둥 시대의 모든 경제 위기는 상산하향을 통해 도시의 과잉 노동력을 농촌으로 전가함으로써 해소되었고, 개혁개

---

2 이 글은 쿵샹즈와 허안화의 글로, 『교학과 연구』 2009년 제9기에 게재되었다. 원톄쥔, 『여덟 번의 위기』, 김진공 옮김, 돌베개, 2016, 50~53쪽에 재수록되었다.

방 이후에는 주로 농민공을 초과 착취함으로써 도시 지역의 공업화는 내생적 위기를 간신히 극복하고 연착륙할 수 있었다.

다음에서 중국이 겪은 여덟 차례의 위기를 구체적으로 살펴보자.

3. 3단계 8위기

원톄쥔은 자신의 '비판적 정책학'의 핵심으로 세 가지를 든다. 이데올로기 문제, 정치체제 문제 그리고 도농 이원구조 문제가 그것이다.

먼저 이데올로기 문제를 살펴보자. 일반적인 이해와 달리, 원톄쥔은 1945년 건국된 사회주의 중국의 사회 성격을 자본주의로 규정하고 있다. 1949∼1953년의 4년 동안 주로 운영한 것은 민족자본주의였고, 1953∼1959년의 6년 동안 주로 운영한 것은 국가자본주의였다.(원톄쥔 2016, 14) 특별한 변수가 없었다면 중국 또한 원시적 자본 축적을 위해 대다수 개발도상국이 빠지는 '발전의 함정'이라는 패러독스에 빠질 수밖에 없었을 것이다. 하지만 '지역 내 전쟁'(한국전쟁)과 서유럽의 전면적 봉쇄 그리고 소련 자본의 철수라는 외적 조건은 중국을 '내향형' 발전으로 나아가게 만들었다. 원톄쥔에 따르면, 1960년의 제1차 위기 이후, 도시에서 위기가 폭발할 때마다 그것을 농촌으로 전가하는 일이 벌어졌다. 위기가 순조롭게 전가되면 도시에서는 '연착륙'이 이루어졌다. 그렇게 볼 때, 농민의 권익과 농촌의 안정과 농업의 안전이라는 삼농 문제는 결국 국가 공업화 과정 전반과 직결되는 기본적 문제라고 할 수 있다. '도농 이원구조하에서 도시 자본의 위기의 대가를 대신 짊어져 온 삼농'은, 사실상 중국이 공업화 과정에서 자본의 원시적 축적을 완수하고 산업의 확장 단계로 진입할 수 있게 한 '비교우위'의 주요 원천이다.(원톄쥔, 16) 그 과정에서 '노동을 대규모로 투입하여 제로가 된 자본을 대체'함으로써, 심각한 타격을 입은 자국 산업자본의 원시적 축적 과정을 지속시켰다. '노동(L)으로 자본(K)을 대체'하는 자본의 원시적 축적(앞의 책, 17)은 1960년대 중국의 특색인 셈이다.

중국은 중앙집권제를 취하고 있지만 중앙정부와 지방정부의 관계는 일방적인 상명하달의 관계가 아니다. 중앙과 지방의 기본적인 이해관계 속에 내재한 이러한 모순은 이후 제도 변화에 일종의 경로의존성으로 작용했고, 1980년대 이래 '권한 이양과 이익 양도'라는 개혁이 전개되는 가운데 크게 부각되었다. 심각한 문제는, 각 지역에서 '다투어 외자를 유치'하고 '실적 경쟁에 전력투구'하다가 파생된 종합적인 제도의 비용이 국가의 안정을 위협하는 지경까지 이르렀다는 것이다. 1994년 분세제(分稅制) 개혁을 통해, 지방의 재정 세입은 70% 이상에서 50% 내외로 떨어졌고, 중앙은 겨우 조정할 '여력'을 가지게 되었다. 분세제 개혁은 '단일 정치체제'에서 '연방제를 위한 재정 세입의 토대'를 놓은 것이라고 평가받고 있다.(앞의 책, 20~21)

'도농 이원구조'라는 기본적 체제와 '토지균분제'라는 기본적 재산관계의 영향 아래 향촌에서 내재적으로 형성된 '농가의 합리성'(農戶理性) 및 '촌락공동체의 합리성'(村社理性)을 통해, 외부적 위험을 내부화해서 처리하는 제도(앞의 책, 22)는 다른 개발도상국에 비해 우월한 제도라 할 수 있다. 아울러 농민공들은 가공무역에 필요한 '생산라인+숙식 집중' 형태를 고도로 조직화한 기업들이 밀집해 있는 개발구라는

인큐베이터에서, 세계 노동운동사를 통틀어 규모가 가장 크고 계급의

식이 가장 뚜렷하며 투쟁을 가장 잘하는 신(新)노동계급으로 성장했다.

광둥성(廣東省) 난하이(南海)의 신세대 노동자들이 '자각하고 조직하여'

벌인 '광둥 혼다자동차 대파업'의 승리는 중국 3억 노동자들이 자각

한 계급으로서 역사의 무대에 등장했음을 알리는 이정표였다.(원톄쥔

2016, 23)

원톄쥔은 1993년의 대위기에 주목한다. 그에 따르면, 1992년에 중

국 경제는 화폐화 단계에 진입하면서 화폐 발행을 대폭 확대했고, 주

식과 선물과 부동산이라는 투기성 강한 3대 자본시장을 개방하여, 경

제 과열이 생겨날 수밖에 없었다. 또한 각 지역에서 '공무원들이 직접

돈벌이에 나서고' 정부 기관이 3차산업에 직접 참여하는 것이 이른바

'정부의 기업화(자본화)' 체제와 맞물려 산업자본의 맹목적인 확장 현

상을 초래했다. 그 과정에서 중앙은 '불가피하게' 구조조정을 추진했

고, 거기서 초래된 거대한 제도의 비용을 대중에게 내부적으로 전가할

수밖에 없었다. 국유기업 노동자 수천만 명을 면직[下崗]하고, 농민의

소득 증가 속도가 3년 연속 하락했으며, 수만 명이 집단적 시위에 참

여하고, 국민소득 하락이 내수 하락을 초래했으며, 정부 재정 세입이

GDP에서 차지하는 비중은 12%에도 못 미치는 수준에 불과하고, 중

국의 지식인들은 집단적 실어증에 걸렸다. 서방에서는 '중국 붕괴' 담

론이 유포되었다.(원톄쥔, 25) 1993년 대위기 상황에서 중국은 글로벌

화 속도를 높임으로써 눈앞의 위기를 극복하고자 했다. 서방이 진입한

금융자본의 글로벌 '화폐 전략' 단계에 맞춰 가기 위해 국내적으로 '고

금리+화폐가치 절하'를 시행했고, '낮은 화폐가치+고환율'을 무기로

외부의 확장 수요를 불러일으켰다. 또한 여타 국가보다 훨씬 강력하게 '외국자본에 내국민 대우를 능가하는 특혜(super-national treatment)를 제공'하여, '최저 세율+최저 땅값'으로 다국적기업의 중국 진출을 촉진했다. 이처럼 중국은 도광양회(韜光養晦)의 자세로 오랫동안 선진국에 상품과 자본을 제공했다. 그런데도 외국 언론은 삽시간에 '중국 붕괴론'에서 '중국 위협론'으로 목소리를 바꾸었다(앞의 책, 26)는 것이 원톄쥔의 진단이다. 마지막 부분의 언설에서 그는 정부의 입장도 대변하는 듯한 정책 제안자의 면모를 드러내고 있다.

원톄쥔은 '공업화'라는 문제의식으로 인민공화국의 경제사를 고찰한다. 그에 따르면 공업화 과정은 산업자본의 발전 법칙에 따라, "원시적 축적 단계, 산업 확장 단계, 구조조정 단계"로 나눌 수 있고, "60여 년의 기간에 경제지표상으로 연평균 8% 이상의 고속성장이 이루어졌다"라고 평가한다.(앞의 책, 37) 그는 인민공화국 60년의 역사를 여덟 차례의 위기와 그것을 극복하는 과정으로 바라보는데, 3단계 공업화 과정의 여덟 번의 위기는 다음과 같다.

그에 따르면 인민공화국의 역사는 공업화의 과정이고 '원시적 축적 단계', '산업 확장 단계', '구조조정 단계'를 거친 국가자본주의의 과정이었다. 그러나 공업화가 순조로운 것만은 아니었다. 특히 초기 단계에서 두 가지 근본적인 난제가 있었다. 인구, 특히 농민의 고도 분산과 자본의 절대 부족이 그것이었다. 그러므로 1958년 이후 발생한 여덟 번의 주기적 위기는, 건국 이후 네 번에 걸쳐 외자를 도입하여 외채와 적자 압력을 가중한 데 따른 결과라 할 수 있다. 이는 후발 국가 공업화의 일반적 경로인 셈이다.(앞의 책, 37~39) 원톄쥔은 공업화 과정의 주기적 경제파동은 회피하기 어려운 위기이고, 이른바 선진국은 식민지 착취를 바탕으로 위기를 극복해 나갔지만, 개발도상국은 착취할 식민지가 없으므로 '발전의 함정'에 빠진다고 보고 있다. 단, 내향적으로 원시적 축적을 수행한 중국의 경험은 예외적이다.

원톄쥔은 "분석을 위해 거시경제 성장 속도, 재정적자, 금융 예대금 리차, 고정자산에 대한 투자의 증가 속도, 물가지수 등의 경제지표를 주로 사용"(원톄쥔 2016, 81~82)한다고 표명하고 있다. 그는 위기가 폭발한 해를 기준으로 경제사의 단계를 구분하고 있는데, 우선 공업화 초기 '원시적 축적 단계'라 할 수 있는 1958~1976년 사이, 외자와 외채로 인해 세 번의 위기가 있었다. 제1차 위기는 1958~1960년, 소련의 투자 중단으로 일어났고, 제2차 위기는 1968~1970년, '삼선 건설' 중의 국가전략 조정과 경제 위기였으며, 제3차 위기는 1974~1976년의 마지막 상산하향 때 발생했다. 이 단계는 국가 공업화를 위한 내향형의 '자본의 원시적 축적 단계'로, 세 번의 경제 위기 때마다 정부는 고도로 조직화한 인민공사와 국영 및 집단농장에 도시의 과잉 노동력을 떠넘겼다. 1960년, 1968년, 1975년에 시행된 세 번의 '상산하향'에는 도시 중고등학생으로 구성된 지식 청년 약 2천만 명과 그와 비슷한 규모의 농촌 중고등학생 중심의 귀향지청[3]이 참가했다. 농업 잉여 추

---

3 원문은 '回鄕知靑'. 도시 출신의 '하향지청'(下鄕知靑)과 마찬가지로 일정 정도 이상의 교육을 받았으나, '농촌 출신'이라는 이유만으로 고향으로 돌려보내져 농업에 종사할 것을 강요받았던, '은폐된' 집단이다. 하향지청이 문화대혁명이 끝난 후 도시로 되돌아간 것과 달리, 회향/귀향지청은 '호구 등록 제'에 의해 도시에 진출하지 못하고 농촌에 속박되어, 오랜 기간 '도농분치'(都農分治)의 차별을 감수해야만 했다. 루야오(路遙) 본인과 주변 청년들의 경험을 살려 그려 낸 『인생』(人生)의 가오자린(高加林), 『평범한 세계』(平凡的世界)의 쑨샤오핑(孫少平)이 그 대표적인 인물이다. 이승희, 「路遙 소설에 나타난 1980年代 중국 回鄕知靑 서사연구」, 연세대학교 박사학위논문, 2019, iv쪽 참조.

출을 더욱 확대함으로써, 위기로 인해 드러난 공업화와 도시화의 대가를 '내향형'으로 농촌에 전가했다. 즉 중국의 삼농은 공업화를 위한 원시적 축적의 제도의 비용을 대신 감당했을 뿐 아니라 그런 과정에서 경제 위기의 대가까지 떠맡은 주요 희생양이었다.(원톄쥔, 82) 공업화 초기 단계의 위기는 중국이 불가피하게 외자를 도입하여 원시적 축적을 수행한 데 따른 필연적 결과였고, 원시적 축적에 따른 대가를 도시와 농촌사회로 전가했다.

두번째 단계는 '산업자본 구조조정 단계로, 1978년부터 1997년까지이다. 이 단계에 중국은 세 번의 내발적 경제 위기를 겪게 된다. 그 가운데 제4차 위기는 1979~1980년, 제5차 위기는 1988~1990년, 제6차 위기는 1993~1994년에 일어났다. 이후 중국의 위기는 외향형 경제로 전환되었다. 이 시기에는 한편으로 농촌을 '탈조직화'하고 농산물을 '시장화'하는 개혁이 전개되었기 때문에 더는 농촌 집단화라는 매개를 통해 도시 노동력의 취업 부담을 전가하고 삼농으로부터 잉여 추출을 강화하기 힘든 상황이었다. 따라서 1980년대 초반 제4차 위기 때 농촌개혁을 추진하다가 거꾸로 도시경제 회복을 강력하게 촉진하는 결과를 얻었던 것을 제외하면, 1988~1989년의 제5차 위기와 1993~1994년의 제6차 위기는 모두 도시에서 경착륙하는 결과로 이어졌고, 삼농에도 상당히 부정적 영향을 끼쳤다. 다른 한편으로, 당시는 중앙과 지방이 어느 정도 산업자본 구조를 형성한 이후였기 때문에, 공업화 중기 단계에 발생한 세 번의 경제파동은 이전보다 그 폭이 현저하게 줄어들었고, 중국적 특색의 제도 변화가 진행되는 와중에도 여전히 경제 성장이 이루어졌다.(앞의 책, 149) 이 시기에는 주로 국내

요인 때문에 세 번의 주기적 경제 위기가 발생했다.

1997년 이후의 세번째 단계는 '산업자본의 글로벌 배치 조정과 산업 확장 단계'로, 이 시기의 위기는 사실상 '외래형 위기'였다. 제7차 위기는 1997년 동아시아 금융 위기의 대응 조치와 그 영향으로 일어났고, 2009년 제8차 위기는 2008년 월스트리트 발 금융 쓰나미가 세계를 뒤덮으면서 벌어진 금융 위기의 대응 조치와 그 영향으로 발생했다. 이 두 번의 위기는 모두 외수를 대폭 감소시켰고, 중국 정부는 외부 요인이 주로 작용한 이런 위기에 직면하여 '시장을 구제하는' 행위를 선택할 수밖에 없었다. 이전 여섯 번의 위기 때 정부가 긴축 위주의 대책을 시행했던 것과 비교하면 상당히 달라진 점이다.(원톄쥔 2016, 150)

이상을 도표화하면 아래와 같다.

1949	1958~60	68~70	74~76	1978	79~80	88~90	93~94	1997	2009

건국   소련 투자 중단   개혁개방   금융 위기

├─────[1] 원시적 축적 단계─────┼─────[2] 산업 확장 단계─────┼─────[3] 구조조정 단계

도표 4 · 원톄쥔의 3단계 8위기

1992년 중국공산당이 제14차 전국대표대회에서 추진하겠다고 선언한 '시장경제' 개혁이 현실에서 표출된 가장 실질적이면서도 주요한 형태는 (지방) 정부의 기업화(자본화)였다. 그 결과 경제 과열이 가속화되었고, 채무 부담은 중앙으로 떠넘겨졌다. 그런데 당시 중앙정부의 재정은 전체에서 차지하는 비중이 매우 낮았기 때문에, 이 대가를 감당할 수 없었다. 할 수 있는 일이라고는 화폐 발행 속도를 올리는 것뿐이

었다. 동시에 부동산, 증권, 선물이라는 3대 투기성 고위험 시장을 열어서, 사회 전체의 투기성 자금을 빠르게 흡수했다. 그러자 단기 투자가 급속히 늘어났고, 갑자기 인플레이션이 심각한 수준에 이르렀다. 결국 중앙정부가 직접 관할하는 재정, 금융, 외환의 3대 영역에서 적자가 동시에 폭발하는 1993~1994년의 경제 위기가 발생했다. 1993년, 중국 공산당 제14기 3중전회는 총체적 개혁노선을 확립하고 1994년 긴축정책을 단행함으로써 3대 영역의 거시적 개혁을 추진했다. 우선 위안화 가치를 크게 떨어뜨리고 환율을 일원화하여 환율의 시장화를 실현했고 중앙과 지방정부는 분세제 개혁을 실시했으며 자금 공급을 축소하는 거시적 조절 조치를 시행했다.(원톄쥔, 152~153)

중국 정부는 한 걸음 더 나아가서 역사적으로 유례없이 자신의 고유한 역할을 던져 버리는 파격적인 조치를 단행했다. 사회주의를 자처하는 정부가 국유기업과 공공복지에서 손을 뗀 것이다. 직원 주택의 공급을 시장에 넘기고, 교육과 의료 등에서도 기업화를 추진했다. 결국 공공자산은 여러 가지 방식을 통해 헐값으로 처분되었고, 은행 장부에 남은 막대한 불량채권은 후대로 떠넘겨졌다. 중국은 국유기업 노동자 수천만 명 감원, 수만 건이 넘는 집단시위, 대중의 소득 하락으로 인한 내수 침체 등의 막대한 대가를 치르고서 1996년에 이른바 연착륙을 성공적으로 실현할 수 있었다.(앞의 책, 154) 삼농과 관련해 지적해야할 것은, 개혁개방 이후 발생한 세 번의 위기(제4차, 제5차, 제6차 위기)에는 그 대가를 삼농에 직접 전가하는 것이 불가능해졌다는 공통점이다. 도시 공업이 농업자원과 농산물 잉여를 과도하게 차지하여 삼농의 쇠퇴를 초래했고, 도시경제가 정부 재정수입의 주요 원천이 된 상황에서,

집단화된 농촌은 국가자본의 원시적 축적을 위한 희생이라는 자신의 역사적 임무를 마감했다. 정부가 삼농 영역에서 퇴장함에 따라 농촌의 집단경제는 해체되었고, 수천 년 동안 향토사회를 유지해 온 전통적인 소농 촌락공동체 제도가 자연스럽게 복원되었다.

'경제성이 떨어지는 농업 부문에서 정부의 퇴장'이 본질인 농촌개혁은 미시경제적 측면에서는 적지 않은 효과를 거두었다. 농가 중심 경제가 활성화되었고, 농산물 생산이 많이 늘어났다. 그러나 거시경제적 측면에서는 적지 않은 비용을 치러야 했다. 이후에 발생한 여러 번의 위기가 모두 도시에서 경착륙한 것은 바로 그 때문이었다.(원톄쥔 2016, 155) 이와 비교하여, 2005년부터 신농촌 건설 전략을 통해 그동안 침체한 삼농에 대한 지원을 끊임없이 강화한 정책은, 농업 영역에 대한 '정부의 개입'을 다시 확대하는 결과를 가져왔고, 2008~2009년의 외래형 인플레이션 위기는 그로 인한 삼농의 발전에 힘입어 다시금 연착륙할 수 있었다.(원톄쥔, 156)

4. 하나의 추세, 두 가지 보수, 세 가지 전략

원톄쥔 그룹은 2010년대에 중국이 해결 불가능한 세 가지 난제에 직면했다고 보았는데, 세 가지 난제는 하나의 추세와 두 가지 보수에 의해 구성되었고 세 가지 난제를 해결하기 위한 출로로 세 가지 전략을 제시했다.

하나의 추세란 글로벌화 과정에서 나타나는 '파시즘화'이고, 두 가지 보수란 표면적으로 대립하는 것처럼 보이는 급진자유주의와 독점적 경제가 사실상 시대를 '역주행'하여 이미 경험적으로 실패가 입증된 서유럽의 19세기 정치와 동아시아적 재벌경제로 회귀하는 것을 가리키며, 세 가지 전략은 다음에 제시된 해결 불가능한 세 가지 난제에 직면한 중국이 그나마 선택할 수 있는 출로를 가리킨다.(원톄쥔 2017, 336~337)

원톄쥔 등은 2001년에 이미 자본 글로벌화가 세계의 파시즘화를 초래할 것이라고 주장했다. 그로부터 10년 후, 자본주의 금융 위기 심화 단계의 세계 파시즘이 서유럽 식민화 초기 '중상주의' 국가의 범죄적 전통을 계승한 파시즘과 다르다는 점을 깨닫게 되었다. 이는 강력한 패권을 이용하여 신용을 무한히 확장할 수 있는 특권을 얻게 된 패권 국가가 세계를 상대로 저지르는, '신제국론'의 내용과 부합하는 그런 파시즘이다. 이들은 미·소 양대 초강대국의 지정학적 지배가 와해된 이후 단극 세계패권이 자본 글로벌화를 밀어붙이는 상황에서, 인류에게 패권 국가의 금융 심화 때문에 발생한 거대한 제도의 비용을 떠넘기고 있다.(원톄쥔, 337)

이들은 글로벌화와 파시즘화의 내적 원인으로 '해결 불가능한 세 가지 난제'를 들고 있다.

첫째, 2008년 금융 쓰나미 이후 경제 위기에 대한 미국의 시장구제 과정은, 단극 중심 정치·경제체제하에서는 임시방편적 조치만 가능할 뿐 실질적인 '변화'가 일어날 수 없음을 잘 보여 준다. 신파시즘적 국가들은 화폐 발행과 채무를 끊임없이 늘림으로써, 패권을 이용하여 신용을 무한히 확대하는 '경로의존성'을 이어 가고 있다. 미국이 신용을 무한 확대하면서 전 세계에 금융 위기의 대가를 떠넘기는 이런 추세를 효과적으로 제어할 수 있는 이데올로기나 제도나 메커니즘은 정말 없는가? 없다.(원톄쥔 2017, 338)

둘째, 현재 전략적으로 가까워지는 중·미관계의 본질은, 군사적 패권을 이용하여 버블화된 화폐 시스템을 유지하고 글로벌 자원 시스템을 통제하는 미국에 중국이 '재종속'되는 것이고, 이런 종속 관계가 갈수록 깊어지는 것이다. 또는 워싱턴 컨센서스가 전 세계에 빈부의 '2대 8 법칙'(파레토 법칙)을 받아들이게 만든 상황에서, 이른바 선진국 클럽이 이를 '4대 6' 수준으로 재조정하는 것이다.(원톄쥔, 338) 중국에서 일찍이 1957∼72년에 진행된 '탈종속'의 경험과 비교하면, 세계 질서로 '편입'되려는 지금의 노력은 사실상 '재종속'이라고 할 수 있다. 그렇다면 향후 10년 동안 중국은 이런 '재종속' 상황을 바꿀 가능성이 있는가? 역시 없다.(앞의 글, 339)

셋째, 과거 제국주의 국가 내부의 부르주아 계급과 프롤레타리아 계급 사이의 대립적 모순과 사회적 충돌은 서방의 산업이 외부로 대거 이전됨에 따라 선진국과 개발도상국 사이의 대립적 모순으로 전환되었다. 그리고 노동자의 입장이 된 개발도상국의 발언권은 갈수록 줄어들고 있다.

원톄쥔 등은 2010년대에 중국이 직면한 위험과 제약에 대해 다음과 같이 개괄하고 있다. 1950년대 소련에 객관적으로 종속되었다가 1958년 이후 탈종속을 실현(앞의 글, 344)했지만, 중국은 의식하지 못하는 사이에 세 가지 측면으로 미국에 '재종속'되었다. '재종속'은 금융 심화의 필연적 결과이고, 국가 주권이 여전히 산업자본의 집단적 이익을 위한 인질로 잡혀 있기 때문이며 확대 발행된 달러가 대부분 중국으로 흘러들어오고, 중국도 자국 화폐를 확대 발행하여 이에 대응하기 때문이다.(앞의 글, 344~346)

5. 비용전가론 및 비판

3단계 공업화 과정과 함께 원톄쥔의 이론적 특색의 핵심은 '비용전가론'이다. 이 부분에서는 원톄쥔의 주장과 그에 대한 이재현의 비판을 중심으로 '비용전가론'에 대해 살펴보고자 한다.

원톄쥔은 자신의 '비판적 정책학'을 통해 구현한 이론적 혁신을 설명하기 위해, 이매뉴얼 월러스틴(Immanuel Wallerstein)의 세계체계론과 사미르 아민(Samir Amin)의 종속이론을 참고해 정치경제학으로 분석틀을 세우고 신제도경제학의 거래비용 이론을 보조적인 분석 수단으로 삼아, 비용전가론을 당대 중국 경제사와 세계자본주의 경제사를 해체하는 이론적 도구로 자리 잡게 했다. 그가 이론적 혁신으로 내세우는 '비용전가론'의 "핵심은 도시 공업화의 위기에 따른 대가를 향촌으로 전가함으로써 도시에서 연착륙을 실현할 수 있었다"(원톄쥔 2016, 40)라는 것이다.

그에 따르면, 중국이 건국 후 첫번째 10년의 전반부인 1949~1953년의 4년 동안 주로 운영한 것은 민족자본주의였고, 후반부인 1953~1959년의 6년 동안 주로 운영한 것은 국가자본주의였다. 그리고 '지역 내 전쟁'(한국전쟁)과 서유럽의 전면적 봉쇄라는 조건에서 '내향형으로 자본의 원시적 축적'을 수행해야 하는 상황에서, 개발도상국 대부분 국가는 종주국을 따라 오르내림을 거듭하며 공업화를 추진하다가 결국 모두 발전의 함정에 빠져 버린 것과는 달리, 중국은 1960년의 제1차 위기 이후, 도시에서 위기가 폭발할 때마다 그것을 농촌으로 전가하는 일이 벌어졌다. 위기가 순조롭게 전가되면 도시에서는 '연착륙'이 이루어졌다. "'도농 이원구조하에서 도시자본의 위기의 대가를 대신 짊어져 온 삼농'은, 사실상 중국이 공업화 과정에서 자본의 원시적 축적을 완수하고 산업의 확장 단계로 진입할 수 있게 한 '비교우위'의 주요 원천"(원톄쥔 2016, 16)이었던 셈이다. 그리고 그 주요 내용은 "'노동(L)으로 자본(K)을 대체'하는 자본의 원시적 축적"(원톄쥔, 17)이었다. '비용전가론'의 배경은 다음과 같다. 서유럽 자본주의가 여러 역사적 단계에서 발생시킨 위기의 대가는 주로 식민지와 개발도상국으로 전가되었지만 개발도상국은 제도의 비용을 외부로 전가할 수 없어서 거의 다 '발전의 함정'에 빠지고 말았다. 중국의 경우, 개혁 이전에는 도시에 위기가 발생하면 주로 집단화된 농촌으로 대가를 전가함으로써 도시에서 연착륙을 실현했다. 그런데 이후의 위기 때는 주로 도시에서 경착륙을 하게 되어, 결국 개혁이 일어났다.(앞의 책, 33~34)

원톄쥔은 '비용전가론'을 이성적 인식이자 보편적 이론이라 추켜세우지만, 이재현은 '비용전가론'에 대해서만큼은 비판적이다. 당대 중국 지식인 가운데 거의 유일하게 원톄쥔만 높게 평가하는 이재현에 따르면, 원톄쥔이 중국 현대 및 당대 역사와 경제를 보는 기본 시각은 중국 당대 공업화의 기초를 이루는 '원시적 축적' 및 40여 년 동안의 경이적인 지속적 경제 성장은 기본적으로 삼농 분야, 그러니까 삼농에서

짊어져 온 손실과 피해와 부담 덕분에 가능했다(이재현 2016a, 248~249)
라는 것이다. 이재현은 중국의 초기 조건의 특수성이 '중국 특색의' 사
회주의, 자본주의, 신자유주의 등을 결정지었다고 할 수 있다고 읽어
내면서, 이 초기 조건의 핵심이 중국 농업의 소농적 성격임을 짚고 있
다.(이재현, 249) 농민혁명, 소농 사유제적 토지 균분제, 농업 집단화, 농
가 청부제 등의 일련의 과정은 모두 소농적 성격에서 비롯된 것이라
는 것이다. 이 소농적 성격은 중국의 엄청난 인구 및 도시에서의 자본
주의적 산업 발전과 맞물리면서 소농적 성격의 사회경제적 이중구조
를 형성하는데, 원톄쥔은 이를 '중국의 기본적 체제 모순'이라고 부르
고 있다. 요컨대, 1949년 이후 중국 경제발전에서 나타난 여덟 번의 경
제 위기로 인한 피해와 손실과 부담의 상당 부분은 삼농에 이전되었
으며, 위기 이후 중국 경제의 연착륙 여부는 그때의 삼농적 상황 내지
는 상태에 의해 결정적으로 좌우됐다는 것이다. 또 이런 방식만이 당
대 중국 경제사를 올바로 파악하는 길이라는 것이다.(앞의 글, 250) 이재
현은 원톄쥔의 장점이 중국의 사회·경제·역사를 이론적으로 설명하
면서 당과 국가가 공식적으로 내건 슬로건이나 정책, 담론 등의 이데
올로기적 자료에 절대 의존하지 않는다는 것이고, 그의 합리적 핵심은
삼농 영역이 결국 중국의 내부 식민지라는 통찰에 있다. 그는 삼농주
의적 관점에서 중국 경제발전을 일관되게 서술하고 그런 다음에 이런
토대 위에서 또 이와 연관해서 주요한 정치적·사회적 변화들을 설명
한다(앞의 글, 251~252)고 짚고 있다.

앞에서도 언급한 바와 같이, 원톄쥔의 골자는 중국 경제발전이 삼농
에 '제도의 비용' 및 '위기의 대가'를 '전가'함에 의해서만 가능했다는

것인데, 원톄쥔은 이것을 '비용전가론'이라고 부른다.(원톄쥔 2016, 33, 86) 그러나 이재현은 신제도주의 경제학의 거래비용 이론의 몇 가지 치명적인 문제점을 다음과 같이 지적하고 있다.

첫째로, 거래비용은 개념 자체가 매우 막연하고 모호한 것이어서 실제 적용에 있어서 사건들, 현상들, 자료들, 수치들 사이의 인과관계 및 상호 관련을 질적으로나 양적으로 명확하고도 분명하게 다룰 수가 없다. 둘째로, 거래비용 개념에 사로잡혀 현실과 대면하다 보면, 거래 이전에 거래할 무엇, 곧 상품이나 서비스를 생산하는 과정, 즉 직접적 생산 과정에 대한 비판적 분석을 결여하게 되기가 쉽다. 셋째로, 무엇보다도 '비용'이라는 개념 자체가 본질적으로 부르주아적이라는 결정적인 한계를 갖는 것이어서 소위 비용 분담에 관한 올바른 처리 기준 등을 얻어 낼 수 없다.(이재현 2016a, 253)

이재현에 따르면, 거래비용 자체가 막연하고 모호한 부르주아적 개념이기 때문에 비판적 분석을 하기가 어렵다는 것이다. 이에 대해 이재현은 보완 설명을 덧붙이고 있다. "본디 비용이라는 개념 자체는 자본가의 눈으로 본 경제 현상, 즉 자본가의 계급의식에 나타나는 바의 현상을 자본가 입장에서 서술하는 개념이다. 따라서, 비용 개념을 근본적 카테고리로 삼고 있는 한, 자본주의적 소유와 그에 따른 영유(전유)의 법칙, 잉여가치의 이윤으로의 전화의 법칙, 이윤의 분해 및 분배의 법칙 등에 의한 자본주의 비판을 수행할 수가 없다."(이재현, 256) 이재현이 원톄쥔에게 지적하는 문제의 핵심은, '제도 비용' 개념과 이에 의한 '비용전가론'으로는 현재 진행되고 있는 중국 특색의 자본주의에 대한 비판적 분석을 진행하기 어렵다는 것이다.

이재현은 원톄쥔에게 세 가지 구체적인 문제를 제기한다. 첫째는 '제도 비용'의 범위 문제다. 대기 오염과 같은 '생태 비용'은 그렇다 쳐도 문화대혁명과 같은 역사 사건을 제도 비용에 포함할 수 있을까? 그리고 인민공사와 같은 집단화 비용은 또 어떠한가? 원톄쥔은 이에 대해 구체적인 언급이 없지만, 그런 사건들이 위기에 포함된다면 궁극석으로 '제도 비용'에 포함한 것으로 간주할 수 있다. 이재현의 두번째 문제 제기는 바로 그다음을 파고든다. "일종의 거래 비용에 해당하는 '제도 비용' 개념으로는 착취와 수탈, 초과 착취, 독점적 착취, 과잉 수탈, 잉여가치(이윤)의 이전과 양도, 이윤의 분배와 분할, 잉여가치의 자본으로의 전환 등과 같은 것을 제대로 분석해 낼 수 없다"(앞의 글, 254)라는 것이다. 마지막으로 이재현은 "'제도의 비용'은 누가 왜 어떻게 어떤 원리나 비율에 따라서 부담해야 하는가"(앞의 글, 255)라는 질문을 던지고 있다. 이에 대해 원톄쥔은 제대로 된 답을 하지 않고 있다는 것이다.

원톄쥔이 삼농을 중국의 '내부 식민지'로 읽어 낸 것은 탁월한 통찰이라 할 수 있다. 그러나 이재현은 한 걸음 더 나간다. 거기에 '역사적 내부 식민지들'을 소환하는 것이다. "몽골, 신장, 티벳 등처럼 청나라에 의해서 병합된 소수민족 및 그들의 영토"와 "여성"(앞의 글, 257)이 그것이다. 이 문제는 중국을 바라볼 때 절대로 소홀해서는 안 되는 지점이다. 원톄쥔은 삼농을 강조하고 있지만 '선차적인 내부 식민지들'에 대해서는 침묵하고 있다는 사실은 부인할 수 없다. 원톄쥔의 저작은 경제학의 기초 지식이 없는 인문학자에게 경제사를 이해할 수 있게 하는 장점이 있다. 하지만 삼농을 중국의 내부 식민지로 읽어 내면서도 그보다 '선차적인 내부 식민지들', 즉 소수 에스닉과 여성에 대해 침묵하고 있는 것으로 미루어 보아 경제학자에게도 역사·문화적 시야와 학습이 필요하다는 사실을 다시 확인할 수 있다.

8장 · 추이즈위안의 자유사회주의론

'자유사회주의'는, 20세기 후반을 지배했던 자본주의 진영과 사회주의 진영의 경쟁이 자본주의의 승리로 귀결된 것처럼 보이지만, 자본주의 또한 신자유주의와 결합함으로써 출로가 보이지 않고 있는 지구적 상황에 직면해, 추이즈위안(崔之元, 1963~)이 대안으로 제시한 것이다. 그는 「프티부르주아 사회주의 선언」이라는 표제의 글에서 마르크스·엥겔스의 『공산당 선언』을 본떠 "프티부르주아 사회주의라는 유령이 중국과 세계를 배회하고 있다"라고 서두를 열고 있다. "세계 각지에서 마르크스주의든 사회민주주의든 모두가 이미 그 정치적·사상적 동력을 상실했고, 신자유주의에 대한 환멸 역시 갈수록 커지고 있기 때문"에

---

1 이 글의 원문은 曹天予 主編, 『現代化, 全球化與中國道路』, 北京:社會科學出版社, 2003에 수록되어 있다. 이 글은 동명의 표제로 추이즈위안의 강연록 및 다른 글과 함께 국내에서도 출간되었다(추이즈위안, 『프티부르주아 사회주의 선언』, 김진공 옮김, 돌베개, 2014). 이후 8장에서 인용하는 이 글과 해당 쪽수는 국내 번역본을 따른 것이다.

새로운 출로가 필요하다는 것이다. 그리고 그 새로운 출로를 '프티부르주아 사회주의'라 명명하고 있다.

추이즈위안이 제안하는 제3의 출로는 그 이론적 연원으로 볼 때 프루동의 프티부르주아 사회주의에서 시작되었고 이론적 정합성으로 볼 때 미드(James E. Meade)가 제출하고 웅거(Roberto M. Unger)가 체계화시킨 자유사회주의이다. 추이즈위안은 유학을 포함한 오랜 미국 생활을 통해 개혁개방 이후의 중국을 해석할 수 있는 이론틀을 모색한 끝에 '프티부르주아 사회주의'론 또는 '자유사회주의'론을 찾아냈고 그 이론적 계보를 만들어 중국의 '사회주의 시장경제'론의 이론적 근거를 제시하고 있다. 특히 '충칭(重慶) 실험'[2]은 그 유력한 성과다. 아래에서 그 구체적 내용을 살펴보자.

1. 자유사회주의의 이론적 계보와 주요 내용

추이즈위안에 따르면, 프티부르주아 사회주의는 "프루동과 존 스튜어

---

2 2008년 7월 충칭에서 시행된 경제 실험. '충칭 모델'이라고도 한다. 충칭 모델에 이론적 근거를 제시했던 추이즈위안은 '충칭 모델'의 의의를 "국유자본 증식과 민간 재부 축적의 동반 전진"(崔之元, 重慶模式的意義,『熱風學術』第4輯, 上海: 上海人民出版社, 2010, 244頁)으로 요약한 바 있다. 그는 동반 전진의 기제를 "사회자본에 대한 국유자본의 영향력과 추동력을 통해 국유자산의 증식을 실현하고 나아가 경영 수익을 상납해 정부가 감세를 통해 민영 경제 발전을 촉진하는 것이 관건"(앞의 글, 244)이라고 개괄했다. 그러나 충칭모델은 조타수 보시라이(薄熙來)의 실각으로 더 이상 실험을 지속할 수 없게 되었다. 충칭모델 또는 충칭 실험의 의미는 도시화의 사회주의적 방식이 가능한가라는 것이었고, 현재로서 그 대답은 부정적이다. 그러나 대규모 공공임대주택 단지의 조성, 도시 관리 파견 및 대졸 관리의 농촌 파견 등 도시와 농촌의 교류, 농로 포장 그리고 구호에 그치지 않은 다섯 가지 충칭(宜居重慶-주거, 暢通重慶-교통, 森林重慶-환경, 平安重慶-치안, 健康重慶-의료) 건설 등은 교훈으로 삼을 만하다. 이상 임춘성,『포스트사회주의 중국의 문화정체성과 문화정치』, 문화과학사, 2017, 229~230쪽 참조.

트 밀에서 제임스 미드에 이르기까지"(추이즈위안 2014, 5), 그 이론적 연원이 절대 짧지 않다. 그는 프티부르주아 사회주의의 계보를 다음과 같이 작성하고는 그들의 이론을 가져와 중국의 '사회주의 시장경제'의 구체적 사례와 연결하는 전략을 취하고 있다. 『프티부르주아 사회주의 선언』의 하위 표제들은 그 구체적인 증거물이다. 피에르 조제프 프루동(Pierre-Joseph Proudhon)과 중국의 토지소유제, 존 스튜어트 밀(John Stuart Mill)과 '현대적 기업제도'의 계보학, 제임스 미드와 중국의 주식합자제도, 페르낭 브로델의 '반시장적 자본주의'와 중국의 부동산, 중국과 러시아: 프티부르주아 사회주의와 과두적 자본주의, 제임스 미드의 국유주 소유권 뒤집기와 중국 정부의 국유주 지분 참여, 프티부르주아 사회주의의 금융개혁가 실비오 게젤(Silvio Gesell), 제임스 조이스(James Joyce)와 프티부르주아 사회주의 예술, 프티부르주아 사회주의와 포스트포드주의 대량생산, 페이샤오퉁(費孝通)과 로베르토 망가베이라 웅거의 프티부르주아 사회주의.

먼저 추이즈위안이 프티부르주아 사회주의의 시원으로 삼고 있는 프루동에 대해 살펴보자. 프루동은 1842년에서 1844년 전후에 이르는 시기 동안 마르크스와 매우 밀접한 관계를 맺었던 극소수의 사상가 중 한 명이다.(장이빙 2018, 695) 프루동은 1946년 6월 『경제 모순의 체계, 빈곤의 철학』[3]을 출판하고 얼마 지나지 않아 마르크스에게 "당신의 엄격한 비판을 기다리고 있습니다"라는 편지를 썼고, 마르크스

---

3 이 책의 중국어판은 蒲魯東, 『貧困的哲學』, 徐公肅·任起莘譯, 香港:商務引書館, 1961. 한국어판은 피에르 조제프 프루동, 『경제적 모순들의 체계 혹은 곤궁의 철학 1·2』, 이승무 옮김, 지만지, 2018 참조.

는 1847년 『철학의 빈곤』[4]으로 답변했는데, 장이빙(張一兵)은 이 책이 "마르크스의 철학적 변혁에 충격적으로 작용한 마지막 촉매제가 되었다"(장이빙 2018, 695)고 평가하고 있다. 그리고 러시아 자유주의자 안넨코프가 1846년 11월 1일 마르크스에게 보낸 편지의 답신으로 쓴 「안넨코프에게 보낸 편지」는 『철학의 빈곤』의 서문 격이었다.

프루동에 대한 마르크스의 비판 요지는 "프루동은 겉으로는 부르주아 사회를 비판하고 있지만, 그 잠재적인 전제에서는 오히려 부르주아 사회의 초역사성을 증명하고 있으며, '마치 그 특정한 생산양식(ce mode de production déterminé)의 산물이 세계의 종말에 이르기까지 영원하리라 생각하는 것과 같다'라는 것이다."[5] 이에 대해서는 수많은 논자가 언급했으므로 여기에서 반복하지 않는다. 마르크스의 특징 가운데 하나는 그가 일생 수많은 사상가와 논쟁하고 그들을 비판했는데, 그는 무조건 비판하는 법이 없었다. 마르크스는 자신의 논쟁 대상들의 합리적 부분을 비판적으로 수용했는데, 프루동에 대해서도 마찬가지였다.

프루동의 프티부르주아 사회주의는 부르주아 경제학에 반대하는 동시에 공산주의적 입장에도 반대하며 자신을 양자보다 우월한 제3의 위치에 놓으려는 것이었지만, 그 결과 프티부르주아적 입장에 빠져들었다. 마르크스주의에서 프티부르주아지는 궁극적으로 부르주아 계급과 프롤레타리아 계급으로 분화될 계층으로 분류되고 있기에 마르크

---

4 카를 마르크스, 『철학의 곤궁』, 이승무 옮김, 지만지, 2018.
5 『馬克思恩格斯全集』, 第27卷, 北京: 人民出版社, 1972, 480頁 참조. MEGA2, III/2, S.72 참조. 여기에서는 장이빙, 『마르크스로 돌아가다』, 김태성 외 옮김, 한울아카데미, 2018, 710쪽에서 재인용.

스주의 잣대로 프루동의 프티부르주아 사회주의를 평가하게 되면 그 결과는 부정적이다. 하지만 궁극적으로 분화될 프티부르주아 계층이 일정 기간 존재하고 있다면 그 존재 기간만이라도 그에 상응한 대접을 해주는 것이 타당할 것이다. 이에 대한 논의는 잠시 괄호치고 살펴보면, 프루동의 합리적 핵심은 당시 부르주아 경제학과 공산주의적 입장에 반대하면서 제3의 출로를 모색했고, 그 결과가 프티부르주아 사회주의였다는 점이다. 추이즈위안 역시 비슷한 취지에서 프루동의 프티부르주아 사회주의에 관심을 가졌고 미드의 자유사회주의와 연결했다. 문제는 그 내용이다.

추이즈위안은 우선 중국 농촌의 토지소유제의 이론적 근거를 프루동에게서 찾고 있다. 그 주요 내용은 다음과 같다. "토지사유제가 소유자의 무기한 장악을 의미한다면 그것은 인구 변화와 서로 모순된다는 뜻이다. 따라서 모든 사람에게 적용되는 보편적 권리로 이해되는 토지사유제는 사실상 존재할 수 없게 된다."(추이즈위안 2014, 16) 사유제도 불가하지만 국유제 또한 문제가 많다. 따라서 토지소유 또한 제3의 길이 필요하다. 추이즈위안은 현행 중국 농촌의 '농업토지 (30년) 임대 가정청부책임제'를 "국가소유가 아니고 개인소유도 아닌, 촌락공동체의 집단소유"라고 규정하고 있고 이것이 바로 프루동의 통찰에 부합한다고 덧붙인다.

그는 이어서 존 스튜어트 밀이 제기한 현대적 기업 제도의 주요 특징인 '주주의 유한책임'을 "중국의 농촌 공업에서 광범위하게 전개되는 제도적 혁신, 즉 주식합자제도"(추이즈위안, 22)와 연계시키고 있다. "중국 향진기업의 주식합자제도는, 기업 내부의 직공들과 해당 지역사회의 기업 외부 구성원들의 이익을 조화시키는 역할을 수행"(추이즈 위안 2014, 26)하고 있는데, 이는 "첫째는 (인민공사의 해산과 같은) 중국농 촌제도의 변화이고, 둘째는 인민공사 자산의 분할 불가능성으로 말미 암아 우연히 도입된 해결방식이다"(추이즈위안, 28). 주식합자제도(SCS, shareholding-cooperative system)를 제대로 이해하기 위해서는 제임스 미드의 자유사회주의(liberal socialism)를 검토해야 한다. 자유사회주 의 "강령의 핵심은 자유주의와 사회주의의 가장 좋은 특징을 결합하는 것이다. 그는 강령의 제도화를 구상하면서 '노자합자기업'과 '사회적 배당'을 양대 구성 부분으로 삼았다"(앞의 책, 23). 노자합자기업의 기본 구상으로 "미드는 외부의 주주는 자본주권을 갖고 내부의 노동자는 노 동주권을 갖는 제도"(앞의 책, 23)를 제시했다. 그리고 "모든 시민은 어 떤 조건에도 구애받지 않고 오직 나이와 가정형편에 따라, 세금이 면 제되는 사회적 배당을 받을 수 있다"(앞의 책, 25). 재미있는 것은 중국 향진기업의 주식합자제도가 미드의 자유사회주의 이론을 수용해서 시행된 것이 아니라, 과거 인민공사의 공동 자산을 관리하기 위해 마 련한 제도가 미드의 자유사회주의 이론과 우연히 맞아떨어졌다는 점 이다. 추이즈위안은 이 점을 특히 강조하고 있다. "미드의 노자합자기 업 구상의 관점에서 보면, 중국의 주식합자제도는 프티부르주아 사회 주의의 중요한 제도적 개척이라고 할 수 있다."(앞의 책, 28)

페르낭 브로델은 자본주의와 시장경제를 구분하고 전자가 '본질적 으로 반시장적'인 동시에 '복잡하고 억압적'인 '고차원적 형태의 교환' 임을 밝힌 바 있다. 이는 '자본주의는 시장경제'라는 통념을 깨트린 것 이다. 추이즈위안은 브로델의 구분을 '사회주의 시장경제' 이론을 강화하는 데 활용한다. 나아가 1992년 러시아의 '아나톨리 추바이스 계획'[6]의 실패를 타산지석으로 삼고, 루이스 하츠의 혼합기업, 제임스 미드의 국유화 뒤집기 그리고 게젤의 스탬프 화폐 등을 참조하고 있다. 혼합기업이란 "주정부가 여타 개인주주들과 함께 주주의 하나가 되는 것"(앞의 책, 35)이고, 국유화 뒤집기는 두 가지 장점을 가지고 있다. 첫째, 정부가 주주로서의 권리를 이용하여 '사회적 배당'을 위해 필요한 경비를 조달할 수 있다. 이로써 사람들에게 최저 수입을 보장한다면 노동시장에 일정 정도의 유연성을 부여할 수 있게 된다는 것이다. 둘째, 정부가 해당 기업에 대해 부분적으로 가지고 있는 미시적 경영 결정권에서 자유로워질 수 있게 된다.(앞의 책, 36) 스탬프 화폐란 "인지를 붙여서 일정 기간 동안만 유효하게 유통되는 화폐"(앞의 책, 38)를 가리킨다. 이는 "프티부르주아 사회주의의 경제적 발상에서 나온 생동감 넘치는 사례"로, "시장경제를 폐지하는 것이 아니라, 금융체제의 개혁과 혁신을 통해 훨씬 더 자유롭고 균등한 기회를 보장하는 시장경제를 창조해 낼 수 있다"(앞의 책, 40)라는 것이 추이즈위안의 주장이다. 추이즈위안은 "프루동의 프티부르주아 사회주의는 사회주의 대량생산 자체를 결코 반대하지 않았다"(앞의 책, 41)고 하면서 "포스트포드주의는 사실상 프티부르주아 사회주의의 경제 민주주의에 대한 이상과 규모의 경제가 결합된 것"(앞의 책, 42)이라고 주장하기도 했다.

　1930년대부터 페이샤오퉁은 '향촌공업'과 '소도시'에 관심을 가졌

6　1992년에 러시아는 '어린이를 포함한 모든 공민(시민)에게 액면가 1만 루불의 사유화증권을 25루불에 살 기회를 제공'하는 사유화 계획을 시행했지만, 과두적 자본주의로 귀결된 바 있다. 추이즈위안, 『프티부르주아 사회주의 선언』, 31쪽.

다. 그는 "(향촌공업) 생산품의 수준을 높이는 것은 기술을 발전시키는 큰일일 뿐 아니라 사회를 재구성하는 큰일"이라고 여겼다.[7] 페이샤오 퉁은 또한 "(중국에서는) 농민들이 토지제도에 불만을 가지고 있기 때문에 공산주의 운동의 진정한 성격은 농민봉기가 된다"[8]라고 하면서 '향촌에서 협력의 원칙을 바탕으로 소규모 공장을 발전시키는 실험'을 제안했다. 여기까지 보면, 개혁개방 이후 중국 농촌의 '향진(鄉鎭)기업'이 가까이는 '인민공사'에 기원을 두고 있지만 이미 인민공화국 건국 이전 페이샤오퉁이 주목한 향촌의 소규모 공장 실험에 그 선례가 있었음을 알 수 있다. 대공업 자체에 반대하지 않는 페이샤오퉁의 관심은 "포스트포드주의 시대에 소상품생산을 '구제'하려는 로베르토 망가베이라 웅거의 노력과 연관될 수 있다"(추이즈위안 2014, 56).

'소상품생산'이란 비교적 균등한 생산자들이 조직적 협력과 독립적 행위를 혼합하여 수행하는 소규모 경제를 가리킨다.(추이즈위안, 56) 이는 생산과 교환에서 일정 규모 이상을 감당하기 어렵기 때문에 많은 학자가 실패할 것으로 간주했다. 하지만 웅거는 새로운 정치 및 경제 체제를 만들어 '소상품생산'을 '구제'하려 한다. 웅거는 재산권을 '권리의 묶음'으로 이해하는 현대의 법률 분석으로부터 긍정적인 민주적 잠재력을 찾아냈다.(앞의 책, 57) 그는 재산권이 중앙의 자본기금, 다양한 투자기금, 말단의 자본 인수자들의 세 개의 층위로 구성되는 것을 지지했다.(앞의 책, 57) 경제적 측면으로 보면 웅거의 구상은

---

7 費孝通, *Peasant Life in China*, London: Routledge, 1939, p.283. 여기에서는 추이즈위안, 『프티부르주아 사회주의 선언』, 54쪽에서 재인용.

8 費孝通, *Ibid*., p.285. 여기에서는 추이즈위안, 앞의 책, 54쪽에서 재인용.

어떤 점에서 프루동주의, 라살레주의, 마르크스주의 사상의 종합이라고 할 수 있다.(앞의 책, 58) 그는 정부와 기업이 분업화된 협력을 해야 한다고 제안했다. 웅거가 제시한 권리의 체계는 네 가지 유형의 권리를 포괄한다. 면제권(immunity rights), 시장권(market rights), 불안정화권(destabilization rights), 단결권(solidarity rights)이 그것이다. 이런 점에서, 그가 왜 자신의 구상을 '반자유주의'가 아니라 '초자유주의'(superliberal)라고 했는지 이해할 수 있다.(앞의 책, 59) 이렇게 웅거의 논의를 요약한 추이즈위안은 웅거의 구상을 프티부르주아 사회주의 전통과 자유주의 전통의 종합인 '자유사회주의'(liberal socialism)라고 명명하면서, 이 '자유사회주의'의 구상이 중국 및 세계에서 마르크스주의, 사회민주주의 그리고 신자유주의와 경쟁할 것(앞의 책, 59)으로 전망했다.

2. 혼합헌법

혼합헌법은 민주주의와는 차원이 다른 공화주의의 가능성을 모색한다. 이는 기본적으로 사회 구성을 상층, 중층, 하층의 세 층위로 나누어 분석하면서, 세 층위의 공화(共和)를 추구한다. 상층은 중앙정부, 중층은 지방정부와 신흥자본세력, 하층은 임금노동에 종사하는 절대다수의 일반 국민이 포함된다.(앞의 책, 61) 혼합헌법 이론은 서양에서 아리스토텔레스의 1인, 소수인, 다수인이라는 삼분법에 기원을 두고 있고,

중국에서는 당대(唐代) 유종원(柳宗元)이 「봉건론」[9]에서 황제, 지방 관원 및 대부호, 절대다수의 소농으로 구분하고, 중당(中唐) 시기 번진(藩鎭) 할거(割據)의 국면에서 분봉제(分封制)를 반대하고 군현제를 지지하면서, 황제가 절대다수 소농과 연대하고 그들에게 의지해야 비로소 지방 대부호의 역심을 억누를 수 있다고 주장한 바 있다. 추이즈위안은 유종원의 「봉건론」을 세 층위 공화정 이론의 중국적 기원으로 제시하고 있다.

이어서 추이즈위안은 혼합헌법 이론의 계보를 추적한다. 서양에서 혼합헌법 이론은 1인, 소수인, 다수인으로 나눈 아리스토텔레스의 『정치학』에 기원을 두고 있고 키케로(Marcus Tullius Cicero), 폴리비우스(Polibius), 마키아벨리(Niccolò Machiavelli)의 계보로 이어진다. 그것은 군주와 귀족 그리고 인민의 조화를 추구한다. 이를 폴리비우스는 군주정과 귀족정과 민주제의 결합이라 일컬었고, 고대 스파르타의 입법자인 리쿠르고스(Lycurgus)가 혼합헌법의 원리에 정통해서 "스파르타에 800년 동안의 안정을 가져다주었다. 반면 아테네에서는 솔론의 급진적 개혁으로 귀족들이 심각한 타격을 입게 되었고, 급기야 솔론조차도 이내 쫓겨나고 말았다"(추이즈위안 2014, 65). 솔론의 급진적 개혁은 바로 민주제였는데, 아테네 민주제는 실패하고 스파르타의 공화정은 800년의 안정을 가져다주었다는 이 '현실의 역설'은 분명 오늘날 민주주의의 곤경에 시사하는 바가 있다. 마키아벨리는 '혼합헌법'을 '사회적 충돌의 산물'로 이해하고, 로마 호민관을 그 예로 들었다. "마키아벨

9 柳宗元, 「封建論」, 百度百科.

리에게 '공화정'은 '혼합헌법'과 동의어로, 단일한 군주정보다 훨씬 풍부한 생명력을 가지고 있는 것이다"(추이즈위안, 66).

추이즈위안은 이어서 존 로크(John Locke), 장 자크 루소(Jean-Jacques Rousseau), 알렉시스 드 토크빌(Alexis de Tocqueville), 막스 베버(Max Weber), 버나드 마넹(Bernard Manin) 등을 통해 혼합헌법 이론의 현대적 개조를 검토한다. 로크는 '사회의 해체'와 '정부의 해체'를 구별하여, '정부의 해체' 이후에 권력이 인민의 수중으로 돌아가게 된다고 여겼다.(앞의 책, 68).루소는 우리가 잘 아는 바와 같이 '인민주권' 개념을 확립한 인물이다. 추이즈위안은 루소가 '인민주권'을 토대로 정부 형태를 '귀족제'와 '군주제'와 '민주제'로 나누었다고 하면서 그것들이 각각 오늘날의 '의회제'와 '대통령제'와 '직접민주제'에 해당하는 것(앞의 책, 70)으로 보고 있다. 토크빌은 현대 민주주의에서 지방정부가 중세기의 귀족과 유사하다고 여기면서, 지방정부가 민주주의에 반하면서 전제(專制)에도 반하는 양면성(앞의 책, 71)을 가지고 있다고 보았다. 또한 베버는 바이마르공화국의 대통령을 전 국민의 직접선거로 뽑아야 한다고 주장하면서, 의회제보다 민주적 성격이 더 강하다는 이유로 대통령제를 지지했다.(앞의 책, 71)

이 가운데 우리는 마넹을 주목할 필요가 있다. 그는 현대의 보통선거를 통해 당선되는 대표들이 사실상 '민주적 귀족'이 된다는 점에 착안해 서유럽의 정치사상이 줄곧 '귀족제 및 그것을 위한 선거제도'와 '민주제 및 그것을 위한 추첨제도'를 서로 상대되는 범주로 간주해 왔다고 분석했다. 마넹은 "현대의 '대의제 정부'가 사실상 '민주제'와 '귀족제'의 양면성을 지니고 있다고 지적했다". 이른바 국민의 대표는 귀족에 해당하고 대통령은 국왕과 유사하다는 것이다. 그러므로 현재 대다수 국가에서 채택하고 있는 "대의제 정부는 우리 시대의 혼합헌법"[10]이라는 것이 마넹의 주장이다. 오늘날 우리들의 일반적인 인식과는 달리, "미국 헌법의 제정자들은 대의 정부와 인민에 의한 통치 사이에는 '엄청난 차이'가 있다고 강조했다"(마넹 2004, 287). "대의 정치의 지지자들 역시 그들이 '대의정' 또는 '공화정'이라고 부르며 옹호하던 정치체제와 '민주정'은 근본적으로 다른 것이라고 보았다."(마넹, 13) 하지만 오늘날 "대의 정부를 민주정에서 파생된 것으로 간주"(앞의 책, 16)하고 '대의 정부의 원칙들'이 '민주주의적 이상의 요소들과 연관'(앞의 책, 17)되어 있다고 보고 있다. 이에 마넹은 대의 정부가 민주주의적 차원과 과두정적 차원을 가지고 있음에 주목하고 "대의 정부의 원칙들은 민주적 그리고 비민주적 부분을 혼합한 하나의 복잡한 절차를 구성한다"(앞의 책, 288)라고 했다. 그는 대의제의 네 가지 원칙을 아래와 같이 요약하고 있다.

1. 일정한 시간적 간격을 두고 선거를 통해 통치할 사람을 임명한다.
2. 통치하는 사람의 정책 결정은 유권자들의 요구로부터 일정 정도 독립성을 가진다.
3. 피통치자들은 통치자들의 통제에 종속되지 않고, 그들의 의사와 정치

10 Bernard Manin, *The Principles of Representative Government*, Cambridge: Cambridge University Press, 1997, p.238. 여기에서는 추이즈위안, 『프티부르주아 사회주의 선언』, 74쪽에서 재인용. 마넹의 책은 국내에서 『선거는 민주적인가—현대 대의 민주주의 원칙에 대한 비판적 고찰』(곽준혁 옮김, 후마니타스, 2004)로 출간되었다.

적 요구들을 표현할 수 있다.

4. 공공 결정은 토론을 거친다. (앞의 책, 19)

현대 대의제의 핵심은 선거다. 하지만 마넹이 볼 때, "선거는 심지어 귀족주의적이거나 과두제적인 절차"일 뿐만 아니라 "민주주의적 열망을 방해한다"(앞의 책, 289). 하지만 선거는 "모든 시민들이 통치자를 임명하고 해임할 동등한 권리를 가진다"(앞의 책, 289)라는 점에서 민주주의적인 모습을 띠고 있는 것도 사실이다. 이런 이중적 상황에 대해 정치철학자 셸던 윌린은 정치적 실천으로서 민주주의의 어려움을 '도망치는 민주주의'(fugitive democracy)라는 말로 표현했는데, 이는 특정 시점과 상황에서 '이것이 민주주의'라고 생각하는 순간 민주주의는 사라져 버리고 또다시 도망치듯 달려 나가는 정황을 설명한 것이다. 한걸음 더 나아가 샹탈 무페(Chantal Mouffe)는 고대 민주주의와 달리 근대 민주주의는 대의민주주의가 불가피하다고 생각(무페 2006, 14)한다는 점을 지적하면서 '민주주의의 역설'을 언급했다. '민주주의의 역설'이란 "인민민주 원칙을 위해 대의제를 시행했음에도 불구하고 대의제는 인민민주 원칙을 억압하게 되는 역설"(임춘성 2017, 36)을 가리킨다. 문제의 핵심은 우리가 민주주의의 꽃이라고 불러 온 선거로 대표되는 대의민주주의는 우리가 직접 뽑은 대표자가 우리의 뜻을 반드시 대표하지는 않는다는 사실이다. 대의민주주의에 대한 성찰이 필요한 시점이다.

다시 중국의 현실로 돌아가자. 보통선거권 제도의 전망이 불투명한 중국의 상황에서, 과연 추이즈위안의 희망대로 "중앙정부와 지방정부와 일반 평민 삼자의 관계에 세심하게 주의를 기울이고, 이 삼자의 긍정적인 상호작용을 만들어 내는 데 힘을 쏟"(추이즈위안 2014, 84)는다고 해서 그가 혼합헌법이라 명명한 공화정 또는 대의제가 실현될 수 있을지, 현재로서는 미지수다. 대의민주주의의 문제점이 드러나고 있는 시점에서 대의민주주의를 실시하지 않고 있는 중국을 비난할 수는 없지만, 그렇다고 현재 중국의 제도를 민주적이라 평가할 근거도 찾을 수 없다. 이에 대한 성찰 없는 혼합헌법 또는 공화정은 공허한 주장으로 그칠 가능성이 크다.

3. 사회주의 시장경제와 충칭 경험

추이즈위안의 주요한 목적은 중국 '사회주의 시장경제'의 이론적 근거를 찾되 그것이 서양 이론을 무비판적으로 추수한 것이 아니라 중국 나름의 모색과 시행착오를 거쳐 발굴한 것임을 표명하는 것이다. 그러므로 그에게는 '서유럽적 가치'와 '아시아적 가치', '서유럽 중심주의'와 '문화상대주의'의 대립을 초월하는 것이 중요하다. 추이즈위안은 "보편은 특수를 통해 구현되지만 그 어떤 특수도 보편의 의미를 전부 담아낼 수는 없다"라는 헤겔의 경구를 기준으로 삼아 '서유럽 중심주의'와 '문화상대주의' 둘 다 반대한다. 구체적으로 보면, 이 두 가지는 '진보의 가능성'을 보는 두 가지 관점으로, 서유럽 중심주의는 서유럽의 기존 제도와 사상을 일괄적으로 받아들여야만 한다고 하고, 문화상대주의는 제3세계의 특수한 문화와 제도의 전통을 본래 모습 그대로 지켜야 하며, 각 지역의 전통에 대한 외부로부터의 어떤 비판도 가능하거나 필요하지 않다고 한다.(추이즈위안, 97) 추이즈위안은 이를 '특수와 보편의 변증법적 관계'로 전환한 후 다음과 같이 논단한다. "모든 특수한 전통의 토대를 이루는 '보편'이 바로 '인간 본연의 자기긍정'이라는 것이다. 이런 '인간의 자기긍정'은 여러 사회와 문화에서 각각 다른 형태, 다른 정도로 나타난다. 그러나 그 어떤 경우도 '자기긍정' 자체가 포괄할 수 있는 의미를 모두 담아내지는 못한다."(앞의 책, 98) 추이즈위안은 그동안의 '서유럽 보편'과 '제3세계 특수'라는 도식을 타파하고, '인간 본연의 자기긍정'을 보편으로 내세우고 이 보편이 여러 사회와 문화에서 다른 형태와 다른 정도로 나타난다고 보고 있다. 이런 인식은 "보편은 특수 속에 존재하지만 그 어떤 특수도 보편의 의미를 모두 구현할 수는 없다"(앞의 책, 103)라는 웅거의 성찰에 근거하고 있다.

이상의 인식에 근거해 추이즈위안은 서유럽과 공유 가능한 중국 개혁개방 시기 '사회주의 시장경제'의 사례를 들어 서유럽 이론과 연계시키고 있다. 예를 들어, '농업토지 (30년) 임대 가정청부책임제'(앞의 책, 16)와 '농촌토지청부법'(앞의 책, 17), '주식합자제도'(앞의 책, 26), '국유주 지분 참여'와 '사회적 배당'을 시행한 광둥(廣東)성 순더(順德)시의 사례(앞의 책, 36), '무재고 생산'과 '전면적 품질 관리'를 성공적으로 실행하고 있는 상하이의 바오산(寶山) 철강회사(앞의 책, 46), 중국 월마트 노동조합 조직 사례(앞의 책, 95) 등이 그것이다. 하지만 추이즈위안이 중국의 '사회주의 시장경제' 그리고 그 이론적 연원으로 설정한 '자유사회주의'의 유력한 물적 증거는 충칭의 여러 가지 경험들이다.

추이즈위안은 충칭 경험의 중요성을 강조하기 위해 중국의 도시화

유형을 다음과 같이 개괄한 바 있다. "선전(深圳)과 상하이가 1980년대와 1990년대의 중국을 상징한다면 충칭은 21세기 최초 10년 중국의 발전 추세를 드러내고 있다."(崔之元 2011) 이는 개혁개방 이후 중국 도시화를 단계적으로 분류한 것인데, 지금 중국 대륙에서 도시화는 선전 모델, 상하이 모델, 충칭 모델이 혼합되어 진행되고 있는 것으로 보는 것이 타당하다. 그 가운데 상하이 모델의 영향력이 가장 크다 할 수 있다. 그러나 상하이 모델에 대한 왕샤오밍의 평가는 그리 높지 않다. 그는 상하이학파 성원들과 함께 2012년 4월 충칭에서 새로운 가능성을 모색하는 워크숍[11]을 진행했지만 소기의 성과를 거두기 어려운 상황에 직면했다. 주요하게는 기획 단계와 현지 조사 단계의 괴리, 즉 보시라이(薄熙來)의 실각으로 인해 충칭 모델은 일정 정도 추동력을 상실하게 된 것이다. 충칭 모델은 결국 상하이 모델의 변형에 머무는 것으로 보인다.

충칭 모델에 이론적 근거를 제시했던 추이즈위안은 한 회의의 발언에서 충칭 모델의 의의를 "국유자본 증식과 민간 재부 축적의 동반 전진"(國資增値與藏富於民攜手竝進)[12]으로 요약한 바 있다. 그는 동반 전진의 기제를 "사회 자본에 대한 국유자본의 영향력과 추동력을 통해 국유자산의 증식을 실현하고 나아가 경영 수익을 상납해 정부가 감세를 통해 민영 경제발전을 촉진하는 것이 관건"(崔之元 2010, 244)이라고 개괄했

---

11 『"文化視野中的都市化—以重慶爲例"工作坊:會議手冊』, 重慶大學人文社會科學高等研究院, 2012年 4月 19~24日.
12 崔之元, 「重慶模代意義」, 2010, 244頁. 이 글은 2009년 9월 27~29일 상하이에서 열린 '재난, 금융 및 현대화' 학술토론회에서 발표된 글의 요약이다.

다. 충칭 모델 또는 충칭 실험의 의미는 도시화의 사회주의적 방식이 가능하냐는 것이었고, 현재로서 그 대답은 부정적이다. 그러나 대규모 공공임대주택 단지의 조성, 도시 관리 파견 및 대졸 관리의 농촌 파견 등 도시와 농촌의 교류, 농로 포장 그리고 구호에 그치지 않은 다섯 가지 충칭 건설[13] 등은 교훈으로 삼을 만하다.[14]

추이즈위안은 나아가 헨리 조지, 제임스 미드 그리고 안토니오 그람시의 이론과 연계시켜 충칭의 실험을 설명하고자 한다.

헨리 조지(1839~1897)는 미국의 저술가, 정치가이자 정치경제학자이다. 그는 단일세(single tax)라고도 불리는 '토지가치세'의 주창자였으며, 조지주의(Georgism, Geoism, Geonomics)라고 불리는 경제학파의 형성에 영향을 끼쳤다. 조지주의는 지공(地公)주의라고도 한다. 지공주의의 주된 내용을 살펴보면, 개인은 자신의 노동생산물을 사적으로 소유할 권리가 있는 반면, 사람이 창조하지 않은 것 즉, 자연에 의해 주어지는 것(대표적으로 토지, 넓게 볼 경우 환경 포함)은 모든 사람에게 공평하게 귀속된다는 것이다. 불평등에 대한 논문이라고도 할 수 있는 그의 대표적 저서 『진보와 빈곤』[15]은 산업화한 경제에서 나타나는 경기변동

---

13 2008년 7월 충칭은 정책의 중점을 '다섯 가지 충칭'——주거(宜居重慶), 교통(暢通重慶), 환경(森林重慶), 치안(平安重慶), 의료(健康重慶)——으로 개괄한 바 있다. 王紹光, 「探索中國式社會主義 3.9 重慶經驗」, 『馬克思主義研究』2011年第2期, 2011, 7~11頁 참조.

14 이상의 두 단락은 임춘성, 『포스트사회주의 중국의 문화정체성과 문화정치』, 228~230쪽의 해당 부분을 일부 수정해 본문의 맥락에 맞춰 가져왔음을 밝혀 둔다.

15 Henry George, *Progress and Poverty: An Inquiry into the Cause of Industrial Depressions and of Increase of Want with Increase of Wealth*, 1879. 국내 번역본으로는 헨리 조지, 『진보와 빈곤——땅은 누구의 것인가』, 김윤상·박창수 옮김, 살림, 2008; 헨리 죠지, 『진보와 빈곤——산업불황의 원인과 부의 증가에 따라 빈곤도 증가하는 원인에 대한 탐구 및 그 해결책』(개역판), 김윤상 옮김, 비봉출판사, 2016 등이 있다.

의 본질과 빈부격차의 원인, 그리고 그에 대한 처방으로서 토지가치세를 제시하고 있다. 자본주의에 반대한 마르크스는 토지와 자본을 구분하지 않고 양자를 모두 공유화할 것을 주장한 반면, 헨리 조지는 토지와 자본을 구분하여 그중 토지만을 공유 상태에 근접하게 만드는 제도(지대조세제)를 주장하였다. 즉, 마르크스와 달리 헨리 조지는 시장경제와 가격의 기능과 사유재산을 부인하지 않은 것이다. 실제로 그의 저서 여러 곳에서 경쟁의 순기능이 강조된다. 헨리 조지는 토지에서 발생하는 지대(地代, rent)는 사유(私有)될 수 없고 사회 전체에 의해 향유되어야 한다는 주장으로 유명하다. 『진보와 빈곤』에는 이런 관점을 명확하게 보여 주는 다음과 같은 문장이 실려 있다. "우리는 토지를 공공의 것으로 만들어야 합니다." 헨리 조지의 주장에 따르면, 사회공동체는 토지가치에 세금을 부과함으로써 공공의 유산(inheritance)을 되찾아 올 수 있고 동시에 생산 활동에 부과되는 불합리한 세금을 철폐할 수 있게 된다. 헨리 조지는 토지가치세(또는 지대조세세)를 통하여 토지투기의 유인을 차단할 수 있을 뿐만 아니라 토지의 효과적인 사용을 촉진하게 됨을 논리적으로 증명하였다. 또한 토지 위의 건축물이나 어떤 산업에 대해서도 징벌적 세금을 부과하지 않음으로써 공정한 시장경제를 이룩할 수 있다고 믿었다.[16] 그는 1880년 제4판 서문에서 다음과 같이 말했다. "이 책에서 편 나의 견해는 스미스-리카도 학파가 인식한 진리를 프루동-라쌀레 학파가 인식한 진리와 통합시켜 주며, 진정한 의미의 자유방임이 사회주의의 숭고한 꿈을 실현할 수 있는 길을

16 이상의 내용은 헨리 조지, 위키피디아.

열어 주며, 사회법칙이 도덕법칙과 일치함을 보여 주며, 여러 사람의 마음속에 가지고 있는, 위대하고 고차원적인 인식을 흐리게 하는 여러 관념이 틀린 것임을 증명해 준다."(조지 2016, 20) 이 글의 맥락에서 볼 때, 헨리 조지는 '사회주의의 숭고한 꿈'이라는 목표를 '진정한 의미의 자유방임'의 방식으로 추구했다는 점에서, 제3의 길에 대한 추이즈위안의 지향과 맞닿아 있음을 알 수 있다.

헨리 조지의 토지가치세 또는 지대조세제는 쑨중산의 민생주의 가운데 '지가 상승 공유화' 이념에 직접적으로 영향을 주었다. 추이즈위안 또한 이를 '토지세의 사회화'(추이즈위안 2014, 138)라고 하면서, 헨리 조지의 원리를, "토지 지가 상승 공유화를 실현하면 '개인들은 영원히 (여타) 세금을 낼 필요가 없다'는 것"(추이즈위안, 139)으로 이해하고 있다. 한 걸음 더 나아가, 2008년 12월 4일에 문을 연 '충칭 농촌토지거래소'가 바로 헨리 조지의 지대조세제와 깊은 연원이 있음을 증명하고 있다. 그에 따르면, 일반적인 '지가 상승 공유화'의 성격을 갖는 '토지재정'이 충칭에서 이미 시행되어 왔다는 것이다. 그 주요한 표지는 '지표거래'와 '주민등록제 개혁'으로, 이 두 가지 제도와 '헨리 조지의 원리'의 관계를 다음과 같이 설명하고 있다. "첫째, 지표를 통해 건설용지의 도농 간 원거리 교환을 실현하여, 도시화와 공업화에 따른 토지가치 상승의 수익을 도시 인근 지역 농민뿐 아니라 도시에서 멀리 떨어진 지역의 농민들까지 고루 누리게 하고, 더욱 넓은 범위에서 '지가 상승 공유화'를 실현한다. 둘째, 충칭시 정부가 토지를 충분히 보유함으로써, 충칭이 전국에서 솔선수범하여 대규모로 공공임대주택을 건설하고, 도시 주민등록으로 전환한 농민공들을 그 공공임대주택의 주요

세입자로 받아들인다."(추이즈위안 2014, 142)

　추이즈위안은 "공유자산의 시장운용 수익을 통해서 세수와 국채에 대한 정부의 과도한 의존을 줄이고, 경제의 전반적인 효율을 높일 수 있다"(추이즈위안, 151)라고 한 제임스 미드의 자유사회주의 이론과 충칭 실험이 유사한 점이 많다고 주장하고 있다. 그에 따르면, 여러 소유제가 공존할 수 있는 가장 바람직한 지점에 관한 미드의 자유사회주의 이론은, '국영 부문이 발전하면서 민영 부문도 함께 발전'하는 충칭의 메커니즘을 가장 잘 설명해 준다. 그러나 충칭의 국유자산 발전은 미드의 이론에 따라 진행된 것이 아니라, 끊임없는 시행착오 끝에 이루어진 것(앞의 책, 154)이란 점도 덧붙이는 걸 잊지 않는다.

　그람시는 "르네상스는 엘리트그룹 내의 귀족운동일 뿐이다. 종교개혁이야말로 보통의 인민 속으로 파고들어 갔다"라는 크로체(Benedetto Croce)의 말에 동의하면서, 이탈리아 공산당이 '제2차 종교개혁'을 진행하여 민심을 얻어야 한다고 주장했다.(앞의 책, 159) 이는 대중운동에서의 헤게모니에 대해 언급한 것이다. 충칭 실험 당시 서기였던 보시라이가 충칭에서 간부들의 '민생 대탐방'을 통해 농민 대중과의 '삼진(三進) 삼동(三同)'으로 이루고자 했던 바로 그런 것이라고 할 수 있다.(앞의 책, 159) 삼진은 '기층(基層)으로 들어가고 촌락으로 들어가며 농가로 들어가는 것'을 말하고, 삼동은 '대중과 함께 먹고 함께 살고 함께 노동하는 것'을 가리킨다. 그 외에도 2010년 6월 충칭시위원회 제3기 7차 전체회의에서 '당면 민생사업의 성공적 수행에 관한 중국공산당 충칭시위원회의 결정'을 통과시켜 '삼진', '삼동', '빈농 자매결연', '민생 대탐방'과 대민 소통과 봉사를 위해 여러 가지 제도를 시행했다.

그 가운데 '창훙다헤이(唱紅打黑) 운동', 즉 홍색 가요를 부르고 조직 폭력배를 소탕하는 운동은 충칭의 '도농연계 총괄 실험', '10대 민생공정', '3대 격차 축소' 정책의 배경 위에서 중국공산당의 "대중적 기반을 재건하고 그람시적 의미의 '헤게모니'를 회복"(앞의 책, 163)하는 의미를 가지고 있다.

추이즈위안이 보기에 충칭 경험은 푸둥(浦東) 경험, 즉 상하이 모델을 토대로 삼아 더 진전시켰다. 그 핵심은 '국유자산 가치 증대와 민간 재부 확대의 동시 추구'(앞의 책, 169)인데, 그 관건은 "사회자본에 대한 국유자본의 영향력과 추동력"이고 "그 운용 수익을 정부에게 제공하고, 정부가 그것을 바탕으로 감세를 시행하게 하여, 결과적으로 민간경제의 발전을 촉진한다는 것이다"(앞의 책, 170). 이를 시행하기 위한 구체적인 방식은 '5대 자본주입', '3대 금지', '3대 균형'의 세 가지이다. '5대 자본주입'은 시 산하의 8대 국영 투자그룹에 대한 자본주입으로, 국채·비축 토지 수익·보유자산·수수료 수입·세수 환불을 통한 자본 유입으로 국유기업의 순자본금을 증가시켜, 해당 기업의 자금조성 능력을 확대하는 것이다. '3대 금지'는 국유 투자그룹의 자금조성 활동에 대해 재정국이 보증을 서 주지 않고, 각 투자그룹 상호 간에 보증을 서 주지 않고, 각 그룹 내 수수료 수입을 전용·교차혼용하지 않는 것을 말한다. '3대 균형'은 각 투자그룹의 자산과 부채, 현금의 흐름, 투입과 자금 출처에서 균형을 실현하는 것이다.(앞의 책, 170~171)

추이즈위안은 이 가운데 '5대 자본주입'의 문제를 핵심으로 보고 있다. 그는 2014년 건설된 '건설 후 양도'(build and transfer) 방식으로 건설되었다가 3년 뒤 충칭시 투자공사가 되산 차오톈먼(朝天門)대교의 사례를 국가보유 순자본을 확대함으로써 사회자본을 추동한 중요한 예로 꼽았다. 추이즈위안은 '5대 자본주입'이 "'사회주의 시장경제' 속의 국영경제가, 국가가 행정 권력을 통해 임의로 간섭하는 경제가 아니라, 국가보유 순자본을 시장경제 속에서 운용하여 가치를 증대시키는 경제라는 사실을 설명해 준다"(추이즈위안 2014, 172~173)라고 주장하고 있다. 이는 최근 신자유주의에 편승해 국영기업을 민간에게 떠넘겨 특혜 의혹을 불러일으키는 자본주의 국가들의 사례와는 대조적이다.

그러나 충칭모델은 조타수 보시라이의 실각으로 더는 실험을 지속할 수 없게 되었다. 이에 대해 왕후이는 다음과 같이 분석하고 있다.

충칭은 상대적으로 도농 통합이라는 과제에 치중하고 있고 재분배나 공평, 정의를 더 강조하는 경향을 보여 주고 있다. 충칭은 원래 상당한 수준의 공업화 조건을 갖추고 있었기 때문에 국유기업의 선도적 기능에 상대적으로 더 많이 의지하여 발전을 추진하고 있었다. 충칭의 염가 임대주택[公租房] 실험, 국가와 인민의 동반 성장이라는 구호, 지표(地票)교역 실험, 적극적인 해외 진출 전략 등과 같은 일련의 조치는 2000년 이후 중국 사회의 개혁에 관한 토론 과정에서 제출된 '더욱 공평한' 개혁에 대한 강렬한 요구에다 실질적이고 생생한 사례들을 덧붙여 제시하고 있다. 이런 까닭에 충칭의 실험에 대해서는 좌파와 우파 사이의 논쟁만 존재하는 것이 아니라 좌파와 좌파, 우파와 우파 사이에서도 서로 다른 관점의 대립과 날선 논쟁이 전개되고 있다. 비록 충칭에 주도면밀하게 계획된 개혁 모델이 완전한 형태로 수립되어 있지는 않지만, 그럼에도 불구하고 충칭은 공개적이고 정정당당하게 자기의 가치 지향과 입장을 밝히고 있을 뿐만 아니라, 스스로의 실험이 이러한 가치 지향이나 입장과 일치하는 것임을 주장함으로써 지속적인 반향과 격렬한 논쟁을 불러일으키고 있다.(왕후이 2012, 170~171)

그러나 왕리쥔(王立軍) 사건[17]과 구카이라이(谷開來) 사건[18]에 연루된 보시라이의 실각으로 인해, "충칭 사변 전후의 사회적 반응, 정치적 충격, 국내외 서로 다른 세력들 사이의 상호작용, 그리고 이로 인해 유발된 여러 가지 복잡한 문제를 도대체 어떻게 해석해야 할 것인가"(왕후이, 159) 등을 충분히 해명하지 못한 채 충칭 실험은 막을 내리고 말았다. 왕후이의 진단대로라면, 당분간 중국에서 자본주의 또는 신자유주의에 반하는 방식의 도시화 가능성은 희박해 보인다. 바꿔 말하면 지구적 자본주의 또는 신자유주의 방식의 도시화가 대세가 될 것이다.

여러 논자가 충칭 실험이 막을 내렸다고 진단하지만, 추이즈위안은 충칭의 경험이 아직도 진행형이라고 말한다. 추이즈위안은 충칭을 '자유사회주의'의 실험장으로 보면서, "충칭의 경험은 홍콩에 비해 더욱 큰 규모와 더욱 광범위한 차원으로 자유사회주의 실험을 진행하고 있는 중"(추이즈위안 2014, 177)이라 평가한다. 이 평가는 홍콩이 영국의 자유사회주의 실험장이었음을 전제하고 있다. 그는 나아가 '충칭의 경험'을 제도혁신의 산물로 본다. 특히 정책과 정치 양 측면에서 중대한

---

17 충칭시 공안국장이었던 왕리쥔이 미국에 망명을 요청한 사건. 이 사건을 계기로 보시라이와 충칭에 대한 각종 소문들이 번져 나가기 시작했다. 왕후이, 「충칭 사건」, 성근제 옮김, 『역사비평』 99호, 2012, 185쪽 참조.
18 보시라이의 부인인 구카이라이가 영국인 사업가 네일 헤이우드에 대한 살인 교사 혐의로 사법 기관에 신병이 인도된 사건. 왕후이, 앞의 글, 158쪽 참조.

의미를 지니는 충칭의 '10대 민생공정'의 제도적 토대는 국유자산 가치 증대와 민간 재부 확대의 동시 추구, 지표거래를 통한 도농통합발전 촉진이다.(추이즈위안 2014, 185) 그는 결론적으로 충칭 경험을 다음과 같이 요약하고 있다. "국유자산 가치 증대와 민간 재부 확대의 동시추구, 지표거래를 통한 도농통합발전 촉진, 삼진삼동을 통한 당의 대중적 토대 재건, 원재료든 판매든 하나만 국외에서라는 모델을 통한 '내륙의 개방 근거지' 건설."(추이즈위안, 194) 그의 주장은 나름의 합리성을 가지고 있다.

4. 자유사회주의의 가능성과 이론적 한계

추이즈위안의 기본 가설은 중국 개혁개방 이래의 정책, 특히 경제 체제 개혁 정책이 사실상 '프티부르주아 사회주의'의 실천과 혁신을 포함한다는 것이다. 이를 증명하기 위해 그는 우선 프티부르주아 사회주의의 이론적 연원을 밝혀 그 계보를 작성한다. 다음으로 개혁개방 이래의 중국의 정책 및 제도혁신의 사례를 들어 프티부르주아 사회주의 이론과 연계시키고 있다. 혁신 사례에서 중요한 것은 충칭 경험이다. 내가 볼 때, 표제인 프티부르주아 사회주의 선언보다는 부제에 들어 있는 '자유사회주의'라는 개념이 더 설득력 있어 보인다. 추이즈위안의 자유사회주의는 포스트사회주의 중국의 '사회주의 시장경제'를 해명하기 위해 여러 논자의 주장을 조합했다. 그는 프루동과 존 스튜어트 밀에서 제임스 미드와 웅거에 이르기까지, 수많은 이론가의 저서에서 중국의 '사회주의 시장경제'에 부합하는 주장들을 찾아내어 연계시키는 전략을 채택하고 있다. 마르크스주의에서 보면 프티부르주아지는 궁극적으로 분화될 계층이기에 집중 분석 대상이 아니겠지만, 현실적으로 장시간 존재해 왔고 그것도 상당한 비중을 차지하는 프티부르주아지를 무조건 배척할 수만은 없을 것이다. 이런 맥락에서 중국의 수많은 소농민을 포함한 프티부르주아지에 초점을 맞춰 그들을 주체로 설정한 프티부르주아 사회주의 나아가 자유주의 요소를 가미한 자유사회주의는 나름의 의미가 있다.

그러나 추이즈위안의 자유사회주의는 여러 가지 문제점을 가지고 있다.

첫째, 그것은 중국 현실에 근거한 체계적인 이론이라기보다는, 개혁개방 이후 중국 정부가 표방한 '사회주의 시장경제'의 몇몇 현상을 해명하기 위해 여기저기에서 끌어모은 조합적 성격이 강하다. 이는 그의 선언문의 하위 표제에 잘 드러나 있다. 그러나 개혁개방의 이론적 근거를 제공하려는 의도가 작용하다 보니 견강부회의 측면이 눈에 띈다.

둘째, 마넹이 분석한 것처럼, 혼합헌법의 합리적 핵심은 대의 정부가 민주주의적 차원과 과두정적 차원을 가지고 있고, 대의 정부의 원칙들이 민주적 그리고 비민주적 부분을 혼합한 하나의 복잡한 절차를 구성하는 점에 있다. 그러나 보통선거권 제도의 확립 전망이 불투명한 중국의 상황에서, 과연 추이즈위안의 희망대로 중앙정부와 지방정부와 일반 평민 삼자의 평등한 관계가 달성되어 공화정 또는 대의제가 실현될 수 있을지는 현재로서 미지수다. 대의민주주의의 문제점이 드러나고 있는 시점에서 대의민주주의를 실시하지 않고 있는 중국을 일방적으로 비난할 수는 없지만, 그렇다고 현재 중국의 제도를 민주적이라 평가할 근거도 찾을 수 없다. 이에 대한 성찰 없는 혼합헌법 또는 공화정은 공허한 주장으로 그칠 가능성이 크다.

셋째, 무엇보다 중요한 것은 명실상부함, 즉 추이즈위안이 가져온 이론이 중국의 현실에 부합하느냐의 문제이다. 왜냐하면 추이즈위안이 연계시킨 이론과 실천의 관계가 표층적으로 유사해 보이지만 그것이 심층적으로 들어맞는 것인지는 시간의 고험(考驗)이 필요할 것으로 보이기 때문이다.

9장 · 장이빙의 마르크스 텍스트 해석학과 역사현상학

장이빙(張一兵, 1956~)은 20세기 말 '마르크스로 돌아가자'라는 구호를 제기했는데, 그 직접적인 목적은 동일성을 요구하는 강제적인 정치 이데올로기의 환상에서 벗어나 당대 세계적인 사상 맥락과 새로운 텍스트 독해 방식으로 마르크스를 자리매김하고, 마르크스를 역사적인 원초적 학술 맥락으로 돌려보내는 동시에 마르크스가 새로운 발전과 시대의 흐름에 부합하도록 이론 지평을 정리하기 위함이었다. '마르크스로 돌아가자'라는 것은, 아직 도달해 보지 못한 완전히 새로운 텍스트 해석의 역사적 관점을 재구축하거나 우리가 마르크스 사상의 개방성과 당대적 가능성을 새롭게 구축하게 만드는 것이라 할 수 있다. '마르크스로 돌아가다'에서 '텍스트로 돌아감'은 교조적인 체제 합법성으로부터 탈피하기 위한 준비이며 기성의 강제성을 배제하고 텍스트에 대한 독해를 통해 새로운 '도구적 존재성'(Zuhandenheit, ready to hand)의 상태를 만들어 내는 것을 의미한다. 이것은 또한 중국인들이 과거에 말하곤 했던 '법고창신'의 정신이기도 하다.

1. 마르크스주의 연구의 다섯 가지 독해 모델

현재 중국의 마르크스주의 연구 상황을 거칠게 개괄하자면, 인민공화국 건국 이후 중국공산당이 집권하면서 마르크스주의 특유의 비판적 성격이 약화되고 마르크스주의 연구의 주류가 관변적 성격을 갖게 된 것은 분명하다. 하지만 장이빙의 『마르크스로 돌아가다』는 자못 달랐다. 중국 학자들은 이 책이 어느 정도 이론적 급진성을 가지고 있다고 평가한다. 이를테면 탕정둥(唐正東)은 이 책으로 인해 중국 학계의 많은 학자가 경전 텍스트 의식을 가지기 시작한 점, 경전 문헌을 운용할 때 뚜렷한 역사의식을 가지게 된 점, 다성악(polyphony)적인 해석 논리로 마르크스 철학 및 마르크스주의 철학의 심층적인 내용을 깊이 있게 이해하게 된 점을 그 긍정적인 점으로 들었다.(탕정둥 2018, 43~45) 그리고 학문 후속세대, 즉 인문사회과학 전공의 대학원생들에게도 평판이 좋았다. 하지만 난징(南京)대학 총서기라는 장이빙의 경력과 연계시켜 그의 성과를 주류 이데올로기 범주에서 수행되는 연구로 치부하는 논자도 없지 않다. 서양에 경도된 한국 학계의 평가에 대해서는 다음의 진단을 참고할 필요가 있다.

우리나라 진보 진영 다수는 '중국의 마르크스주의는 서구 혹은 일본의 마르크스주의에 비해 수준이 낮다'거나 '몰락한 구소련의 스탈린주의의 아류'일 뿐이라며 무시하는 경향이 있었다. 하지만 이것이 근거 없는 편견 임은 장이빙의 『마르크스로 돌아가다』에서 제시된 세계 최첨단 수준의 마르크스 텍스트학 성과를 일별하는 것만으로도 충분하다.(정성진 2018, 7)

정성진이 언급한 '마르크스 텍스트학'은 이 책 9장 2절의 표제인 '역 사적 텍스트학 또는 포스트텍스트 독해'를 가리킨다. 이에 대해서는 2절에서 구체적으로 검토해 보겠다. 이상의 평가들을 감안하되 우리 는 실사구시의 입장에서 장이빙의 연구 성과를 바라볼 필요가 있다.

저자 장이빙의 본명은 장이빈(張異賓)으로, 그의 저서 목록은 경력만 큼이나 다양하다. 『마르크스 역사변증법의 주체 국면』(馬克思歷史辯證法 的主體向度, 2002: 2판)과 『텍스트의 심층 경작─서양 마르크스주의 경 전 텍스트 독해』(文本的深度耕犁─西方馬克思主義經典文本解讀, 제1권, 2004; 제 2권, 2008)는 『마르크스로 돌아가다』와 더불어 마르크스와 마르크스주 의에 대한 연구서이고, 『무조(無調)식의 변증법적 상상─아도르노 '부 정변증법'의 텍스트학 독해』(無調式的辯證想象─阿多諾〈否定的辯證法〉的文本 學解讀, 2001), 『문제설정, 징후적 독해와 이데올로기─알튀세르의 텍트 스학 독해』(问题式、症候阅读与意识形态─关于阿尔都塞的一种文本学解读, 2003), 『불가능한 존재의 참─라캉 철학 영상』(不可能的存在之真─拉康哲學映像, 2006), 『하이데거로 돌아가다』(回到海德格爾: 本有與構境, 2014), 『푸코로 돌 아가다─폭력적 구조와 생명 치안의 담론 맥락』(回到福柯: 暴力性構序與生 命治安的話語構境, 2016) 등은 서양의 마르크스주의자인 아도르노, 알튀세 르, 라캉, 하이데거, 푸코에 대한 연구서이며, 『레닌으로 돌아가다─'철학 노트'에 관한 포스트텍스트 독해』(回到列寧—關於"哲學筆記"的一種後文本解讀, 2008)는 『마르크스로 돌아가다』와 비슷한 연구를 레닌에 대해 진행한 저서다. 특히 '돌아가다'를 표제로 붙인 네 권은 현상학의 취지에서 진행하는 '사상의 고고학' 시리즈다. 그 연장선상에서 현재 장이빙은 후배 학자들과 함께 『개념의 맥락과 사상의 고고학—'마르크스로 돌아가다'의 기본으로 다시 돌아가기』(概念語境和思想考古:'回到馬克思'的一種再歸基)라는 표제의 저서를 준비하고 있다. 우리는 저자 장이빙이 마르크스뿐만 아니라, 레닌, 라캉, 알튀세르, 아도르노, 푸코, 하이데거 등을 폭넓게 전문적으로 연구한 경력에 놀라지 않을 수 없다. 그리고 그의 저서들의 표제로부터 그의 주요한 연구 방법이 텍스트학(textology) 또는 포스트텍스트 독해(post-textological reading)임을 유추할 수 있다.

『마르크스로 돌아가다』를 독파하기 위해서는 우선 세 가지 주제어를 이해해야 한다. 첫번째는 텍스트학 또는 포스트텍스트 독해이고, 두번째는 이 책의 부제이기도 한, 경제학 맥락에서 고찰한 철학 담론의 전환이며, 세번째는 저자가 자신의 연구를 명명한 역사현상학이다. 이는 저자가 '해제'에서 제시한 다섯 개의 키워드—마르크스로 돌아가다, 텍스트학 연구, 경제학 맥락, 잠재적 철학담론, 역사현상학—와 중복된다. 그 가운데서도 "이 책은 『마르크스·엥겔스 전집』 제2판의 최신 문헌을 효율적으로 활용해 대량의 마르크스 초기 경제학 노트를 독해했고, 이를 철학 이론 분석과 연결시킴으로써 학술적 혁신을 완성한 책"이라는 경제학자 홍인싱(洪銀興)의 평가처럼, 경제학과 철학의 융합적 해석은 이 책의 커다란 성과라 할 수 있겠다.

'마르크스로 돌아가다' 자체는 우리가 오늘날 얻게 된 최신의 방법과 맥락으로 개방된 시각 속에서 마르크스를 대면하는 것을 말한다. 바꿔 말해 해석학적 관점에 의하면, 마르크스는 결코 원초적 대상이 아니라 이미 해석된 역사적 효과가 되었다. 완전히 새로운, 하지만 근거를 갖는 마르크스가 우리 앞에 놓여 있다. 마르크스 철학과 당대성/현재성의 문제는 사실 새로운 명제가 아니다. 이 문제는 지난 1960년대 교조화된 체제에서의 서술 방식을 둘러싸고 구소련의 전통적인 학계가 논쟁을 벌였을 때부터 존재해 왔다. 여기에는 전통적인 인식틀로써 마르크스를 해석하는 방식이 완전하다는 가정이 전제되어 있다. 그러한 해석 방식의 이데올로기적 본질은 구소련의 전통적인 마르크스 철학 해석의 비역사적 성격과 절대적인 담론권력의 불법성을 은폐하는 것이다.

마르크스 철학이 당대적 성격을 띠어야 한다고 말할 때 관건은 그와 같은 의도를 어떻게 현실화할 것인가 하는 것이다. 그러기 위해서는 용감하게 이전의 경전을 다시 해석하고 새로운 텍스트를 정면으로 바라보면서 견실하게 텍스트를 새롭게 펼쳐 들어 새로운 역사적 시각 안에서 당대 생활 세계의 새로운 문제들을 진정으로 해결해야 할 것이다. 장이빙은 마르크스 철학에 관한 텍스트, 특히 MEGA2(마르크스 엥겔스 전집 2판)를 직접 정밀하게 독해하지 않는다면 마르크스 사상발전의 맥락을 과학적이고 전면적으로 파악할 수 없으며, 마르크스 철학의 당대성에 대한 언설 역시 실현할 수 없다고 주장한다.

장이빙은 우선 마르크스 철학발전사를 고찰하면서 객관적으로 존재하는 '다섯 가지 독해 모델'을 추출한다. 즉 서유럽 마르크스학 모델, 서유럽 마르크스주의 인간주의 모델, 알튀세르 모델, 구소련과 동유럽의 진화론 모델, 그리고 중국의 쑨보쿠이(孫伯鍨) 모델이 그것이다.

첫째 독해 모델에서는 서양 마르크스학의 청년 마르크스와 노년 마르크스라는 '두 가지 마르크스' 신화를 제시한다. 이른바 '마르크스학'이란 '마르크스의 문헌을 객관적인 역사 텍스트 대상으로 삼아 연구하는 활동'을 말한다. '마르크스학'이 정식으로 이름을 내건 것은 1950년대 말의 일이지만, 1920년대 이전에 이미 서양 마르크스학 학자들은 청년 마르크스(『공산당 선언』)와 노년 마르크스(『자본론』)를 구별할 것을 주장했다. 1924~1932년에 『독일 이데올로기』를 포함한 1845년 이전의 마르크스 초기 저작들[1]이 세상에 공개된 후, 『1844년 수고』에서 '새롭게 발견된 마르크스', 즉 '인간주의적 마르크스'가 마르크스 학설 가운데 최고봉('가장 가치 있는 인간학적 청년 마르크스')이고 『자본론』 시기 및 그 이후의 마르크스는 '정체되고' '쇠퇴한' 마르크스(노년 마르크스)라는 새로운 이론 기준을 제시했다.[2] 이것이 바로 '두 가지 마르크스' 관점이다. "이러한 독해 모델의 주요 관점은 근본적으로 엥겔스 이후의 마르크스주의를 부정하고 인간주의적 청년 마르크스의 사상을 숭상하고 있는 것"(68/4頁)이다. 그리고 이 관점은 둘째 독해 모델과 연관되어 있다.

둘째 독해 모델은 서양 마르크스주의 가운데 인간주의적 마르크스

---

[1] 『어느 젊은이의 직업선택에 관한 고찰』, 「데모크리토스와 에피쿠로스 자연철학의 차이」 및 그 준비자료, 『본 노트』, 『베를린 노트』, 『크로이츠나흐 노트』, 「헤겔 법철학 비판 서설」, 『1844년 수고』 등.

[2] 장이빙, 『마르크스로 돌아가다』, 김태성 외 옮김, 한울아카데미, 2018, 67쪽. 張一兵, 『回到馬克思』, 南京:江蘇人民出版社, 2014, 3頁. 9장에서 장이빙의 『마르크스로 돌아가다』 인용 시, 번역본을 저본으로 삼되, 원본을 대조해 필요하면 수정했다. 이하 본문에서 괄호 안에 '번역본 쪽수/원본 쪽수'(예시: 67/3頁)로 표기한다.

주의의 관점을 드러내고 있다. 이는 1930년대 이후로 마르크스의 초기 논저들이 속속 발표됨에 따라 초기 에리히 프롬이나 초기 마르쿠제, 초기 르페브르, 그리고 후기 사르트르 등 제2세대 서양 마르크스주의 연구자들에 의해 형성되었다. 그들의 철학 사유에서 마르크스주의의 확립은 『1844년 수고』에서 실현되었다. 마르크스의 선험적인 노동소외 사관의 인간주의 논리가 마르크스주의의 참뜻을 대표하는 근거로 인식된 것이다. 이에 따라 그들은 엥겔스 이후, 특히 제2인터내셔널 이후의 전통 마르크스주의가 마르크스주의를 '인간이 없는' 경제결정론으로 해석한 것은 부적절하다고 비판했다.(69~70/4~6頁)

셋째 독해 모델은 서양 마르크스주의 과학방법학파의 이른바 '단절설'이다. 이는 마르크스 철학사상에서 나타난 이데올로기와 과학의 이질성에 대한 독해 모델이라고 할 수 있다. 1960년대 루이 알튀세르는 과학주의 방법으로 마르크스주의 사상발전의 진로를 새롭게 확정하면서 마르크스 철학사상의 '단절설'을 제시했다. 알튀세르는 마르크스 사상발전의 심층 이론구조('문제 설정')에 착안해서 1845년 4월 마르크스의 「포이어바흐에 관한 테제」를 분기점으로 하는 두 가지 마르크스, 즉 인간주의 이데올로기의 논리구조에 놓인 청년 마르크스와, 완전히 새로운 과학적 세계관을 수립한 마르크스주의자 마르크스가 존재한다는 사실을 밝혀냈다. 그는 또한 하나의 마르크스주의만 인정했는데, 그것은 바로 과학적 역사유물론이었다.(71~72/6~7頁)

넷째 독해 모델은 이른바 '전통' 마르크스주의 철학사 연구에서 비교적 보편적인 인정을 받았던 양적 변화의 '진화설'이다. 이는 구소련(특히 1960~1980년대 초) 학자들이 마르크스 철학을 독해할 때 사용하던 이론적 관점이다. 그들은 마르크스 사상발전에 대한 레닌의 시기 구분의 틀(레닌은 나중에 발표된 청년 마르크스의 초기 논저들을 읽지 못했다)에 갇혀 이론 논리에서 그다지 철저하지 못했고 모호한 관점을 주장했다. 그들은 1843년『파리 노트』가 출간되기 이전의 마르크스는 '여전히 헤겔 관념론의 영향을 받은' 청년 마르크스라고 인식했으며, 마르크스가 마르크스주의의 새로운 유물론과 공산주의로 변화하기 시작한 것은 1843년 여름부터 연말 사이였고(하지만 그들은 이러한 변화가 마르크스가 역사유물론으로 전환한 것은 아님을 감히 확증하지는 못했다), 이러한 진행 과정은 1845년 봄「포이어바흐에 관한 테제」까지 지속하였으며 1846년 가을『독일 이데올로기』에 이르러서야 끝이 났다고 주장했다. 이를 통해 마르크스주의를 정립하는 과정은 양적 점진 과정으로, 여기에는 헤겔과 포이어바흐 철학의 영향을 끊임없이 제거함으로써 나날이 성숙한 이론 표현으로 나아가는 요소만 존재할 뿐이었음을 알 수 있다. 1843년 여름 이후 작성된 수많은 청년 마르크스의 텍스트에서는 마르크스주의가 여러 곳에서 확인되기 시작했다. 마르크스에 의해 훗날 '인체 해부는 원숭이 해부의 열쇠'라고 불리던 방법이 당시 이미 '원숭이 몸이 사람의 몸'이라는 인식으로 변해 있었다. 그리하여 마르크스주의 철학이 지닌 1845년의 방법론적 혁명의 의미가 크게 약화하였다. 1932년 이후 서양 마르크스주의가 마르크스주의 철학을 인간화하는 심각한 이론적 퇴보에 직면하자 이러한 모델은 혼란과 모순으로 인해 무기력한 모습을 보였다. 유감스러운 것은 중국의 전통 마르크스주의 철학사에서 일부 연구들이 기본적으로 이러한 '진화설'을 토대로 한 소련식 연구의 사유 경로를 따르고 있다는 점이다.(72~73/7~8頁)

다섯째 독해 모델은 난징대 쑨보쿠이 교수가 1970년대 말에 쓴 책 『탐색자 길의 탐색』(探索者道路的探索)에서 제시한 것으로, 마르크스·엥 겔스 사상의 두 차례 전환론과 『1844년 수고』에 나오는 두 가지 이론 논리가 상호 소장(消長: 쇠퇴하고 성장함)했다는 관점을 기술하고 있다.

쑨보쿠이에 따르면 청년 마르크스는 둘로 나뉜다. 1837년 청년혜겔 학파 진영에 가담할 때부터 1843년 여름 이전까지의 마르크스와 관념 론에서 포이어바흐식 인간학 유물론으로, 민주주의에서 일반 공산주 의로 사상을 전환한 마르크스가 그것이다. 장이빙은 바로 '일반 유물 론으로의 전환'이라 일컬을 수 있는 첫번째 전환에 이어, 두번째 전환 을 거쳐 '실천적인 새로운 유물론의 철학 시야'를 확립했다고 보고 있 다. 두번째 전환은 『리스트를 평함』에서 그 단초가 형성되어 「포이어 바흐에 관한 테제」에서 발생했고 『독일 이데올로기』, 『마르크스가 안 넨코프에게』, 『철학의 빈곤』 등 진정한 자각을 바탕으로 한 마르크스 주의의 사상혁명으로 완성되었다는 것이다.(73~74/8頁) 아울러 장이 빙은 『1844년 수고』의 텍스트 심층에 두 가지 이질적인 이론 논리가 나타나기 시작했다는 쑨보쿠이의 지적에 주목한다. 하나는 '인간주의 의 잠재된 관념론 사관의 구조'고, 다른 하나는 '역사의 객관적 현실에 서 출발한 이론 논리'다. 1844년부터 1845년 3월 사이에 이 두 가지 이 론 논리는 시종 일종의 동태적인 상호 소장의 단계에 처해 있었다. 이 시기 청년 마르크스 이론에서 지배적 지위를 차지한 것은 여전히 포이 어바흐식의 인간학 노동소외 사관이었고, 1845년 4월, 「포이어바흐에 관한 테제」를 썼을 때에 이르러서야 마르크스의 사상이 자각적인 철학 혁명의 수준으로 발전되었다. 원래 『1844년 수고』에서 활발했던 인간학 담론은 여기서 철저하게 해체되고 실천을 입구로 하는 철학의 새로운 시야가 돌출되었다. 이 사상혁명은 『독일 이데올로기』에서 포이어바흐와 마르크스엥겔스 자신의 1845년 3월 이전의 관점을 비판하고 청산함으로써 비로소 완성되었다.(75~76/9頁)

장이빙은 이상의 다섯 가지 독해 모델이 시간의 전후에 따른 순서 관계를 갖는 것이 아니라 기본적으로 공시성(共時性)을 갖는 동시에 이 독해 모델들은 절대적인 폐쇄 모델이 아니며 각자의 이론 사유 과정에서의 전형적인 양식만을 대표한다는 점을 부언하고 있다.(76/10頁)

2. 역사적 텍스트학 또는 포스트텍스트 독해

장이빙은 쑨보쿠이의 독해 방식을 '텍스트학'이라 명명하고 이를 토대로 삼아 '마르크스주의 경전 원전 연구'의 새로운 지평을 제시하고 있다. 그는 미셸 푸코와 롤랑 바르트의 텍스트 정의 및 한스 게오르크 가다머(Hans Georg Gadamer)의 '역사 해석의 효과' 등을 참조 체계로 삼아, "역사 자체의 시간과 공간 구조를 가지고 마르크스 텍스트의 본래적 맥락을 드러나게 함으로써 완전히 새로운 이해의 결과를 얻어내"(47/680頁)고자 하는데, 이를 굳이 명명하자면 '역사적 텍스트학'의 독해라 할 수 있겠다. 이는 '재(再)신성화'의 과정(에이브러햄 매슬로)이고 '편견을 버리고 사물 자체로 돌아가는 것'(후설)이며, '마르크스로 돌아가자'라는 장이빙의 본래적 맥락이기도 하다.

장이빙은 역사적 텍스트학의 구체적 내용으로 '텍스트 분류학'과

'기능적 심층 독해 방법'을 제시하고 있다.

장이빙은 '텍스트 분류학'에 의거해 마르크스의 텍스트를 세 종류로 나누고 있다. 첫째는 책을 읽고 발췌한 노트와 사실을 기술한 노트이고, 둘째는 미완성 수고와 서신이며, 셋째는 이미 완성된 논저와 공개 발표 문헌들이다.(47/680頁, 79/12頁) 이는 마르크스의 텍스트에 대한 '분류학적 구분'이다. 과거 마르크스주의 연구에서 학자들이 보편적으로 중시하고 연구에 열을 올렸던 부류는 대부분 셋째 유형의 논저들이었고 둘째 유형의 문헌들 역시 어느 정도 관심을 받았다. 하지만 첫째 유형의 텍스트들은 아직 실질적으로 그에 합당한 분석과 연구의 지위를 얻지 못하고 있다. 장이빙은 첫째와 둘째 유형의 텍스트들에 대한 심도 있는 분석을 통해서만 마르크스 사상의 발전과 변혁의 진실한 사유의 맥락과 원인이 되는 맥락을 발견할 수 있다고 주장하고, 『마르크스로 돌아가다』의 상당 부분을 노트와 수고 등의 텍스트 자체로 돌아가 그에 대한 문헌학적 고증 작업을 진행하고 있다.

특히 장이빙은 노트[3]의 중요성을 강조한다. 마르크스의 노트에는 담론의 단절, 범주의 설정, 그리고 이론 논리 속의 특이한 이질성이 남김없이 그리고 무형식적으로 드러나고 있다. 노트 기록은 주로 독서 노트가 중심인데, 이는 마르크스가 독서를 하면서 느낀 점과 해당 도서에 대한 논평을 메모한 것이기 때문에, 우리는 그로부터 학술적 관점의 개요에 실린 이론적 경향성과 최초의 평론, 그리고 논쟁을 통해 형

---

3 마르크스가 기록한 노트는 약 250권 정도고 마르크스와 엥겔스가 표시하고 추가한 양은 약 6만여 쪽에 이르며, MEGA 2 제4부에 32권 분량으로 수록되어 있다. 張一兵, 『回到馬克思』, 13頁, 746頁 참조.

성된 저술 계획과 구상, 그리고 각종 사상이 최초로 형성된 이론적 촉발점과 원초적 단서를 직접 확인할 수 있다. 그것은 마르크스가 읽은 타인의 저작에 대한 '상호 텍스트'적 다시 쓰기로, 저자가 타인의 저작과 만난 후 만들어진 의식적 효과의 표현이라 할 수 있다. 이와 같은 내용은 일반적인 이론 수고와 논저에서는 찾아보기 어렵다. 장이빙은 또한 수고의 중요성을 강조한다. 수고는 '마르크스가 직접 문제를 이해하고 새로운 이론을 구성한 사상의 실험실'이자 '마르크스 이론 창작의 원시적 지평'이기 때문이다. 나아가 "마르크스는 바로 이런 수고에서 마르크스주의 철학의 중요한 이론적 혁신을 완성했고, 마르크스주의 철학의 새로운 이론적 금자탑을 세웠다. 협의의 역사유물론과 역사인식론의 기초 위에서 역사현상학 이론을 수립한 것이다"(47~48/680~681頁, 83/15頁)라고 평가한다.

장이빙은 또한 '기능적 심층 독해 방법'을 제안하고 있다. 이는 알튀세르의 '징후적 독해'에서 계시를 받은 것이다. 장이빙의 스승인 쑨보쿠이도 동일한 텍스트에 담긴 이중 논리를 파악해야 한다는 주장을 했다.(48/681頁) 장이빙은 이 연장선에서 첫째, '비교적 성격의 기능적 독해 방법'과 둘째, '노트 성격의 텍스트가 가지고 있는 복잡한 독해 구조', 셋째, 수고 텍스트에 존재하는 복합적인 담론구조 파악을 제시하고 있다.

첫째, '비교적 성격의 기능적 독해 방법'은 특히 마르크스의 노트를 대할 때, 문자에 머무르지 않고 더욱 많은 사고를 하는 것을 가리킨다. 예컨대 장이빙은 『크로이츠나흐 노트』와 『에피쿠로스 철학에 관한 노트』를 비교함으로써 당시 마르크스의 실어 상태를 이해할 수 있었다.

"청년 마르크스가 역사학 영역에 진입할 당시 방금 『라인신문』에서 현실적 타격을 겪은 철학 담론인 유심주의 관념론은 아직 완전히 붕괴되지 않았다. 하지만 관념론은 새로운 역사적 사실 앞에서 시작부터 텍스트의 개요와 논평 외부로 후퇴했다. 나는 이러한 상황을 마르크스가 새로운 역사 연구의 영역에 들어설 때 본래 가지고 있었던 철학이론 담론의 실어 상태라고 부른다. 청년 마르크스가 기존에 가지고 있던 이론적 스타일에서 이것은 매우 보기 드문 상황이다."(49/681~682頁) 장이빙은 두 가지 '노트'의 비교를 통해 마르크스가 관념론에서 역사의 현실로 나아가면서 겪었던 '실어증'을 확실하게 발견할 수 있었다.

둘째, '노트 텍스트가 가지고 있는 복잡한 독해 구조'. 장이빙은 전도적인 성격의 텍스트인 『파리 노트』의 독해 맥락에 내포된 인지구조를 초점의식과 배경적 의식으로 구분해 분석한 바 있다. 초점의식은 마르크스가 직접적인 이론적 목적을 가진 것으로, 부르주아 경제학자가 지목한 합리적인 것을 전도시키는 성격의 독해 방식이고, 배경적 의식은 준의도적인 층위에서 마르크스가 인지적 과정을 완성한 배경적 맥락이다. 장이빙은 배경적 의식으로 두 가지 층위를 지적했다. 하나는 모제스 헤스(Moses Hess)와 청년 엥겔스, 그리고 프루동의 국민경제학에 대한 비판과 사회주의이고, 다른 하나는 포이어바흐와 헤겔의 철학 논리다.(49~50/682頁)

셋째, 수고 텍스트에 존재하는 다성악적 담론구조. 장이빙은 『1844년 수고』를 독해하면서 이 텍스트가 '극도로 복잡한 다중적인 논리로 구축된 모순적인 사상 체계'라는 점을 지적했다. 그에 따르면, 『1844년 수고』의 제1수고에는 세 종류의 서로 다른 담론이 존재한다.

첫째 담론은 피고석에 서 있는 자본주의 제도와 국민경제학으로, 이는 직접적인 비판의 대상이다. 둘째 담론은 프루동-청년 엥겔스의 심판과 인지로, 실상은 리카도 사회주의에 대한 재서술이다. 셋째 담론은 마르크스가 국민경제학의 범주에서 고발하고 있는 철학적 인간주의 비판을 초월하는 것인데, 그 이면에는 또한 자연유물론적 전제가 내포되어 있다.(50/682~683頁) 그러므로 『1844년 수고』에서는 심각하고도 복잡한 이론적 대화가 진행되었다.

장이빙의 역사적 텍스트학의 두번째 영역은 '단어 빈도 통계 연구'이다. 이는 장이빙이 『마르크스로 돌아가다』 제3판 수정 작업을 진행하면서 이 책이 근거로 삼는 마르크스의 주요 독일어 텍스트에 대해 불완전하게나마 문헌학적 단어 빈도 통계를 진행하면서 명명한 방법론이다. 이는 일본 학자 모치즈키 세이지(望月淸司)로부터 얻은 교훈에 힘입은 바 크다. 사실 단어 빈도 통계 방법은 문헌통계학(Biblimetrics)의 전통적인 방법 가운데 하나다. 이른바 단어 빈도(term frequency)는 주어진 문헌에서 특정 단어가 그 문헌에 나타나는 횟수를 의미한다. 단어 빈도 통계는 연구자가 일정한 연구 목표에 따라 통계학 방법을 운용해 서로 다른 문헌 텍스트(예컨대 인터넷 검색엔진, 신문잡지, 역사문건, 개인기록 등) 연구에서 문제가 되는 핵심 어휘들을 수집하고 특수한 기호화 작업을 거친 뒤 정량적으로 어휘 빈도를 분석하는 방법이다. 이를 통해 저자는 특정 시기 특정 단어의 사용 빈도수를 통해 마르크스의 개념 형성 과정을 고찰할 수 있게 된다. 이는 "한 사상가의 중요한 텍스트의 모국어 원문에 대해, 지배적 담론구조에서 나타나는 지배적인 개념 혹은 범주의 통계와 다른 시기에 발생한 중요한 사상 변이의 텍스트에 나타나는 단어 빈도를 통계화해 시기에 따른 비교분석을 진행하고, 아울러 2차원적인 단어 빈도 그래프에서 직관의 곡선을 표시해냄으로써 기존의 텍스트학 분석에 데이터를 제공하는 것을 말한다"(23/6頁). 장이빙은 『1844년 수고』에서 '지배적 담론 키워드'라 할 수 있는 Entfremdung(소외), Entäußerung(외화), Gattungswesen(유적 본질)이 각각 150회, 99회, 16회 사용되다가 『독일 이데올로기』에서는 −17회(−는 부정적인 서술), −3회, 0회로 하락하고, Humanismus(인간주의)는 8회에서 −13회로 하락한다는 사실을 밝혀냈다.(26/9頁) 그리고 역사유물론의 주도적 담론의 키워드인 Produktivkraft/Produktionskraft(생산력), Produktionsverhältnis(생산관계), Produktionsweise(생산양식)는 전자에서는 거의 사용되지 않다가 후자에서는 갑자기 89회, 7회, 17회로 증가했다.(28~29/10頁) 이처럼 특정 시기 특정 단어의 빈도수를 통해 특정 사상가의 관심 분야의 변모를 파악할 수 있다는 장이빙의 주장은 상당한 설득력을 가지고 있다.

3. 마르크스 사상의 세 차례 전환 그리고 방법론 전환과 논리의 전도

장이빙은 『마르크스로 돌아가다』에서 마르크스의 세 개의 이론 정점(頂点)을 지적하고, 그것이 마르크스 철학사상 발전 과정의 3대 담론 전환 및 인식의 비약이라 칭하고 있다. 그것은 유물론의 관점에서 보면, 일반 유물론→광의의 역사유물론→협의의 역사유물론이다. 그리고 이 과정을 통해 마르크스주의 역사현상학을 완성했다는 것이 장이빙의 핵심 주장이다. 아래에서 구체적으로 살펴보자.

첫째 정점은 1844년으로서 이 시기의 가장 중요한 텍스트는 청년 마르크스가 수립한 인간주의 사회현상학의 『파리 노트』 중의 「밀 노트」와 『1844년 수고』다. 둘째 정점은 1845년 1월에서 1846년 12월까지로, 이 시기의 가장 중요한 텍스트는 마르크스의 첫 마르크스주의 문헌들, 즉 광의의 역사유물론을 창립한 「포이어바흐에 관한 테제」와 『독일 이데올로기』, 그리고 『마르크스가 안넨코프에게』이다. 셋째 정점은 1847년부터 1858년까지로, 이 시기의 가장 중요한 텍스트는 마르크스가 마르크스주의 협의의 역사유물론 학설과 역사인식론 위에 역사현상학을 수립한 『정치경제학 비판 요강』이다. 장이빙은 이 세 개의 이론적 정점을 '마르크스 철학사상 발전 과정의 3대 담론 전환 및 인식의 비약'이라 일컬었다(88/19頁).

첫번째 전환은 청년 헤겔의 관념론에서 일반 유물론으로, 민주주의에서 사회주의(공산주의)로 전환하고 인간주의적 노동소외론을 정립한 것이다. 장이빙은 이 전환이 마르크스주의로의 전향이 아니었다고 밝힌 바 있다. 이 전환은 『크로이츠나흐 노트』에서 시작되어 『헤겔 법철학 비판』과 『유대인 문제에 대하여』를 거쳐 『파리 노트』 후기와 『1844년 수고』에서 최고점에 이르렀다. 일반적으로 말해 이 시기 마르크스의 사상 전환의 현실적 기초는 마르크스의 역사 연구와 사회주의 노동자운동 실천의 접촉이었다. 하지만 이 단계의 후기에 마르크스는 이미 첫번째 경제학 연구를 시작했다. 이 지점에서 저자는 새로운 견해를 제시하고 있다. 사상 배경과 사고의 맥락을 당시 유럽 사상사의 총체적 단면에 놓는다면, 마르크스의 이 사상 전환은 단순한 이론 혁신이 아니라 여러 배경 요소의 제약 아래 발생한 논리적 승인이다. 배경 요소로는 포이어바흐의 일반 유물론과 헤겔의 변증법 외에 청년 엥겔스와 헤스, 프루동 등의 경제학에 기초한 철학 비판과 사회주의 관점도 있다. 그리고 청년 마르크스에게 표면적으로 부정당한 고전경제학의 사회유물론의 사유 경로와 방법도 있다. 마르크스는 이들을 비판적으로 수용해 사상 전환의 자료로 삼은 셈이다.(88~89/19~20頁) 이에 대해 정성진은 "이 시기 청년 마르크스는 인류의 사회적인 유적 본질을 가치 가설(Sollen)로 해 이것을 갖고 부르주아적 사유제의 비인간성, 소외와 전도를 비판하고, 노동소외의 지양, 사유제의 타도, 인류의 본질로의 복귀라는 공산주의의 이상을 주창했는데, 이것은 전통적 인간학에서 Sollen과 Sein 간의 모순이다"(정성진·서유석 2018, 54)라고 평한 바 있다.

마르크스 철학사상의 두번째 전환은 바로 마르크스주의 철학 혁명, 즉 마르크스의 첫번째 위대한 발견[4]인 광의의 역사유물론을 수립한 것이다. 마르크스의 두번째 경제학 연구(『브뤼셀 노트』와 『맨체스터 노트』) 과정에서 발생한 이 철학사상의 혁명은 「포이어바흐 테제」(1845)에서 시작하여 『독일 이데올로기』(1845)를 거쳐 『마르크스가 안넨코프에게』까지 이어졌다. 이러한 전환의 가장 중요한 이론적 기초는 정치경제학에 대한 마르크스의 과학적 비판의 기초가 형성된 것이었다. 장이

---

4 장이빙, 『마르크스로 돌아가다』, 53쪽에 "두번째 발견"으로 번역되어 있는데, 이는 오역이다. 장이빙에 따르면, 마르크스의 첫번째 위대한 발견이 '광의의 역사유물론'이고, 두번째 위대한 발견이 '잉여가치 이론'이다.

빙의 새로운 관점은 마르크스가 사회주의 실천과 기타 철학 관념의 영향을 받은 외에도 고전 정치경제학에서의 스미스와 리카도 사회역사관의 사회유물론에 대한 승인과 부르주아 이데올로기에 대한 비판적 초월 위에 역사유물론과 역사변증법을 수립한 것이라는 생각이다. 실천유물론을 기본 입장으로 한 일정한 사회역사 단계의 구체적인 역사적 현실의 사회관계에 대한 연구, 특히 과학적인 역사적 존재에 대한 '본체'적 규정에 관한 사유는 마르크스의 철학적 관심의 이론적 초점이 되었다. 마르크스주의 철학 연구의 새로운 단계는 사회현실의 경제학 및 역사학에 대해 과학적 연구를 진행하는 시기였다. 따라서 이 특별한 혁명 시기에 마르크스주의 철학 변혁의 발단과 정치경제학에 대한 과학 연구의 시작은 전통 연구에서 말하는 것처럼 마르크스가 먼저 역사유물론을 창립하고 나서 뒤이어 정치경제학 연구로 전향한 것이 아니라 동시에 발생한 것이라 할 수 있다.(89~90/20~21頁 참조)

마르크스의 두번째 전환에 대해 정성진은 다음과 같이 평하고 있다. "장이빙은 초기 마르크스의 『경제학 철학 수고』에서 소외 개념은 Sollen으로서의 인간주의적 소외론인 것에 대해, 『정치경제학 비판 요강』 이후 중기 및 후기 마르크스에서 소외 개념은 Sein으로서의 역사유물론적 소외 개념, 혹은 사물화론으로 전환했다고 주장한다. 1845년 『독일이데올로기』를 전후한 마르크스의 사상혁명, 혹은 '비약'을 강조한다는 점에서 장이빙의 입장은 알튀세르와 일본의 히로마쓰 와타루(廣松涉)의 유명한 "인식론적 절단" 명제와 유사한 듯 보인다. 하지만 장이빙은 '마르크스의 사상적 발전의 과정에서 그 비연속성에 주목'하면서도, "인식론적 절단"을 주장하는 알튀세르에는 동의하지 않는다"(정성진·서유석 2018, 55).

마르크스 철학사상의 세번째 전환은 협의의 역사유물론과 역사인식론으로부터 역사현상학의 창립이라는 위대한 인식의 비약이다. 이러한 변화는 마르크스의 세번째 경제학 연구에 기초한다. 이 변화는 『철학의 빈곤』(1847)[5]에서 시작되어 『런던 노트』에서 크게 발전한 다음 『57~58 수고』, 즉 『정치경제학 비판 요강』(1857~1858)에서 기본적으로 완성되었다. 그 기초는 마르크스 경제학 혁명의 탐색, 즉 마르크스의 두번째 위대한 발견인 '잉여가치 이론'의 형성으로 직접 이어졌다. 1847년 이후 마르크스는 '부르주아 사회'를 생산력 발전의 최고점('인체')으로 하는 인류의 사회역사에 대해 과학적 비판과 고찰을 진행하기 시작했다. 이로 인해 이전 자본주의 사회, 특히 자본주의 사회의 경제역사에 대한 마르크스의 연구에서 인류 사회 발전의 역사 본질이 처음으로 과학적 설명을 얻게 되었고 모든 사회역사 발전의 특수한 운행 법칙도 처음으로 드러나게 되었다. 인간과 자연(주위 환경)의 관계, 인간과 인간 사이의 사회관계가 처음으로 진실한 사회역사의 정경 속에 구체적으로 인식된 것이다. 이것이 마르크스가 창립한 '협의의 역사유물론' 철학 이론의 주요 내용이다. 자본주의 사회화라는 물질 대생산

---

5 장이빙은 『철학의 빈곤』이 "마르크스주의의 새로운 세계관과 마르크스주의 경제 과학의 '결정적 요소'가 모두 이 텍스트를 통해 최초로 공개되었다"(『마르크스로 돌아가다』, 719쪽/『回到馬克思』, 513頁)라고 평가한다. 장이빙이 볼 때, 마르크스는 '과학적 방법론'이라 할 수 있는 새로운 철학을 가지고 있었다. "(마르크스의—인용자) 철학은 우선 그러한 과학적 연구방법의 지침이었고, 그것은 바로 광의의 역사유물론과 역사변증법이다. 다음으로 철학은 한발 더 나아가 일정한 역사적 조건에서의 인류 생존 환경에 대한 이론적 인식으로 표현되었는데, 그것은 바로 협의의 역사유물론의 비판적 역사현상학이다. 그리고 후자는 1857년에서 1858년에 걸친 경제학과 철학 연구에서 비로소 완성되었다. 『철학의 빈곤』에서 마르크스는 자신의 경제학 연구의 성과 안에서 새롭게 창립한 역사유물론을 최초로 정치경제학 자체의 과학적 구축에 응용했다."(강조는 저자. 앞의 책, 721/앞의 책, 514~515頁)

발전 과정에서 분업과 교환이 형성하는 생활조건은 필연적으로 인간의 사회적 노동관계의 객관적 외면화(가치) 및 자본주의 시장조건에서 한 걸음 더 나아간, 사물에 노예화되는 전도된 관계(자본)를 유발한다. 그리고 이에 따라 역사적으로 유사 이래 사회생활 분야에서 가장 복잡한 사회 차원과 내재구조를 구축하게 되고, 이는 필연적으로 독특한 비직접적 역사인식론의 완전히 새로운 철학 기초를 형성하게 된다. 그리고 각종 전도와 사물화된 경제관계의 가상을 통해 비판적으로 부르주아 이데올로기의 물신숭배를 배제하고, 최종적으로 자본주의 생산양식의 본질을 설명하게 된다. 이것이 마르크스 역사현상학의 주체적 내용이다.(90~91/21頁) 다시 정리해 보면, "마르크스는 『독일이데올로기』에서 역사유물론을 확립하고 『철학의 빈곤』에서 경제학비판의 결정적 도약을 이루었지만, 아직 상품의 가치형태와 화폐의 분석으로까지 나아가지는 못했다. 장이빙에 따르면 이와 같은 이론적 도약은 『정치경제학 비판 요강』(1857~1858)에서 이뤄졌는데, 이는 역사유물론으로부터 역사현상학으로의 발전이기도 하다"(정성진·서유석 2018, 57).

장이빙의 세 차례 전환론은 1970년대 말 소련과 동유럽에서 공인된 '한 차례 전환론'을 비판한 쑨보쿠이의 '두 차례 전환론'을 유지하고 발전시킨 것이라 할 수 있다.(23/7頁) 사실 한국에 잘 알려진 알튀세르의 '단절설'은 「포이어바흐에 관한 테제」를 분기점으로 삼아, 인간주의 이데올로기의 청년 마르크스와 과학적 세계관을 수립한 마르크스주의자 마르크스라는 두 가지 마르크스가 존재한다(25/8頁)고 주장하는 점에서 '한 차례 전환론'[6]과 유사하다 할 수 있다. 이와 유사한 관점으로 1845년 마르크스는 소외의 논리에서 '사물화'(Versachlichung) 논리로 전환했다고 주장하는 히로마쓰 와타루의 논점(25/8頁)을 들 수 있다.

장이빙은 자신의 연구 성과를 토대로, 마르크스에게 5차례의 방법론 전환과 철학 논리의 전도가 있었다고 주장한다. 이 전환과 전도는 단순하고 돌발적인 변화가 아니라 여러 차례 다차원적인 전진을 거쳐 완성된 복잡한 과정이다.

첫번째는 1843년 청년헤겔학파에서 포이어바흐식의 일반 유물론으로의 전향(『경제학 철학 수고』)으로, 감성적 구체에서 출발한 논리를 형성하기 시작했다. 이는 마르크스 철학 전제의 전도였다. 두번째는 1845년에 일반 유물론에서 방법론상의 역사유물론으로의 전환(『독일 이데올로기』)으로, 실천과 생산의 역사 '본체'라는 현실에서 출발한 논리를 형성하기 시작했다. 이는 인지 방법의 전도라 할 수 있다. 세번째는 1847년 철학에서 현실 비판으로의 전향(『철학의 빈곤』)으로, 역사 현실에서 출발한 논리를 형성하기 시작했다. 이는 연구 내용의 전도다. 네번째는 1857~1858년에 역사현상학의 비판 논리 실현(『정치경제학 비판 요강』)으로, 자본주의 사회 대상화의 표상 현상학의 전도였고, 다섯번째는 경제학 표현 논리 방법의 확립(『자본론』)이었다. 이 시기에 경제학 이론 구축의 형식 전도, 즉 추상에서 구체로의 재귀환이 이뤄졌다. 이처럼 복잡한 사상 변화와 전도의 과정은 본질적으로는 앞서 살펴본 3대 담론 전환의 범위 안에서 이루어졌다.(91/21~22頁) 일생 하나의 방법론에 매달려 다른 방법론을 거들떠보지도 않으면서 그런 행위

---

6 장이빙은 알튀세르의 '단절설'이 쑨보쿠이의 관점과 유사한 것으로 간주했지만, 전환의 관점에서 보면 단절은 '한 차례 전환설'에 가깝다.

를 '한 우물을 판다' 또는 '작은 제목으로 큰 문장을 만들다'(小題大做)라고 하면서 한 주제에 매달려 깊이 천착한다고 착각하는 많은 속류 학자에 비해, 마르크스는 그야말로 '일일신, 우일신'(日日新, 又日新)의 경지를 구현했다 할 수 있다.

4. 경제학과 철학의 통섭

장이빙은 "마르크스 경제학 연구의 사유 경로를 진정으로 이해하지 못한다면 마르크스 철학의 내재논리의 진행 과정에 대한 과학적 인식을 제대로 얻을 수 없다"(87/18~19頁)라고 함으로써, 마르크스 경제학 연구의 사유경로와 마르크스 철학의 내재논리의 진행 과정이 긴밀한 관계를 이루고 있음을 지적했다. 부제에서도 밝힌 것처럼, '경제학적 맥락에서 고찰한 철학 담론'은 『마르크스로 돌아가다』의 새로운 관점의 하나다. 이것은 마르크스 경제학 연구의 심층적 맥락에서 그의 철학 담론의 전환을 새롭게 탐색해 내는 것이다.

장이빙에 따르면, 1846년 이후 마르크스주의의 창시자인 마르크스에게 순수한 철학과 과학적 사회주의는 독자적인 의미에서 근본적으로 존재한 적이 없다고 한다. 마르크스는 부르주아 정치경제학 경전에 대한 텍스트 독해를 통해 경제학이 대면하고 있는 각종 상황이 바로 당시의 사회현실이라는 점을 인식하게 되었다. 그러므로 객관적인 역사적 현실로부터 출발하기 위해서는 우선 경제학에 대한 이해와 깊이 있는 탐구를 완성해야 했다. 그리고 이 주도적인 연구 자체의 실질적인 과정을 분명히 해야만 철학과 과학적 사회주의 발전 경로의 진정한 기초를 근본적으로 파악할 수 있었다.

마르크스 이론을 연구하는 과정에서 마르크스의 철학, 경제학, 그리고 사회와 역사에 대한 현실적 비판(과학적 사회주의)은 완전하고 시종일관 분리되지 않는 하나의 총체로서, 각종 이론 연구의 상호 간에는 상호 침투하고 포용하는 관계가 존재하고 있다. 그러므로 마르크스의 경제학을 연구하려면 마르크스의 철학적 관점을 이해하지 않으면 안 된다. 또한 철학적 분석이 마르크스 경제학 연구와 완전히 분리되어서도 안 된다. 이 두 연구는 마르크스가 자본주의를 비판했던 현실적 목적과 분리되어서는 더욱 안 된다. 장이빙은, 마르크스의 철학을 연구한다는 것은 반드시 마르크스의 경제학 저작을 진지하게 이해해야 한다는 것을 의미한다고 확신한다. 그렇지 않으면 형이상학적 거품 속에서 헤매게 된다는 것이다. 이것은 또한 『마르크스로 돌아가다』가 본래 의도한 것이기도 하고 이 책이 완전히 새로운 시각으로 겨냥하고 있는 바이기도 하다.

장이빙에게 있어 경제학과 철학의 통섭은 **"마르크스 경제학 연구의 심층적 맥락에서 그의 철학 담론의 전환을 새롭게 탐색해 내는 것이다."**(51/683頁. 강조는 저자) 장이빙은 이런 시도가 마르크스와 엥겔스 사후 최초일 것이라고 자평하는데, 이는 1842년 하반기 마르크스가 처음으로 경제학 연구를 시작한 이래로 경제학에 관한 내용이 그의 중후기 학술 연구에서 70% 이상을 차지했고 만년에 이르러서는 그 비중이 90%에 달했다는 분석에 근거하고 있다. 1846년 이후 마르크스에게 순수한 철학과 과학적 사회주의는 독자적으로 존재하지 않았고 경제야말로 '유일한 현실'이었던 것이다. "그러므로 객관적인 역사적 현실로부터 출발하기 위해서는 우선 경제학에 대한 이해와 깊이 있는 탐구를 완성해야 했다."(51/683頁)

경제학과 철학의 통섭은 마르크스주의 이론의 하위 체계 사이에 존재하는 '고착화된 경계'를 타파하는 것이다. "마르크스의 철학, 경제학, 그리고 사회와 역사에 대한 현실적 비판(과학적 사회주의)은 하나의 완전하고 시종일관 분리되지 않는 총체로서, 각종 이론 연구의 상호 간에는 침투하고 포용하는 관계가 존재하고 있다."(52/684頁) 그러므로 장이빙은 "마르크스의 철학을 연구한다는 것은 반드시 마르크스의 경제학 저작을 진지하게 이해해야 한다는 것을 의미한다. 그렇지 않으면 불가피하게 형이상학의 경박함으로 흐르게 된다"(52/684頁)고 인식하고 양자의 통섭을 『마르크스로 돌아가다』의 본래 의도이자 새로운 시각으로 내세웠다.

장이빙은 이어서 마르크스 철학사상의 세 차례 전환으로 경제학 연구의 중요성을 설명하고 있다. 앞에서 말한 바와 같이, 장이빙은 마르크스의 세 차례 전환을, 1844년 인간주의 사회현상학·인간주의적 노동소외론 정립, 1845~1846년 광의의 역사유물론 정립, 1847~1858년 역사현상학 수립으로 요약했다. 장이빙은 한 걸음 더 나아가 이 세 차례 전환이 모두 경제학 연구에 기초하고 있다고 주장한다. 첫번째 전환은 "마르크스가 역사 연구와 사회주의 노동운동의 실천 과정에서 접한 현실적인 기초 위에서 경제학을 연구한 결과"(52~53/684頁)이고, 두번째 전환은 "마르크스의 두번째 경제학 연구인 『브뤼셀 노트』와 『맨체스터 노트』의 저술 과정에서 시작"(53/685頁)되었으며, 세번째 전환은 "마르크스가 경제학 발전에서 혁명적 돌파력을 갖춘 위대한 발견인 잉여가치 이론을 수립한 것"(55/686頁)을 기초로 삼고 있다. 이처럼 장이빙은 마르크스의 중요한 이론 공헌인 역사유물론이 마르크스가 이전의 모든 형이상학과 철저하게 단절한 후 경제학 담론의 기초 위에 세운 새로운 철학 담론(53/685頁)이라고 인식하고, 역사현상학 또한 잉여가치론의 토대 위에서 수립한 것으로 파악했다. 경제학 연구의 기초 위에 수립한 철학 사상인 것이다.

이처럼 경제학의 토대 위에서 수립한 마르크스의 과학적 비판이론을 장이빙은 '역사현상학'이라 명명하고 있다. 장이빙은 전통적 의미의 존재론(ontology, 本體論)과 인식론(epistemology)에서 발생한 '고전적 의미에서의 현상학'에 의존하고 있다. 고전적 의미에서의 현상학의 핵심은 다름 아닌 헤겔의 '정신현상학'이다. 장이빙이 이해하고 있는 '정신현상학'의 요점은 다음과 같다. '정신현상학'은 본체론과 인식론의 통일이라는 비판적 입장을 기반으로 하는 것으로, 구체적인 사물에 대한 감각으로부터 감성적 확신(sinnliche Gewissheit)의 '지각'과 자기의식의 틀에 이르는 여러 층위의 현상 구조와 현상의 배후에 있는 최종적 본질과 규칙으로서의 절대 이념의 계시에 주목할 것을 요구한다. 이러한 고전적 의미에서의 '현상학'은 헤겔이 칸트의 인식론을 비판하는 기초 위에 발전한 것으로, 사물(본질)이 시간 속에서 역사적으로 현현(현상)하는 것에 대한 연구로부터 나온 인지과학이다. 헤겔 자신의 말을 빌리면, 정신현상학의 주요 임무는 "변증법적 방법과 발전의 관점을 사용해 인간의 의식, 정신 발전의 역사적 과정을 연구함으로써 가장 낮은 단계로부터 가장 높은 단계에 이르기까지 그 모순 발전의 과정을 분석하는 것이다". 이 때문에 헤겔 본인은『정신현상학』의 서문과 서론에서 "정신현상학이 묘사하고 있는 것은 일반적 과학 혹은 지식 형성의 과정이다"라고 말한 바 있다. "근본적으로 말해 헤겔의 '현상학' 역시 자연 존재와 사회적 존재의 배후에서 물화되고 있는 정신의 본질과 운동 규칙에 관한 물상 비판이론이다. 이것은 또한 내가 이 개념을 차용하고 있는 원초적 맥락이기도 하다."(57/688頁) 사실 마르크스는 '역사현상학'이란 용어를 사용하지 않았다. 이는 장이빙의 명명이다.

장이빙에 따르면 포이어바흐 또한 "헤겔의 관념론과 신정론(神正論)을 비판하는 과정에서 인류의 유적 소외를 비판한 인류현상학을 정립"(57/688頁)했는데 이는 "헤겔 철학 논리에 대한 전도"(58/688頁)였다. 이를 토대로, 청년 마르크스는 1845년 최초의 경제학 비판에서 헤스의 경제적 소외에 대한 비판이론의 기초 위에 노동소외 이론을 제시했는데, 이것은 포이어바흐의 인류현상학과는 달리, "완전히 새로운 논리 구축 과정에서 부르주아 경제 현상 비판을 관통한 인간주의적 **사회현상학**이었다."(58/688頁. 강조는 저자)

마르크스의 역사현상학은 협의의 역사유물론과 사회인식론을 기초로 삼고 있고 그 "전제는 사회관계의 객관적 전도였으며, 이러한 전도의 소멸은 관념 속에서 이루어질 수 없고 반드시 물질적인 변혁을 통해 완성"(59/689頁)되기 마련이다. "그것은 헤겔의 정신현상학이 대면하고 있던 주관적 현상이 아니었으며 또한 포이어바흐와 청년 마르크스가 본래 가지고 있던 현실적인 경제 현상을 부정하는 인간주의적 사회현상학도 아니었다."(59/689頁) "과학적인 사회역사적 현상학은 자본주의 경제현상에서 발생하는 그러한 전도가 어떻게 역사적으로 형성된 것인지를 설명하고, 자본주의 생산양식 속에서 객관적으로 전도된 사회관계를 폭로하며, 최종적으로는 자본주의 경제의 착취의 비밀을 폭로하고자 한다."(59/689頁) 그러므로 장이빙은 "마르크스의 역사현상학이야말로 그의 정치경제학 혁명의 내재적 논리의 전제"(60/690頁)라고 주장하는 것이다.

5. 평가의 문제

장이빙의 『마르크스로 돌아가다』가 국내에 출판(2018. 10)된 지 얼마 되지 않은 시점에 한국 마르크스주의 경제학과 철학을 대표하는 학자들의 서평 논문이 출간되었다. 정성진·서유석의 「『마르크스로 돌아가다』의 철학과 경제학」(2018. 11)과 심광현의 「『마르크스로 돌아가다』의 '틈새'에 대한 고찰: '우발성의 유물론'의 관점에서 본 '역사현상학'」(2019. 3)이 그것이다. 논문 표제에 드러냈듯이, 정성진·서유석은 철학과 경제학의 연관이라는 관점에서, 그리고 심광현은 알튀세르의 '우발성의 유물론'의 관점에서 장이빙의 텍스트를 검토하고 있다.

먼저 정성진·서유석의 논의를 살펴보자. 이들은 번역본의 감수 경험을 토대로 장이빙의 텍스트를 꼼꼼하게 요약한 후 그 주요 내용과 특징 및 기여와 쟁점을 고찰하고 있다. 여기에서는 '쟁점'으로 꼽은 네 가지에 초점을 맞춰 살펴보고자 한다.

첫째, 장이빙은 '구소련 스탈린주의 철학교과서'를 비판함에도 불구하고 "스탈린주의 철학교과서처럼 '절대진리'로서의 '마르크스주의 철학', 즉 '역사유물론', '과학적 세계관', '과학적 사회주의'를 전제한다". 바꿔 말하면, "장이빙은 마르크스의 철학 사상의 전개 과정을 '절대 진리'로서 "마르크스주의 철학"으로 향해 계속 발전해 나아가는 진화론적 과정으로 묘사한다. 그런데 이와 같은 마르크스 사상에 대한 진화론적 이해는 결국 마르크스와 마르크스주의의 동일시로 귀결되고 만다"(정성진·서유석 2018, 68).

둘째, "마르크스가 철학 혁명을 완수해 마르크스주의 철학을 완성했다는 장이빙의 주장"에 대해서도 "1845~1847년 마르크스의 철학 혁명은 '철학의 완성'이 아니라 '철학 그 자체의 비판과 폐기'로 간주될 수 있다. 실제로 마르크스는 1847년 이후 철학에 대해 쓴 것이 거의 없다"(정성진·서유석, 69)라고 하며 문제점을 지적하고 있다. 아울러 "장이빙이 마르크스의 역사유물론의 형성에서 고전파 경제학의 기여, 이른바 "사회적 유물론"의 긍정적 영향을 지나치게 강조하는 것은 마르크스 사상의 핵심으로서 경제학비판의 문제설정과 상충될 수 있다"(앞의 글, 69)라는 지적을 덧붙이고 있다.

셋째, 장이빙의 역사현상학은 전도된 현상에서 본질적 관계를 발견 추출하는 것, 즉 "분석에 의해 종교적 환영의 현세적 핵심을 발견하는 것"은 중시하는 반면, 본질적 관계로부터 전도된 현상을 설명해 들어가는 방법, 즉 "그때그때의 현실적 생활관계들로부터 그 천국화된 형태들을 설명하는 것"은 부차화하는데, 이는 전자가 아니라 후자가 "유일하게 유물론적인 따라서 과학적인 방법"이라는 마르크스 자신의 문제의식과 모순될 수 있다. 이는 장이빙의 역사현상학이 마르크스의

'가치형태론'이 아니라 '교환과정론'을 중심으로 구성된 것과도 관련된다.(앞의 글, 70)

넷째, 이 책에서 장이빙의 분석 대상이 청년기와 중기 마르크스 철학에 한정되어 있으며, 후기 마르크스의 철학이나 『자본론』의 철학, 혹은 방법론은, 사물화의 논리를 제외하면, 거의 검토되고 있지 않은 것도 아쉬운 점이다. 이는 아마도 기존의 스탈린주의 철학교과서들이 『자본론』의 철학적 중요성을 과도하게 강조하는 것에 대해 장이빙이 이견을 갖고 있기 때문인 것 같다.(앞의 글, 70)

이상의 쟁점을 제기하면서도 정성진·서유석은 장이빙 저서의 미덕을 다음과 같이 정리하고 있다. "장이빙이 『마르크스로 돌아가다』에서 시도한 스탈린주의 철학교과서 비판과 '마르크스의 텍스트로의 복귀'에 근거한 마르크스적 대안 모색은 근본적으로 타당하고 혁신적인 시도이며, 초판 출판 후 20년이 지난 오늘도 여전히 새롭고 현재적이다."(앞의 글, 71) 특히 이들은 장이빙의 연구 성과가 "스탈린주의 철학교과서를 마르크스의 철학과 동일시해 온 우리나라 진보진영 다수에게"(앞의 글, 71) "게슈탈트적 전환"의 충격을 줄 것으로 기대하고 있다.

심광현은 정성진·서유석의 논의까지 아우르면서 심층을 건드리고 있다. 심광현은 정성진·서유석이 한계로 제시한 내용——마르크스가 기존 철학에 대한 철저한 비판을 통해 마르크스주의 철학을 완성했다거나, 고전 정치경제학에 대한 과학적 비판을 통해 마르크스주의 정치경제학을 완성했다고 파악하는 것은, 장이빙의 책이 비판하고자 했던 소련의 '정통 마르크스주의'가 마르크스 사상을 완결된 체계로 이해하는 방식과——내용 면에서는 차이가 있어도——형식 면에서는 동일한 결과에 이름(심광현 2019, 274~275) —— 에 동의하고 있다. 그러나 정성진·서유석이 "이런 문제가 현재 중국의 '당철학'을 마르크스의 철학으로 전제했기 때문에 발생한 것으로 간주"(심광현, 275)하고 있는 것에 반해, 심광현은 "관념론적 한계에 갇혀 있던 헤겔 철학(정신현상학)을 유물론적으로 전도한 후에 역사 과정에 대한 치밀한 분석을 통해 마르크스 철학(역사현상학)이 비로소 완성될 수 있었다고 파악했기 때문에 그 결과가 '당철학'과 합치하게 된 것이 아닐까 하는 생각"을 조심스럽게 제기한 후, "장이빙 교수가 마르크스 철학의 최종적인 전환을 역사유물론과 역사인식론을 넘어 역사현상학의 창립이라는 위대한 인식의 비약에 이른 것에서 찾고 있는 지점"(앞의 글, 275)에서 그런 판단의 근거를 발견할 수 있다고 피력하고 있다. 그리고 장이빙의 '역사현상학'이 헤겔의 '정신현상학'과 내용적으로는 대립하지만 "방법론적으로는 사회적 생산의 법칙이라는 본질이 구체적으로 현상하는 과정을 현상적 전개를 통한 본질의 표출(소위 '표출적 인과론')이라는 헤겔 논리학의 프리즘을 통해 규명하는 것이다. 이럴 경우 역사현상학 = 헤겔 철학을 적용한 정치경제학, 혹은 헤겔 철학을 매개로 한 정치경제학의 완성이라는 등식이 도출될 수 있기 때문에 마르크스 철학의 특이성은 사라지게 된다"(앞의 글, 276)라고 진단하고 있다. 나아가 "이와 연관되는 또 한 가지의 문제점은 역사유물론과 과학적 세계관에 기반한 과학적 사회주의를 마르크스의 철학과 동일시하게 되면 철학과 이데올로기와 과학의 구별이 사라지게 된다는 것이다. 이럴 경우에도 역시 마르크스 철학은 과학적 세계관/사회주의라는 특정한 이데올로기로 용해되어 그 특이성은 사라지게 된다. 이렇게 되면 '마르크스 철학의 새로운 이론적 층위와 정신적 함의를 발굴함으로써 마르크스의 학설이 구세계의 질서를 파괴하고 새로운 세계질서를 구축하는 데 성공적으로 응용될 수 있도록 해야 한다'(장이빙 2018, 61~62)라는 취지의 연구가 오히려 마르크스 철학 자체를 소멸시키는 데 기여한다는 역설이 발생한다"(심광현 2019, 276~277)라고 보고 있는 것이다. 그리고 "장이빙과 다른 방식으로 마르크스의 사상 변화의 궤적을 읽어 낼 수 있는 가능성"(심광현, 279)으로 알튀세르의 '우발성의 유물론'을 제시하고 그에 대한 이론적 검토를 진행하고 있는데, 이에 대해서는 별도의 검토가 요구된다.

심광현은 장이빙의 연구를 통해 "마르크스 사상의 변화 과정이 급변하던 19세기 중반의 복잡한 정세와 맞물린 다양한 지식생산의 결과물들과의 치열한 대결 과정이라는 점을 생생하게 보여 준다"라는 점에 주목하면서 이를 '지식의 고고학적 탐구', '지적 곡예'의 과정이라 명명한다. "이는 마르크스가 당대에 제기된 거의 모든 사조와 이데올로기(유물론, 관념론, 철학적 인간학, 자유주의, 인간주의, 개인주의, 무정부주의, 사회주의, 인간주의적 공산주의 등)를 어떤 일관된 논리체계를 통해 단숨에 뛰어넘은 것이 아니라, 그 각각에 대한 전면적 학습과 대결을 통해 각 사조들의 환원주의적인 문제들을 비판하되 그 사조들을 통해 제기된 사회적이고 개인적인 요구들 간의 불균등하고 갈등적인 관계를 공시적으로 파악하기 위해 분투했음을 보여 준다"(앞의 글, 278~279). 그 가운데 모제스 헤스 및 슈티르너, 슐츠 등에 대한 학습 및 대결은 마르크스의 '지적 곡예' 과정을 보여 주는 대표적인 사례라 할 수 있다.

6. 『마르크스 엥겔스 전집』 판본의 문제

1920년대 코민테른 제5차 대표대회의 위촉을 받아 구소련 중앙연구원(당시 마르크스엥겔스연구원, Marx-Engels Institut)에서 『마르크스 엥겔스 전집』 역사고증판(Marx Engels Gesamtausgabe, MEGA1로 약칭)을 편역 출간했다. 이 작업은 데이비드 르자사노프(David Rjasanov)가 주도해 1924년 편집을 시작해 1927년 정식 출간되었다. 1931년 블라디미르 빅토로비치 아도라츠키(Vladimir Viktorovich Adoratsky)가 편집을 이어받았다. MEGA 1은 원래 4부 40권으로 계획되었다. 제1부는 일반 논저 17권, 제2부는 『자본론』 및 그 준비자료 13권, 제3부는 서신 10권, 제4부는 색인이었다. 훗날 실제로는 모두 12권(13책)이 출간되었다. 제1부 일반 논저 7권 8책(1927~1935), 제2부 서신 4권(1929~1931), 제3부 『자본론』 및 그 수고는 정식 출간되지 않고 1939년 분권 형식으로 『정치경제학 비판(1857~1858년 경제학 수고)』만 출간되었다. 훗날 독일 파시스트가 등장하고 제2차 세계대전이 발발함에 따라 MEGA 1의 모든 작업은 부득이 정지되었다.

1960년대에 구소련 공산당 중앙과 구동독 통일사회당 중앙이 MEGA 2 편집을 결정했다. 이 작업은 구동독과 구소련 공산당 중앙위원회 소속의 '마르크스레닌주의연구원'이 공동 주관하게 되었다. MEGA 2의 4부의 텍스트 내용과 편집 구조는 기본적으로 MEGA 1과 같다. 1972년 최초로 편집 출판 발간한 샘플본(Probeband)은 샘플 출판(Probestücke) 형식을 채용해 MEGA의 4부(Abteilung) 구조 중의 대표적 텍스트를 실험적으로 재현했다. 이 실험 인쇄본은 각국 전문가들에게 배포되어 MEGA 2 텍스트 편집과 출판 형식을 평가하는 데 중요한 작용을 발휘했다. 1975년 MEGA 2는 베를린 디츠(狄次)출판사에서 정식으로 출판되기 시작했다. 원 계획은 100권이고 1990년대에 완간할 예정이었다. 훗날 권수가 120~170여 권으로 확대되었는데, 그 가운데 MEGA 2 제4부에서 원래 계획 가운데 노트 부분을 제거한 것 외에도 마르크스와 엥겔스의 장서 목록 및 장서에 쓴 독서 평어와 주해 —여백에 쓴 주(sprechende Marginalien), 기호, 밑줄 등—를 전부 편집 수록하기로 했다. 그에 대한 구체화된 준비 작업으로 1983년 MEGA 2 제4부의 평어 및 주해집 샘플편집본(Marginalien Probestück)이 출간되었다. 이로 말미암아 MEGA 2의 제4부는 제1편 40권(노트 부분)과 제2편 30권(장서의 주석 목록 및 평어 및 주해집 등을 수록)으로 새롭게 계획되었다. 그리하여 MEGA 2의 완성은 21세기로 미루어졌다.

구소련과 동유럽 사변 이후 베를린과 모스크바의 마르크스레닌주의연구원(IML)이 해산되었고 MEGA 2의 출판도 엄중한 영향을 받고 정지되었다. 1993년 이후 MEGA 2는 새로 설립된 '국제마르크스엥겔스기금회'(Internationale Marx-Engels-Stiftung, IMES로 약칭)에서 출판을 조직하게 되었다. 1995년 '기금회'의 인도 아래 새로운 출판계획을 제정했는데, 권수를 114권으로 확정했다. 제1부(저작, 논문)는 33권으로 계획했다가 현재 32권으로 바뀌었고, 제2부(『자본론』 및 그 준비 저작)는 원 계획이 16권 24책이었는데, 현재 15권 23책으로 바뀌었으며, 제3부(왕래 서신)는 원래 45권이었는데, 현재 35권으로 바뀌었다. 제4부의 제1편(요약, 노트)은 원래 40권이었다가 현재 31권으로 바뀌었고, 제2편(장서 및 여백 주)은 원래 30권이었다가 현재 1권으로 바뀌었다.[7]

한 가지 지적해야 할 것은, 장이빙은 "『마르크스·엥겔스 전집』중국어판 제1판의 텍스트 상당 부분이 뜻밖에도 러시아어판을 중역한 것이었다는 사실"과 "일부 대단히 중요한 개념과 범주가 실은 소련 전문가들이 러시아어 맥락에서 의역한 것이었다는 사실"을 지적하고 있다. 그에 따라 "이 책 제1판을 쓰는 과정에서는 MEGA 2에 대한 문헌을 인용하면서 중국어로 번역된 자료들을 기초로 했지만, 이번에는 직접 독일어 원문에 의존"(장이빙 2018, 19)했음을 밝히고 있다. 그러나 장이빙이 MEGA 2를 참고했다고 하지만, 제3판 원문에서도『마르크스 엥겔스 전집』을 인용할 때는 중국어판을 인용하고 있고, MEGA 2의 일부만을 대조하고 있을 뿐이다. 장이빙은 마르크스와 마르크스의 텍스트로 돌아가자고 주장하고 있지만, 주요하게는 중국어판 텍스트[8]에 근거하고 있는 점이 지적되어야 한다. 이로 인해 중국어판의 번역문과 일본어판의 내용에 일정 정도 괴리가 발생하게 된다. 그렇다면 장이빙의 '마르크스 텍스트로 돌아가자'라는 주장은『마르크스로 돌아가다』에서 충분하게 구현되었다고 보기에는 어려운 자기모순을 가지고 있는 셈이다. 「서문」에서 밝히고 있듯이, 반백이 넘은 나이에 독일어 학습을 시작해 MEGA 2를 대조해『마르크스로 돌아가다』에서 중요한 단어와 문장에 독일어 표기를 병기했음에도 불구하고,[9] 중국어판본의 문제점

---

7 이상 張一兵,『回到馬克思』, 「부록4『마르크스엥겔스전집』(역사고증판) 소개」, 727~729頁 참조.

8 참고로, 2017년 7월부터 2018년 9월까지,『자본론』중국어 독해 세미나 과정에서,『馬列著作選讀: 政治經濟學』(1988) 가운데『자본론』관련 부분에 대한 강독을 진행하면서,『자본론』김수행 본과 MEGA2, 영역본을 참고했다. 번역이 애매한 부분 위주로 대조한 결과 중국어『자본론』번역이 김수행 본 못지않게 MEGA2에 가깝다는 사실이다. 독일어→영역본→김수행 본의 과정이 있고, 독일어→러시아어→중역본(재판)→한역의 과정에서 어느 것이 더 원본에 가까운지에 대해서는 논의의 여지가 있을 것이다.

9 독일어 표기에 일부 혼선이 있어 번역본을 감수하는 과정에서 서유석 교수가 큰 노력을 기울였음을

은 여전히 남아 있는 셈이다. 저자 장이빙이 자신의 논지를 전개하면서 참고한 것은 분명 중역판이다. 그는 중역판 텍스트를 저본으로 삼아 분석하고 연구한 결과를 책으로 출간한 것인데, 이 맥락을 무시하고 인용문을 무조건 표준화된 번역문을 찾아 바꾸는 문제는 경전화의 혐의가 우려된다. 결국 『마르크스 엥겔스 전집』에서 인용한 문장들을 MEGA 2와 꼼꼼하게 대조하는 과제는 여전히 미완의 과제로 남아 있는 셈이다.

밝혀둔다.

결언

중국의 비판 사상과 한국인의 중국 인식

이 책『포스트사회주의 중국과 그 비판자들』은 21세기 문명 전환 시대의 중국 사회변동(social change)에 대해, 1980년대 개혁개방 이후 현재까지 진행된 인문·사회과학 분야의 비판 사상(critical thoughts)을 중심으로 분석·고찰했다. 중국사회의 정치·경제·사회·문화 전 부문에 지대한 영향을 주었으며 첨예한 화두를 미래 세대에게 던지고 있는 비판적 지식인들의 사상을 비판적으로 살펴보았다. 이를 통해 포스트사회주의 중국의 비판 사상의 계보를 그림으로써 한국 사회의 공정한 중국 인식 확립에 일조하고자 했다.

1. 포스트사회주의 중국의 비판 사상 비판

신민주주의 혁명의 성공으로 1949년 건국된 인민공화국이 자본주의를 뛰어넘어 사회주의로 진입했지만, 현재 중국을 사회주의로 보는 데는 무리가 있을 뿐 아니라, 심지어 마오쩌둥 시기의 중국도 과연 명실상부한 사회주의였는가에 대해서도 다른 견해가 속출하고 있다. 이런 문제의식을 바탕으로 삼아 「서장」에서는 1949년 이후 지금까지의 인민공화국 역사를 '국가사회주의'에서 '포스트사회주의'로 이행하는 하나의 시간대로 설정했다. 나아가 인민공화국 수립이 신민주주의 혁명의 결과였고, 신민주주의 혁명은 또한 태평천국운동, 변법유신, 신해혁명 등 근현대 사회주의 유토피아 운동의 연장선에 있기에, 이를 총체적으로 바라보는 시야가 요구된다.

'중국의 장기 근현대'(the long-term modern China) 개념은 아편전쟁 전후 어느 시점부터 지금까지의 시간대를 아우르기 위해 고안한 개념이다. '중국의 장기 근현대' 시기는 서유럽 중심의 지구적 자본주의에 편입되는 시간대인 동시에 혁명과 이행의 시기였다. 이 시기를 '단기 40년-포스트사회주의 시기', '중기 70년-중화인민공화국', '장기 180년-자본주의 편입 및 혁명과 이행의 시기'로 나누어 볼 수 있다. 이 책에서 초점을 맞추고 있는 포스트사회주의는 개혁개방 이후 중국을 관찰하는 시야다. 포스트사회주의 중국은 '상호작용하는 당-국가 모델'(Interactive Party-State model)이 잘 작동하는 사회다.

제1부에서는 리쩌허우의 적전론과 인류학 역사본체론에 초점을 맞추었다.

리쩌허우는 자신의 사상 체계를 구축한 몇 안 되는 사상가 중 한 명이다. 1980년대 중국 젊은 지식인들의 사상적 지도자였던 그의 사상체계의 핵심은 '인류학 역사본체론'(이하 '역사본체론')이다. 그의 미학과 철학, 사상사 등은 모두 역사본체론을 원심으로 삼아 바깥으로 확장한 동심원 구조를 이룬다. 1부에서는 리쩌허우 사상 체계의 중요한 개념인 문화심리구조와 실용이성, 유학 4기설과 서학의 중국적 응용, 심미적전설과 화하미학, 계몽과 구망, 그리고 칸트철학 비판 등을 그의 '말년의 양식'(late style)인 역사본체론과 연계해 고찰했다.

리쩌허우 사상의 핵심어는 적전(積澱)이다. 그런데 그의 사상 체계에서 적전이 무소불능(無所不能)의 권능으로 사용된 것은 문제가 있다. 적전은 문화심리구조의 형성 원리이기도 하고, '경험이 선험으로 변하고, 역사가 이성을 건설하고, 심리가 본체가 되는' 인류학 역사본체론의 요점도 적전설을 전제로 하고 있다. 리쩌허우의 적전은 긍정적인 것이 축적되고 침전되는 것을 전제로 삼고 있는 것으로 보인다. 그러면 부정적인 것은 적전되지 않을까? 부정적인 것이 적전되어 선험이 되고 이성이 되고 본체가 된다면 인류의 삶은 어떻게 될 것인가? 이런 면에서 리쩌허우는 낙관적인 전제에서 낙관적 전망을 하고 있는 것으로 보인다.

리쩌허우는 '서체중용'을 '서학의 중국적 응용'(Western substance, Chinese application)으로 해석한다. 여기에서 체(體)가 되는 서학은 '근현대화된 인민 대중의 일상 현생 생활(특히 물질생활)'이다. 그러므로 '서학의 중국적 응용'은 서양의 과학기술에 기초한 근현대화된 인민의 생활을 중국식으로 활용하겠다는 것이다. 리쩌허우는 이를 '전환적 창조'라고 부른 바 있다. 그러나 관점을 달리하면, 과학기술에 기초한 서학을 중국식으로 변환하겠다는 것이다. 리쩌허우의 '서학의 중국적 응용'은 이처럼 두 방향의 가능성을 향해 열려 있다. 진정한 '전환적 창조'의 길로 나아갈지, 아니면 또 한 번 '중국화' 길로 빠져들지 우리는 그 추이를 조용히 관망(靜觀其變)해야 할 것이다.

제2부에서는 첸리췬·왕후이·쑨거의 비판 사상에 초점을 맞추었다.

첸리췬은 중국 근현대문학 연구와 20세기 중국 지식인 정신사를 대표하는 학자다. 그는 대학 졸업 후 18년간의 변방 하층 생활을 보낸 후 불혹을 바라보는 나이에 석사 과정에 입학해 늦깎이 공부를 시작했다. 4장에서는 '사회주의 개조'의 관점에서 20세기 중국 지식인의 정신 역정과 첸리췬의 학술적·정신적 삶의 역정을 고찰했고, 아울러 민간 이단 사상 연구를 개괄했다. 그러나 첸리췬이 거론한 베이징대학의 정신 전통은 그의 의도와는 무관하게 특권 강화의 근거로 작용할 가능성이 크다. 특권은 바로 학벌에서 비롯되기 때문이다. 베이징대학의 전통을 강조하기 위해서는 학벌로 귀결되기 쉬운 정신 전통을 강조하기보다는 학술적 결과물로 인정할 수 있는 학술 전통, 즉 학풍의 형성이 더욱 중요할 것으로 보인다. 또한 첸리췬의 학술 역정은 루쉰을 연구하기 위해 시작되었고 그 과정에서 자신을 발견하고 자신을 루쉰에 동일시하는 과정이었다 해도 과언이 아닐 것이다. 루쉰은 그의 삶에 지대한 영향을 주고 심지어 그의 학술적·정신적 삶을 규정하고 있다.

'신좌파'의 기수로 일컬어지는 왕후이는 영어권에 가장 많이 소개되었고 한국에서도 명성을 얻은 중국학자다. 루쉰 연구에서 시작해 사상사와 사회과학을 넘나들고, 중국에 국한되지 않고 아시아를 사유하며 티베트와 오키나와에도 관심을 기울이고 있는 인문·사회과학 학자다. 왕후이가 루쉰을 관찰하며 건져 올린 키워드 가운데 가장 중요한 것은 '역사적 중간물'과 '절망에 반항'이고 그다음으로는 '개체성'을 꼽아야 할 것 같다. 개체성이란 individuality의 역어로, '더는 나눌 수 없는 것'의 의미가 있는데, 왕후이는 개체성을 간혹 주체성이나 주관성과 혼용 또는 병용함으로써 혼란을 자초하고 있다. 왕후이는 루쉰을 연구할 때도 루쉰 사상의 '역설'에 주목했고, 서유럽과 중국의 근현대성을 천착할 때도 그 '역설'에 초점을 맞추었다. '근현대성의 역설'은 중국을 비롯한 동아시아를 넘어 '비서유럽 사회'의 공통된 과제이기도 하다. 나아가 그것은 필연적으로 전통과의 관계에 대해 심문받게 된다. 왕후이의 논의를 흥미롭게 따라가다 보면, 결국 귀착점은 마오쩌둥의 반제반봉건의 이중과제로 돌아오는 것이 아닌가 하는 생각이 든다. 그간의 논의를 완전히 새로운 차원으로 상승시킨 것 같지만, 결국은 마오쩌둥의 반제반봉건의 이중과제와 리쩌허우의 계몽과 구망의 이중 변주의 이론 프레임에서 그리 멀리 나간 것 같지 않다는 것이 필자의 소견이다. '모더니티에 반하는 근현대성'도 선인들의 성과가 있었기에 가능한 추상화였다 할 수 있다.

쑨거는 다케우치 요시미 등을 통해 일본 근현대 사상사의 심층에 들어갔다 나오는 귀중한 경험을 통해 '냉전구조의 동아시아 시각'이라는 인식론을 정립했지만, 고모리 요이치가 지적한 식민지적 무의식과 식민주의적 의식 사이의 모순과 같은 일본 사회의 심층에는 다가가지 못한 것으로 보인다. 쑨거의 동아시아 인식론에는 몇 가지 아쉬움이 남는다. 첫째, 쑨거의 시야는 제한적이다. 서유럽 중심주의를 비판하다가 서유럽의 합리적 핵심까지 놓쳐 버리는 경향을 보인다. 한국의 비판적 담론에 대해서도 백낙청과 백영서 등 일부에만 초점을 맞추고 있다. 그리고 주요 참조 체계인 일본의 비판적 담론에 대해서도 편식 경향을 보인다. 이를테면 다케우치 요시미를 아시아의 사상 자원으로 발굴하려는 시도는 '동아시아인의 동아시아'를 발견하고 상상하는 하나의 경로를 제시했다는 점에서 의미가 있다. 하지만 다케우치 요시미가 종전 이후 일본 사상계를 진작시키기 위해 루쉰을 가져갔음에도 불구하고, 현재까지도 진행되고 있는 일본의 식민지적 무의식의 역사에 진입하는 작업을 다케우치 요시미에게서 찾아보기 어렵고, 쑨거에게서도 찾아보기 어렵다. 둘째, 한국에 대한 피상적 이해. 쑨거는 일본의 상황과 중국의 맥락을 고려해 양국 문화를 가로지르는 노력을 기울였지만, 한국 상황에 대해서는 '창작과비평' 그룹에만 의존함으로 인해 그녀의 동아시아 인식론은 불균형을 면하기 어렵다. 한국을 자주 오간 경험과 한국인 친구의 도움을 바탕으로 쑨거는 한국에 대해서도 발언하기 시작했는데, 이는 반가운 일이면서도 공정한 이해인가에 대해 주의를 요한다. 마지막으로, '동아시아 연대에 대한 절망감'이라는 쑨거의 문제제기에 공감하면서도 그녀가 역지사지(易地思之)의 경지, 즉 한국과 타이완 등의 입장에서 느끼는 답답함과 절망감을 헤아리지 못하는 것은 문제점으로 남겨 둘 수밖에 없다.

제3부에서는 원톄쥔·추이즈위안·장이빙의 비판 사상을 다루었다.

원톄쥔은 사상가, 이론가, 정책가, 활동가 등 다양한 얼굴을 가지고 있다. 그는 '삼농(三農) 선생'으로서 중국의 농민, 농업, 농촌에 관심을 기울이고 있을 뿐 아니라, 동아시아적 가치를 추구하고 제국주의 및 신자유주의를 비판하지만 그의 주장에는 국가주의적 입장이 내재하고 있다. 원톄쥔은 인민공화국의 역사를 공업화의 역사로 보고 1953년 이후 민족자본주의에서 국가자본주의로 전환되었고, 인민공화국의 경제사를 세 단계로 구성된 하나의 과정으로 본다. 8장에서는 백 년의 급진, 3단계 8위기, 하나의 추세, 두 가지 보수, 세 가지 전략, 비용전가론 등에 초점을 맞춰 고찰했다. 그러나 원톄쥔이 삼농을 강조하고 있지만 '선차적인 내부 식민지들'에 대해서는 침묵하고 있다는 사실은 부인할 수 없다. 원톄쥔의 저작은 경제학의 기초 지식이 없는 인문학자에게 경제사를 이해할 수 있게 하는 장점이 있다. 하지만 삼농을 중국의 내부 식민지로 읽어 내면서도 그보다 '선차적인 내부 식민지들', 즉 소수 에스닉과 여성에 대해 침묵하고 있는 것으로 미루어 보아 경제학자에게도 역사·문화적 시야와 학습이 필요하다는 사실을 다시 확인할 수 있다.

'자유사회주의'는 20세기 후반을 지배했던 자본주의 진영과 사회주의 진영의 경쟁이 자본주의의 승리로 귀결된 것처럼 보이지만, 자본주의 또한 신자유주의와 결합함으로써 출로가 보이지 않는 지구적 상황에 직면해, 추이즈위안이 대안으로 제시한 개념이다. 그러나 추이즈위안의 자유사회주의는 여러 가지 문제점을 가지고 있다. 첫째, 그것은 중국 현실에 근거한 체계적인 이론이라기보다는, 개혁개방 이후 중국 정부가 표방한 '사회주의 시장경제'의 몇몇 현상을 해명하기 위해 여기저기에서 끌어모은 조합적 성격이 강하다. 둘째, 마넹이 분석한 것처럼, 혼합헌법의 합리적 핵심은 대의 정부가 민주주의적 차원과 과두정적 차원을 가지고 있고, 대의 정부의 원칙들이 민주적 그리고 비민주적 부분을 혼합한 하나의 복잡한 절차를 구성하는 점에 있다. 그러나 보통선거권 제도의 확립 전망이 불투명한 중국의 상황에서, 과연 추이즈위안의 희망대로 중앙정부와 지방정부와 일반 평민 삼자의 평등한 관계가 달성되어 공화정 또는 대의제가 실현될 수 있을지는 현재로서 미지수다. 셋째, 무엇보다 중요한 것은 명실상부함, 즉 추이즈위안이 가져온 이론이 중국의 현실에 부합하느냐의 문제이다. 왜냐하면 추이즈위안이 연계시킨 이론과 실천의 관계가 표층적으로 유사해 보이지만 그것이 심층적으로 들어맞는 것인지는 시간의 고험(考驗)이 필요할 것으로 보이기 때문이다.

장이빙은 20세기 말 '마르크스로 돌아가자'라는 구호를 제기했는데, 그 목적은 동일성을 요구하는 강제적인 정치 이데올로기의 환상에서 벗어나 당대 세계적인 사상 맥락과 새로운 텍스트 독해 방식으로 마르크스를 자리매김하고, 마르크스를 역사적인 원초적 학술 맥락으로 돌려보내는 동시에 마르크스가 새로운 발전과 시대의 흐름에 부합하도록 이론 지평을 정리하기 위함이었다. 장이빙은 "이 책 제1판을 쓰는 과정에서는 MEGA 2에 대한 문헌을 인용하면서 중국어로 번역된 자료들을 기초로 했지만, 이번에는 직접 독일어 원문에 의존"했음을 밝히고 있다. 장이빙이 MEGA 2를 참고했다고 하지만, 『마르크스로 돌아가다』 제3판 원문에서도 『마르크스 엥겔스 전집』을 인용할 때는 중국어판을 인용하고 있고, MEGA 2의 일부만을 대조하고 있다. 장이빙은 마르크스와 마르크스의 텍스트로 돌아가자고 주장하고 있지만, 주요하게는 중국어판 텍스트에 근거하고 있는 점이 지적되어야 한다. 그렇다면 장이빙의 '마르크스 텍스트로 돌아가자'라는 주장은 『마르크스로 돌아가다』에서 충분하게 구현되었다고 보기에는 어려운 자기모순을 가지고 있는 셈이다. 『마르크스 엥겔스 전집』에서 인용한 문장들을 MEGA 2와 꼼꼼하게 대조하는 과제는 여전히 미완의 과제로 남아 있는 셈이다.

2. 한국인의 중국 인식

중국 연구를 수행하는 목표 가운데 하나는 한국인의 중국 인식을 심화·확대하는 것이다. 이 책에서 수행한 연구도 예외는 아니다. 다만 전공자를 위한 연구서와 독서 대중을 연계시키는 일은 그리 간단한 일이 아니다. 독자 대중이 주체적인 관심을 가지지 않는 한 책의 내용을 노랫말처럼 전달하기는 불가능하다. 베스트셀러 작가로의 길은 연예인의 길과 비슷해 보인다. 저자가 독자 대중과 만나는 일은 엔터테이너의 자질을 필요로 한다. 물론 K-Pop의 국내외적 성공은 당사자의 자질뿐만 아니라 '치밀'한 기획과 전방위적 지원 그리고 본인의 '치열'한 노력에 바탕하고 있음을 간과해서는 안 될 것이다. 그런데 엔터테이너는 대중추수적 경향을 피할 수 없으므로 이를 추구하는 저자는 반지성적인 행동을 하지 않을 수 없다. 이런 곤경에 빠지지 않고 독자들의 호응을 받기란 쉽지 않은 일이다.

　나는 그동안 한국인의 중국 인식이라는 주제로 2편의 글(2009; 2016)을 썼다. 전자(2009)에서는 한국 대학 내에서의 중국 인식에 초점을 맞추었고, 후자(2016)에서는 조정래의 소설 『정글만리』와 KBS 다큐멘터리 〈슈퍼차이나〉를 중심으로 현격히 달라진 한국인의 중국 인식을 고찰했다. 한국인의 중국 인식을 역사적으로 고찰해 보면, 큰 흐름은 전통 중국에 대한 관습적 존중으로부터 서양의 중국위협론의 영향을 받아 중국 혐오로 나아가는 경향을 읽을 수 있다.

언제부턴가 한국 사회에서 '타문화 이해'라는 말은 '타국의 언어'처럼 낯선 용어가 되었다. 중국도 예외가 아니다. 대륙 옆의 반도라는 지정학적 이유로 한국은 중국과 오랜 교류를 이어 왔다. 또 같은 이유로 근현대 100년의 공백을 뛰어넘은 수교 이후 수출입 1위 국가를 차지하는 등 긴밀한 관계를 맺고 있다. 그런데도 중국을 강 건너 불구경하듯 바라보거나 '짱골라'라 부르며 맹목적으로 무시하거나 혐오하는 한국인의 숫자가 적지 않다. 한국이 중국을 인식해 온 역사는 우여곡절로 점철되어 있다. 전통 중국에 대한 보수주의적 시각, 서유럽의 중국위협론에 감염된 냉전의 시선, 그리고 마오쩌둥과 사회주의 중국을 부정하는 시각 등이 그것이다. 소름 돋는 반공주의의 질곡에 사로잡혀 있던 한국인들에게 마오쩌둥과 사회주의 중국을 처음으로 소개한 이는 리영희 선생이었다. 그러나 리 선생의 노력은 강고한 군사독재정권의 삼엄한 경계망 속에서 일반 대중에게 전달되기에는 역부족이었다. 그 가운데 민항기 사건과 고르바초프의 페레스트로이카 선언이 있었고, 급기야 베를린 장벽이 무너졌으며, 이후 1992년 드디어 한중수교를 맺음으로써 새로운 한중 관계가 수립되었다.

근 1백 년의 공백과 진영 모순을 건너뛴 채 진행된 새로운 한중 관계는 다사다난한 과제를 안고 있었다. 돌이켜 보면, 한국은 1980년대 민주화운동의 성과를 '1987년 체제'로 수렴한 상황이었고, 중국 또한 개혁개방 이후 사상해방운동의 흐름이 1989년 톈안먼 사건을 거쳐 이른바 '6·4 체제'로 귀결된 직후였지만, '1987년 체제'와 '6·4 체제'가 신자유주의의 한국 및 중국 버전이었다는 사실을 인지한다면 진영 모순은 최소한 정권 차원에서는 더는 문제가 될 수 없었다. (반)식민지의 경험이 있던 두 국가가 2차 대전 종전으로 해방을 맞이한 후 각각 한국적 자본주의와 중국적 사회주의 길을 걸어오다가 1980년대 민주화와 사상해방의 과정을 거쳐 각각 신자유주의의 한국 버전인 '1987년 체제'와 중국 버전인 '6·4 체제'로 진입한 것은 역사의 아이러니가 아닐 수 없다.(임춘성 2017, 348~349)

중국 개혁개방이 40년을 넘고 한중수교 20주년을 바라보는 시점에서 되돌아보면 중국의 변화는 천지개벽에 비유할 만하다. 그 변화에 대해 '대국굴기'라는 중국 관방 레토릭은 국내외에 설득력을 확보했고, 대국의 굴기를 바라보면서 그것을 '슈퍼차이나'로 전유(專有)하는 한국 언론매체의 인식 변화는 가히 상전벽해 수준이라 할 만하다. 이런 상황에서 오랫동안 한국 사회를 비판적으로 관찰해 온 박노자는 2010년대 들어 미국 패권주의에 대한 반감이 자취를 감추기 시작하고 '반미'(反美)의 자리를 '혐중'(嫌中)이 대신했다고 분석했다. 2008년 중국에 대한 호감과 비호감이 약 43%로 같은 수준이었지만, 2017년 비호감 61%, 호감 34%로 바뀌었고, 현재는 30%에도 못 미칠 정도라는 구체적인 통계자료까지 제시하고 있는 박노자의 분석은 경청할 만하다. 특히 "미국 내지 중국 제국을 펀드는 일 없이 중국 현실을 냉정하게 지켜보면서 개발주의나 제국적 지배의 피해자들과 연대하는 게 우리가 가야 할 길이 아닌가?"라는 문제 제기는 우리에게 균형 잡힌 미국관 내지 중국관이 무엇인지에 대해 고민할 것을 요구하고 있다.(박노자 2020)

하지만 한국 혐중의 진원지로 미국에 유학한 여론 주도층으로 지목한 것은 피상적인 경향이 있다. 왜냐하면 해방 이후 한국 사회에서 미국 유학 경험이 있는 계층이 주도하지 않은 사회 현상은 없었기 때문이다. 문제는 왜 이전에는 혐중 여론을 조성하지 않던 그들이 2010년대 들어 적극적으로 조장하고 있는가이다. 그것은 두 가지로 나누어 볼 수 있다. 하나는 1980년대에 본격화된 민주화운동의 흐름에서 반미가 중요한 요인이었기 때문에 해방 이후 주도적이었던 친미 흐름은 한동안 영향력을 상실했었다. 두번째는 개혁개방 이후 중국의 급속한 부상 때문이었다. 이전까지는 경계의 대상이 아니던 중국이 위협적인 국가로 굴기(崛起)했던 것이다. 5G를 둘러싼 미국의 화웨이(華威) 압박은 후자의 대표적인 사례다.

한 걸음 더 나아가, 반미냐 혐중이냐의 문제 설정은 친미 대 친중의 논의로 바꿀 수 있다. 즉, 반미는 친중과 연계되고 혐중은 친미와 연결되어 있다. 미중 관계를 지속적으로 추적해 온 박홍서는 한국 사회의 반미 대 혐중이든, 친미 대 친중 논쟁이든 모두 미중의 패권 경쟁을 전제하고 있는데, 이는 오해라고 진단하고 있다. 그에 따르면, "미국은 현 자본주의 국제질서를 만들었고, 개혁개방기 중국은 그 자본주의 국제질서에 편승해 최대의 수혜자가 됐다"면서 "양국이 현 자본주의 국제질서의 핵심 구성국이라는 사실"(박홍서 2020, 132)에 주목한다. 미중 양국은 핵억지력을 가지고 있고 상호보완적인 경제관계를 가지고 있을 뿐만 아니라 '문명화된 자본주의 기계'는 파국으로 나아가는 것을 허용하지 않는다. 그러므로 양국의 관계는 '갈등적 상호의존의 역사'를 가진 카르텔을 형성하고 있다. 이런 각도에서 볼 때 사드 배치로 노골화된 한국의 친미 대 친중 논쟁은 무의미한 "'자기파괴적' 논쟁"(박홍서

2020, 136)이었다.

한국의 당면 과제는 중국을 제대로 아는 것이다. 지중(知中)은 친중과 다르다. 사드 배치와 한한령(限韓令)을 겪은 현시점에서 한국의 지중은 중국의 지한(知韓)과 동보(同步)적일 필요가 있다. 복잡한 국제 관계에서 한국과 중국의 관계에만 초점을 맞출 수도 없지만 그렇다고 한중 관계에 미국을 절대 변수로 놓아서도 안 된다. 물론 현재의 미중 갈등으로 인해 한국의 선택지가 넓지 않음에도 집중할 부분은 집중해야 할 것이다. 전통 근린국가이자 수출입 1위를 차지하는 국가를 제대로 아는 일은 피할 수 없는 과업이다. '균형잡힌 중국관'을 가지고 맹목적인 '혐중'을 반대하며 '중국과 중국인에 대한 공정한 이해와 동행'(박민희 2020)을 추구하기는 쉽지 않은 일이지만 우리가 지향하고 달성해야 할 과제임이 틀림없다. 날로 복잡해지는 주변 환경에 '복잡계의 산물'인 인간 주체는 복잡하게 대응해야 한다. 공부를 게을리하며 복잡한 것을 단순하게 바꾸는 것은 우익 보수가 가는 길이다. 공부를 제대로 하는 사람은 복잡한 문제를 복잡하게 고찰하고 복잡하게 대응한다. 그로 인해 대중과 괴리되는 경향을 경계하면서, 복잡한 중국 공부를 포기해서는 안 될 것이다.

참고문헌

국문

가라타니 고진, 2007, 『세계공화국으로』, 조영일 옮김, 도서출판 b.

고모리 요이치, 2002, 『포스트콜로니얼─식민지적 무의식과 식민주의적 의식』, 송태욱 옮김, 삼인.

김부헌·이승철, 2015, 「후기 사회주의 체제전환 지리학의 담론─국가 사회주의 붕괴 이후 10년과 20년」, 『국토지리학회지』 제49권 4호.

김수환, 2011, 『사유하는 구조─유리 로트만의 기호학 연구』, 문학과지성사.

_____, 2014, 「유리 로트만의 『문화의 폭발』─역동성과 혁신의 이름으로」[유리 로트만, 『문화와 폭발』, 김수환 옮김, 아카넷, 2014]

김용옥, 1986, 「잔잔한 미소, 울다 울다 깨져버린 그 종소리─최근세사의 한 반성으로」, 라오서, 『루어투어시앙쯔 윗대목』, 최영애 옮김, 통나무.

김진공, 2011, 「원톄쥔이 재구성한 중국 근현대사」, 『역사비평』 제97호.

다케우치 요시미, 2004, 『일본과 아시아』, 서광덕·백지운 옮김, 소명출판.

_____, 2011, 『내재하는 아시아』(다케우치 요시미 선집 2), 마루카와 데쓰시·스즈키 마사히사 엮음, 윤여일 옮김, 휴머니스트.

딜릭, 아리프, 2000, 「역사와 대립되는 문화인가?─동아시아 정체성의 정치학」, 정문길·최원식·백영서·전형준 엮음, 『발견으로서의 동아시아』, 문학과지성사.

_____, 2005, 『포스트모더니티의 역사들─유산과 프로젝트로서의 과거』, 황동연 옮김, 창비.

로빈슨, 더글러스, 2002, 『번역과 제국─포스트식민주의 이론 해설』, 정혜욱 옮김, 동문선.

로트만, 유리, 1998, 『문화 기호학』, 유재천 옮김, 문예출판사.

_____, 2008, 『기호계―문화연구와 문화기호학』, 김수환 옮김, 문학과지성사.

_____, 2014, 『문화와 폭발』, 김수환 옮김, 아카넷.

르페브르, 앙리, 2013, 『리듬분석―공간, 시간, 그리고 도시의 일상생활』, 정기헌 옮김, 갈무리.

루쉰, 2010~2017, 『루쉰전집 1·10·12』, 루쉰전집번역위원회 옮김, 그린비.

리쩌허우, 2000, 『중국 미학입문』, 장태진 옮김, 중문출판사.

_____, 2003, 『고별혁명』, 김태성 옮김, 북로드.

_____, 2004, 『역사본체론』, 황희경 옮김, 들녘.

_____, 2005a, 『중국고대사상사론』, 정병석 옮김, 한길사.

_____, 2005b, 『중국근대사상사론』, 임춘성 옮김, 한길사.

_____, 2005c, 『중국현대사상사론』, 김형종 옮김, 한길사.

_____, 2005d, 『학설』, 노승현 옮김, 들녘.

_____, 2013, 『중국 철학이 등장할 때가 되었는가?』, 류쉬위안 외 엮음, 이유진 옮김, 글항아리.

_____, 2014, 『미의 역정』, 이유진 옮김, 글항아리.

_____, 2015, 『중국 철학은 어떻게 등장할 것인가?―'하나의 세계'에서 꿈꾸는 시적 거주』, 류쉬위안 엮음, 이유진 옮김, 글항아리.

_____, 2016, 『화하미학』, 조송식 옮김, 아카넷.

_____, 2017, 『비판철학의 비판―칸트와 마르크스의 교차적 읽기』, 피경훈 옮김, 문학동네.

마넹, 버나드, 2004, 『선거는 민주적인가―현대 대의 민주주의 원칙에 대한 비판적 고찰』, 곽준혁 옮김, 후마니타스.

마뚜라나, 움베르또·프란시스코 바렐라, 2007, 『앎의 나무: 인간 인지능력의 생물학적 뿌리』, 최호영 옮김, 갈무리.

마루카와 데쓰시, 2008, 『리저널리즘―동아시아의 문화지정학』, 백지운·윤여일 옮김, 그린비.

마르크스, 카를, 2018, 『철학의 곤궁』, 이승무 옮김, 지만지.

마이스너, 모리스, 2004, 『마오의 중국과 그 이후 1·2』, 김수영 옮김, 이산.

무페, 샹탈, 2006, 『민주주의의 역설』, 이행 옮김, 인간사랑.

미조구치 유조, 2016, 『방법으로서의 중국』, 서광덕·최정섭 옮김, 산지니.

박노자, 2020, 「'혐중'을 넘어: 균형 잡힌 중국관을 위해서」, 『한겨레』 2020년 9월 16일.

박미선, 2009, 「전지구화의 기억과 미래, 번역의 정치와 예술의 윤리―호미 바바 방한 강연 리뷰」, 『중국현대문학』 제50호.

박민희, 2020, 「좌파 학생들이 묻다 '중국은 과연 사회주의인가?'」, 『한겨레』 2020년 10월 28일.

박유하, 2002, 「해제: 현재로서의 '식민지 이후'」, 고모리 요이치, 『포스트콜로니얼―식민지적 무의식과 식민주의적 의식』, 송태욱 옮김, 삼인.

박철현, 2017, 「개혁기 중국 '국가 신자유주의' 공간: 상하이 자유무역시험구와 그 외부」, 『현대중국연구』 제18집 4호.

박홍서, 2020, 「미중카르텔: 갈등적 상호의존의 역사」, 『성균 차이나 브리프』 제8권 4호.

발리바르, 에티엔, 2018, 『마르크스의 철학―마르크스와 함께, 마르크스에 반해』, 배세진 옮김, 도서출판 오월의봄.

백승욱, 2006, 『자본주의 역사 강의』, 그린비.

벤야민, 발터, 2008, 『언어 일반과 인간의 언어에 대하여/ 번역자의 과제 외』, 최성만 옮김, 도서출판 길.

브로델, 페르낭, 2012, 『물질문명과 자본주의 읽기: 자본주의라는 이름의 히드라 이야기』, 김홍식 옮김, 갈라파고스.

사까모토 요시까즈, 2009, 「21세기에 '동아시아 공동체'가 갖는 의미」, 『창작과비평』 2009 겨울호.

사이드, 에드워드, 1996, 『권력과 지성인』, 전신욱·서봉섭 옮김, 도서출판 창.

_____, 2007, 『오리엔탈리즘』, 박홍규 옮김, 교보문고(개정 증보판).

_____, 2008, 『말년의 양식에 관하여』, 장호연 옮김, 도서출판 마티.

삭스, 제프리, 2006, 『빈곤의 종말』, 김현구 옮김, 21세기북스.

소, 앨빈 Y., 2012, 「중국의 경제 기적과 그 궤적」, 홍호펑 외, 『중국, 자본주의를 바꾸다』, 장윤미·이홍규·하남석·김현석 옮김, 미지북스.

시프린, 앙드레, 2001, 「엮은이의 말」, 촘스키, 노엄 외, 『냉전과 대학―냉전의 서막과 미국의 지식인들』, 정연복 옮김, 당대.

신영복, 2004, 『강의―나의 동양고전 독법』, 돌베개.

실버, 비벌리 J, & 장루, 2012, 「세계 노동 소요의 진원지로 떠오르는 중국」, 홍호펑 외, 『중국, 자본주의를 바꾸다』, 장윤미·이홍규·하남석·김현석 옮김, 미지북스.

심광현, 2013, 「20세기 혁명의 변증법적 리듬분석 시론―러시아 혁명과 중국 혁명을 중심으로」, 『문화연구』 2013년 2권 2호.

_____, 2014, 『맑스와 마음의 정치학―생산 양식과 주체양식의 변증법』, 문화과학사.

_____, 2015, 「리쩌허우의 『비판철학의 비판』의 비판적 수용을 위하여」, 『중국현대문학』 75호.

_____, 2017, 「칸트와 마르크스를 결합하려는 사상적 분투」, 리쩌허우, 『비판철학의 비판―칸트와 마르크스의 교차적 읽기』, 피경훈 옮김, 문학동네.

_____, 2019, 「『마르크스로 돌아가다』의 '틈새'에 대한 고찰: '우발성의 유물론'의 관점에서 본 '역사현상학'」, 『문화/과학』 2019년 봄호.

쑨거, 2005, 「역사의 교차점에 서서」, 우카이 사토시 외, 『반일과 동아시아―반일이라는 사상과제』, 연구공간 '수유+너머' 번역네트워크 팀 옮김, 소명출판.

_____, 2007, 『다케우치 요시미라는 물음―동아시아의 사상은 가능한가?』, 윤여일 옮김, 그린비..

_____, 2008, 「일본을 관찰하는 시각」, 임춘성 옮김, 『문화/과학』 56호.

_____, 2009, 「동아시아 시각의 인식론적 의의」, 김월회 옮김, 『아세아연구』 제52권 1호, 고려대학교 아세아문제연구원.

_____, 2013, 『사상이 살아가는 법―다문화 공생의 동아시아를 위하여』, 윤여일 옮김, 돌베개.

_____, 2016, 『중국의 체온―중국 민중은 어떻게 살아가는가』, 김항 옮김, 창비.

_____, 2018, 『왜 동아시아인가―상황 속의 정치와 역사』, 김민정 옮김, 글항아리.

쑨거·윤여일, 2013, 『사상을 잇다―문화와 역사의 간극을 넘어선 대화』, 돌베개.

쑨꺼, 2003, 『아시아라는 사유공간』, 류준필·김월회·최정옥 옮김, 창비, 파주.

아리기, 조반니, 2008, 『장기 20세기: 화폐, 권력 그리고 우리 시대의 기원』, 백승욱 옮김, 그린비

_____, 2009, 『베이징의 애덤 스미스―21세기의 계보』, 강진아 옮김, 도서출판 길

_____, 2012, 「장기적인 관점으로 본 중국의 시장 경제」, 훙호펑 외, 『중국, 자본주의를 바꾸다』, 장윤미·이홍규·하남석·김현석 옮김, 미지북스

왕샤오밍, 1997, 『인간 루쉰』, 동과서.

_____, 2013, 「현대 초기 사상과 중국혁명」, 강내희·김소영 옮김, 『문화연구』 2권 2호, 한국문화연구학회.

왕후이, 1994, 「중국 사회주의와 근대성 문제」, 이욱연 옮김, 『창작과비평』 86호.

_____, 2000, 「세계화 속의 중국, 자기 변혁의 추구―근대 위기와 근대 비판을 위하여」, 이희옥 옮김, 『당대비평』 10~11, 2000년 봄·여름호, 삼인.

_____, 2003, 『새로운 아시아를 상상한다』, 이욱연·차태근·최정섭 옮김, 창비.

_____, 2005, 『죽은 불 다시 살아나―현대성에 저항하는 현대성』, 김택규 옮김, 삼인.

_____, 2011a, 『아시아는 세계다』, 송인재 옮김, 글항아리

_____, 2011b, 「중국굴기의 경험과 도전」, 최정섭 옮김, 『황해문화』 2011 여름호.

_____, 2012, 「충칭 사건―밀실정치와 신자유주의의 권토중래」, 성근제 옮김, 『역사비평』 99호.

_____, 2014a, 『절망에 반항하라―왕후이의 루쉰 읽기』, 송인재 옮김, 글항아리.

_____, 2014b, 『탈정치 시대의 정치』, 성근제·김진공·이현정 옮김, 돌베개.

_____, 2015, 「두 종류의 신빈민과 그들의 미래―계급 정치의 쇠락과 재형성, 신빈민의 존엄의 정치」, 박자영 옮김, 『문화/과학』 83호.

웅거, 로베르토 M., 2015, 『정치: 운명을 거스르는 이론』, 추이즈위안 엮음, 김정오 옮김, 창비.

원톄쥔, 2013, 『백 년의 급진―중국의 현대를 성찰하다』, 김진공 옮김, 돌베개.

_____, 2016, 『여덟 번의 위기―현대 중국의 경험과 도전, 1949~2009』, 김진공 옮김, 돌베개.

_____, 2017, 「글로벌 위기와 중국의 대응전략―하나의 추세, 두 가지 보수, 세 가지 전략」, 김진공 옮김, 『창작과비평』 176호.

이승희, 2019, 『路遙 소설에 나타난 1980年代 중국 回鄕知靑 서사 연구』, 연세대학교 박사학위논문.

이재현, 2016a, 「세계관으로서의 삼농주의―원톄쥔의 비판적 수용을 위하여」, 『문화/과학』 2016년 가을호.

_____, 2016b, 「溫鐵軍의 중국 자본주의론(메모)」, 『중국학연구회 학술발표회 자료집』.

_____, 2017, 「중국 문화연구의 아이스브레이커 ─ 임춘성, 포스트사회주의 중국의 문화정체성과 문화정치, 문화과학사, 2017」, 『진보평론』 73호.

이정훈, 2005, 「'실천'으로서의 '동아시아' 혹은 '내셔널 히스토리'의 저편」, 『중국현대문학』 제35호.

이희재, 2009, 『번역의 탄생 ─ 한국어가 바로 서는 살아 있는 번역 강의』, 교양인.

임춘성 편역, 1997, 『중국근현대문학운동사』, 한길사.

임춘성, 1995, 『소설로 보는 현대중국』, 종로서적.

_____, 1998, 「1930년대 후평(胡風)의 리얼리즘론 연구」, 『중국현대문학』 제15호.

_____, 2008, 「'서유럽 모던'과 '동아시아 근현대'에 대한 포스트식민적 고찰」, 『현대중국연구』 제9집 2호.

_____, 2009, 「한국 대학의 미국화와 중국 인식」, 『현대중국연구』 제11집 1호.

_____, 2013a, 『중국 근현대문학사 담론과 타자화』, 문학동네.

_____, 2013b, 「포스트사회주의 중국의 도시화와 도시영화의 정체성」, 『중국현대문학』 제64호.

_____, 2014, 「왕샤오밍(王曉明)론 문학청년에서 유기적 지식인으로」, 『중국학보』 제70집.

_____, 2016, 「문명전환시대 한국인의 중국 인식」, 『중국현대문학』 제79호.

_____, 2017, 『포스트사회주의 중국의 문화정체성과 문화정치』, 문화과학사.

임춘성·왕샤오밍 엮음, 2009, 『21세기 중국의 문화지도 ─ 포스트사회주의 중국의 문화연구』, 중국'문화연구'공부모임 옮김, 현실문화연구.

임춘성·홍석준 외, 2006, 『홍콩과 홍콩인의 정체성』, 학연문화사.

장윤미, 2019, 「중국 체제의 '특이성' 이해하기」, 『진보평론』 81호.

장이빙, 2018, 『마르크스로 돌아가다 ─ 경제학적 맥락에서 고찰한 철학 담론』, 김태성·김순진·고재원·피경훈·김현석·임춘성 옮김, 한울아카데미.

장태진, 2000, 「역자 후기」, 리쩌허우, 『중국 미학입문』, 장태진 옮김, 중문출판사.

장하준, 2004, 『사다리 걷어차기』, 형성백 옮김, 부키.

전리군, 2012, 『毛澤東 시대와 포스트 毛澤東 시대 1949-2009 상·하』, 연광석 옮김, 한울 아카데미.

정성진, 2018, 「중국에서 마르크스와 마르크스주의의 충돌」, 『마르크스주의 연구』 15권 4호.

정성진·서유석, 2018, 「『마르크스로 돌아가다』의 철학과 경제학」, 『마르크스주의 연구』 15권 4호.

조송식, 2016, 「리쩌허우의 주체성 실천철학과 중국의 전통 미학」, 리쩌허우, 『화하미학』, 조송식 옮김, 아카넷.

죠지, 헨리, 2016, 『진보와 빈곤 ─ 산업불황의 원인과 부의 증가에 따라 빈곤도 증가하는 원인에 대한 탐구 및 그 해결책』, 개정판, 김윤상 옮김, 비봉출판사.

지젝, 슬라보예, 2010, 「민주주의에서 신의 폭력으로」, 아감벤 외, 『민주주의는 죽었는가? ─ 새로운 논쟁을 위하여』, 도서출판 난장.

진중권, 1994, 『미학 오디세이 1』, 새길.

천슈웨이, 2018, 「북경대 맑스주의학회, 학생 써클들에 연대 호소」, 『레디앙』 2018년 12월 13일.

첸리췬, 1995, 「세기 교차기 중국 대륙 지식인의 역사에 대한 성찰과 현실적 곤경」(미발표).

_____, 2012a, 『망각을 거부하라―1957년학 연구 기록』, 길정행·신동순·안영은 옮김, 그린비.

_____, 2012b, 『내 정신의 자서전』, 김영문 옮김, 글항아리.

_____, 2012c, 「두 개의 중국, 두 개의 사회주의, 그 이론과 실천 및 역사적 경험이 주는 교훈」, 김진공·차태근 옮김, 『한국학연구』 27호, 인하대학교 한국학연구소.

초우, 레이, 2004, 『원시적 열정―시각, 섹슈얼리티, 민족지, 현대중국영화』, 정재서 옮김, 이산.

추이즈위안, 2003, 『중국은 어디로 가고 있는가』, 장영석 옮김, 창비.

_____, 2014, 『프티부르주아 사회주의 선언―자유사회주의와 중국의 미래』, 김진공 옮김, 돌베개.

탕정둥, 2018, 「『마르크스로 돌아가다』와 당대 중국 마르크스주의 철학의 발전」, 왕링원·임춘성 옮김, 『마르크스주의 연구』 15권 4호.

프루동, 피에르 조제프, 2018, 『경제적 모순들의 체계 혹은 곤궁의 철학 1·2』, 이승무 옮김, 지만지.

하남석, 2016, 「원톄쥔은 한국에서 어떻게 수용되는가?」, 『중국학연구회 학술발표회 자료집』.

_____, 2018, 「포스트사회주의 중국의 문화지도, 하지만 우리가 좀 더 알아야 할 것들(서평: 임춘성. 2017.『포스트사회주의 중국의 문화정체성과 문화정치』. 문화과학사)」, 『마르크스주의 연구』 제15권 제4호.

하트, 마이클, 2004, 『들뢰즈 사상의 진화』, 김상운·양창렬 옮김, 갈무리.

허자오톈, 2018, 『현대 중국의 사상적 곤경』, 임우경 옮김, 창비.

호네트, 악셀, 2016, 『사회주의 재발명』, 문성훈 옮김, 사월의책.

홍석준·임춘성, 2009, 『동아시아의 문화와 문화적 정체성』, 한울.

황성만, 1992, 「전통문화에 대한 반성과 서체중용론」, 한국철학사상연구회 엮음, 『현대중국의 모색―문화전통과 현대화 그리고 문화열』, 동녘.

황쯔핑·천핑위안·첸리췬, 「'20세기 중국문학'을 논함」, 2013, 임춘성, 『중국 근현대문학사 담론과 타자화』, 문학동네.

홍호펑, 2012, 「서론: 지구적 자본주의의 세 전환과 중국의 부상」, 홍호펑 외, 『중국, 자본주의를 바꾸다』, 장윤미·이홍규·하남석·김현석 옮김, 미지북스.

홍호펑·조반니 아리기 외, 2012, 『중국, 자본주의를 바꾸다』, 장윤미·이홍규·하남석·김현석 옮김, 미지북스.

중문(중국어 발음순)

陳獨秀, 1990, 『陳獨秀選集』, 胡明 編選, 天津人民出版社.

崔之元, 2010,「重慶模式的意義」,『熱風學術』第四輯, 上海:上海人民出版社.

_____, 2011,「重慶實驗的三個理論視角:喬治米德和葛蘭西」,『開放時代』2011-09.

德裏克, 阿裏夫, 2007,「後社會主義?―反思"有中國特色的社會主義"」, 苑潔 主編,『後社會主義』, 北京:中央編譯出版社.

費孝通, 1999,『中華民族多元一體格局』, 北京:中央民族大學出版社.

費孝通 主編, 2003,『中華民族多元一體格局』, 北京:中央民族大學出版社(6刷).

高力克, 2007,「第七章 如何認識轉型中國―關於自由主義與新左派的論爭」, 許紀霖·羅崗等,『啓蒙的自我瓦解:1990年代以來中國思想文化界重大論爭研究』, 長春:吉林出版集團有限責任公司.

黃子平·陳平原·錢理群, 1985,「論"二十世紀中國文學"」,『文學評論』1985年 第5期.

李澤厚, 1994a,『李澤厚十年集(第一卷) 美的歷程 附:華夏美學 美學四講』, 合肥:安徽文藝出版社.

_____, 1994b,『李澤厚十年集(第三卷上) 中國古代思想史論』, 合肥:安徽文藝出版社.

_____, 1994c,『李澤厚十年集(第三卷中) 中國近代思想史論』, 合肥:安徽文藝出版社.

_____, 1994d,『李澤厚十年集(第三卷下) 中國現代思想史論』, 合肥:安徽文藝出版社.

_____, 1994e,『李澤厚十年集(第四卷) 走我自己的路』, 合肥:安徽文藝出版社.

_____, 1998,『世紀新夢』, 合肥:安徽文藝出版社.

_____, 2002,『歷史本體論 A Theory of Historical Ontology』, 北京:三聯書店.

_____, 2007,『李澤厚集:批判哲學的批判:康德述評』, 北京:三聯書店.

_____, 2008,『李澤厚集:歷史本體論·己卯五說』, 北京:三聯書店.

_____, 2012a,『說西體中用』, 上海譯文出版社.

_____, 2012b,『說儒學四期』, 上海譯文出版社.

_____, 2014a,『李澤厚對話集 二十一世紀(1)』, 北京:中華書局.

_____, 2014b,『李澤厚對話集, 中國哲學登場―與劉緒源2010·2011年對談』, 北京:中華書局.

_____·2015,『論語今讀』, 北京:中華書局.

_____, 2016,『人類學歷史本體論』, 青島出版社.

劉廣新, 2006,「李澤厚美學思想述評」, 浙江大學博士學位論文.

劉鋒傑, 1995,『中國現代六大批評家』, 合肥:安徽文藝出版社.

羅絞文, 2011,「李澤厚"情本體"思想研究」, 西南大學博士學位論文.

馬相武, 2005,「關於漢城改名在中國的反應和我們的文化判斷」,『交流與互動:上海·漢城(首爾)都市文化比較』(國際學術研討會論文集), 上海.

麥克斯·施蒂納, 1989,『唯一者及其所有物』, 金海民譯, 商務印書館.

毛澤東, 1968,「在延安文藝座談會上的講話」,『毛澤東選集』第三券, 北京:人民出版社.

牟方磊, 2013,「李澤厚"情本體論"研究」, 湖南師範大學博士學位論文.

錢善剛, 2006,「本體之思與人的存在 李澤厚哲學思想研究」, 華東師範大學博士學位論文

錢理群, 1988,『心靈的探尋』, 上海文藝出版社.

_____, 1990, 『周作人傳』, 北京十月文藝出版社.

_____, 1991, 『周作人論』, 上海人民出版社.

_____, 1993, 『豐富的痛苦 ── "堂吉訶德"與"哈姆雷特"的東移』, 時代文藝出版社.

_____, 1994, 『大小舞臺之間 ── 曹禺戲劇新論』, 浙江文藝出版社.

_____, 1997a, 『世紀末的沉思』, 河北人民出版社.

_____, 1997b, 『壓在心上的墳』, 四川人民出版社.

_____, 1999a, 『錢理群文選 ── 拒絕遺妄』, 汕頭大學出版社.

_____, 1999b, 『走進當代的魯迅』, 北京大學出版社.

_____, 1999c, 『學魂重鑄』, 文匯出版社.

_____, 2003, 『與魯迅相遇: 北大演講錄之二』, 生活·讀書·新知三聯書店.

_____, 2005, 『追尋生存之根 ── 我的退思錄』, 廣西師範大學出版社.

_____, 2006, 『生命的沉湖』, 生活·讀書·新知三聯書店.

_____, 2007a, 『錢理群講學錄』, 廣西師範大學出版社.

_____, 2007b, 『知我者謂我心憂 ── 十年觀察與思考』, Thinker Publishing Limited, Hong Kong.

_____, 2008, 『我的回顧與反思 ── 在北大的最後一門課』, 行人出版社, 臺北.

_____, 2011, 『中國現代文學史論』, 廣西師範大學出版社.

_____, 2017a, 『1948: 天地玄黃』, 香港城市大學出版社.

_____, 2017b, 『1949-1976: 歲月滄桑』, 香港城市大學出版社.

_____, 2017c, 『1977-2005: 絕地守望』, 香港城市大學出版社.

_____, 2017d, 『爝火不息: 文革民間思想研究筆記』(上下卷), Oxford University Press(China).

_____, 2018, 「八十自述」, 2018.2.28~3.1 (미발표)

錢理群·吳福輝·溫儒敏·王超水, 1987, 『中國現代文學三十年』, 上海文藝出版社.

錢理群·溫儒敏·吳福輝, 1998, 『中國現代文學三十年』, 北京大學出版社.

孫歌, 2005, 「在零和一百之間(代譯序)」, 竹內好, 『近代的超克』, 三聯書店, 北京.

_____, 2008a, 「關於後東亞論述的可能性」, 薛毅·孫曉忠編, 『魯迅與竹內好』, 上海書店出版社, 上海.

_____, 2008b, 「觀察日本的視覺」, 『臺灣社會研究季刊』第69期.

_____, 2009, 「東亞視角的認識論意義」, 『開放時代』2009年 第5期.

_____, 2010, 『把握進入歷史的瞬間』, 台北: 人間出版社.

_____, 2011, 「橫向思考的東亞圖景 ── 評白樂晴《分斷體制·民族文學》與白永瑞《思想東亞: 韓半島視角的曆史與實踐》」, 『開放時代』2011年 第6期.

汪暉, 1991, 『反抗絕望 魯迅的精神結構與『吶喊』『彷徨』研究』, 上海人民出版社.

_____, 1998, 「當代中國的思想狀況與現代性問題」, 『文藝爭鳴』1998年 第6期.

_____, 2000a,『反抗絶望 ─魯迅及其文學世界』, 石家莊: 河北教育出版社.

_____, 2000b,『死火重溫』, 北京: 人民文學出版社.

_____, 2008a,『去政治化的政治 ──短20世紀的終結與90年代』, 北京: 三聯書店.

_____, 2008b,『反抗絶望 ─魯迅及其文學世界』(增訂版), 北京: 三聯書店.

王富仁, 1986,『中國反封建思想革命的一面鏡子』, 北京師範大學出版社.

王耕, 2015,「李澤厚歷史本體論研究」, 河北大學哲學博士學位論文

王紹光, 2011,「探索中國式社會主義3.9 重慶經驗」,『馬克思主義研究』2011年 第2期.

王曉明, 1993,『無法直面的人生 ─魯迅傳』, 上海文藝出版社.

許紀霖·羅崗 等, 2007,『啓蒙的自我瓦解: 1990年代以來中國思想文化界重大論爭研究』, 長春: 吉林
　　出版集團有限責任公司.

苑潔 主編, 2007,『後社會主義』, 北京: 中央編譯出版社

張一兵, 2014,『回到馬克思』, 南京: 江蘇人民出版社.

張英進, 2008,『影像中國 ─當代中國電影的批評重構及跨國想像』, 胡靜譯, 上海: 上海三聯書店

趙景陽, 2015,「中國道路的探尋與個體自由的確證 ─李澤厚倫理思想的一種解讀」, 蘇州大學博士
　　學位論文

竹内好, 2005,『近代的超克』, 李冬木·趙京華·孫歌譯, 三聯書店, 北京.

영문

Csanadi, Maria, 2016, "China in Between Varieties of Capitalism and Communism",
　　Institute of Economics(Discussion Papers), Centre for Economics and Regional
　　Studies, Hungarian Academy of Sciences, Budapest

Dirlik, Arif, 1989, "Postsocialism? Reflections on Socialism with Chinese Characteristics",
　　Arif Dirlik and Maurice Meisner, eds., *Marxism and the Chinese Experience*, Armonk,
　　N.Y.: M, E, Sharpe, Inc.

Hann, Chris, 2002, "Farewell to the socialist 'other'", Chris Hann, ed., *Postsocialism:
　　Ideals, Ideologies and Practices in Eurasia*, London & New York: Routledge.

Humphrey, Caroline, 2002, "Does the category 'postsocialist' still make sense?," Chris
　　Hann, ed., *Postsocialism: Ideals, Ideologies and Practices in Eurasia*, London & New
　　York: Routledge.

Laroui, Abdallah, 1976, *The Crisis of the Arab Intellectuals: Traditionalism or Histo-
　　ricism?* Translated from the French by Diarmid Cammed, University of California
　　Press, Berkeley.

Latham, Kevin, 2002, "Rethinking Chinese consumption: social palliatives and the rhetorics of transition in postsocialist China", Chris Hann, ed., *Postsocialism: Ideals, Ideologies and Practices in Eurasia*, London & New York: Routledge.

Lotman, Yuri, 1990, *Universe of the mind: a semiotic theory of culture*, tr, Ann Shukman, Bloomington: Indiana University Press.

McGrath, Jason, 2007, "The Independent Cinema of Jia Zhangke: From Postsocialist Realism to a Transnational Aesthetic", Zhen Zhang, ed., *The Urban Generation— Chinese Cinema and Society at the Turn of the Twenty-first Century*, Durham and London: Duke University Press.

_____, 2008, *Postsocialism modernity: Chinese cinema, literature, and criticism in the market age,* Stanford: Stanford University Press.

Pickles, John, 2010, "The spirit of post-socialism: Common spaces and the production of diversity", *European Urban and Regional Studies*, 17(2).

Pickowicz, Paul, 1994, "Huang Jianxin and the Notion of Postsocialism",Nick Browne, Paul Pickowicz, Vivian Sobchack, and Esther Yau, eds., *New Chinese Cinemas: Forms, Identities, Politics*, New York: Cambridge University Press.

Shih, Shu-mei, 2010, "Theory, Asia and the Sinophone", *Postcolonial Studies*, 13(4).

Stirner, Max, 2017, *The Unique and Its Property*, translated by Wolfi Landstreicher, Underground Amusements.

Thompson, Evan, 2007, *Mind in life: Biology, Phenomenology, and the Science of Mind*, Cambridge, London: The Belknap Press of Harvard University.

Venuti, Lawrence, 1995, *The Translator's Invisibility*, London & New York: Routledge.

Williams, Raymond, 1961, *The Long Revolution*, London: Chatto & Windus.

Zhang, Jun & Jamie Peck, 2016, "Varigated Capitalism, Chinese Style: Regional Models, Multi-scalar Constructions", *Regional Studies*, Vol, 50, No, 1

Zhang, Yingjin, 2007, "Rebel without a Cause?—China's New Urban Generation and Post-socialist Filmmaking", Zhen Zhang, ed., *The Urban Generation—Chinese Cinema and Society at the Turn of the Twenty-first Century*, Durham and London: Duke University Press.